Dieter Grosser
Thomas Lange
Andreas Müller-Armack
Beate Neuss

Soziale Marktwirtschaft

Geschichte – Konzept – Leistung

Verlag W. Kohlhammer
Stuttgart Berlin Köln Mainz

CIP-Titelaufnahme der Deutschen Bibliothek

Soziale Marktwirtschaft:
Geschichte – Konzept – Leistung / Dieter Grosser . . . –
Stuttgart; Berlin; Köln; Mainz: Kohlhammer, 1988
   ISBN 3-17-010004-1
NE: Grosser, Dieter [Mitverf.]

Inhalt

Vorwort

Mit Währungsreform und »Leitsätzegesetz« vom Juni 1948 begann in Westdeutschland eine Wirtschaftspolitik, die sich bis in die 60er Jahre am Ordnungsmodell der Sozialen Marktwirtschaft orientierte. Die Erfolge in den Jahren des »Wirtschaftswunders« führten dazu, daß der Namen des Ordnungsmodells in der Öffentlichkeit bald mit der Realität von Wirtschaftsordnung und Wirtschaftspolitik gleichgesetzt wurde, obwohl die Realität vom Modell von Anfang an unvermeidbar abwich. Die »globalgesteuerte« Marktwirtschaft nach 1967, damals von vielen als Fortentwicklung der Sozialen Marktwirtschaft angesehen, gilt heute eher als Bruch mit der ursprünglichen Konzeption. Die langfristig orientierte Stärkung der Wachstumskräfte, wie sie unter der Bezeichnung »Angebotspolitik« seit 1982 vorherrscht, kommt dem Ordnungsmodell der Sozialen Marktwirtschaft wieder näher.

In diesem Buch wird zunächst die Konzeption der Sozialen Marktwirtschaft dargestellt. Dabei werden nicht nur die wirtschaftspolitischen, sondern auch die gesellschaftspolitischen Empfehlungen der »Gründerväter« Eucken, Müller-Armack, Erhard betrachtet. Im folgenden Abschnitt »Die Wirklichkeit der Wirtschaftsordnung« geht es darum, die wichtigsten ordnungspolitischen Entwicklungen seit 1948 nachzuzeichnen. Hier steht die Realität, nicht mehr das Modell im Mittelpunkt. Den größten Teil des Buches nehmen die Analysen zu den Erfolgen und Mißerfolgen der Wirtschafts- und Sozialpolitik der vergangenen vier Jahrzehnte ein. Den gegenwärtig besonders aktuellen Problemkreisen des Umweltschutzes und der internationalen Wettbewerbsfähigkeit sind besondere Untersuchungen gewidmet.

Die Autoren

Dr. Dieter Grosser ist Professor für Politische Wissenschaft am Geschwister-Scholl-Institut der Universität München.

Dr. Thomas Lange ist Akademischer Rat am Geschwister-Scholl-Institut der Universität München.

Andreas Müller-Armack ist Abteilungsleiter im Bayerischen Staatsministerium für Wirtschaft und Verkehr.

Dr. Beate Neuss ist Akademische Rätin am Geschwister-Scholl-Institut der Universität München.

Andreas Müller-Armack

Das Konzept der Sozialen Marktwirtschaft – Grundlagen, Entwicklung, Aktualität

1. Vorbemerkung

40 Jahre sind vergangen, seit mit der Währungsreform vom 20. Juni 1948 der Startschuß für den wirtschaftlichen Wiederaufbau Deutschlands in den Grenzen der Bundesrepublik Deutschland erfolgte. Damals wurden die wirtschaftspolitischen Weichen für eine Entwicklung gestellt, die unser Land aus den Trümmern des Zweiten Weltkriegs in seine heutige Position geführt hat.

Man mag diese Position je nach politischem Blickwinkel unter dem Eindruck der Tagesereignisse unterschiedlich beurteilen. In der längerfristigen Perspektive kann jedoch kein Zweifel bestehen, daß die Bundesrepublik im Hinblick auf politische Stabilität, wirtschaftliche Leistungsfähigkeit und soziale Sicherheit einen vorderen Platz unter den westlichen Industrieländern einnimmt. Es wird Aufgabe dieses Buches sein, den seit der Währungsreform bis heute zurückgelegten Weg wirtschaftspolitisch auszuleuchten.

Dabei ist es nicht damit getan, wirtschaftspolitische Einzelentscheidungen zeitlich aneinander zu reihen. Zwar muß sich auch die Wirtschaftspolitik vor allem an ihren Taten erkennen und messen lassen, aber der innere Gesamtzusammenhang, die wesentlichen Ziele und Intentionen einer bestimmten Wirtschaftspolitik werden erst sichtbar und wirksam, wenn man die hinter allen Einzelmaßnahmen stehende Konzeption, sozusagen die wirtschaftspolitische Philosophie, mit einbezieht. Nur dann wird Wirtschaftspolitik für den Bürger verständlich. Nur dann kann die Wirtschaft einer bestimmten wirtschaftspolitischen Strategie vertrauen und sich in ihren betrieblichen Planungen auf sie verlassen.

Diese geistige Leitidee der deutschen Wirtschaftspolitik war seit 1948 die Soziale Marktwirtschaft. »Soziale Marktwirtschaft« ist eine der Bevölkerung seit langem bekannte und vertraute Formel. Sie steht für eine theoretische Konzeption, die ein Leitbild beinhaltet, das – einem Wegweiser vergleichbar – in eine bestimmte ordnungspolitische Richtung weist, aber natürlich nicht ohne weiteres mit einer bestimmten wirtschaftlichen Realität gleichgesetzt werden kann. Vielmehr handelt es sich dabei um einen »Stilgedanken«[1] im Sinne eines durchgängigen, die verschiedenen Erscheinungsformen einer Zeit prägenden Gestaltungsprinzips.

Unter diesem ordnungspolitischen Leitbild hat sich das vollzogen, was insbesondere im Ausland oft plakativ als »das deutsche Wirtschaftswunder« bezeichnet wurde. Soziale Marktwirtschaft galt daher lange Zeit im öffentlichen Bewußtsein als das Gütesiegel erfolgreicher Wirtschaftspolitik.

Aber gerade in diesem Erfolg liegt für manchen auch der Keim des Zweifels. Denn die Geschichte kennt kein Zurück. Sie wiederholt sich nicht. Alles ist dem strukturellen Wandel unterworfen, auch die Wirtschaftspolitik. Ist deshalb nicht, so fragt sich mancher, die Tatsache, daß dieses wirtschaftspolitische Konzept höchst erfolgreich mit den drängenden Aufgaben der 50er und 60er Jahre fertig wurde, gerade als Indiz dafür zu werten, daß dieses Konzept heute nicht mehr zeitgemäß, sondern überholt ist? Schließlich haben wir es heute mit ganz anderen Problemen als damals zu tun.

– Damals ging es darum, den Schutt des Krieges wegzuräumen, die Ärmel aufzukrempeln, neu anzufangen und durch Einsatzbereitschaft, Leistung und Gemeinsinn die Grundlage für eine sichere Güterversorgung sowie einen zunächst noch bescheidenen wirtschaftlichen Wohlstand zu schaffen.

– Heute und morgen dagegen geht es um die Chancen und Probleme im Zeichen der dritten industriellen Revolution, also um die Bewältigung eines tiefgreifenden Strukturwandels, der durch das rasante Vordringen des Computers, der Mikroelektronik, der Roboter, neuer Telekommunikationssysteme und der Biotechnologie gekennzeichnet ist, oder auch um die Lösung des Zielkonfliktes zwischen Ökonomie und Ökologie.

Wäre es da nicht tatsächlich höchste Zeit, auch an die Stelle der Sozialen Marktwirtschaft eine neue Wirtschaftsordnung, eine »alternative« oder eine »ökologische Marktwirtschaft«[2] zu setzen?

Auch auf ihren traditionellen Aufgabenfeldern scheint die deutsche Wirtschaftspolitik in ihrem heutigen Zuschnitt mit vielen Problemen nicht fertig zu werden. Der wirtschaftliche Aufschwung geht zwar seit 1983 nunmehr in sein sechstes Jahr, doch scheint die Kraft der Konjunktur zu erlahmen; die Zuwachsraten des Sozialprodukts sinken. Vor allem scheinen sie ihren »Beschäftigungsschub« einzubüßen – ein sehr unbefriedigender Effekt im Hinblick auf eine hartnäckige Arbeitslosigkeit in Höhe von mehr als 2 Mio Menschen. Gleichzeitig breiten sich Schattenwirtschaft und Schwarzarbeit weiter aus, und die öffentlichen Haushalte ächzen unter der Last ungelöster Finanzierungsprobleme, angefangen von der Landwirtschaft über die Europäische Gemeinschaft, die Verteidigung, das Gesundheitswesen bis hin zur Finanzierung der Renten.

Es fehlt deshalb nicht an Versuchen, all diese Probleme der Marktwirtschaft anzulasten[3] und damit den vermeintlichen Beweis zu führen, daß

2

diese Wirtschaftsordnung den Problemen der heutigen Zeit nicht mehr gewachsen sei und deshalb abgelöst werden müsse durch eine neue Politik, die zu besseren Ergebnissen führt. In welcher Richtung dieses Neue gesucht wird, läßt sich unschwer erraten. Wieder einmal wird das Heil erhofft durch mehr bürokratische Interventionen, mehr gesellschaftliche Mitwirkung im strukturellen Wandel, kurz: weniger Markt und mehr Staat.

Kritik an der Sozialen Marktwirtschaft von denen, die den Kräften des Marktes prinzipiell mißtrauisch gegenüber stehen, ist kaum überraschend. Weniger selbstverständlich ist es jedoch, daß auch innerhalb des »marktwirtschaftlichen Lagers« zunehmend Differenzen sichtbar werden, etwa in Gestalt sehr unterschiedlicher Auffassungen darüber, was überhaupt mit Sozialer Marktwirtschaft gemeint ist.

Bezeichnend dafür ist schon die verbreitete Gewohnheit, von »unserer freien und sozialen Marktwirtschaft« zu sprechen. Diese Floskel hat den Vorteil, es wie in einem ordnungspolitischen Selbstbedienungsladen allen recht zu machen und sowohl als Anspruchsgrundlage für mehr soziale Wohltaten als auch für mehr marktwirtschaftliche Reformen dienen zu können. Damit wird jedoch eine ordnungspolitische Leitidee zu einem »Joker« denaturiert, der je nach Interessenlage beliebig eingesetzt werden kann.

Ein anderes Beispiel zunehmender ordnungspolitischer Begriffsverwirrung liefert das Schlagwort vom »Neomerkantilismus«.[4] Unter diesem Motto wird unter Berufung auf die Soziale Marktwirtschaft Kritik an einer ganz bestimmten Wirtschaftspolitik geübt, wie sie in der Bundesrepublik beispielsweise von den Ländern Bayern und Baden-Württemberg – durchaus mit Erfolg – praktiziert wird. Aber gerade diese Länder berufen sich auf die Soziale Marktwirtschaft und sind der festen Überzeugung, sich mit ihren Grundsätzen in vollem Einklang zu befinden.

Schließlich gibt es Befürworter der Marktwirtschaft, die – zurecht – der Überzeugung sind, die marktwirtschaftliche Ordnung sei allein aus sich heraus schon sozial. Die beste Sozialpolitik sei es, den Marktkräften überall Vorfahrt einzuräumen. Eine solche Haltung scheint etwa der Nestor der deutschen Nationalökonomie, Friedrich August von Hayek, einzunehmen, der bekanntlich der Auffassung ist, im Zusammenhang mit Marktwirtschaft sei jedes zusätzliche Adjektiv von Übel. »Ich glaube, das Wiesel-Wort par excellence ist das Wort sozial. Was eigentlich sozial heißt, weiß niemand. Klar ist nur, daß eine Soziale Marktwirtschaft keine Marktwirtschaft ist.«[5]

Dies alles zeigt, daß wir uns im Grunde mitten in einer ordnungspolitischen Auseinandersetzung befinden, in der die Soziale Marktwirtschaft teilweise grundsätzlich ordnungspolitisch kritisiert und im Prinzip zur Disposition gestellt, teilweise auch nur mißverständlich interpretiert wird. Obgleich dieses Konzept die wirtschaftliche Entwicklung der Bundesrepublik Deutschland in den letzten 40 Jahren ständig begleitet und in wichtigen Phasen wesentlich geprägt hat, ist eine Neubesinnung auf ihren ordnungspolitischen Gehalt notwendiger denn je.

Eine solche Rückbesinnung auf ihren wesentlichen Inhalt ist keineswegs nur vergangenheitsbezogen. Vielmehr kann und soll damit ein Beitrag zur ordnungspolitischen Standortbestimmung der Gegenwart geleistet werden. Und vor allem geht es um die Frage, inwieweit die Soziale Marktwirtschaft als theoretisches und politisches Konzept in der Lage ist, Grundlage für eine wirksame Wirtschafts- und Gesellschaftspolitik im Zeitalter der dritten industriellen Revolution zu sein.

2. Grundlagen und Entstehung der Sozialen Marktwirtschaft

Als theoretisches Konzept ist die Soziale Marktwirtschaft losgelöst von jeder historisch-konkreten Wirklichkeit und insoweit wie jede abstrakte Theorie zeitlos. Dennoch trägt jeder Gedanke auch den Prägestempel der Zeit, in der er konzipiert und entwickelt wurde. Dies trifft besonders für die Soziale Marktwirtschaft zu, die zunächst als Antwort verstanden werden muß auf die drängenden, ja quälenden Fragen und die Not der 40er Jahre. Man kann ihre Ziele und Anliegen wohl nur dann adäquat verstehen und ihnen gerecht werden, wenn man sie zunächst einmal aus der ganz konkreten damaligen Situation heraus interpretiert.

Diese Situation war bestimmt durch das unmittelbare Erleben der NS-Diktatur, der Kriegswirtschaft und der akuten Not unmittelbar nach Kriegsende. Alle, die damals öffentliche Verantwortung trugen oder sich verantwortlich fühlten, waren konfrontiert mit geradezu gigantischen, scheinbar unlösbaren Versorgungsproblemen eines Landes, dessen Ernährungsbasis im Osten größtenteils amputiert war, dessen Wirtschaft buchstäblich zerschlagen darnieder lag, und in dem die Menschen oft nicht wußten, wie sie ihren Bedarf an Nahrung, Kleidung und Wohnung decken sollten.

Es fehlte praktisch an allem. Grundnahrungsmittel, Rohstoffe und andere wichtige Güter waren streng rationiert und nur auf Zuteilung erhältlich. Marktwirtschaftliche Arbeitsteilung fand kaum noch statt. Was blühte, waren Tauschhandel und schwarzer Markt.

Heute ist es nicht schwer, Marktwirtschaftler zu sein. Weltweit hat die Marktwirtschaft ihre Fähigkeit unter Beweis gestellt, Mangellagen zu überwinden, die Versorgung zu sichern und knappe Ressourcen so einzusetzen, daß sie optimal für die Versorgung der Bevölkerung genutzt werden können. Vor diesem positiven Erfahrungshintergrund erscheinen aus heutiger Sicht akute Versorgungsmängel gerade als Argument *für* eine marktwirtschaftliche Lösung.

Damals nach dem Krieg war das ganz anders. 10 Jahre NS-Wirtschaft hatten die Menschen an staatliche Wirtschaftslenkung und Zuteilung sowie wachsende Versorgungslücken in der Kriegswirtschaft gewöhnt. Die

Marktwirtschaft, an die sich die Menschen aus eigener Erfahrung erinnern konnten, war vor allem die Marktwirtschaft der Weltwirtschaftskrise[6] und der Depression. Kein Wunder also, daß man diesem Ordnungsprinzip eher skeptisch gegenüber stand.

Es wäre deshalb völlig falsch zu glauben, die damalige Notlage sei in den Augen der Öffentlichkeit ein eindeutiges Argument für einen marktwirtschaftlichen Neubeginn gewesen. Eher war das Gegenteil der Fall: Gerade weil Mangel und Zerstörung an der Tagesordnung waren, glaubten die meisten, weiter auf die staatliche Lenkungswirtschaft setzen zu müssen. Dies jedenfalls hätte der damaligen Überzeugung der überwiegenden Bevölkerungsmehrheit entsprochen.

Ein Beispiel mag das illustrieren. Carl Goerdeler, einer der führenden Köpfe des deutschen Widerstandes, machte sich schon 1941 konkrete Gedanken über die Wirtschaftspolitik nach Hitler und nach dem Ende der NS-Diktatur. Er war prinzipiell überzeugter Befürworter einer freiheitlichen, marktwirtschaftlichen Ordnung. So schrieb er etwa:

»Die künftige Wirtschaftspolitik ist so scharf wie möglich auf die Erkenntnis aufzubauen, daß der Mensch nur von dem leben kann, was er der Natur abgewonnen hat. Je besser der Mensch leben will, um so mehr muß er mit Kopf und Hand leisten. Aus der jetzigen Verarmung kommen wir um so schneller heraus, je härter und bescheidener wir arbeiten, d. h., je mehr wir anspruchslos leisten. Die zweite von der Natur gesetzte Grundlage ist die Erkenntnis, daß höchste Leistung nur im Kampf erzielt werden kann. In der Wirtschaft ist Kampf gleich Wettbewerb. Also müssen auf allen Gebieten möglichst viele schöpferische und ausführende Kräfte in Wettbewerb miteinander treten. Die dritte Grundlage ist die Erkenntnis, daß der Mensch um so mehr leistet, je klarer das Ergebnis seiner Leistung sein eigenes Schicksal bestimmt. Nur wenn der Faule den Mißerfolg, der Fleißige den Erfolg als Gestalter seines Lebens empfindet, wird höchste Leistung geboren. Daraus folgt, daß die Wirtschaft am blühendsten wird, in der der Staat oder ein anderer Zusammenschluß zum einen möglichst viel Risiko beläßt und möglichst wenig Risiken abnimmt. Also keinerlei Kollektivwirtschaft, die immer in Unfruchtbarkeit und Hunger enden muß, sondern möglichst viele Einzelwirtschaften. Daher muß die staatliche Wirtschaftspolitik bewußt und geradezu fanatisch darauf verzichten, die Wirtschaftenden zu gängeln.«

Doch auch Goerdeler hatte Bedenken, die Prinzipien einer freiheitlichen Marktwirtschaft auf die konkreten Probleme der damaligen wirtschaftlichen Gegenwart Deutschlands anzuwenden. Denn er fährt fort:

»Solange Knappheit an wichtigsten Lebensgütern und den zu ihrer Herstellung erforderlichen Rohstoffen besteht, muß die jetzige Planwirtschaft beibehalten werden. Die totale Politik des Staates auf allen Gebieten muß als Wichtigstes anstreben, daß die Mangellage so schnell wie möglich beseitigt wird. In dem Maße, in dem diese Politik Erfolg hat, wird die Planwirtschaft abgebaut, bis ihre letzten Reste eines Tages völlig verschwinden können.«[7]

Eben dies war für die damalige Zeit symptomatisch: Selbst jene Minderheit, die prinzipiell eine freiheitliche Ordnung und speziell auch eine Marktwirtschaft errichten wollte, sah teilweise ganz erhebliche Schwierigkeiten im Problem des Übergangs von der Rationierungs- und Verteilungswirtschaft zur Marktwirtschaft. Selbst glühende Verfechter der Freiheit glaubten meist, vorerst nicht auf die staatliche Planwirtschaft verzichten zu können.[8]

Um so höher sind der Mut, die Überzeugungskraft und auch die konsequente Überzeugungstreue jener einzuschätzen, die dennoch entschlossen waren, gegen den Strom zu schwimmen und trotz aller Schwierigkeiten der Marktwirtschaft zum Durchbruch zu verhelfen.

Die Entwicklung und Durchsetzung des Konzepts der Sozialen Marktwirtschaft war der ganz bewußte Versuch einer kleinen Minderheit, gegen den Strom der Zeit einen politischen Neubeginn auf der Grundlage ganz bestimmter wissenschaftlicher und weltanschaulicher Überzeugung zu wagen. Die entscheidende Triebkraft ging hier also – in diametralem Widerspruch zum marxistischen Geschichtsbild, in dem bekanntlich das Sein das Bewußtsein bestimmt – gerade umgekehrt von geistigen Ideen aus, die sich zunächst nicht auf allgemeine Zustimmung stützen konnten, sondern diese erst mühsam erkämpfen mußten. Zunächst befanden sich die Befürworter eines marktwirtschaftlichen Neubeginns in einer eindeutigen Minderheitenposition.

Aber diese Minderheit war aktiv. Sie war untereinander in ständigem Kontakt. Denkschriften zirkulierten. Nur wenige Namen seien genannt: Walter Eucken, Franz Böhm, Wilhelm Röpke, Alexander Rüstow, Alfred Müller-Armack und nicht zuletzt: Ludwig Erhard. Sie alle hatten sich schon während des Krieges intensiv mit dem Gedanken beschäftigt, wie es wirtschafts- und gesellschaftspolitisch nach dem unausweichlichen Zusammenbruch der nationalsozialistischen Diktatur weitergehen sollte. Was sie einte, war die Diagnose, daß die damalige Wirtschaftsnot nur zum Teil kriegsbedingt sei, sondern vor allem Folge der vom Nationalsozialismus eingeführten Lenkungswirtschaft, die das marktwirtschaftliche Zusammenwirken der gesamtwirtschaftlichen Produktivkräfte gelähmt und zerstört hatte. Ebenso war man sich einig in der Überzeugung, daß letztlich nur freiheitliche, marktwirtschaftliche Lösungsansätze in der Lage wären, die drängenden Probleme zu lösen und dem deutschen Volk wieder eine Zukunft im Sinne einer positiven Entwicklungsperspektive zu geben.[9]

Dennoch war das Konzept der Sozialen Marktwirtschaft nicht primär das Ergebnis ausschließlich ökonomischer Überzeugungen. Damit soll dieser Aspekt keineswegs abgewertet werden. Es ist schließlich nicht wenig, wenn von einem bestimmten Konzept nach rein wirtschaftlichen Maßstäben gesagt werden kann, daß es überlegen sei. Dies gilt zumal für die damalige Zeit, in der es lebens- und überlebenswichtig sein konnte, von den bescheidenen wirtschaftlichen Möglichkeiten den effektivsten Gebrauch zu machen. Dennoch: die rein wirtschaftlichen Überzeugungen decken nur einen Teil jener Überlegungen und Grundpositionen ab, die zur Entwicklung und Einführung der Sozialen Marktwirtschaft geführt haben. Insgesamt lassen sich vier wichtige Forschungsrichtungen aufzeigen, die bei der Entwicklung des Konzepts der Sozialen Marktwirtschaft Pate gestanden haben. Sie sollen im folgenden kurz skizziert werden:

1. Eine wichtige Wurzel war ohne Zweifel die zwischen 1900 und 1930 zur Blüte gelangte nachmarxistische Kapitalismusforschung. Immerhin hatte Karl Marx der marktwirtschaftlichen Ordnung, die er Kapitalismus nannte, den zwangsläufigen Untergang prophezeit. Eben deshalb hat die wissenschaftliche Kapitalismusforschung es unternommen, die nationalökonomische Substanz der marxistischen Theorie zu durchleuchten. Dabei hat keines der maßgeblichen Theoreme – angefangen von der Werttheorie über die Akkumulations- und Ausbeutungstheorie bis hin zum Gesetz vom tendenziellen Fall der Profitrate – einer kritischen Analyse standhalten können. Insoweit kann man feststellen: der Nationalökonom Marx wurde wissenschaftlich eindeutig widerlegt. Um so mehr haben sich dann seine Jünger dem frühen Marx zugewandt, vor allem seiner kulturpessimistischen Entfremdungstheorie und seiner Ideologienlehre.

Doch die Kapitalismusforschung hat sich keineswegs nur in negativer Kritik erschöpft. Gleichzeitig gab sie positive und vielfältige Anstöße für das Denken in Wirtschaftssystemen, in Wirtschaftsstilen und Wirtschaftsverfassungen und zu einer wachsenden wissenschaftlichen Durchdringung der marktwirtschaftlichen Theorie, die freilich nicht nur isoliert betrachtet wurde. Erinnert sei nur an die Forschungen Max Webers, der die Bedeutung geistiger, wissenschaftlicher und religiöser Einflüsse auf das Wirtschaftsgeschehen näher herausgearbeitet und damit der Religionssoziologie ganz entscheidende Impulse gegeben hat. Ebenso ist aber auch Josef Schumpeter zu nennen, der u. a. mit seiner Funktionsanalyse des kreativen und innovativen Unternehmers sehr viel zum Verständnis der unternehmerischen Marktwirtschaft und eines dynamischen Wettbewerbsprozesses beigetragen hat.[10]

2. Das Prinzip des Wettbewerbs sowie das Denken in Ordnungen ist auch das Kennzeichen des »Ordo-Liberalismus« der sog. Freiburger Schule, die untrennbar mit dem Namen Walter Eucken verbunden ist. Sie bildet gewissermaßen die deutsche Spielart der weltweiten neoliberalen Bewegung, also all derer, die sich – vereinfacht gesagt – dem Stammvater der Nationalökonomie, Adam Smith, geistig verbunden fühlen und das klassische Marktkonzept in seinen verschiedenen Komponenten – angefangen von der Preis- und Markttheorie über die Gleichgewichts- bis hin zur Wohlfahrtstheorie – analysiert und weiterentwickelt haben.[11]

Die zentrale ordoliberale Idee ist die einer positiven Ordnungspolitik in dem Sinne, daß die Gestaltung eines ganz bestimmten Ordnungsrahmens für die wirtschaftliche Entwicklung als wirtschaftspolitische Aufgabe begriffen wird. Dieser Ordo-Gedanke ist allerdings nicht wertfrei, sondern er verbindet sich mit der Zielsetzung einer freiheitlich geprägten Ordnung. Daher stand für Eucken die Schaffung einer Wettbewerbsordnung im Vordergrund, in der die Macht der Individuen und der Gruppen möglichst gering gehalten werden sollte. Denn der Wettbewerb ist bekanntlich das »genialste Entmachtungsinstrument der Geschichte« (Franz Böhm).

Im Gegensatz zu Adam Smith, der noch geglaubt hatte, wettbewerbsausschließende Praktiken würden bei offenen Märkten sozusagen von selbst unterbleiben, waren die Neoliberalen der Auffassung, daß Freiheit eine Gefahr für die Freiheit werden kann, und zwar dann, wenn sie die Bildung privater Macht ermöglicht, deren Energien freiheitszerstörend wirken können.[12] Deshalb brauche eine funktionierende Wettbewerbsordnung einen Garanten: einen starken Staat, der für stabile, stetige und wettbewerbsfördernde Rahmenbedingungen zu sorgen hat. Konstanz der Wirtschaftspolitik und Marktkonformität bei der Beurteilung staatlicher Maßnahmen waren dabei wichtige Beurteilungskriterien.

3. Neben dieser nationalökonomischen Tradition im engeren Sinne ist das Konzept der Sozialen Marktwirtschaft aber auch stark von der wissenschaftlichen Auseinandersetzung um das unserer Gesellschaft zugrundezulegende Menschenbild, also von der wissenschaftlichen und philosophischen Anthropologie, beeinflußt worden. Sie hat sich kritisch vor allem mit den traditionellen Immanenztheorien auseinandergesetzt und mit der Tradition gebrochen, den Menschen entweder rein idealistisch als nur vom Geist her bestimmt zu sehen, oder eine naturalistische Bindung im Sinne von Marx oder Darwin anzunehmen, die den Menschen an eine Rasse, Klasse, Nation, Landschaft usw. gefesselt glaubt.

Demgegenüber betont die philosophische Anthropologie, wie sie dem Konzept der Sozialen Marktwirtschaft zugrundeliegt, die Geschichtlichkeit des Menschen, der – wie Blaise Pascal es formuliert hat – »ni ange, ni bête« sei. Der Mensch ist danach in eine reale geschichtliche Situation hineingeboren, die er sich nicht auswählen kann. Aber er ist durchaus fähig, diese Situation mehr oder minder zu verändern oder zu gestalten. Insoweit ist die Zukunft prinzipiell offen. Freilich kann der Mensch immer nur vorläufiges erreichen. Alles, was er bewirkt und verändert, ist zeitlich befristet und erneutem Wandel unterworfen.

Dies bedeutet eine klare Absage an alle irdischen Endzeitutopien, wie sie etwa der Kommunismus beinhaltet. Dahinter steht ein klares Bekenntnis und Anerkenntnis der Unvollkommenheit menschlicher Lösungsansätze. Der Mensch wird weder als angeblicher Sklave anonymer Entwicklungsgesetze unterschätzt, noch umgekehrt heroisiert. Vielmehr wird er in seinen Möglichkeiten und Grenzen realistisch betrachtet. Hier trifft sich die philosophische Anthropologie übrigens auch mit Thesen der modernen Theologie, die das Wissen um Vorläufigkeit und Unvollkommenheit menschlicher Entwürfe als wesentliches Element christlichen Bewußtseins bezeichnet.

4. Auch das stark von der kirchlichen Soziallehre mitgestaltete christliche Menschenbild[13] sieht den Menschen in einem ähnlichen Spannungsverhältnis, freilich hier in der Spannung zwischen Immanenz und Transzendenz. Einerseits ist der Mensch Mittelpunkt der Schöpfung, Maß aller irdischen Dinge, dem Diesseits verhaftet. Andererseits ist er von seinem Schöpfer abhängig, Gott verantwortlich, auf dem Weg in eine jenseitige höhere Welt.

Diese Einbindung in einen transzendentalen Zusammenhang relativiert alles Irdische. Sie stellt jeden einzelnen Menschen aber gleichzeitig unter eine umfassende Verantwortung. Jeder trägt Verantwortung für sein Leben, für das, was er tut, aber auch für das, was er nicht tut. Jeder muß nach christlichem Verständnis dafür in einem transzendenten Sinne (Gott gegenüber) Rechenschaft ablegen.

Gleichzeitig trägt der Mensch aber auch soziale, d. h. auf die Gesellschaft bezogene Mitverantwortung, christlich gesprochen Verantwortung »für den Nächsten«. Damit ist freilich nicht nur die eigene Familie und die eigene soziale Gruppe gemeint, sondern schlechthin der Hilfsbedürftige und alle diejenigen, die von unserem Tun oder Lassen mit abhängig sind, also auch die kommenden Generationen. Letztlich geht es um die Verantwortung für die »Bewahrung der Schöpfung« und um eine umfassende Mitverantwortung jedes Einzelnen für seine gesamte »Um-Welt«. Ein solcher Umweltbegriff schließt eben nicht nur – wie heute in mancher umweltpolitischen Diskussion – den Wald, das Wasser, die Luft oder gefährdete Tierarten ein, sondern vor allem auch den Menschen und die Lebensbedürfnisse der »civitas humana« mit allen ihren Gegenwarts- und Zukunftswirkungen.

Ein solch umfassender und integrierter Umweltbegriff bündelt von innen her *alle* menschlichen Interessen, zu denen neben den ökologischen Lebensbedingungen auch die ökonomischen, die sozialen, die kulturellen und sonstigen gehören. Ein solcher Umweltbegriff macht klar, daß die Aufspaltungen in ökonomische oder ökologische Interessen letztlich eine künstliche Aufspaltung ist, die den fundamentalen Lebensinteressen des Menschen wie auch seiner individuellen Lebensverantwortung nicht gerecht wird. Vielmehr zielt die menschliche Verantwortung auf ein Gleichgewicht aller wichtigen Lebensaspekte hin. Ziel muß ein Gesamtoptimum sein – auch wenn es sich in der Wirklichkeit kaum jemals realisieren läßt.

Auf diesem geistigen Nährboden also war schon während des Krieges die Überzeugung gewachsen, daß eine Lösung der drängenden Probleme nur mit Hilfe und im Rahmen einer marktwirtschaftlichen Ordnung und auf der Grundlage einer freiheitlichen Verfassung wie der des Grundgesetzes möglich sind. Aber wie gesagt: die Verfechter der Marktwirtschaft befanden sei zunächst in einer Minderheitsposition. Um so intensiver traten sie immer wieder mit Vorträgen, Aufsätzen und Denkschriften an die Öffentlichkeit.

Speziell das Konzept »Soziale Marktwirtschaft« war von Alfred Müller-

Armack schon seit Beginn der 40er Jahre entwickelt und formuliert worden. 1946/47 erschien sein Buch »Wirtschaftslenkung und Marktwirtschaft«, in dem der Begriff »Soziale Marktwirtschaft« erstmals auftaucht und inhaltlich eingehend dargestellt wurde. Dort heißt es u. a.: »In der Frage, welcher Wirtschaftsordnung wir guten Gewissens den wirtschaftlichen Wiederaufbau unserer Heimat anvertrauen dürfen, wird die Entscheidung keiner der bisherigen Formen zufallen können. Die Lenkungswirtschaft würde in der Phase progressiver Erstarrung, die sie gegenwärtig schon erreicht hat, unsere Kultur einem geist- und freiheitsfremden Kollektivismus zuführen. Die ökonomischen Leistungen, die wir von ihr zu erwarten haben, sind denkbar gering, wenn wir den Teil abziehen, den die bisherige Lenkungswirtschaft aus der früheren Marktwirtschaft als ererbtes Leistungsniveau übernahm. Vielleicht kann man der Lenkungswirtschaft zutrauen, einen vorhandenen Leistungsstand schlecht und recht zu erhalten. Vor der Dynamik hat sie bisher durchweg versagt. Der Wiederaufbau aber ist eine essentielle dynamische Aufgabe. Wo tausend Hände hier und dort anfassen müssen, ohne daß alles in einen Gesamtplan einfügbar ist, versagt der Lenkungsgedanke.

Wir können uns andererseits nicht verhehlen, daß die frühere liberale Marktwirtschaft berechtigten heutigen Überzeugungen widerspricht. Sie erwies sich zu sehr verbunden mit den weltanschaulichen Positionen des späten 18. und 19. Jahrhunderts, von denen wir uns heute geistig lösen, und präsentierte das Organisationsmittel der Marktwirtschaft in einer geschichtlich bedingten Form. Die Geschichte liebt ohnehin keine Wiederholungen. Es wäre ein aussichtsloses Unterfangen, wollte man einer Zeit stärkster sozialer und gewandelter kultureller Überzeugungen die ökonomische Weltanschauung des Liberalismus erneut empfehlen. Wir haben heute nüchtern zu konstatieren: Die beiden Alternativen, zwischen denen die Wirtschaftspolitik sich bisher bewegte, die rein liberale Marktwirtschaft und die Wirtschaftslenkung sind innerlich verbraucht, und es kann sich für uns nur darum handeln, eine neue dritte Form zu entwickeln, die sich nicht als eine vage Mischung, als ein Parteikompromiß, sondern als eine aus den vollen Einsichtsmöglichkeiten unserer Gegenwart gewonnene Synthese darstellt.

Wir sprechen von ›Sozialer Marktwirtschaft‹, um diese dritte wirtschaftspolitische Form zu kennzeichnen. Es bedeutet dies, daß uns die Marktwirtschaft notwendig als das tragende Gerüst der künftigen Wirtschaftsordnung erscheint, nur daß dies eben keine sich selbst überlassene liberale Marktwirtschaft, sondern ein bewußt gesteuerte, und zwar sozial gesteuerte Marktwirtschaft sein soll.«[14]

Daß freilich dieses Konzept nicht nur theoretisch entwickelt, immer wieder neu durchdacht und erweitert, sondern auch zum politischen Programm erhoben und als solches durchgesetzt wurde – und erst dieser unmittelbare Erfolgstest war die Voraussetzung für die spätere Popularität der Sozialen Marktwirtschaft –, dies ist das bleibende Verdienst Ludwig

Erhards, der als Direktor der Verwaltung für Wirtschaft nach der von den Alliierten verfügten Währungsreform den mutigen Schritt zur raschen Aufhebung staatlicher Preis- und Bewirtschaftungssvorschriften und zur Durchsetzung der Sozialen Marktwirtschaft vollzog.[15] Nur mit seiner Überzeugungskraft und seiner beharrlichen Prinzipientreue konnte es gelingen, der Sozialen Marktwirtschaft die entscheidende Bresche zu schlagen.

Mit dieser Weichenstellung wurde nicht nur die Basis für das »deutsche Wirtschaftswunder« und damit die Grundlage für eine wirtschaftliche, soziale und politische Aufwärtsentwicklung bisher nicht gekannter Dynamik geschaffen, sondern es wurde dadurch auch international ein Zeichen gesetzt, nämlich ein weltweit anerkanntes, überzeugendes Beispiel gegeben für die Leistungsfähigkeit und soziale Qualität einer marktwirtschaftlichen Ordnung.

3. Das Konzept

Es wurde bereits darauf hingewiesen, daß es keineswegs die ökonomischen Aspekte waren, die bei der Konzipierung der Sozialen Marktwirtschaft im Vordergrund standen. »Was wir verlangen«, schrieb Alfred Müller-Armack 1948, »ist eine neu zu gestaltende Wirtschaftsordnung. Eine solche kann nie aus dem Zweckdenken und überalteten politischen Ideen allein hervorgehen, sondern bedarf der tieferen Begründung durch sittliche Ideale, welche ihr erst die innere Berechtigung verleihen. Zwei großen sittlichen Zielen fühlen wir uns verpflichtet, der Freiheit und der sozialen Gerechtigkeit.«[16]

Diese beiden Grundziele leiten sich aus der anthropologischen Sicht, nämlich aus dem zugrunde gelegten Menschenbild ab, das wie gesagt im Falle der Sozialen Marktwirtschaft ganz eindeutig von christlichen Vorstellungen geprägt ist. Im Mittelpunkt steht der verantwortliche Mensch. Verantwortung kann aber nur tragen, wer Wahlmöglichkeiten und selbst zu gestaltende Verhaltensspielräume hat. Verantwortung setzt deshalb immer Freiheit voraus. Individuelle Freiheit und möglichst freiheitliche Lebensumstände sind zudem unverzichtbare Aspekte christlich verstandener Personalität und Menschenwürde.

Hier liegt die entscheidende Begründung für das engagierte Ja zu Marktwirtschaft und Wettbewerbsordnung. Kein anderes Wirtschaftssystem bietet durch seine dezentrale Entscheidungsstruktur so viel Freiheit und verlangt zugleich soviel Verantwortung wie die Marktwirtschaft. Sie funktioniert nur unter der Bedingung der Freiheit, konkreter: unter der Voraussetzung bestimmter Freiheitsrechte wie z. B. der Freiheit der Berufs- und Arbeitsplatzwahl, der freien unternehmerischen Betätigung, der freien

Verfügbarkeit über Privateigentum einschließlich der Produktionsmittel, der Koalitionsfreiheit oder auch speziell der Freiheit der Tarifpartner, ihre Angelegenheiten eigenständig zu regeln (Tarifautonomie).

Zu diesen konstitutiven Freiheitsrechten, die gewissermaßen zu den Rahmenbedingungen einer voll funktionsfähigen Marktwirtschaft gehören, treten jene Freiheitsqualitäten hinzu, die die Marktwirtschaft sozusagen aus sich selbst heraus produziert, angefangen bei den durch die Vielfalt des Güterangebotes bedingten Wahlmöglichkeiten der Konsumenten über die Chancen zum beruflichen Aufstieg durch eigene Leistung, die individuellen Gestaltungs- und Erfolgschancen des Unternehmers und Investors bis hin zu wachsenden Realeinkommen, die zunehmenden Wohlstand schaffen. Auch Wohlstand beinhaltet einen Aspekt der Freiheit.

Die Entscheidung für die Marktwirtschaft war also in erster Linie eine Entscheidung unter dem Aspekt der Freiheit, nicht primär unter dem des Wohlstandes oder der materiellen Leistungsfähigkeit. Das Votum für die Marktwirtschaft war also nicht davon abhängig, daß kein anderes System produktiver oder effektiver ist. Konsequenterweise wäre die Entscheidung für die Marktwirtschaft auch dann erfolgt, wenn diese im Hinblick auf wirtschaftliche Effizienz nur zweitbeste Wahl gewesen wäre.

Auch die Wettbewerbsordnung ist primär unter Freiheitsaspekten zu sehen; sie dient als Such- und Entdeckungsverfahren, als Motor für neue Ideen und Einzelinitiativen sowie als Instrument zur Begrenzung und Auflösung von Marktmacht, also insgesamt zur Offenhaltung von funktionsfähigen Märkten und möglichst vielfältigen dezentralen Entscheidungseinheiten. Intakte, offene Märkte sind als Voraussetzung und Ergebnis des Wettbewerbs aus dieser Sicht wichtiger als extrem produktive, aber vermachtete Marktstrukturen – eine Wertung, die für die aktuelle wettbewerbspolitische Diskussion von erheblichem Gewicht ist.

Aber auch soziale Gerechtigkeit und soziale Solidarität sind Teil menschlicher Verantwortung. Eben deshalb versteht sich Soziale Marktwirtschaft als der Versuch, »die Freiheit auf dem Markt mit dem Prinzip des sozialen Ausgleichs zu verbinden«[17] bzw. vereinbar zu machen.

Wichtig ist: beide Prinzipien – das Markt- und das Sozialprinzip – sollen grundsätzlich gleichrangig sein. Keines darf dem anderen übergeordnet werden. Beide müssen sich die Waage halten. Eben auf dieses Gleichgewicht zielt die Soziale Marktwirtschaft als ökonomisches, soziales und politisches Programm (und deshalb schreibt man diese Formel im allgemeinen auch mit einem großen S!).

In dieser prinzipiellen Gleichrangigkeit drückt sich der Anspruch der Sozialen Marktwirtschaft aus, eine Ordnung aufbauen zu wollen, die den Menschen in den Mittelpunkt stellt und sich »am Maß des Menschen« messen lassen will. Diesem Anspruch würde kein System gerecht, das allein von der Ökonomie her konstruiert ist oder ökonomischen Maßstäben einen prinzipiellen Vorrang einräumt. Umgekehrt muß jedes System, in dem soziale (oder ökologische, kulturelle usw.) Ziele ständig den Ton angeben, über kurz oder lang seine ökonomische Stabilität und Schubkraft verlieren und damit allen anderen Bereichen die unverzichtbare wirtschaftliche Basis entziehen.

Was macht nun die soziale Qualität dieser Wirtschafts- und Sozialordnung[18] aus? Diese beruht zunächst darauf, daß die Marktwirtschaft als solche eine endogene soziale Komponente aufweist. Auch die Vertreter der Sozialen Marktwirtschaft betonen – insoweit in völliger Übereinstimmung mit neoliberalen Überzeugungen – die unmittelbaren sozialen Wirkungen und Vorzüge jeder marktwirtschaftlichen Ordnung. Es bedeutet einen unbestreitbaren sozialen Vorteil, daß die Marktwirtschaft dem Einzelnen ein besonders hohes Maß an Berufsvielfalt, an Wahlmöglichkeiten, an Aufstiegschancen, an Selbständigkeit und auch an Wohlstand bietet. Und erst die hohe Produktivität der Marktwirtschaft, die optimale Nutzung der Ressourcen und ihr typisches Leistungsklima schaffen die materiellen und finanziellen Voraussetzungen für eine staatliche Sozialpolitik, die sowohl soziale Sicherheit für alle als auch gezielte Hilfen für Schwache und sog. Randgruppen bietet, die sich aus eigener Kraft nicht behaupten können oder vom Leistungstempo und -niveau der Marktwirtschaft überfordert sind.

Niemand kann bestreiten, daß schon diese Kombination einer intakten, leistungsstarken Marktwirtschaft mit einer ausgleichenden und korrigierenden Sozialpolitik (»Marktwirtschaft mit sozialem Reparaturbetrieb«) durchaus eine Wirtschaftsordnung mit erheblichem sozialen Gehalt darstellen würde. Aber die soziale Marktwirtschaft geht ganz bewußt noch einen Schritt weiter. Sie sieht die Aufgabe sozialer Gestaltung noch umfassender. Alfred Müller-Armack hat solche Vorstellungen 1947/48 wie folgt konkretisiert:

»1. Schaffung einer sozialen Betriebsordnung, die den Arbeitnehmer als Mensch und Mitarbeiter wertet, ihm ein soziales Mitgestaltungsrecht einräumt, ohne dabei die betriebliche Initiative und Verantwortung des Unternehmers einzuengen.

2. Verwirklichung einer als öffentliche Aufgabe begriffenen Wettbewerbsordnung, um dem Erwerbsstreben des Einzelnen die für das Gesamtwohl erforderliche Richtung zu geben.

3. Befolgung einer Anti-Monopolpolitik zur Bekämpfung möglichen Machtmißbrauchs in der Wirtschaft.

4. Durchführung einer konjunkturpolitischen Beschäftigungspolitik mit dem Ziel, dem Arbeiter im Rahmen des Möglichen Sicherheit gegenüber Krisenrückschlägen zu geben. Hierbei ist außer kredit- und finanzpolitischen Maßnahmen auch ein mit sinnvollen Haushaltssicherungen versehenes Programm staatlicher Investitionen vorzusehen.

5. Marktwirtschaftlicher Einkommensausgleich zur Beseitigung ungesunder Einkommens- und Besitzverschiedenheiten, und zwar durch Besteuerung und durch Familienzuschüsse, Kinder- und Mietbeihilfen an sozial Bedürftige.

6. Siedlungspolitik und sozialer Wohnungsbau.

7. Soziale Betriebsstruktur-Politik durch Förderung kleinerer und mittlerer Betriebe und Schaffung sozialer Aufstiegschancen.

8. Einbau genossenschaftlicher Selbsthilfe – etwa im Wohnungsbau – in die Wirtschaftsordnung.

9. Ausbau der Sozialversicherung.

10. Städtebauplanung.

11. Minimallöhne und Sicherung der Einzellöhne durch Tarifvereinbarungen auf freier Grundlage.«[19]

Es ist symptomatisch, daß die Schaffung einer sozialen Betriebsordnung in diesem Katalog an erster Stelle steht. Es entspricht dem subsidiären Verständnis der Sozialen Marktwirtschaft, daß vor jeder Hilfestellung des Staates bzw. der Gesellschaft zunächst die Eigeninitiative und Verantwortung der Gruppen gefordert ist. Ebenso typisch für den »Stil« der Sozialen Marktwirtschaft ist es, daß der Betrieb bzw. das Unternehmen vor allem als Möglichkeit begriffen wird, »menschliche Beziehungen zu gestalten«.

In diesem Zusammenhang wurden schon Anfang 1950 folgende Grundgedanken formuliert:

»1. Der Betrieb ist nicht nur eine technische und kaufmännische Einheit, sondern eine Personengemeinschaft.

2. Daraus ergibt sich, daß weder das Kapital noch die Technik, noch die Organisation allein Verfügung über die im Betrieb tätigen Menschen erhalten können, sondern in eine ihrem Wesen und ihrer Funktion entsprechenden Ordnung zu den Menschen und ihren Gruppenbildungen gebracht werden müssen.

3. Aus den Erfordernissen des technischen Betriebsvollzugs, aus seiner Abhängigkeit vom Markt und seinen produktiven Zwecken ergibt sich andererseits die Notwendigkeit einer straffen Betriebsdisziplin und klaren Führungsverantwortung.

4. Die Funktion des Betriebes, insbesondere des Großbetriebes als Existenzraum der in ihm Tätigen und ihrer Familien einerseits und als Teil des Versorgungsraumes der Bevölkerung mit den Gütern des täglichen Bedarfs andererseits gibt ihm eine öffentliche Verantwortung, die neben den privatwirtschaftlichen Charakter eine sozialwirtschaftliche Verpflichtung stellt. So haben der Unternehmer, der Betriebsleiter, der Kaufmann, der Handwerker die größere Freiheit in der modernen Wirtschaftsordnung mit der größeren Verantwortung gegenüber der Gesellschaft und einer höheren Pflicht der Öffentlichkeit gegenüber bezahlt.«[20]

Die besondere Bedeutung und der besondere soziale Wert des Mittelstandes wird darin gesehen, »daß in ihnen menschliche Beziehungen aufgrund direkten persönlichen Sich-Kennens aller Beteiligten möglich sind« und eine »Chance echter Gemeinschaftsbildung‹ bieten. Dabei wird keineswegs verkannt, daß die industrielle Arbeitswelt für die Betroffenen auch eine Fülle von Problemen bringt, angefangen von menschlichen Spannungen mit Mitarbeitern und Vorgesetzten über die zwanghafte Einbindung in

14

technische Betriebsabläufe bis hin zu arbeitsplatzgefährdenden Konjunkturkrisen und Arbeitslosigkeit. Deshalb wurde von Anfang an die Notwendigkeit gesehen, einem latenten »allgemeinen Mißtrauen gegenüber der sozialen Gesamtordnung« vorbeugen zu müssen. »Die heutige industrielle Gesellschaft bedarf daher dringend zu ihrer Konsolidierung der Zustimmung der in ihr Arbeitenden zur Gesamtordnung und der Schaffung eines neuen sozialen Bewußtseins.«[21]

Die Aufgabe, eine für die Menschen glaubwürdige Sozialordnung aufzubauen, verlangt aus der Sicht der Sozialen Markwirtschaft freilich mehr als nur Appelle an die Gesinnung und den guten Willen. Es wurde klar erkannt, daß dazu auch institutionelle Sicherungen notwendig sind. Dazu wurden – wie gesagt bereits 1950 – konkrete Vorschläge gemacht, z. B.

– Schaffung eines gestuften Systems dezentraler Eigenverantwortlichkeiten
– Mitbestimmung, verstanden als Gestaltung einer echten Partnerschaft im Betrieb
– Beteiligung der Belegschaft am Betriebserfolg (etwa durch Kleinaktien)
– Verbesserung der Betriebssicherheit am Arbeitsplatz
– Aufstiegsmöglichkeiten, die es allen Belegschaftsmitgliedern möglich machen, menschliche Führungsaufgaben zu übernehmen
– Ausbau der Ausbildungs- und Fortbildungseinrichtungen vor dem Eintritt in den Betrieb und während der betrieblichen Arbeit.[22]

Was aus diesen Forderungen spricht, ist natürlich alles andere als soziale Polarisierung oder gar Klassenkampf. Vielmehr wird deutlich, daß gerade auch das Arbeitgeber-Arbeitnehmer-Verhältnis in der Sozialen Marktwirtschaft unter das Leitbild der »Sozialpartnerschaft«[23] gestellt wird. Das mag manch einer als ein unrealistisches Harmoniedenken infrage stellen. Tatsächlich aber steht die Gesellschaft vor der Wahl, entweder in sozialen Konflikten ihre Kräfte zu binden und zu verzetteln oder aber sie in gleichgerichtetem Interesse zu bündeln und sozusagen als Gesellschaft an einem Strang zu ziehen. Möglicherweise ist es ein Erfolgsgeheimnis der deutschen Nachkriegsentwicklung, daß soziale Konflikte auf ein Mindestmaß beschränkt blieben, vermeintliche soziale Gräben zugeschüttet und Klassenkampfideologien weitestgehend zurückgedrängt werden konnten.

Diese soziale Stabilisierung ist freilich nicht nur das Ergebnis funktionierender Sozialpartnerschaft, sondern auch das Resultat staatlicher Politik in den verschiedensten Bereichen. Die Soziale Marktwirtschaft postuliert einen starken, aber nicht allgegenwärtigen, sondern auf seine Aufgaben konzentrierten und begrenzten Staat.

Dahinter steht nicht nur die Überzeugung, daß eine gezielte staatliche Rahmengestaltung zur Sicherung des Wettbewerbs und zur Förderung von Wachstum, Beschäftigung, Stabilität und außenwirtschaftlichem Gleichgewicht unerläßlich ist. Dahinter steht auch die Einsicht, daß dem Wirken der Marktkräfte Grenzen gesetzt sind bzw. gesetzt werden müssen. Insoweit huldigen die Vertreter der Sozialen Marktwirtschaft nicht der These, der private bzw. marktwirtschaftliche Sektor sei prinzipiell stabil und werde erst durch staatliche Eingriffe gestört. Aber auch die Gegenthese vom »Marktversagen« trifft das Anliegen der Sozialen Martkwirtschaft in diesem Zusammenhang nur bedingt. Es geht ihr vielmehr neben der gesamtwirtschaftlichen Rahmenpolitik um dreierlei:

– Einmal um die Tatsache, daß es Bereiche gibt, die dem Marktprinzip, d. h. der Steuerung knapper Ressourcen durch den sich nach Angebot und Nachfrage bildenden Marktpreis, nicht zugänglich sind. Beispiel dafür ist etwa der Umweltschutz, wo die Marktwirtschaft allein in wichtigen Bereichen einfach nicht »greift« (Problematik der freien Güter). Deshalb sind hier staatliche Normensetzung, die Festlegung von Höchstgrenzen und teilweise auch die Erhebung von Abgaben erforderlich, um einen wirksamen Umweltschutz sicherzustellen.

– Zum zweiten geht es um wichtige Lebensbereiche, die »jenseits von Angebot und Nachfrage«[24] liegen und in denen der Staat sich aus sozialer Verantwortung engagieren muß. Dazu gehören die verschiedenen Schwerpunktbereiche der Sozialpolitik einschließlich der Förderung der Familien, die vielfältigen Maßnahmen der Arbeitsmarktpolitik oder auch die gesamte Berufsbildung. Hier wäre der Markt allein überfordert. Deshalb sieht die Soziale Marktwirtschaft hier zumindest eine staatliche Mitgestaltung vor.

– Und schließlich geht es darum, daß der unbeeinflußte autonome Marktprozeß zu Ergebnissen führen kann, die unter sozialen Aspekten höchst problematisch wären und die zugleich durch marktkonforme Eingriffe des Staates vermieden werden können. Beispiel dafür sind etwa benachteiligte Regionen (wie das Zonenrandgebiet oder andere peripher gelegene wirtschaftsschwache Räume), die ohne einen gewissen staatlichen Nachteilsausgleich kaum Chancen hätten, im regionalen Standortwettbewerb zu bestehen. Sie wären daher ohne eine aktive staatliche Regionalpolitik von einer passiven Sanierung, also einem sich selbst verstärkenden circulus vitiosus nach unten, bedroht. Dabei umfaßt die regionale Entwicklungspolitik nicht nur finanzielle Hilfe für die gewerbliche Wirtschaft, sondern auch den Ausbau der regionalen Infrastruktur.

Eine ähnliche Philosophie des Nachteilsausgleichs liegt auch der Mittelstandspolitik zugrunde, nämlich die Erkenntnis, daß gerade kleine und mittlere Unternehmen gravierend benachteiligt sein können, etwa bei der Finanzierung. Auch hier sieht die Soziale Marktwirtschaft staatliche Hilfestellung vor.

Nicht Nachteilsausgleich, dafür aber Verstetigung ist das Ziel einer aktiven Konjunkturpolitik. Auch hier wird versucht, die bei autonomer Wirtschaftsentwicklung auftretenden starken zyklischen Ausschläge der Konjunktur nicht zuletzt aus sozialer Verantwortung abzumildern und zu glätten.

In all diesen Bereichen bedarf das System der Marktwirtschaft staatlicher Ergänzung bzw. politischer Korrekturmaßnahmen, die je nach Problemlage Normen setzend, verstetigend, ausgleichend, abfedernd oder unterstützend in den Marktprozeß eingreifen.

Soziale Marktwirtschaft zielt auf ein Optimum im Zusammenwirken von Markt und Staat. Dieses Optimum ergibt sich mit Sicherheit nicht, wenn man die Soziale Marktwirtschaft als ein beliebiges Mischsystem verstehen würde, bei dem man die »Zutaten« beliebig dosieren könnte. Die Soziale Marktwirschaft steht und fällt mit einer voll intakten und leistungsstarken Marktwirtschaft, deren Funktionsfähigkeit trotz aller Korrekturen nicht beeinträchtigt werden darf. Wo das jeweilige Optimum liegt, läßt sich nicht vom Grünen Tisch bestimmen, sondern muß »vor Ort« in jedem Politikbereich von den jeweils Verantwortlichen ausbalanciert werden nach dem allgemeinen Motto: Soviel Markt wie möglich, soviel Staat wie nötig.

Dies bedingt freilich, daß sich alle, die wirtschaftspolitisch Verantwortung tragen, zugleich auch als Ordnungspolitiker verstehen und bestrebt sind, die Grenzlinie zwischen Markt und Staat nach jeweils bestem Wissen und Gewissen auszuloten. Ordnungspolitik in der Sozialen Marktwirtschaft ist daher nicht Aufgabe weniger Spezialisten, sondern eine echte Gemeinschaftsaufgabe, bei der alle maßgeblichen Gruppen mitwirken müssen.

Eben auf diese Mitwirkung zielt die Soziale Marktwirtschaft als »irenische«[25], d.h. friedenstiftende Formel. Sie ist ganz bewußt als der Versuch entwickelt worden, eine Wirtschaftsordnung aufzubauen, die quer durch das gesamte Spektrum der politischen Weltanschauungen und Überzeugungen mit breiter Zustimmung rechnen kann. Dahinter steht wie gesagt die Überzeugung, daß eine Gesellschaft sich nur dann nach innen und außen behaupten und lebensfähig bleiben kann, wenn sie sich jenseits aller Gruppeninteressen die Fähigkeit zu einem gemeinsamen sozialen Grundkonsensus bewahrt. Erst eine solche Übereinstimmung vermochte die Grundlage zu schaffen für eine Bündelung aller sozialen und ökonomischen Kräfte in Richtung auf ein gemeinsames Ziel, nämlich den deutschen Wiederaufbau und die Schaffung von »Wohlstand für alle«.[26]

4. Weiterentwicklung des Konzepts

Alfred Müller-Armack hatte von Anfang an klargestellt, daß er die Soziale Marktwirtschaft als ein offenes Konzept betrachtete, als einen »der Ausgestaltung harrenden progressiven Stilgedanken«. Der Auftrag zur Weiterentwicklung und zur Anpassung an neue Probleme und neue Fragestellungen ist der Sozialen Marktwirtschaft also stets immanent gewesen. Schon deshalb vermag jene Kritik nicht zu überzeugen, die darauf abstellt, daß die Wirtschaftsordnung deshalb überholt sei, weil man es heute mit ganz anderen Problemen zu tun habe als damals in der Zeit des deutschen Wiederaufbaus.

In der Tat stand damals die Sicherung der materiellen Grundversorgung im Vordergrund. Diese Aufgabe wurde unter der politischen Leitidee der Sozialen Marktwirtschaft in einer Weise gelöst, die selbst ihre engagiertesten Befürworter kaum erwartet hatten, wie das Schlagwort vom »Wirtschaftswunder« beweist. Freilich waren es weniger wunderbare oder übernatürliche Kräfte, die hier wirksam wurden, sondern vielmehr die volle ökonomische Schubkraft einer Marktwirtschaft, die endlich von ihren administrativen und dirigistischen Fesseln befreit wurde, verstärkt und angetrieben durch den Optimismus einer Bevölkerung, die nach den Entbehrungen der Nachkriegszeit ein klares Ziel vor Augen hatte und gleichzeitig spürte, daß es sozusagen täglich bergauf ging.

Ohne der späteren Analyse dieses Prozesses im Einzelnen vorgreifen zu wollen, kann schon jetzt festgestellt werden, daß das Konzept der Sozialen Marktwirtschaft in dieser ersten Nachkriegsphase seine Bewährungsprobe glänzend bestanden hat. Die Marktwirtschaft war populär – ebenso wie ihr politischer Anwalt und Inspirator Ludwig Erhard. Das bereits erwähnte Motto »Wohlstand für alle« war nicht nur Programm, sondern auch Resultat dieser Wirtschaftsordnung und verhalf nicht zuletzt deshalb der Marktwirtschaft zu einer überragenden politischen Akzeptanz in der Bevölkerung.

Dennoch gab es schon Ende der 50er Jahre Überlegungen, die auf eine konzeptionelle Weiterentwicklung und eine innere Erneuerung der Sozialen Marktwirtschaft drängten. Es war ihren Vertretern von Anfang an klar, daß die in der Aufbauphase im Vordergrund stehenden materiellen Ziele nicht für alle Ewigkeit Geltung bzw. den gleichen Stellenwert haben würden. Sie hielten es schon damals für notwendig, die stark auf die Effizienz der Güterversorgung ausgerichtete Wirtschaftspolitik durch eine mehr gesellschaftspolitisch orientierte Akzentuierung wenn nicht zu modifizieren, so doch zu ergänzen.

Schon Ende der 50er Jahre wandte man sich der Aufgabe zu, das Leitbild der Sozialen Marktwirtschaft ganz bewußt einer kritischen Überprüfung zu unterziehen vor dem Hintergrund dessen, was in der Bundesrepublik Deutschland in kaum mehr als einem Jahrzehnt wirtschaftlich, aber auch sozial erreicht worden war.[27] Ebenso ging es natürlich auch um eine Neuadjustierung der Wirtschaftsordnung auf die sich damals abzeichnenden Zukunftsaufgaben.

1960 legte Alfred Müller-Armack sein Konzept für die, wie er es nannte, »zweite Phase der Sozialen Marktwirtschaft« vor. Er stellte dabei folgende sieben Ziele in den Vordergrund:

1. Die Notwendigkeit, verstärkt in geistiges Kapital zu investieren, also in Wissenschaft, Forschung und Erziehung.

2. Förderung von Selbständigkeit, nicht nur im Rahmen allgemeiner Wirtschaftspolitik, sondern in Form konkreter Förderprogramme zur Selbständigmachung.

3. Stabilitätspolitik in bezug auf Währung, Geldwert und Konjunktur als bewußte Gesellschaftspolitik.

4. Gestaltung der betrieblichen Umwelt und Verbesserung der Arbeitsplatzbedingungen; Schaffung eines neuen betrieblichen Klimas, das den Menschen in den Mittelpunkt der industriellen Arbeit stellt.

5. Umweltpolitik in umfassendem Sinn, also nicht nur in bezug auf die Natur bzw. die Reinhaltung von Luft und Wasser, sondern ebenso als soziale Umweltpolitik (Raumordnung und Raumplanung, Dorfgestaltung und Städtebau, Einrichtung von Fußgängerzonen und Nationalparks usw.).

6. Strukturpolitik durch Instrumente wie Mobilitätsprämien (z.B. für die Abwanderung aus dem Bergbau), Umschulungshilfen, Kredite an neue Unternehmen und Anpassungshilfen an schrumpfende Branchen nach dem Prinzip von Hilfe zur Selbsthilfe.

7. Europäische Integration, internationale konjunkturpolitische Zusammenarbeit, Entwicklungshilfe für arme Länder.[28]

Damit ist ein Aufgabenkatalog umschrieben, der durchaus modern anmutet und nahezu kein Thema enthält, das nicht auch heute im Vordergrund der öffentlichen Diskussion stünde. Die meisten dieser Themen waren – wie oben dargelegt – zwar schon früher im Ansatz im Konzept der Sozialen Marktwirtschaft erhalten. Nun aber sollten sie in dieser zweiten Phase der Sozialen Marktwirtschaft eine deutlich stärkere Betonung erfahren.

Die meisten dieser Aufgaben verlangten ein (Mit)Tätigwerden des Staates und den Einsatz öffentlicher Mittel. Das heißt aber nicht, daß jeglicher staatlicher Einfluß ordnungspolitisch gedeckt wäre. Nochmals: Die Soziale Marktwirtschaft erfordert den starken, aber begrenzten und seiner marktwirtschaftlichen Verantwortung klar bewußten Staat.

Eben dieses Bewußtsein aber ging bereits in der zweiten Hälfte der 60er Jahre zunehmend verloren und wurde in den 70er Jahren abgelöst durch eine wirtschaftspolitische Philosophie, die sich an wohlfahrtsstaatlichen Vorstellungen orientierte, eine zunehmende Demokratisierung der Wirtschaft anstrebte und den Staat bzw. die Politik in der Rolle des »Machers« sah. Hintergrund dafür waren geradezu euphorische Wachstumserwartungen, wie sie sich etwa im Schlagwort von der »affluent society« (Galbraith) ausdrücken. Vereinfacht gesagt glaubte man, daß durch technischen Fortschritt, marktwirtschaftlichen Innovationsdrang und nahezu unerschöpfliche Produktivitätsreserven die Probleme von Produktion und Wertschöpfung dauerhaft gelöst seien und daß man sich nunmehr ganz dem Problem der sozialen Gerechtigkeit widmen und auf eine gezielte Umverteilungspolitik konzentrieren könne.

In der Tat: Wenn die Marktwirtschaft ein so robuster und gegen Störungen von außen unanfälliger Vollautomat wäre, dann könnte sich tatsächlich die politische Gestaltung wesentlich darauf beschränken, allzu große Konjunkturausschläge durch eine antizyklische Konjunkturpolitik zu verstetigen und damit Konjunktur, Wachstum und Beschäftigung sozusagen an die Kette staatlicher Steuerung zu legen. Das mag überspitzt formuliert sein. Aber ähnliche Grundhaltungen und Hoffnungen spielten in den späten 60er Jahren weltweit eine große Rolle, und sie gingen quer durch alle Parteien. Insoweit hat Karl Schiller durchaus ein Grundmotiv der damaligen Zeit aufgenommen, als er den Übergang zur »aufgeklärten Marktwirtschaft« proklamierte. Ihre konkrete wirtschaftspolitische Ausformung fand dieses Konzept im Stabilitätsgesetz von 1967, mit dem sich die Wirtschaftspolitik ins Führerhaus der Konjunktur setzen und sich ein leistungsfähiges Arsenal von Hebeln und Mechanismen zulegen wollte, um die Wirtschaft auf einem politisch festzulegenden Kurs zu halten.

Die Wirtschaftspolitik wurde zunehmend institutionalisiert. Stichworte dafür sind: der Sachverständigenrat zur Begutachtung der gesamtwirtschaftlichen Entwicklung mit seinen Jahresgutachten, der Jahreswirtschaftsbericht der Bundesregierung, der Finanzplanungsrat, der Konjunkturrat für die öffentliche Hand, die konzertierte Aktion. Alle diese Instrumente sollten dazu dienen, die wirtschaftspolitische Diskussion zu versachlichen, in der Willensbildung zu vereinheitlichen und vor allem natürlich: den Wirtschaftsprozeß mit Hilfe von Prognosen, Projektionen sowie den steuerlichen und fiskalischen Instrumenten der Globalsteuerung so zu beeinflussen, daß die wichtigsten gesamtwirtschaftlichen Ziele (magisches Drei- bzw. Viereck) gleichgewichtig verwirklicht würden.

Tatsächlich hat sich die Wirklichkeit diesem Gestaltungsanspruch meist widersetzt.[29] Der Glaube an die politische Gestaltbarkeit hat sich zu einem großen Teil als Illusion erwiesen. Politik und Staat mußten zunehmend ihre Grenzen erfahren. Vor allem aber haben die Rückschläge der 70er Jahre wieder zu der Einsicht geführt, daß eine primär an Verteilungszielen orientierte Politik nur allzu leicht die Rechnung ohne den Wirt macht und daß nach wie vor die Binsenweisheit gilt, daß nur verteilt werden kann, was zuvor durch Leistung erwirtschaftet wurde.

Die Marktwirtschaft ist eben kein robuster Vollautomat, sondern sie ist auf bestimmte Funktionsbedingungen angewiesen. Erst wenn diese Bedingungen erfüllt sind, kann sie ihre volle Leistung entfalten. Zu diesen Mindestbedingungen gehören ausreichende Freiräume, hinreichende Erträge und gesamtwirtschaftliche Rahmenbedingungen, die es unserer Wirtschaft ermöglichen, sich gegenüber der internationalen Konkurrenz zu behaupten.

Doch gerade diese Funktionsbedingungen hatten sich in der Bundesrepublik seit Ende der 60er Jahre zunehmend verschlechtert. Ein rapider Anstieg der Lohnkosten, vor allem auch der sogenannten Lohnnebenkosten, eine wachsende Steuerbelastung, hohe Zinsen und eine zunehmende administrative Einengung verminderten nicht nur die Erträge der Wirtschaft, sondern vor allem auch ihre Investitionen. Man sprach damals von einer wachsenden »Investitionslücke«, die zugleich einen Rückgang der Ausgaben für Forschung, Entwicklung und Innovationen bedeutete und damit eine verschlechterte Altersstruktur des Produktionspotentials. All dies schlug bald auf die Beschäftigung durch, zumal die veränderte Faktorkostenrelation in bezug auf die Produktionsfaktoren Arbeit und Kapital immer stärker einen arbeitssparenden technischen Fortschritt begünstigte.

Doch die »Flurschäden« beschränkten sich nicht auf den Bereich des Ökonomischen, auf Produktion, Wettbewerbsfähigkeit und Arbeitsplätze. Die zunehmenden Disproportionalitäten im Verhältnis von Markt und Staat, von Leistung und Anspruch, von Produktion und Verteilung, fanden ihren Niederschlag auch im Bereich des Sozialklimas. Der Gruppenegoismus trat stärker hervor und es verstärkte sich der Wettlauf um staatliche Wohltaten zu Lasten des Leistungsklimas, zu Lasten der gesamtgesellschaftlichen Solidarität. Zunehmend traten Spannungen auf, die zutreffend als »Entsolidarisierung«[30] gekennzeichnet wurden.

Es kann nicht deutlich genug gesagt werden, daß die Abwendung von einer wie immer definierten »Verantwortungsgesellschaft« und die Hinwendung zu einer »Anspruchsgesellschaft«[31] ein eindeutiges Abweichen und eine Wegentwicklung von Stil und Haltung der Sozialen Marktwirtschaft bedeuten. Die Überdosierung des Staates und die einseitige Ausrichtung an Verteilungszielen haben jenes Gleichgewicht zwischen Markt- und Sozialprinzip ins Wanken gebracht, das die Soziale Marktwirtschaft anstrebt. Gerade in der Betonung der Grenzen – der Grenzen des Marktes, aber auch der Grenzen des Staates – unterscheidet sich die Soziale Marktwirtschaft diametral von der Idee des Wohlfahrtsstaates, der den einzelnen ermutigt, sich emanzipatorisch von allen Sachzwängen zu befreien und jene innere Haltung zu entwickeln, die man zurecht als »Vollkaskomentalität« charakterisiert hat.

Dahinter steht auch ein geänderter Freiheitsbegriff. Die Freiheit des Wohlfahrtsstaates tendiert eher in Richtung auf eine bindungslose Freiheit und auf Selbstverwirklichung. Aber gerade eine Selbstverwirklichung ohne bindende Werte führt nur allzuleicht in menschliche Leere und Orientierungslosigkeit. Eben deshalb setzt die Soziale Marktwirtschaft immer auf den Dualismus von Freiheit und Verantwortung. Ihr Leitbild verlangt von allen sozialen Gruppen und jedem Einzelnen, Mitverantwortung zu tragen und die gesellschaftlichen Probleme aktiv mitzugestalten.

5. Aktualität der Sozialen Marktwirtschaft

Für den Nachweis der Aktualität könnte bereits der formale Hinweis genügen, daß die Soziale Marktwirtschaft seit der »Bonner Wende« vom Oktober 1982 wieder das maßgebliche ordnungspolitische Konzept ist, an dem sich die Wirtschafts- und Gesellschaftspolitik der Bundesregierung orientieren will. Im Namen dieser Wirtschaftsordnung ist der Bundestagswahlkampf 1983 geführt worden. Nicht nur deshalb kann man feststellen, daß sich dieses Konzept nach wie vor auf eine breite öffentliche Zustimmung stützen kann.

Aber mit einer rein formalen Argumentation ist es wohl nicht getan. Es stellt sich die Frage, welche sachlichen und inhaltlichen Aspekte dafür sprechen, daß die Soziale Marktwirtschaft auch weiterhin den Anspruch erheben kann, ordnungspolitisches Leitbild zu sein.

Der wichtigste Aspekt besteht in der marktwirtschaftlichen Orientierung dieses Konzepts. Wirtschaft und Gesellschaft der Bundesrepublik Deutschland haben langfristig betrachtet nur dann eine Chance, ihre internationale Wettbewerbsfähigkeit, damit zugleich aber auch ihre soziale und politische Stabilität zu behaupten, wenn sie sich mit der Marktwirtschaft verbünden und jene Chancen nutzen, wie sie nun einmal typischerweise mit einer marktwirtschaftlichen Ordnung verbunden sind.

Nach dem Zweiten Weltkrieg ist weltweit ein »Wettkampf der Systeme« entbrannt. Der theoretischen Überzeugung von seiten der Befürworter der Marktwirtschaft, daß dieses Prinzip jeder zentralistischen Lenkung weit überlegen ist, setzten die Verfechter des Sozialismus immer wieder neu konzipierte langfristige Pläne mit dem erklärten Ziel entgegen, den wirtschaftlichen Rückstand gegenüber dem sog. Kapitalismus nicht nur aufzuholen, sondern diesen deutlich zu überholen. Mehr als vier Jahrzehnte praktischer Erfahrung mit unterschiedlichen Wirtschaftssystemen liegen heute wie in einem naturwissenschaftlichen Versuch vor. Sie belegen eindeutig die haushohe Überlegenheit der Marktwirtschaft in bezug auf Produktivität, Wohlstand, Wettbewerbsfähigkeit und technischen Fortschritt. Berücksichtigt man dabei die in der geringen Produktivität zentralistischer Systeme sich ausdrückende »versteckte Arbeitslosigkeit«, so ist die Marktwirtschaft auch der eindeutige Klassensieger in bezug auf Beschäftigung und Arbeitsplätze.

Der wesentliche Grund dafür liegt bekanntlich darin, daß die Marktwirtschaft auf dem natürlichen Verhalten des Normalmenschen aufbaut. Sie funktioniert unter den Bedingungen des Durchschnitts. Sie verlangt im Gegensatz zum Sozialismus eben nicht den Übermenschen, nicht ein besonderes gesellschaftliches Bewußtsein und kein besonderes ethisches Mindestniveau. Marktwirtschaft ist so gesehen eine natürliche Ordnung, deren Kräfte immer wirksam sind und um so besser funktionieren, je weniger man ihr künstliche Hindernisse in den Weg legt.

Diese internationale Erfahrung konnte nicht ohne Folgen für die ordnungspolitische Realität in der Welt bleiben. Sie hat ein grundlegendes Umdenken bewirkt. Weltweit ist ein Trend zur Marktwirtschaft oder vorsichtiger formuliert: Ein Trend zu mehr Marktwirtschaft zu beobachten.

– In allen westlichen Industriestaaten ist die Marktwirtschaft die vorherrschende wirtschaftspolitische Philosophie.

– In den sogenannten Schwellenländern des pazifischen Raumes werden

bestimmte marktwirtschaftliche Elemente z.T. rigoros angewendet, freilich – wie in Japan (MITI) – nicht selten kombiniert mit massiver staatlicher
Einflußnahme.

– Auch in den Entwicklungsländern gewinnt die Marktwirtschaft an Boden, übrigens nicht zuletzt als Ergebnis der Einsicht, daß man zu einer
effizienten Lenkung gar nicht in der Lage ist, weil die dazu notwendigen
Voraussetzungen – vor allem eine leistungsfähige Infrastruktur sowie eine
intakte Verwaltung – in ausreichendem Umfang fehlen.

– Und auch im Bereich des »Ostblocks«, der freilich alles andere als ein
homogener Block ist, also im Bereich der osteuropäischen Staaten, sind
mehr oder minder ausgeprägte Liberalisierungstendenzen seit langem un-
übersehbar.

Weltweit ist die Marktwirtschaft auf dem Vormarsch. Daß gleichzeitig
auch protektionistische Bestrebungen verstärkt wirksam werden, muß
dazu nicht als Widerspruch gelten. Schon immer war die latente Versuchung groß, die Vorteile einer marktwirtschaftlichen internationalen Arbeitsteilung voll in Anspruch zu nehmen, aber den weniger angenehmen
Konsequenzen der Marktwirtschaft – dem ständigen Leistungsdruck, dem
permanenten Zwang zu einer oft schmerzhaften Anpassung – möglichst
auszuweichen. Daß diese Asymmetrie auf längere Sicht nicht funktionieren
kann und zwangsläufig die internationale Arbeitsteilung empfindlich stört
und damit auch die Vorteile der Marktwirtschaft erheblich schmälert, liegt
auf der Hand. Dennoch ist ein solches Verhalten kaum als ein prinzipielles
Mißtrauensvotum gegen die Marktwirtschaft zu verstehen.

Worauf es in diesem Zusammenhang ankommt, ist die Tatsache, daß der
Zwang zur Marktwirtschaft tendenziell zunimmt. Je mehr die Märkte
unter dem Einfluß der neuen Technologien weltweit zusammenwachsen, je
mehr die internationale Arbeitsteilung zu einer Globalisierung und Internationalisierung der Märkte sowie zu einer Verschärfung des Konkurrenz-
druckes führt, desto mehr sind die Volkswirtschaften existenziell darauf
angewiesen, ihre komparativen Vorteile voll zur Geltung zu bringen. Für
ein Hochlohnland wie die Bundesrepublik Deutschland – rohstoffarm,
importabhängig, deshalb zwangsläufig exportorientiert – bestehen die
komparativen Vorteile vor allem in Kreativität, Einfallsreichtum und dem
Wissen und Können unserer Bevölkerung. Dieses geistige Potential voll zu
aktivieren und in wirtschaftliche Leistung umzusetzen, wird immer mehr
zu einer Überlebensfrage für uns. Wir sind sozusagen zur internationalen
Wettbewerbsfähigkeit verurteilt.

Denn das Vordringen der Mikroelektronik, der neuen Medien, neuer
Werkstoffe oder der Biotechnologie bedeutet mehr als nur einen jener
technologischen Schübe, wie sie in den letzten Jahrzehnten verschiedent-
lich vorgekommen sind. Die neuen Technologien und die strukturelle
Wende in Richtung auf eine »Informationsgesellschaft«[32] verändern das
Gesicht unserer Volkswirtschaft tiefgreifend und grundlegend. Sie bedeuten einen »qualitativen Sprung«, der gerade auch die Anforderung an die

Arbeitsplätze und an modernes Management grundlegend verändert. Vor allem die Tendenz zur Minimalisierung, zur Flexibilisierung, zur Dezentralisierung und zur Individualisierung werden durch die neuen Technologien erst möglich, treiben aber gleichzeitig ihrerseits den Einsatz dieser Techniken auf breiter Front voran.

Zugleich ist es ein Kennzeichen dieser dritten industriellen Revolution, daß sich der Strukturwandel im Tempo erheblich beschleunigt hat. Traditionelles und vorhandenes Wissen veraltet schneller und muß neuen Wissensinhalten weichen. Daraus ergibt sich ein zunehmender Zwang zu ständigem Wandel der Berufsstrukturen und auch der Berufsinhalte. Immer weniger wird es möglich, einmal etwas zu lernen, einmal eine Berufsausbildung zu erhalten, und diese beruflichen Kenntnisse dann lediglich mit eigener Berufserfahrung anzureichern. Damit soll der hohe Wert beruflicher Erfahrung nicht geschmälert werden. Aber immer nötiger wird eine lebenslange Weiterbildung, die auch neue Berufsinhalte zu integrieren vermag. Dies verlangt von allen Gruppen eine stärkere Ausrichtung auf den Strukturwandel, mehr Eigeninitiative, mehr geistige Beweglichkeit, mehr Motivierung. Eben daraus aber resultiert der Zwang zu mehr Marktwirtschaft. Denn wenn die Zukunftsprobleme immer weniger von zentralen Befehlssträngen aus oder von unbeweglichen Großstrukturen gelöst werden können, wenn Anpassungsfähigkeit, ein schnelles Einstellen auf neue Situationen, eine dezentrale Entscheidungsfindung und individuelle Lösungen gefragt sind, und wenn es schließlich immer mehr auf individuelle Motivierung ankommt, dann kann dies nur heißen: mehr Marktwirtschaft, mehr unternehmerische Eigeninitiative und Kreativität,[33] mehr Raum für selbständig denkende und handelnde, hochmotivierte Mitarbeiter.

Zudem kann es sich eine Volkswirtschaft künftig immer weniger leisten, ihre Leistungsfähigkeit durch ein Übermaß an Subventionen, Regulierungen und bürokratischen Barrieren zu behindern. Auch protektionistische Praktiken müssen endlich als ein Verhalten begriffen werden, das wegen entsprechender Retorsionsmaßnahmen der Länder, gegen die man sich schützen will, zwangsläufig die Marktchancen der eigenen Exportindustrien einschränkt. Hinzu kommt für den speziellen Fall der Bundesrepublik die Hypothek jener Belastungen und Hemmnisse, die sich in früheren Jahren als Folge einer wohlfahrtsstaatlich eingefärbten Gesamtpolitik angehäuft haben, und die mitbewältigt, mindestens aber mitgetragen werden müssen.

Vor diesem Hintergrund ergibt sich die dringende Notwendigkeit einer marktwirtschaftlichen Reformpolitik. Diese Politik muß sozusagen auf eine Generalüberholung unseres marktwirtschaftlichen Systems hinauslaufen, um dessen Effizienz und Dynamik wieder zu erhöhen. Dazu ist ein ganzes Bündel von Einzelreformen notwendig. Die wichtigsten Stichworte lauten:
- Steuerreform
- Deregulierung

- Privatisierung
- Subventionsabbau
- Reform des Gesundheitssystems
- Reform der Rentenfinanzierung.

Dabei ist zu berücksichtigen, daß die Bundesrepublik in all diesen Reformbereichen, die direkte Auswirkungen auf die Konsistenz der Märkte haben, in unmittelbarer Konkurrenz zu anderen Ländern steht, denen gegenüber wir uns zumindest in der Quersumme aller Reformen und komparativen Vorteile behaupten müssen. Eine aus welchen Gründen auch immer zu geringe Reformfähigkeit etwa bei der Privatisierung muß deshalb an anderer Stelle kompensiert werden, wenn nicht unsere internationale Wettbewerbsfähigkeit leiden soll. Und diese Wettbewerbsfähigkeit ist wie gesagt das entscheidende Kriterium, von der auch die Sicherheit der Arbeitsplätze abhängt. Mehr Arbeitsplätze[34] verlangen mehr Wettbewerbsfähigkeit, mehr Investitionen, mehr Aufwendungen für Forschung, Entwicklung und Innovationen und insoweit mehr Leistung.[35] Nur in Parenthese sei angemerkt: Vor diesem Hintergrund kann eine Arbeitszeitverkürzung, die auf weniger Leistung bzw. höhere Kosten hinausläuft, nicht als ökonomisch sinnvoller Weg zu mehr Beschäftigung angesehen werden.[36]

Doch der Aspekt der Marktwirtschaft ist – bezogen auf Soziale Marktwirtschaft – eben nur die eine Seite der Medaille. Auch die zweite Komponente – der Aspekt der sozialen Verantwortung – gewinnt vor dem Hintergrund der anstehenden Probleme zwangsläufig an Bedeutung.

Die Notwendigkeit ausgleichender Marktkorrekturen und sozialer Anpassungshilfen ergibt sich vor allem aus der schwierigen Lage auf dem Arbeitsmarkt. Trotz eines stetigen Wirtschaftswachstums verharrt die Arbeitslosigkeit auf einem Niveau, das über die Fluktuationsarbeitslosigkeit einer dem Strukturwandel unterworfenen Volkswirtschaft erheblich hinausgeht und mit unseren sozialen Maßstäben selbstverständlich nicht in Einklang steht. Es ist dies nicht der Ort, um auf die strukturellen Ursachen der Dauerarbeitslosigkeit näher einzugehen. Dazu liegen vielfältige Untersuchungen vor.[37] Wichtig ist im vorliegenden Zusammenhang nur das eine: die anhaltend hohe Arbeitslosigkeit erfordert nach wie vor flankierende Maßnahmen des Staates, sowohl im Rahmen der allgemeinen Sozialpolitik als auch im Rahmen einer umfassenden Arbeitsmarktpolitik, die mit ihrem differenzierten Instrumentarium speziell bei den einzelnen Problemgruppen des Arbeitsmarktes ansetzt.

Freilich ist unverkennbar, daß sozialpolitische Hilfsmaßnahmen überwiegend defensiven Charakter haben. Daß die Soziale Marktwirtschaft sich aus ihrem Verständnis sozialer Verantwortung heraus mit einer Defensivstrategie gegen die Arbeitslosigkeit nicht abfinden kann, bedarf keiner näheren Erklärung. Allerdings beinhaltet eine aktive und offensive Politik zur Bekämpfung der Arbeitslosigkeit mehr als die Verbesserung der allgemeinen Rahmenbedingungen für mehr wettbewerbsfähige Arbeitsplätze, obgleich diese Rahmenpolitik mit Sicherheit die entscheidende Basis für mehr Beschäftigung darstellt.

Gerade unter dem Gesichtspunkt der Arbeitslosigkeit, aber auch unter dem weiteren Aspekt sozialer Verantwortung sind auch in Zukunft ergänzende Maßnahmen erforderlich, um unsere Volkswirtschaft auf jenes Gleichgewicht hin zu entwickeln, das der Sozialen Marktwirtschaft vorschwebt. Diese ergänzenden, flankierenden Politikbereiche sind im Konzept der Sozialen Marktwirtschaft seit langem angelegt. Sie gewinnen an zusätzlicher Aktualität vor dem Hintergrund des oben skizzierten internationalen Strukturwandels. Die wichtigsten dieser Bereiche sollen im folgenden kurz angesprochen werden:

Konjunkturpolitik

Auch künftig ist die Wirtschaftspolitik auf ein konjunkturpolitisches Instrumentarium angewiesen. Zwar hat die Konjunkturpolitik insoweit an Stellenwert verloren, als sich die zyklische Komponente der deutschen Wirtschafsentwicklung eindeutig abgeschwächt hat. Manche befürchten (oder hoffen) ja schon, es gebe den Konjunkturzyklus überhaupt nicht mehr. Statt dessen haben Maßnahmen zur wachstumsfördernden Rahmengestaltung und Strukturverbesserung an Gewicht gewonnen. Kurzfristig orientiertes Konjunkturmanagement, wie es noch den Schöpfern des Stabilitätsgesetzes vorschwebte, ist zum Teil ersetzt worden durch stärker strukturell orientierte Maßnahmen. Dennoch ist die Konjunkturpolitik nicht tot. Gerade die internationalen Turbulenzen nach dem 19. Oktober 1987 haben schlaglichtartig erhellt, daß auch kurzfristig wirksame Stabilisierungsimpulse nach wie vor zum Instrumentenkasten einer verantwortlichen Wirtschaftspolitik gehören müssen.

Regionalpolitik

Auch in einem hochindustrialisierten Land wie der Bundesrepublik ist Regionalpolitik weiterhin notwendig. Wenn die EG-Kommission regionalpolitische Probleme lediglich in solchen Regionen anerkennen will, die – gemessen an wirtschaftlicher Leistungskraft und an der Situation auf dem Arbeitsmarkt – unter dem gemeinschaftlichen Durchschnitt liegen, so verkennt sie damit die Probleme, die sich auch in einem vergleichsweise wohlhabenden Land durch bestehende Ungleichgewichte und ein deutliches »Chancengefälle« gegenüber den Verdichtungsräumen ergeben. Aber dies ist ein prinzipieller Streit, der politisch ausgetragen werden muß.

Hinzu kommt ein weiterer Gesichtspunkt: Die akuten Probleme der europäischen Agrarpolitik haben gerade in der Bundesrepublik bei den landwirtschaftlichen Erzeugern zu erheblichen Einkommenseinbußen geführt. Die Existenz vieler bäuerlicher Familienbetriebe mit ungünstigen Produktionsbedingungen ist gefährdet. Der sich bereits vollziehende, aber überwiegend noch bevorstehende Strukturwandel in der Landwirtschaft hat den gesamten ländlichen Raum in Unruhe versetzt. Notwendiger denn je ist eine umfassende Politik für den ländlichen Raum, sozusagen eine konzertierte Akton aller raumrelevanten Zuständigkeitsbereiche mit dem Ziel, die Attraktivität des ländlichen Raumes zu verbessern und ihm wieder neben den Ballungsgebieten eine eigenständige, positive Entwicklungsperspektive zu geben. In diesem Zusammenhang muß die Schaffung wohnortnaher Arbeitsplätze im Rahmen einer wirksamen Regionalpolitik mit Sicherheit einer der entscheidenden Schwerpunkte sein.

Mittelstandspolitik

Auch die Mittelstandspolitik hat keineswegs an Aktualität verloren. Seit jeher laufen die Strukturvorstellungen der Sozialen Marktwirtschaft auf ein Neben- und Miteinander kleiner, mittlerer und großer Unternehmen hinaus. Die Marktwirtschaft lebt vor allem von der Vielzahl konkurrierender und kooperierender Unternehmen; Marktvielfalt und Machtbegrenzung sind unabdingbare Voraussetzung für freiheitliche Marktbedingungen. Der Mittelstand ist deshalb aus der Sicht der Sozialen Marktwirtschaft keineswegs ein Randbereich, um den man Schutzzäune errichten sollte, sondern vielmehr das Herzstück, das Zentrum, der Normalfall der Marktwirtschaft. Deshalb muß Mittelstandspolitik in erster Linie bedeuten: Schaffung von gesamtwirtschaftlichen Rahmenbedingungen, die kleinen und mittleren Unternehmen in ausreichendem Umfang die Chance geben, sich zu entwickeln und dauerhaft am Markt zu behaupten. Flankierend dazu müssen aber nach wie vor und im Zuge eines beschleunigten Strukturwandels sogar verstärkt mittelstandsspezifische Nachteile marktkonform ausgeglichen werden. Deshalb muß es weiterhin eine spezifische Mittelstandspolitik geben, die sich als »Hilfe zur Selbsthilfe« versteht und dort unterstützend, fördernd, teilweise auch beratend hilft, wo mittelständische Unternehmen benachteiligt sind. Dies gilt z. B. auch für den Zugang zu ausländischen Märkten. Wenn die mittelständischen Unternehmen im Zuge einer wachsenden Internationalisierung nicht zurückbleiben und letztlich abgehängt werden sollen, muß der Staat auch in Zukunft im Rahmen des ordnungspolitisch Sinnvollen Hilfestellung geben, daß auch kleine und mittlere Unternehmen auf ausländischen Märkten Fuß fassen können. Das gilt ganz besonders im Hinblick auf den gemeinsamen europäischen Binnenmarkt, der ab 1992 entstehen soll und alle Bereiche der deutschen Wirtschaft zwingen wird, sich den Bedingungen und Leistungsnormen des europäischen Gesamtmarktes anzupassen.

Technologiepolitik

Eine neue Dimension der Mittelstandspolitik als ein neues Politikfeld eigenständiger Bedeutung ergibt sich unter dem Stichwort »Forschung und Innovation«. Es geht darum, den Wissens- und Informationstransfer aus der Forschung in die wirtschaftliche Anwendung und hier insbesondere auch in den Mittelstand zu beschleunigen und zu verbreitern. Auch unter den Bedingungen der dritten industriellen Revolution soll der Mittelstand sein volles Innovationsgewicht entfalten können. Dazu sind staatliche Hilfestellungen notwendig, die freilich die Grenze zum Dirigismus nicht überschreiten dürfen. Technischer Fortschritt ist und bleibt in erster Linie ein unternehmerischer Prozeß. Aber dem steht z. B. die Förderung bestimmter »Querschnittstechnologien« nicht im Wege. Sie ist im Gegenteil notwendig, ebenso wie der Auf- und Ausbau einer flächendeckenden Informationsinfrastruktur, die auch kleinen und mittleren Unternehmen den Zugang zu dem gespeicherten Wissen unserer Zeit (Datenbanken, Patentämter, Fachinformationssysteme) ermöglicht.

Wettbewerbspolitik

In der Bundesrepublik Deutschland vollzieht sich gegenwärtig ein beschleunigter Konzentrationsprozeß sowie ein heftiger Verdrängungswettbewerb zu Lasten des mittelständischen Einzelhandels. Dahinter steckt ein Strukturwandel, der großenteils durch das tatsächliche Verbraucherverhalten bedingt und großenteils auch von den Verbrauchern gewollt ist. Aber teilweise droht er zu entarten. Er hat Formen angenommen und führt zu Ergebnissen, die mit den globalen Strukturvorstellungen der Sozialen Marktwirtschaft – eben dem dauerhaften Neben- und Miteinander großer, mittlerer und kleiner Unternehmen – nicht mehr in Einklang gebracht werden können, weil sich dadurch die langfristigen Marktstrukturen grundlegend verschlechtern.

Der sich vor allem auf dem Lebensmittelmarkt vollziehende Verdrängungswettbewerb geht keineswegs nur zu Lasten der ganz kleinen Unternehmen (»Tante Emma«), sondern auch zu Lasten durchaus leistungsfähiger mittlerer Einheiten, die andererseits relativ hohe Marktzugangsschranken vorfinden. Praktisch bedeutet dies eine Verarmung des Wettbewerbs, eine qualitative Ausdünnung der Angebotsvielfalt und damit ein Verlust an wirtschaftlicher Freiheit und Wahlmöglichkeit, die langfristig auch nicht im Sinne des Verbrauchers sein kann.

Dabei wird nicht bestritten, daß es Wettbewerb gibt. Der Wettbewerb im Oligopol ist bekanntlich besonders intensiv. Aber aus der Sicht der Sozialen Marktwirtschaft kommt es nicht nur auf den Wettbewerb als Institution, sondern auch darauf an, was bei diesem Wettbewerb strukturell und im Hinblick auf künftige Wettbewerbsmärkte herauskommt. Eben deshalb erscheint aus der Sicht der Sozialen Marktwirtschaft eine Reform der Kartellgesetzgebung (GWB) durchaus geboten.

Umweltpolitik

Das wachsende Gewicht der Umweltpolitik ist unbestritten. Optimaler umweltpolitischer Fortschritt, der einerseits das technisch Machbare, andererseits aber auch die Folgewirkung der Umweltschutzkosten auf Wettbewerbsfähigkeit, Arbeitsplätze und wiederum Finanzierungsspielräume für wirksamen Umweltschutz berücksichtigt, kann nur in jenem Zusammenwirken von Marktautonomie und staatlicher Normensetzung erreicht werden, wie es für die Soziale Marktwirtschaft typisch ist.[38] Der Staat soll klare, verläßliche Normen- und Schwellenwerte vorgeben. Er soll aber gleichzeitig möglichst große Spielräume lassen, innerhalb derer die Wirtschaft sich ihren eigenen, kostengünstigsten Weg zur Erfüllung dieser Aufgaben selbst suchen kann. Der staatlich abgesteckte Rahmen soll durch die Dynamik des Marktes ausgefüllt werden.

Berufsbildung

Gerade im Zusammenhang mit den neuen Technologien wurde bereits angedeutet, daß die Mobilisierung des Faktors Geist für die Bundesrepublik eine der entscheidenden Zukunftsaufgaben überhaupt ist, von dem alle anderen Bereiche abhängen. Die Berufsausbildung im sogenannten dualen System – eine Stärke der Bundesrepublik – muß intensiviert und gleichzeitig durch praxisnahe Formen der lebenslangen beruflichen Weiterbildung ergänzt werden. Auch in diesem Sektor wird ein Optimum nur möglich sein, wenn Wirtschaft und Staat in spezifischer Weise zusammenwirken.

Infrastrukturpolitik

Last but not least ist die Aufgabe zu nennen, die Infrastruktur der Bundesrepublik Deutschland zu modernisieren und weiter zu ergänzen. Ein günstiges Energiepreisniveau ist und bleibt ein entscheidender Standortfaktor, der international Gewicht hat. Auch der Verkehrsausbau und die Anbindung an die großen internationalen Wirtschaftsräume zu Land, zu Wasser und in der Luft entscheiden mit über den Standort Bundesrepublik Deutschland und seine Wettbewerbsfähigkeit. Ein dritter Infrastrukturbereich, der ständig an Bedeutung gewinnt, ist der Bereich der Information im weitesten Sinne, vor allem der Ausbau leistungsfähiger Kommunikationssysteme. In diesem Zusammenhang ist auch die Strukturreform der Deutschen Bundespost und ihrer Dienste zu sehen. Dabei verpflichtet freilich die soziale Verantwortung dazu, auch dem Erschließungsprinzip und damit den Zukunftschancen der dünn besiedelten Randgebiete ausreichend Rechnung zu tragen.

Dies alles sind Aufgabenfelder, in denen aus der Sicht der Sozialen Marktwirtschaft der Staat auch künftig Aufgaben wahrzunehmen hat, die über das neoliberale Staatsverständnis deutlich hinausgehen. Nach unserer Überzeugung trägt der Staat hier aktive Mitverantwortung. Er darf nicht nur, sondern er muß auch in Marktprozesse eingreifen, und zwar nicht nur administrativ, sondern auch finanziell. Insoweit gehören bestimmte Subventionen durchaus zum notwendigen staatlichen Instrumentarium. Aber eben nur dort, wo sie wirklich notwendig und ordnungspolitisch gerechtfertigt sind.

Natürlich sind auch aus der Sicht der Sozialen Marktwirtschaft Erhaltungssubventionen abzulehnen, die nicht mehr wettbewerbsfähige Strukturen gegen die Marktkräfte zu stützen versuchen. Aber es entspricht nicht dem Verständnis Sozialer Marktwirtschaft, in den so beliebten Ruf vieler Verbandsversammlungen einzustimmen: »Weg mit allen Subventionen!« Mit einer Realisierung dieser Forderung würde die Soziale Marktwirtschaft ihre bisherige ordnungspolitische Linie aufgeben und in einen neuen Kurs einschwenken, der sich wieder stärker an neoliberalen bzw. liberalistischen Vorstellungen orientieren würde.

Ob eine solche stärkere Orientierung an der reinen Lehre der Marktwirtschaft dem Image dieser Wirtschaftsordnung in der Öffentlichkeit und ihrer Akzeptanz nützen würde, ist wohl eher zu bezweifeln. Selbst in einem Land, das wie die Bundesrepublik so hervorragende Erfahrungen mit der Marktwirtschaft gemacht hat, ist man, wie die Erfahrung zeigt, relativ schnell bereit, in die vermeintliche Sicherheit des Sozialstaats zu flüchten, sobald sich ernsthafte Struktur- und Anpassungsprobleme ergeben. Eine Ordnungspolitik, die bewußt darauf verzichten würde, etwa bei gravierenden Branchenkrisen abfedernde Anpassungshilfen zu geben, würde mit Sicherheit nur das Lager der Marktwirtschaftsgegner verstärken. Auch die Marktwirtschaft ist, soll sie nicht zu einem theoretischen Prinzip verkümmern, auf politische Mehrheiten angewiesen.

Wenn die Marktwirtschaft eine Zukunft haben soll, muß ihr die Mehrheit der Bevölkerung vertrauen. Der Weg zu mehr Vertrauen in die Marktwirschaft führt aber nicht über mehr marktwirtschaftlichen Fundamentalismus. Notwendig ist stattdessen eine stärkere Wiederbesinnung auf die tragenden Grundsätze der Sozialen Marktwirtschaft, der es um ökonomische Effizienz geht, aber ebenso sehr auch um sozialen Konsens, und die neben der Dynamik des Marktes auch die soziale Verantwortung der Gesellschaft, der Gruppen und des Staates betont.

Die Soziale Marktwirtschaft ist ein optimistisches Ordnungskonzept. Sie setzt auf ökonomische Vernunft, soziale Verantwortung, Partnerschaft, letztlich auf Versöhnung, auch im Streit unterschiedlicher Interessen. Dieses brückenbauende und integrierende Element unserer Wirtschaftsordnung würde durch eine partielle Abwendung von der Sozialen Marktwirtschaft mit der Folge einer zwangsläufig stärkeren Polarisierung der Gesellschaft infrage gestellt.

Notwendig ist aber gerade das Gegenteil. Die großen Strukturprobleme unserer Zeit haben nämlich nicht nur eine finanzielle, sondern auch eine gesellschaftspolitische Dimension. Sie beinhalten eine zunehmende Spaltung der Gesellschaft, z. B.

– in Dauerarbeitslose und solche, die viel zu viel arbeiten müssen
– in High-tech-Spezialisten und Menschen, die mit der technischen Entwicklung nicht mehr mitkommen
– in die immer größere Gruppe der Rentenbezieher und die immer kleinere Gruppe der »Rentenbezahler«
– in diejenigen, die das Gesundheitssystem rigoros ausnutzen, und diejenigen, die zunehmend zur Kasse gebeten werden
– in kinderreiche Familien und solche, die allein ihrer Selbstverwirklichung leben.

Dies sind nur Beispiele. Sie zeigen, daß unsere Gesellschaft auf dem Wege ist, sich in immer mehr Widersprüche zu zerlegen und damit letztlich aufzulösen. Insoweit besteht ein großer Nachholbedarf an Gemeinsamkeit; gleichzeitig aber steht der Bestand an sozialem Konsens vor harten Belastungsproben. Unter beiden Aspekten wäre es ausgesprochen töricht, ausgerechnet diejenige Wirtschaftsordnung zu schwächen, die am ehesten in der Lage ist, widerstrebende Interessen unter dem Dach gemeinsamer Überzeugungen zusammenzuführen.

Deshalb: Die Soziale Marktwirtschaft ist eine Wirtschaftsordnung mit Vergangenheit, aber auch mit Zukunft! Sie ist als offenes, fortzuentwickelndes Leitkonzept im Sinne von »challenge and response« (Toynbee) zumindest besser als alle bisher bekannten Alternativen imstande, die Probleme der Zukunft zu lösen, nicht nur bei uns, sondern auch in anderen Ländern.

Damit soll die Soziale Marktwirtschaft gewiß nicht zum Exportartikel hochstilisiert werden, schon gar nicht in andere Kulturkreise, in denen ganz andere Wertmaßstäbe vorherrschen. Aber die drängenden Probleme der Welt – angefangen von der Arbeitslosigkeit über den Kampf gegen Hunger und Not, die Verbesserung und Sicherung des Sozialstandards bis hin zu mehr Gesundheitsvorsorge und Umweltschutz – alle diese Aufgaben sind letztlich nur in einem Zusammenwirken von Wirtschaft und Staat im Sinne der Sozialen Marktwirtschaft einer Lösung näher zu bringen. Sie sind einfach nicht zu lösen ohne ein Mindestmaß an Eigeninitiative, an unternehmerischem Einsatz und technischer Kreativität. Dies alles kann sich nur in einer funktionierenden marktwirtschaftlichen Ordnung entwickeln. Die Marktwirtschaft wird aber nur dort und dann leistungsfähig und von Dauer sein, wo und wenn sie mit den geltenden sozialen Normen in Übereinstimmung gebracht werden kann.

Gleichzeitig »produziert« die technische Entwicklung weltweit einen

Reformdruck in Richtung auf mehr Marktwirtschaft und mehr individuelle Freiheit. Deshalb besteht insgesamt Anlaß, für die Marktwirtschaft optimistisch zu sein. Und es könnte sogar die Zuversicht wachsen, daß der technologisch bedingte Zwang zu mehr wirtschaftlicher Freiheit, Partnerschaft und Kooperation letztlich auch die Chancen für den Frieden in der Welt verbessert.

6. Anmerkungen

1 Zum Stilbegriff sowie zur Entwicklung der Wirtschaftsstillehre Müller-Armack, Alfred: Religion und Wirtschaft, Stuttgart 1959, S. 47 ff.
2 Biedenkopf, Kurt H.: Die neue Sicht der Dinge, München 1985, S. 419 ff.
3 Zur Stichhaltigkeit solcher Kritik vgl. Bethlen, Stefan Graf: Arbeitslosigkeit – Folge der Sozialen Marktwirtschaft? in: Bethlen, Stefan Graf/Müller-Armack, Andreas (Hrsg.): Vollbeschäftigung – eine Utopie?, Bern und Stuttgart 1986.
4 Vgl. hierzu die kontroversen Beiträge von Jaumann, Anton und Starbatty, Joachim im Rahmen des 2. Expertengesprächs der List-Gesellschaft 1987 zum Thema: Die Wirtschaftspolitik der Bundesländer: Auf dem Weg zum Neomerkantilismus, in: List-Forum, Band 14 (1987/88), Heft 2, Düsseldorf 1987.
5 Frankfurter Allgemeine Zeitung vom 8. Februar 1979.
6 Vgl. hierzu Grotkopp, Wilhelm: Die große Krise, Düsseldorf 1954.
7 Goerdeler, Carl: Das Ziel: Beseitigung der Kollektivwirtschaft (1941), zitiert nach: Ludwig-Erhard-Stiftung (Hrsg.): Grundtexte zur Sozialen Marktwirtschaft, Stuttgart 1981, S. 13 f.
8 So erinnert sich beispielsweise Ministerpräsident Franz Josef Strauß, daß in den Jahren 1948/49 »bis in die Reihen der Union hinein« die Meinung verbreitet gewesen sei, »daß man durch eine liberale Wirtschaftspolitik die Folgen des Krieges, die Trümmer und den Hunger, die Wohnungsnot, die Versorgung der Flüchtlinge und Heimkehrer, nicht bewältigen könne. Man war damals weitgehend der Auffassung, daß eine auf Wettbewerb und Leistung aufgebaute Wirtschaftspolitik nur in einem geordneten Staatswesen mit einer funktionierenden Wirtschaft Aussicht auf Erfolg hätte. Die Nöte des Tages, die Forderung, das Leben wieder schrittweise zu normalisieren, erforderten eine starke staatliche Planung, Lenkung und Kontrolle.« Vgl. Strauß, Franz Josef: Soziale Marktwirtschaft 1949 bis 1969, in: Politische Studien, Heft 265, 33. Jg., München 1982. Hinzuweisen ist auch darauf, daß es damals quer durch alle Parteien eine Art Grundkonsens darüber gab, daß ein bleibender staatlicher Einfluß auf die Wirtschaft notwendig sei, um künftig Vorgänge wie die Unterstützung der NS-Diktatur durch die deutsche Großindustrie zu verhindern. Nicht zuletzt deshalb sah das »Ahlener Programm« der CDU Nordrhein-Westfalens vom Februar 1947 u. a. eine Vergesellschaftung des Kohlebergbaus und der eisenschaffenden Industrie sowie verstärkte Kontrollen des Geld-, Bank- und Versicherungswesens vor. Diese dirigistische Grundposition wurde erst mit den Düsseldorfer Leitsätzen vom 15. Juli 1949 revidiert. Erst die von einer Programmkommission der CDU unter Franz Etzel ausgearbeiteten neuen Programmaussagen brachten den Durchbruch und die endgültige Hinwendung zur Sozialen Marktwirtschaft. Vgl. dazu: Bayerische Landeszentrale für politische Bildungsarbeit (Hrsg.): 30 Jahre Bundesrepublik Deutschland, Band I: Auf dem Wege zur Republik 1945 bis 1947, Band II: Das Entscheidungsjahr 1948, Band III: Gründung des neuen Staates 1949, Nr. A 61 bis A 63, München 1978, 1979 und 1981.

9 Vgl. Röpke, Wilhelm: Civitas humana – Grundfragen der Gesellschafts- und Wirtschaftsreform, 4. Auflage, Bern und Stuttgart 1979.

10 Vgl. Dürr, Ernst: Der Schumpetersche Unternehmer in der Theorie der wirtschaftlichen Entwicklung, in: Borchert, Manfred u. a. (Hrsg.): Markt und Wettbewerb (Festschrift für Ernst Heuß), Beiträge zur Wirtschaftspolitik (hrsg. von Tuchtfeld, Egon), Band 47, Bern und Stuttgart 1987, S. 245 ff.

11 Vgl. Grundtexte der Sozialen Marktwirtschaft, a.a.O.

12 Eucken, Walter: Grundsätze der Wirtschaftspolitik, Tübingen 1952, S. 254.

13 Vgl. Müller-Armack, Andreas: Das Menschenbild der Sozialen Marktwirtschaft, Politische Studien, Heft 265, a.a.O. und ders.: Das Christliche in der Sozialen Marktwirtschaft, Politische Studien, Heft 275, 35. Jg., München 1984.

14 Müller-Armack, Alfred: Wirtschaftslenkung und Marktwirtschaft, Hamburg 1946, S. 88.

15 Dazu nochmals Franz Josef Strauß: »Die Union hat sich damals gerade aus schwerwiegenden sozialpolitischen Überlegungen die Entscheidung über das von Ludwig Erhard mit unerhörtem Elan, unglaublicher Energie, großer Dynamik und bewundernswerter Überzeugungskraft vertretene marktwirtschaftliche Konzept nicht leicht gemacht. Ich gehöre zu den wenigen, noch im aktiven politischen Leben tätigen Politikern, die im Frühjahr 1948 im Frankfurter Hotel Monopol in einer vertraulichen Sitzung des Führungskreises der CDU/CSU von dem damals parteilosen Ludwig Erhard belehrt worden sind, wie man mit der herrschenden Not am schnellsten aufräumen könnte. Mit der Berufung Professor Erhards zum Direktor der Verwaltung für Wirtschaft nach der von den Besatzungsmächten erzwungenen Abberufung Dr. Johannes Semlers war bereits schon die erste entscheidende Weiche in Richtung Marktwirtschaft gestellt. Die Berufung Ludwig Erhards erfolgte auf Vorschlag Dr. Josef Müllers, meines väterlichen politischen Mentors. Für mich, den damals jüngsten Abgeordneten des Zwei-Zonen-Wirtschaftsrates, war damit der wirtschafts- und gesellschaftspolitische Kurs der Union klar vorgezeichnet.« In: Politische Studien, a.a.O. Vgl. dazu auch Willi Schickling: Entscheidung in Frankfurt – Ludwig Erhards Durchbruch zur Freiheit, hrsg. von der Ludwig-Erhard-Stiftung e. V., Stuttgart 1978, S. 55 ff.

16 Müller-Armack, Alfred: Vorschläge zur Verwirklichung der Sozialen Marktwirtschaft (Mai 1948), in: Genealogie der Sozialen Marktwirtschaft, Beiträge zur Wirtschaftspolitik, Band 34, Bern und Stuttgart 1981, S. 90.

17 Zit. nach Tuchtfeld, Egon: Soziale Marktwirtschaft als wirtschafts- und gesellschaftspolitische Aufgabe in: Politische Studien, Heft 290, 37. Jg., München 1986.

18 Vgl. dazu Lampert, Heinz: Die Wirtschafts- und Sozialordnung der Bundesrepublik Deutschland, Geschichte und Staat, Band 278, 9., überarbeitete Auflage, München 1988.

19 Müller-Armack, Alfred: Vorschläge a.a.O., S. 100.

20 Ders.: Die heutige Gesellschaft nach evangelischem Verständnis – Diagnose und Vorschläge zu ihrer Gestaltung, in: Genealogie der Sozialen Marktwirtschaft, a.a.O., S. 118.

21 Ders.: a.a.O., S. 119.

22 Ders.: a.a.O., S. 120.

23 Biskup, Reinhold (Hrsg.): Partnerschaft in der Sozialen Marktwirtschaft, Beiträge zur Wirtschaftspolitik, Band 45, Bern und Stuttgart 1986.

24 Röpke, Wilhelm: Jenseits von Angebot und Nachfrage, Ausgewählte Werke, 5. Auflage, Bern, Stuttgart 1979.

25 Müller-Armack, Alfred: Soziale Irenik, in: Weltwirtschaftliches Archiv, Band 64, 1950; vgl. auch Tuchfeldt, Egon: Die philosophischen Grundlagen der Sozialen Marktwirtschaft, in: Institut für Wirtschaftspolitik an der Universität zu Köln; Zeitschrift für Wirtschaftspolitik (wirtschaftspolitische Chronik), 31. Jg., Heft 1, Köln 1982.

26 Erhard, Ludwig: Wohlstand für alle, Düsseldorf 1957.
27 Müller-Armack, Alfred: Die Soziale Marktwirtschaft nach einem Jahrzehnt ihrer Erprobung (1959), in: Wirtschaftsordnung und Wirtschaftspolitik, a.a.O.
28 Ders.: Die zweite Phase der Sozialen Marktwirtschaft – ihre Ergänzung durch das Leitbild einer neuen Gesellschaftspolitik, in: Studien zur Sozialen Marktwirtschaft (Institut für Wirtschaftspolitik an der Universität zu Köln, Untersuchungen, Band 12) Köln 1960.
29 Zur kritischen Analyse der Globalsteuern vgl. Starbatty, Joachim: Erfolgskontrolle der Globalsteuerung, Frankfurt am Main 1976.
30 Tuchtfeld, Egon: Soziale Marktwirtschaft als wirtschafts- und gesellschaftspolitische Aufgabe, Politische Studien, a.a.O., S. 642.
31 Höhler, Gertrud: Die Anspruchsgesellschaft. Von den zwiespältigen Träumen unserer Zeit. Düsseldorf/Wien 1986.
32 Späth, Lothar: Wende in die Zukunft – die Bundesrepublik auf dem Weg in die Informationsgesellschaft, Hamburg 1985.
33 Höhler, Gertrud: Die Zukunftsgesellschaft, Düsseldorf/Wien 1986.
34 Zu speziellen beschäftigungspolitischen Aspekten aus der Sicht der Sozialen Marktwirtschaft vgl. Müller-Armack, Andreas: Grundlage künftiger Beschäftigungspolitik in der Sozialen Marktwirtschaft, in: Bethlen, Stefan Graf/Müller-Armack, Andreas: Vollbeschäftigung – eine Utopie? a.a.O., S. 81 ff.
35 Vgl. Jaumann, Anton: Zukunft ist Leistung, Stuttgart 1979.
36 Müller-Armack, Andreas: Kann Arbeitszeitverkürzung die Arbeitslosigkeit abbauen helfen?, in: Politische Studien, Heft 269, 34. Jg., München 1983.
37 Vgl. dazu Bethlen, Stefan Graf/Müller-Armack, Andreas (Hrsg.): Vollbeschäftigung – eine Utopie? a.a.O.
38 Vgl. Tuchtfeldt, Egon: Umweltschutz in der Sozialen Marktwirtschaft, in: Politische Studien, Heft 295, 38. Jg., München 1987, S. 476 ff.

Dieter Grosser

Die Wirklichkeit der Wirtschaftsordnung

1. Leitbild und Wirtschaftsordnung

*Vom Leitbild Soziale Marktwirtschaft müssen die geltende Wirtschaftsord-
nung und das bestehende Wirtschaftssystem unterschieden werden. Obwohl Wirtschaftsordnung und Wirtschaftssystem von diesem Leitbild abweichen, werden sie immer noch durch Berufung darauf legitimiert.*

Soziale Marktwirtschaft ist ein ordnungspolitisches Leitbild mit dem Ziel,
»auf der Basis der Wettbewerbswirtschaft die freie Initiative mit einem
gerade durch die marktwirtschaftliche Leistung gesicherten sozialen Fortschritt zu verbinden«.[1] Vom Leitbild ist die geltende Wirtschaftsordnung
zu unterscheiden. Sie besteht aus den Rechtsnormen und Institutionen, die
die Beziehungen zwischen den Personen und Organisationen regeln, die an
der Wirtschaft teilnehmen. Die Wirtschaftsordnung darf nicht mit dem
bestehenden konkreten Wirtschaftssystem gleichgesetzt werden; sie stellt
zwar die rechtliche Rahmenordnung dieses Systems dar, kann jedoch das
System nicht im einzelnen bestimmen. So hat die Internationalisierung des
Kapitalmarktes seit dem Ende der 60er Jahre zu erheblichen Veränderungen der Funktionsweise des Wirtschaftssystems geführt, ohne daß sich die
Normen, die den internationalen Kapitalverkehr in der Bundesrepublik
regeln, wesentlich geändert hätten.

Die »Gründerväter« hielten das ordnungspolitische Leitbild Soziale
Marktwirtschaft bewußt relativ allgemein; sie wollten begründen, weshalb
sie für mehr Markt und weniger staatlichen Zwang waren, aber sie wollten
kein vollständiges, detailliertes Ordnungsmodell vorlegen. Gerade weil es
so viel Spielraum für Interpretationen ließ, erwies sich das Leitbild in der
politischen Praxis als brauchbar, wenn es darum ging, die marktwirtschaftliche Selbstregelung durchzusetzen und zu schützen. Natürlich gelang dies
nie in dem Maße, wie es in liberaler Sicht notwendig gewesen wäre; die
Widerstände der Interessengruppen gegen eine konsequente Durchsetzung
von Markt und Wettbewerb waren zu groß. Trotz aller Abweichungen der
geltenden Wirtschaftsordnung vom Leitbild wurde es schon in den 50er
Jahren immer mehr zum Symbol der wirtschaftlichen Realität. Das war
zwar wissenschaftlich nicht korrekt, aber es war den Anhängern des Leitbildes recht, der Regierungsmehrheit billig und auch begründbar. Denn im

Vergleich zur staatlichen Befehlswirtschaft vor dem Juni 1948 dominierte in der Wirtschaft der Bundesrepublik, trotz aller Durchbrechungen, das Prinzip »Markt«. Die Bundesrepublik präsentierte sich in den 50er Jahren deutlich marktwirtschaftlicher als Länder wie Großbritannien, Frankreich oder Italien. Als 1957 die »dynamische Rente« eingeführt wurde und die Bezüge des durchschnittlichen Rentners mit einem Schlage um zwei Drittel stiegen, konnte darin ein Beweis gesehen werden, daß auch der soziale Anspruch des Leitbildes einlösbar war. Wie von den Gründungsvätern versprochen, hatte die Marktwirtschaft zu hohen Wachstumsraten geführt, die es ermöglichten, nun auch die materiellen Lebensbedingungen der sozial Schwachen in erstaunlichem Maße zu verbessern. Im Rückblick lassen sich die Wahlgeschenke von 1956/57, die ja nicht nur die Rentenreform, sondern alle möglichen Vergünstigungen für tatsächlich oder vermeintlich bedürftige Gruppen umfaßten, als Anfang des gefährlichen Weges in den »Gefälligkeitsstaat« interpretieren. Die überproportional zum Wachstum des Sozialprodukts steigenden Steuereinnahmen boten sich als überaus nützliche Quelle von Gratifikationen an Interessengruppen an, die stets sozial begründet wurden, aber allen zugute kamen, die über eine wirksame Lobby oder wichtige Stimmenpakete verfügten. Das politische Konsensmaximierungskalkül triumphierte damals schon über die ökonomisch begründeten Bedenken Erhards und die fiskalpolitisch begründeten Einwände des Bundesfinanzministers Schäffer. Das ging damals gut, weil die Wirtschaft noch belastungsfähig war. 1965 führte die gleiche Praxis bereits in eine politische und ökonomische Krise (vgl. S. 92 f.). Der »Stilverfall der Sozialen Marktwirtschaft«, von dem Tuchtfeldt für die Zeit der Kanzlerschaft Erhards spricht, setzte im Grunde schon 1956/57 ein.[2]

SPD und Gewerkschaften hatten die Konzeption Soziale Marktwirtschaft anfangs ebenso strikt abgelehnt wie die Wirtschaftspolitik Erhards. Im ersten Bundestagswahlkampf, im Sommer 1949, kündigte die SPD im Falle eines Wahlsieges die Sozialisierung von Großindustrie, Kredit-, Finanz- und Versicherungswesen an. Ebenso wie starke Kräfte in den Gewerkschaften setzte die SPD auf das von Fritz Naphtali in der Weimarer Zeit entwickelte Modell der »Wirtschaftsdemokratie«: Sozialisierung der Schlüsselindustrien, Mitbestimmung der Arbeitnehmer nicht nur in den Unternehmen, sondern in den Wirtschaftsräten auf sektoraler, regionaler und gesamtstaatlicher Ebene, Steuerung der wirtschaftlichen Entwicklung durch Rahmenpläne, die von den Wirtschaftsräten zu beschließen waren. Die Unionsparteien hingegen hatten sich in den »Düsseldorfer Leitsätzen« vom Juli 1949 auf die Soziale Marktwirtschaft festgelegt und führten den Wahlkampf 1949 mit dem Schlagwort »Erhards soziale Marktwirtschaft gegen die sozialistische Planwirtschaft«. Die Wahlniederlage der SPD im August 1949 kann als Entscheidung für Erhard interpretiert werden. Das »Wirtschaftswunder« schwächte dann den Einfluß sozialistischer Gruppen in SPD und Gewerkschaften. Die SPD sah sich gezwungen, die Distanz zur bestehenden Wirtschaftsordnung allmählich zu verringern. Wichtige wirtschaftspolitische Aussagen des »Godesberger Programms« der SPD (1959) ließen Unterschiede zur Sozialen Marktwirtschaft nur noch mit Mühe erkennen. So hieß es: »Die Wirtschaftspolitik muß auf der Grundlage einer stabilen Währung die Vollbeschäftigung sichern, die volkswirtschaftliche Produktivität steigern und den allgemeinen Wohlstand erhöhen.« ... »Freie Konsumwahl und freie Arbeitsplatzwahl sind entscheidende Grundlagen, freier Wettbewerb und freie Unternehmerinitiative sind wichtige Elemente sozialdemokratischer Wirtschaftspolitik.« Zwar forderte die SPD eine aktivere Rolle des Staates in der Prozeß- und Strukturpolitik. Ebenso klar war, daß die Sozialdemokraten die Umverteilung zugunsten der Schwachen verstärken wollten. Von einer Fundamentalopposition der SPD gegen die geltende Wirtschaftsordnung konnte nach 1959 jedoch nicht mehr die Rede sein. Sozialdemokraten vermieden aber weiterhin, von Sozialer Marktwirtschaft zu sprechen; der Begriff war für sie parteipolitisch von Union und FDP besetzt.

Karl Schiller, sozialdemokratischer Wirtschaftsminister in der Großen Koalition 1966–1969 und anschließend in der Regierung Brandt bis zum Sommer 1972, sah sich als Marktwirtschaftler, der gerade das erreichen wollte, was nach Eucken unabdingbar war, aber nach dem wissenschaftlichen Erkenntnisstand der 60er Jahre durch den Markt allein nicht erreichbar schien: Stabilität, Wachstum und Vollbeschäftigung. Die »Globalsteuerung« erschien somit nicht als Überwindung, sondern als eine notwendige Ergänzung der Euckenschen Konzeption, sie war »aufgeklärte« Marktwirtschaft mit sozialer Bindung. Diese Sicht wurde 1967, als Schiller das Stabilitäts- und Wachstumsgesetz vor der Öffentlichkeit begründete, von der Mehrheit der Wirtschaftswissenschaftler geteilt. Eine Minderheit sah allerdings in der »aufgeklärten«, »globalgesteuerten« Marktwirtschaft einen deutlichen Bruch mit der Konzeption Erhards oder Euckens (vgl. S. 64 f.).

Nach 1969 versagte die Globalsteuerung zuerst bei der Inflationsbekämpfung, dann, nach 1973, bei der Überwindung der Wachstums- und Beschäftigungskrise (vgl. S. 97 ff.). In Politik und Wissenschaft waren nun zwei grundverschiedene Reaktionen zu beobachten. Die einen forderten mehr Planung und Lenkung der Wirtschaft, die anderen den Verzicht darauf und die Rückkehr zum Markt als dem dominierenden Regelungssystem. Anhänger der Forderung »Mehr Planung und Lenkung« fanden sich in Teilen der SPD und der Gewerkschaften. Einen gewissen Einfluß auf die Diskussionen innerhalb der SPD gewann das von Fritz W. Scharpf entwickelte Modell einer kooperativen Lenkung der wirtschaftlichen Entwicklung durch Wirtschafts- und Strukturräte, in denen Staat, Gewerkschaften und Unternehmen vertreten sind. In dem 1975 vorgelegten »Orientierungsrahmen '85« der SPD fanden diese Überlegungen Widerhall, wurden allerdings innerhalb der Partei und auch der Gewerkschaften nicht konsensfähig.[3] Die Anhänger der Forderung »Verzicht auf Planung und Lenkung, Rückkehr zum Markt« gewannen hingegen rasch an Einfluß, nicht nur in der Bundesrepublik, sondern auch in den USA und in Großbritannien. Ihr Einfluß wirkte sich bereits auf die Wirtschaftspolitik der sozialliberalen Koalition ab 1976 aus; Ende der 70er Jahre bildeten sie die herrschende Meinung in der Wissenschaft, ab 1982 lieferten sie der Wirtschaftspolitik der CDU/CSU/FDP-Koalition die wissenschaftliche Begründung für die nun dominierende »angebotsorientierte« Politik (vgl. S. 66f.).

Das ursprüngliche Leitbild der Sozialen Marktwirtschaft gewann somit, angesichts des offenkundigen Versagens der Globalsteuerung, eine neue Aktualität.

Im folgenden werden die ordnungspolitisch wichtigsten Entwicklungen seit 1949 genauer untersucht.

2. Wettbewerbsordnung als Problem

Nach dem Leitbild der Sozialen Marktwirtschaft ist der Wettbewerb die entscheidende Voraussetzung für Funktionsfähigkeit und Legitimation der Marktwirtschaft. Der Wettbewerbspolitik fehlt allerdings ein gesichertes Wettbewerbsmodell. Auch verhinderten politische Widerstände ein konsequentes Kartellverbot und die rechtzeitige Einführung der Zusammenschlußkontrolle.

Wettbewerb sorgt in der Marktwirtschaft dafür, daß das egoistische Streben der Einzelnen nach Vorteilen in ein Handeln umgeformt wird, das der optimalen Güterversorgung aller Nachfrager dient, die mit Kaufkraft ausgestattet sind. Wettbewerb ist somit die eine Voraussetzung dafür, daß die »unsichtbare Hand« Eigeninteresse und Allgemeininteresse ohne staatlichen Zwang miteinander verbinden kann. Freie Marktpreisbildung ist die andere Voraussetzung.

Neben dieser allgemeinen Funktion des Wettbewerbs gibt es spezielle Wettbewerbsfunktionen. Seit Kantzenbach[4] ist es üblich, statische und dynamische Wettbewerbsfunktionen zu unterscheiden. Die statischen sind:
– Wettbewerb steuert die funktionelle Einkommensverteilung nach der Marktleistung;
– Wettbewerb steuert die Zusammensetzung und Verteilung des Angebots an Waren und Dienstleistungen nach den Käuferpräferenzen;
– Wettbewerb lenkt die Produktionsfaktoren in ihre produktivsten Einsatzmöglichkeiten.
Die dynamischen sind:
– Wettbewerb bewirkt die laufende Anpassung der Produktion und der Produktionskapazität an die sich ändernden Nachfrage- und Angebotsbedingungen;

– Wettbewerb beschleunigt die Durchsetzung des technischen Fortschritts bei Produkten und Produktionsmethoden.[5]

Ohne Wettbewerb könnte Marktwirtschaft nicht funktionieren, weil dem Wettbewerb, verbunden mit freier Preisbildung an freien Märkten, unentbehrliche Steuerungsfunktionen zukommen. Ohne Wettbewerb ließe sich Marktwirtschaft auch nicht legitimieren, weil die Einkommensverteilung dann Marktmacht und nicht Marktleistung widerspiegelte.

Eine sich selbst überlassene Wettbewerbsordnung ist aber nicht stabil. Der Leistungsdruck, der vom Wettbewerb ausgeht, ist den Unternehmen höchst unbequem. Wenn irgend möglich, suchen sie sich daher dem Wettbewerb zu entziehen oder ihn mindestens einzuschränken. Dies gelingt durch Absprachen zwischen selbständig bleibenden Unternehmen (Kartellen) oder auch durch Unternehmenszusammenschlüsse. Die Leitidee der Sozialen Marktwirtschaft fordert daher den Staat auf, ein Höchstmaß an Wettbewerb durch eine »klare Rahmenordnung« zu sichern.[6]

Die Gestaltung dieser »klaren Rahmenordnung« hat sich aber als ein überaus schwieriges Problem erwiesen, und zwar nicht nur wegen der politischen Widerstände gegen einen wirksamen Schutz des Wettbewerbs, sondern auch wegen der Uneinigkeit der Wissenschaft über ein realistisches und empirisch abgesichertes Modell des in der Bundesrepublik herstellbaren Wettbewerbs.

Eucken sah die Kernfrage der modernen Wirtschaftspolitik in der »Herstellung eines funktionsfähigen Preissystems vollständiger Konkurrenz«. Danach hätte also die Wettbewerbspolitik die Marktform der vollständigen Konkurrenz wenigstens annähernd anzustreben. Bei dieser Marktform gibt es jeweils viele Anbieter und viele Nachfrager. Der Preis wird am Markt durch Gesamtangebot und Gesamtnachfrage gebildet und ist für den einzelnen Anbieter oder Nachfrager ein Datum, das er nicht beeinflussen kann. In der hochentwickelten Industriegesellschaft läßt sich »vollständige Konkurrenz« aber nur in Ausnahmefällen beobachten. Selbst in polypolistischen Märkten, wie sie in vielen Handwerksbranchen oder bei Textilien zu beobachten sind, ist der Preis für den einzelnen Produzenten kein Datum, jedenfalls nicht innerhalb einer gewissen Bandbreite. Denn jeder Polypolist versucht, seinem Produkt durch Produktdifferenzierung, besondere Qualitäten und Werbung einen eigenen Teilmarkt zu sichern. Der ist zwar nicht so groß, daß sich seine Preis- oder Produktpolitik wesentlich auf seine Konkurrenten auswirken könnte. Doch der Polypolist hat einen gewissen Spielraum; gilt sein Produkt als besser, so kann er auch höhere Preise verlangen als die Konkurrenz.

Die in der Industrie vorherrschende Marktform ist das Oligopol. Wenige Anbieter teilen sich einen Markt; jeder dieser Anbieter ist so groß, daß seine Strategien sich auf die anderen spürbar auswirken. Gelingt es ihm, ein verbessertes Produkt erfolgreich auf den Markt zu bringen, kann er nicht nur hohe Preise verlangen, sondern er nimmt den anderen Marktanteile weg. Erlaubt ihm eine Verfahrensinnovation, billiger zu produzieren und seine Preise zu senken, wächst sein Absatz ebenfalls zu Lasten der Konkurrenten. Der Produkt- oder Verfahrensinnovateur zwingt somit die Konkurrenz, ebenfalls neue Produkte oder neue Verfahren zu entwickeln, wenn sie nicht hinnehmen will, daß ihre Gewinne und/oder Marktanteile sinken. Es liegt somit die Hypothese nahe, daß Wettbewerb und Innovationsdruck im Oligopol relativ hoch seien, höher jedenfalls als im Polypol, wo der Marktanteil des einzelnen Innovateurs zu klein sei, um seine Konkurrenten zu eigenen Innovationen zwingen zu können. Diese Hypothese stellte Kantzenbach mit seinem Modell des »funktionsfähigen Wettbewerbs« auf. Er meinte allerdings, nur im »weiten« Oligopol, also einem Markt mit vielleicht 10 oder 20 Anbietern, sei der Wettbewerb so intensiv, daß durch Innovation erzielte überdurchschnittliche Gewinne eines Unternehmens durch das Nachziehen der anderen im Innovationsprozeß rasch »weggefressen« würden. Im »engen« Oligopol mit vielleicht nur 2 oder 3 Anbietern falle es den wenigen Oligopolisten zu leicht, Wettbewerbsbeschränkungen, etwa Marktaufteilungen oder Verzicht auf bestimmte Innovationen, zu vereinbaren. Das weite Oligopol sei somit gut, das enge schlecht.[7]

Kantzenbachs Konzeption des »funktionsfähigen Wettbewerbs« hatte anfangs eine erhebliche Wirkung, weil sie realistisch schien und der Wettbewerbspolitik eine einfache Handlungsanweisung lieferte: Verhindert enge, fördert weite Oligopole! Es zeigte sich aber bald, daß sie zu einfach war. Denn empirische Untersuchungen erwiesen, daß die tatsächlichen Wettbewerbsverhältnisse von viel mehr Faktoren abhängen. So gibt es Wettbewerbsbeschränkungen sogar in relativ weiten Oligopolen, und zwar vor allem dann, wenn ein großer Marktführer sich den Markt mit einer Reihe von kleineren Anbietern teilt und die kleinen sich der Strategie des großen anpassen. Umgekehrt gibt es höchst intensiven Wettbewerb in sehr engen Oligopolen.

Viel scheint von der Marktphase abzuhängen, in der sich ein Produkt befindet. In der »Einführungsphase« kann der erfolgreiche Innovateur, sobald der Markt für das neue Produkt erst einmal geschaffen ist, überdurchschnittlichen Gewinn erzielen; da die Konkurrenz mit vergleichbaren Produkten noch gar nicht auf dem Markt ist, hat er ein befristetes »prozessuales Leistungsmonopol«. In der folgenden »Expansionsphase« treten Wettbewerber mit gleichen oder ähnlichen Produkten auf; Möglichkeiten der Produktverbesserung und Kostensenkung werden genutzt; der Wettbewerb ist intensiv, die überdurchschnittlichen Gewinne des ursprünglichen Innovateurs werden abgebaut. Dann folgt die »Reifephase«: Der Markt ist gesättigt, die Nachfrage geht auf den reinen Ersatzbedarf zurück, Möglichkeiten für Produkt- und Verfahrensverbesserungen sind erschöpft. Der Neueintritt von Wettbewerbern lohnt sich nun nicht mehr. Der Wettbewerb erlahmt. Keiner der Oligopolisten riskiert jetzt eine Preissenkung mit dem Ziel, seinen Marktanteil auszuweiten. Denn die anderen Oligopolisten müßten dann ebenfalls die Preise senken, neue

Käuferschichten wären nicht zu gewinnen, am Ende stünden alle schlechter da als vorher. In der »Rückbildungsphase« geht der Absatz zurück, weil das Produkt allmählich von anderen Produkten verdrängt wird. Unter Umständen kommt es zu einer Erstarrung des Marktes auf niedrigem Niveau.

Diese Überlegungen zeigen ein grundsätzliches Dilemma der Wettbewerbspolitik auf. Einfache und klare Handlungsanweisungen an das staatliche Aufsichtsamt sind zwar praktikabel, aber zugleich in ihrer Wirkung nicht mit Sicherheit wettbewerbsfördernd. Im Grunde brauchte das Aufsichtsamt eine detaillierte Untersuchung über die Wettbewerbsverhältnisse eines Marktes, ehe es einschreiten dürfte. Dabei müßten nicht nur Marktstrukturmerkmale wie Zahl und Größe der Marktteilnehmer, Marktzutrittsschranken oder Substituierbarkeit der Güter berücksichtigt werden. Es müßten Marktverhaltensmerkmale wie Preis- oder Qualitätswettbewerb, Innovationsbereitschaft, Risikobereitschaft und auch Marktergebnismerkmale wie Höhe der Preise und Gewinne, Güterqualitäten, Innovationsleistung ermittelt werden. Selbst wenn diese Untersuchungen in wissenschaftlich zuverlässiger Weise möglich wären, liefen sie auf willkürliche Definitionen von »normalen« und »überdurchschnittlichen« Gewinnen, »angemessenen« Qualitäten, »normalen« Risiken hinaus. Außerdem müßte die Aufsichtsbehörde entscheiden, worin denn das entscheidende Merkmal für ausreichenden Wettbewerb läge. Müßte ein enges Oligopol hingenommen werden, wenn es nicht durch überhöhte Preise gekennzeichnet wäre? Was sind aber überhöhte Preise? Und selbst wenn die Preise im Vergleich etwa zum Ausland eindeutig überhöht wären, könnte man dann nicht darauf vertrauen, daß bei freiem Marktzutritt das enge Oligopol bald durch neue Wettbewerber aufgebrochen würde?

Angesichts dieser Schwierigkeiten ist es kein Wunder, daß Erich Hoppmanns Idee des »freien Wettbewerbs« Anhänger gewann.[8] Hoppmann verlangte »generelle, durch allgemeine Rechtsnormen gesicherte Verbote von Verträgen und Verhaltensweisen mit wettbewerbsbeschränkender Funktion«; diskretionäre Eingriffe des Staates in Marktstrukturen oder gar die Preis- und Gewinnpolitik der Unternehmen lehnte er ab. Er empfahl ein generelles Kartell- und Zusammenschlußverbot in allen Bereichen, in denen freier Wettbewerb möglich ist. Zwar gäbe es Ausnahmebereiche, in denen freier Wettbewerb nicht hergestellt werden könne, etwa bei natürlichen Monopolen oder bei so erheblichen Größenvorteilen, daß marktbeherrschende Großunternehmen unvermeidbar seien. Diese Ausnahmebereiche seien aber nicht besonders gefährlich; da für fast alle Güter Substitutionsmöglichkeiten bestünden, gäbe es ein reines Monopol faktisch nicht.

In der Praxis läuft »freier Wettbewerb« darauf hinaus, den Marktzutritt für neue Konkurrenten offen zu halten, Kartelle zu verbieten und Fusionen von einer bestimmten Größe der beteiligten Unternehmen an zu unterbinden. Ganz unterbinden kann man Fusionen nicht, weil ein Zusammenschluß mittlerer Unternehmen gegen die Übermacht eines großen den Wettbewerb nicht selten fördert.

Es ist somit zwar richtig, daß die »Gründerväter« der Sozialen Marktwirtschaft kein realistisches und praktikables Wettbewerbsmodell besaßen. Zugleich ist aber festzustellen, daß ihre Kritiker nicht viel weitergekommen sind: nach wie vor ist umstritten, wie ausreichender Wettbewerb unter den heutigen Bedingungen definiert werden kann.

Wettbewerbspolitik, geltende Wettbewerbsordnung und tatsächliche Wettbewerbsverhältnisse können hier nicht in Einzelheiten dargestellt werden.[9]

Für die Beurteilung der geltenden Wirtschaftsordnung ist aber die Frage wichtig, ob sie ausreichenden Wettbewerb sichert oder ob politische Widerstände und die bereits dargestellten konzeptionellen Schwierigkeiten die von der Leitidee zwingend geforderte Sicherung des Wettbewerbs verhinderten.

Das Bundeswirtschaftsministerium begann schon 1949 mit der Ausarbeitung von Referentenentwürfen zur Wettbewerbspolitik. Erhard wünschte ein generelles Verbot von Kartellen und eine Zusammenschlußkontrolle. In achtjährigem Ringen mit den Interessenverbänden, in dem Erhard im Kabinett wenig Rückhalt fand und 1954 sogar mit seinem Rücktritt drohen mußte, wurde 1957 nur ein arg durchlöchertes »Gesetz gegen Wettbewerbsbeschränkungen« (GWB) vom Bundestag beschlossen. Zwar gelang es, das generelle Kartellverbot zu retten; § 1 Abs. 1 GWB lautet: »Verträge, die Unternehmen oder Vereinigungen von Unternehmen zu einem gemeinsamen Zweck schließen, und Beschlüsse von Vereinigungen von Unternehmen sind unwirksam, soweit sie geeignet sind, die Erzeugung oder die Marktverhältnisse für den Verkehr mit Waren oder gewerblichen Leistungen durch Beschränkungen des Wettbewerbs zu beeinflussen...«

Doch eine Fülle von Ausnahmeregelungen durchbrach dieses allgemeine Verbot. Um Ausnahmen durchzusetzen, ließen sich die Interessenvertreter sogar neue Kartellarten einfallen. So blieben vom Verbot ausgenommen Konditionenkartelle, Rabattkartelle, Strukturkrisenkartelle, Normierungskartelle, Rationalisierungskartelle, Exportkartelle ohne Inlandwirkung, Importkartelle; 1973 kamen noch die mittelständischen Kooperationskartelle hinzu. Die Generalklausel des § 8 gibt dem Bundesminister für Wirtschaft die Möglichkeit, Kartelle sogar dann zu genehmigen, wenn alle übrigen Voraussetzungen fehlen, sofern die Wettbewerbsbeschränkung »aus überwiegenden Gründen der Gesamtwirtschaft oder des Gemeinwohls« notwendig sei. Auch kann der Minister Branchenkrisenkartelle genehmigen, wenn »eine unmittelbare Gefahr für den Bestand des überwiegenden Teils der Unternehmen eines Wirtschaftszweiges« besteht und sie anders als durch Wettbewerbsbeschränkungen nicht beseitigt werden kann.

Die nach dem Gesetz zulässigen Kartelle sind genehmigungs- bzw. nur anmeldepflichtig. Aufsichtsbehörde ist das Bundeskartellamt, das in jedem Falle eine Mißbrauchsaufsicht ausübt.

Die Einführung der von Erhard gewünschten Genehmigungspflicht von Unternehmenszusammenschlüssen durch das Bundeskartellamt gelang 1957 nicht. Der wirtschaftspolitische Ausschuß des Bundestages stellte sich auf den Standpunkt, daß sie die »begrüßenswerte Tendenz zur optimalen Betriebsgröße« behindern könne.[10] Das Gesetz enthielt lediglich die Mißbrauchsaufsicht gegenüber »marktbeherrschenden« Unternehmen, definiert als Unternehmen, die keinem oder keinem wesentlichen Wettbewerb ausgesetzt sind. Abgesehen von der Durchlöcherung des Kartellverbots und der fehlenden Zusammenschlußkontrolle erschien schon damals auch die Freistellung bestimmter Ausnahmebereiche vom GWB als problematisch. Bundespost, Bundesbahn und andere Unternehmen des Güter- und Personenverkehrs wurden vom GWB ganz ausgenommen; die staatliche Fachaufsicht soll hier die Aufsicht der Kartellbehörden ersetzen. Eingeschränkte Freistellungen gelten vor allem für Landwirtschaft, Versorgungsunternehmen, Kredit- und Versicherungswirtschaft. Hier sind z. B. Kartelle zulässig; es besteht lediglich eine Mißbrauchsaufsicht des Kartellamts.

Ende der 60er Jahre verstärkte sich in Wissenschaft und Öffentlichkeit die Kritik an der zunehmenden Unternehmenskonzentration. Die Zahl der Unternehmenszusammenschlüsse wuchs; Prognosen, daß ohne Gegenmaßnahmen 1980 60 % des Industrieumsatzes von den 100 größten Unternehmen beherrscht werden würden, veranlaßten dann die sozialliberale Koalition zur Einführung der Fusionskontrolle in der 3. Novelle zum GWB 1973.[11] Die wichtigsten Bestimmungen (siehe S. 275 Materialien III.) zeigten den Einfluß der von Kantzenbach entwickelten Konzeption. Die nach wie vor hartnäckigen Widerstände von Teilen der Wirtschaft konnten nun überwunden werden, weil die Öffentlichkeit die Unternehmenskonzentration inzwischen als Problem sah und auch die Wissenschaft nahezu einstimmig die Fusionskontrolle befürwortete.

Das Bundeskartellamt ist für die Fusionskontrolle und für die Mißbrauchsaufsicht über marktbeherrschende Unternehmen ebenso zuständig wie für die Kartellkontrolle. Für die Beobachtung der Unternehmenskonzentration wurde durch die Novelle 1973 außerdem die Monopolkommission gebildet. Im Gegensatz zum Bundeskartellamt, einer selbständigen Bundesoberbehörde im Geschäftsbereich des Bundeswirtschaftsministeriums, besteht die Monopolkommission aus unabhängigen Mitgliedern, die weder dem öffentlichen Dienst angehören noch Bedienstete von Interessengruppen sein dürfen. Sie werden auf Vorschlag der Bundesregierung vom Bundespräsidenten ernannt. Die Monopolkommission legt alle zwei Jahre ein Gutachten zur Konzentrationsentwicklung und Konzentrationskontrolle vor. Seit 1980 muß der Bundeswirtschaftsminister ihre Stellungnahme einholen, ehe er entgegen der Entscheidung des Bundeskartellamtes eine Fusion genehmigt.

Das Gesetz gegen Wettbewerbsbeschränkungen hat auch heute noch, nach der 4. Novelle (1980), deutliche Schwachstellen. Die Durchbrechung des Kartellverbots durch Ausnahmeregelungen sind nach wie vor zu zahlreich. Immerhin dürfte trotzdem die Kartellierung heute deutlich niedriger sein als etwa 1930, als es zwischen 2000 und 3000 Kartelle gegeben haben soll.[12] 1978 waren 266, 1985 241 beim Bundeskartellamt eingetragene Kartelle in Kraft. Die Dunkelziffer dürfte allerdings beträchtlich sein, trotz erheblicher Geldbußen bei Verstößen gegen das Kartellverbot oder gegen rechtskräftig gewordene Verfügungen der Kartellbehörde (Bußgeld bis 100 000 DM, Einzug des durch den Verstoß erzielten Mehrgewinns bis zu einer dreifachen Höhe). Allgemein gilt die Kartellierung zur Zeit nicht als das Hauptproblem der Wettbewerbspolitik.

Die Schwachstellen der Fusionskontrolle sind das Fehlen einer Entflechtungsmöglichkeit, wenn ein marktbeherrschendes Unternehmen schon vor 1973 bestand oder wenn ein Unternehmen nicht fusioniert, sondern durch internes Wachstum seinen Marktanteil immer mehr ausweitet, bis es marktbeherrschend wird. Die vom Gesetz vorgesehene Mißbrauchsaufsicht über marktbeherrschende Unternehmen ersetzt die Entflechtung nicht, denn sie funktioniert schlecht; Preismißbrauch läßt sich z. B. kaum nachweisen, da vergleichbare Märkte mit funktionsfähigem Wettbewerb fast immer fehlen.

Die Zunahme der Unternehmenskonzentration hat das GWB allerdings nur bremsen, nicht aufhalten können. Im Durchschnitt aller Wirtschaftszweige des Bergbaus und des Produzierenden Gewerbes ist die Konzentration zwischen 1953 und 1978 gestiegen, seitdem stagniert sie.[13] Acht Wirtschaftszweige sind vom Umsatz her volkswirtschaftlich besonders bedeutend und zugleich hoch konzentriert, d. h. der Anteil der größten drei Unternehmen am Umsatz des Wirtschaftszweiges lag 1983 bei 25 % und höher: Büromaschinen, Datenverarbeitungsgeräte und -einrichtungen (75,2 %); Bergbau (62,7 %); Tabakverarbeitung (60,9 %); Mineralölverarbeitung (49,6 %); Straßenfahrzeugbau (48,1 %); Eisenschaffende Industrie (29,9 %)[14] (in Klammern die Umsatzanteile der drei größten Unternehmen).

Eine sehr hohe Konzentration weisen außerdem die kleinen Wirtschaftszweige Luft- und Raumfahrzeugbau sowie Spalt- und Brutstoffe auf. Wirtschaftszweige mit geringer Konzentration sind vor allem das Bauhauptund Ausbaugewerbe, daneben das Nahrungs- und Genußmittelgewerbe. Allgemein gilt, daß die Konzentration in Grundstoff- und Investitionsgüterindustrien hoch, in Verbrauchsgüterindustrien eher niedrig ist. Eine Ausnahme bildet die hochkonzentrierte Zigarettenindustrie. Motor der Konzentration ist heute nicht mehr unbedingt der technologisch bedingte Zwang zu größeren Produktionseinheiten. Zwar wäre bei Flugzeugen oder Kernreaktoren der Markt der Bundesrepublik, ja sogar der Markt der EG zu klein, um mehreren Unternehmen Stückzahlen zu ermöglichen, die in der Nähe des technisch bedingten Kostenminimums lägen. Hohe Konzentration ist hier technisch bedingt und unvermeidbar. Bei der Chemie, beim Maschinenbau oder bei den Kraftfahrzeugherstellern läßt sich aber mit den technologisch bedingten Zwängen zur Größe schlecht argumentieren; hier finden sich pro Unternehmen zahlreiche Betriebe, also getrennte, dezentralisierte Fertigungsstätten. Eher sind es finanzielle Vorteile, die die Unternehmen nach Größe streben lassen, so Kostenvorteile bei der Beschaffung von Rohstoffen und Halbfertigfabrikaten einschließlich der Möglichkeit, eine Reihe von Zulieferern vollständig von sich abhängig zu machen und zu weitgehenden Preiszugeständnissen zu zwingen.

Als wenig überzeugend hat sich das Argument erwiesen, nur sehr große Unternehmen seien heute in der Lage, ausreichende Mittel für Forschung und Entwicklung aufzubringen. Empirische Untersuchungen belegen seit langem, daß erfolgreiche Produkt- und Verfahrensinnovationen zwar in den meisten Branchen eine gewisse Mindestgröße erfordern, darüber hinaus aber die Innovationskraft keinesfalls mit zunehmender Größe steigt. Riesenunternehmen, die nur noch geringem Wettbewerbsdruck ausgesetzt sind, scheinen in ihrer Bereitschaft zu Forschung und Entwicklung nachzulassen.[15]

Es drängt sich somit der Schluß auf, daß das Hauptmotiv der Konzentration heute – neben größenbedingten Kostenvorteilen bei Einkauf und vielleicht auch Finanzierung – das Streben nach hohen Marktanteilen und Verringerung des Wettbewerbsdrucks ist. Wenn dem so wäre, käme weiterer energischer Wettbewerbspolitik hohe Bedeutung zu.

Andererseits läßt sich aus der bisherigen Entwicklung nicht der Schluß ableiten, die Funktionen des Wettbewerbs würden heute nicht mehr erfüllt oder seien auch nur gefährdet. Von den Vorstellungen Euckens hat sich der Markt der Gegenwart zwar weit entfernt. Doch der Nachweis, daß die Wettbewerbsintensität niedriger, der Innovationsdruck geringer seien als vor 20 oder 30 Jahren, läßt sich nicht führen. Es läßt sich noch nicht einmal mit Sicherheit nachweisen, daß in Wirtschaftszweigen mit relativ hoher Konzentration die Preise deutlich höher liegen als bei niedrigerer Konzentration. In den Jahren nach 1974 wiesen nicht die hochkonzentrierten Branchen, sondern die gering konzentrierten Reparatur- und Dienstleistungsbranchen die höchsten Preissteigerungsraten auf. Das kann allerdings an den überdurchschnittlichen Produktivitätssteigerungen in den hochkonzentrierten Branchen, etwa der Chemie, gelegen haben; manche Großunternehmen hätten sich vielleicht sogar Preissenkungen leisten können, die bei intensiverem Wettbewerb wohl auch vom Markte erzwungen worden wären.[16] Die der Wissenschaft zugänglichen Daten über Kosten und Preispolitik in Großunternehmen reichen allerdings nicht aus, um generelle Aussagen zu treffen. Sollten die Gewinne der Großen tatsächlich längere Zeit nicht als Folge von Innovationsleistungen, sondern als Folge von Marktmacht überhöht sein, müßten bei freiem Marktzutritt neue Konkurrenten, nicht zuletzt aus dem Ausland, angelockt werden und die Marktmacht der »Etablierten« reduzieren. Alle diese Überlegungen legen die These nahe, die beste Wettbewerbspolitik bestehe in der Öffnung der Märkte gegenüber der Konkurrenz auch des Auslands. Die überfällige Herstellung eines einheitlichen Binnenmarktes der EG dürfte gegenwärtig das wirksamste Mittel zur Förderung des Wettbewerbs darstellen.

3. Die »Hüterin der Währung«

Geldwertstabilität gilt als unabdingbare Voraussetzung einer gut funktionierenden Marktwirtschaft. »Hüterin der Währung« ist die von der Regierung weitgehend unabhängige Bundesbank. Sie hat seit 1975 an Einfluß noch gewonnen.

Das Leitbild der Sozialen Marktwirtschaft verlangt ein möglichst hohes Maß an Geldwertstabilität. Das bedeutet nicht Stabilität der einzelnen Preise, die nach oben und unten flexibel sein müssen, um die relative Knappheit anzeigen zu können. Der Durchschnitt aller Preise (das »Preisniveau«) sollte jedoch annähernd stabil sein. Diese Forderung wird auch heute noch von den meisten Ökonomen geteilt. Dafür gibt es ökonomische, soziale und politische Gründe.

Ökonomisch ist Preisniveaustabilität eine Voraussetzung für optimale Faktorallokation. Bei Inflation lassen sich Kosten und Ertrag einer Investition nur mit großen Schwierigkeiten, wenn überhaupt, kalkulieren. Allein aus diesem Grunde kommt es zu Fehlinvestitionen. Zudem werden inflationssichere Kapitalanlagen, vor allem Immobilien, bevorzugt. Produktionskapazität und internationale Wettbewerbsfähigkeit werden auf diese Weise wenig erhöht, das Wachstum leidet, wenn nicht kurzfristig, so doch mittelfristig. Außer diesen ökonomischen sprechen sozialpolitische Gründe gegen die Inflation. Die Geldsparer werden bestraft, die Sachwertbesitzer begünstigt; die Fähigkeit, aus eigener Kraft Vorsorge zu treffen, wird beeinträchtigt. Politische Gründe kommen hinzu. Die Wähler mögen Inflation nicht. Früher oder später müssen demokratisch gewählte Politiker daher etwas gegen Inflation unternehmen. Gelingt ihnen das, kommt es zu einer Stabilisierungskrise. Investitionen, die im Vertrauen auf weitere Inflation erfolgten, werden unrentabel; neue Investitionen werden durch hohe Zinsen behindert, Arbeitslosigkeit ist mindestens vorübergehend nicht zu vermeiden.

Diesen Argumenten steht die Behauptung entgegen, ein »bißchen Inflation« störe die optimale Faktorallokation nur wenig, erleichtere aber die Kreditrückzahlung und sei daher eher wachstumsfördernd als wachstumshemmend. Beliebtes Beispiel ist der Spitzenreiter im Wachstum nach 1950, Japan, das hohe Inflationsraten hatte (s. Tab. 3). Die Hypothese, daß unter den Bedingungen der Gegenwart hohes Wachstum ein gewisses Maß an

Inflation zur Voraussetzung habe, läßt sich dennoch nicht sicher begründen. Ganz andere Faktoren als die Inflation könnten das hohe Wachstum hervorgerufen haben, und umgekehrt könnte der Preisauftrieb weniger die Folge des Wachstums als die Folge von überhöhten Löhnen oder unzureichendem Sparen gewesen sein.

Wie dem auch sei: in Ökonomie und Politik besteht weitgehend Konsens, daß die Inflation möglichst gering sein sollte. Denn auch eine mäßige Inflation hat die Tendenz sich zu verstetigen und sogar zu verstärken. Preise, Löhne und Staatsausgaben werden in Erwartung weiterer Inflation festgelegt, faktisch mit einem Index versehen. So entsteht eine Inflationsspirale, die ohne Stabilisierungskrise nicht durchbrochen werden kann.

Um Geldwertstabilität zu sichern, war nach den Vorstellungen der Gründungsväter eine von politischen Einflüssen möglichst unabhängige, primär dem Stabilitätsziel verpflichtete Zentralbank notwendig. Dies gelang schon bei der Bank Deutscher Länder, die 1948 durch Gesetz der Militärregierung errichtet wurde. 1957 wurde die Deutsche Bundesbank die Nachfolgeinstanz. In ihrer Unabhängigkeit von der Regierung kommt der Zentralbank der Bundesrepublik allenfalls das amerikanische Federal Reserve System gleich.

Juristisch ist die Deutsche Bundesbank eine »bundesunmittelbare juristische Person des öffentlichen Rechts« (§ 2 Bundesbankgesetz). Ihr Verhältnis zur Bundesregierung wird in § 12 Bundesbankgesetz grundsätzlich geregelt: »Die Deutsche Bundesbank ist verpflichtet, unter Wahrung ihrer Aufgabe die allgemeine Wirtschaftspolitik der Bundesregierung zu unterstützen. Sie ist bei der Ausübung der Befugnisse, die ihr nach diesem Gesetz zustehen, von Weisungen der Bundesregierung unabhängig.« Dadurch ist ein Verhältnis der Kooperation, nicht der Subordination festgelegt.

Zur institutionellen Unabhängigkeit der Bundesbank kommt die weitgehende personelle Unabhängigkeit der Mitglieder ihrer Leitungsorgane. Oberstes Organ ist der Zentralbankrat. Er entscheidet über die Politik der Bank; das Direktorium führt sie aus. Der Zentralbankrat besteht aus dem Präsidenten, dem Vizepräsidenten, aus bis zu 8 weiteren Mitgliedern des Direktoriums der Bank sowie aus den 11 Landeszentralbankpräsidenten. Präsident, Vizepräsident und die Direktoriumsmitglieder werden vom Bundespräsidenten auf Vorschlag der Bundesregierung ernannt; die Regierung hat dabei den Zentralbankrat zu hören. Die Präsidenten der Landeszentralbanken werden vom Bundespräsidenten auf Vorschlag des Bundesrates ernannt; der Bundesrat ist dabei an die Vorschläge der nach dem jeweiligen Landesrecht zuständigen Stellen gebunden und hat außerdem den Zentralbankrat anzuhören. Im Regelfall werden Präsident, Vizepräsident und Direktoriumsmitglieder für 8 Jahre berufen. Diese Bestimmungen geben der Bundesregierung und damit der jeweiligen parlamentarischen Mehrheit im Bundestag einen gewichtigen Einfluß auf die Bestellung von Präsidenten, Vizepräsidenten und Direktoriumsmitgliedern. Doch dieser Einfluß muß in Kooperation mit dem Zentralbankrat ausgeübt werden, und dort besitzen die Präsidenten der Landeszentralbanken eine knappe Mehrheit. Parteipolitische Einseitigkeit ist den Präsidenten und Direktoriumsmitgliedern sehr selten vorgeworfen worden; Bundesbankpräsident Klasen (SPD) zog sich im Herbst 1975 zwar eine entsprechende Kritik von Franz Josef Strauß zu, doch der Vorwurf blieb ohne Widerhall. Die fachliche Kompetenz von Präsidenten und Direktoriumsmitgliedern war bisher stets unbestritten. Die Nominierung von Landeszentralbankpräsidenten stieß hingegen schon öfter auf Kritik. Den Landespolitikern aller Parteien wurde eine Neigung vorgeworfen, verdiente Politiker oder Ministerialbeamte in diese Position zu berufen, ohne auf die fachliche Qualifikation genügend Rücksicht zu nehmen.[17]

Vorrangige Aufgabe der Bundesbank ist es, den Geldumlauf und die Kreditversorgung der Wirtschaft zu regeln »mit dem Ziel, die Währung zu sichern« (§ 3 Bundesbankgesetz). An dieser Vorgabe findet ihre Pflicht, die »allgemeine Wirtschaftspolitik« der Bundesregierung zu unterstützen, eine Grenze. Um dabei Zielkonflikte soweit wie möglich zu vermeiden, sind Konsultations- und Kooperationsregeln vorgesehen, die die institutionelle Unabhängigkeit der Bundesbank zwar begrenzen, aber nicht aufheben. Sämtliche Regierungsmitglieder haben das Recht, an den Sitzungen des Zentralbankrates teilzunehmen; die Bundesminister für Wirtschaft und für Finanzen werden regelmäßig zu den Sitzungen eingeladen. Die Mitglieder der Bundesregierung haben im Zentralbankrat Rede- und Antragsrecht. Auf ihr Verlangen muß der Zentralbankrat eine Beschlußfassung bis zu zwei Wochen aussetzen; er kann allerdings über den Antrag der Regierung hinweggehen. Umgekehrt ist die Bundesregierung gehalten, bei Beratungen über währungspolitische Fragen den Präsidenten der Bundesbank hinzuzuziehen. Trotz dieser Konsultations- und Kooperationsregeln gab es immer wieder Konflikte zwischen Bundesbank und Bundesregierung. So gab es Spannungen zwischen der Bundesbank und Adenauer, der 1956 eine Diskonterhöhung als »Fallbeil, das die kleinen Leute trifft« kritisierte, und mit der Regierung der Großen Koalition im Winter 1966/67, als die Bundesbank nur allmählich die Restriktionspolitik lockern wollte, die Regierung aber eine expansive Geld- und Fiskalpolitik zur Bekämpfung der Rezession wünschte. Im Januar 1988 kam es zu einem heftigen Protest der Bundesbank gegen eine deutsch-französische Regierungsvereinbarung zur Verbesserung der Währungskooperation.[18]

Unter dem bis 1973 bestehenden Regime fester Wechselkurse war die Möglichkeit der Bundesbank, durch ihre Geld- und Kreditpolitik für Preisniveaustabilität zu sorgen, allerdings durch außenwirtschaftliche Bedingungen eingeschränkt. Ergab sich ein Zustrom von Devisen, sei es aufgrund von Leistungsbilanzüberschüssen, sei es aufgrund von spekulativen Anlagen in DM, war die Bundesbank verpflichtet, die Devisen zum festgelegten Kurs aufzukaufen. Dadurch erhöhte sich die im Inland verfügbare Geldmenge; die Stabilität wurde durch die »offene außenwirtschaftliche Flanke« gefährdet (vgl. S. 95f.). Nach dem Übergang zu flexiblen Kursen 1973 entfiel diese Pflicht zum Aufkauf einströmender Devisen. Nun hatte die Bundesbank tatsächlich mit ihrer Diskont-, Offenmarkt- und Mindestreservepolitik ein effektives Instrumentarium, nicht nur das Zinsniveau, sondern auch die Geldmenge im Inland zu steuern. Damit war die Voraussetzung für eine geld- und kreditpolitische Wende gegeben. Ab 1975 ging die Bundesbank zu einer Politik der Geldmengensteuerung über. Das bedeutet:

– Die Bundesbank legt für das kommende Jahr eine bestimmte Zuwachsrate der Geldmenge fest. Dabei berücksichtigt sie das erwartete Wachstum des Produktionspotentials, die erwünschte Veränderung des Auslastungsgrads des Potentials, die erwartete Umlaufgeschwindigkeit des Geldes und die unvermeidliche, z. B. außenwirtschaftlich bedingte Inflationsrate. Die Geldversorgung soll auf diese Weise so begrenzt werden, daß die Inflation auf die Rate gesenkt wird, die hingenommen werden muß, weil sie nicht beeinflußbar ist.

– Zur Steuerung der Geldmenge verwendet die Bundesbank z. B. das Instrument der Offenmarktpolitik in der Form sog. »Wertpapierpensionsgeschäfte«, d. h., sie kauft Wertpapiere auf Zeit (nimmt sie in »Pension«) bzw. verkauft sie. Die gleiche Wirkung kann sie durch den An- und Verkauf von Devisen erzielen. Dollarstützungskäufe führen z. B. zu einer Vermehrung der Geldmenge. Darüber hinaus werden Veränderungen der Rediskontkontingente eingesetzt, um die Geldmenge zu beeinflussen.

– Die ein Jahr im voraus geplante Steuerung der Geldmenge bewirkt eine Abkehr von diskretionären Eingriffen in die Geldversorgung und auch in die Zinsentwicklung. Die Geldversorgung wächst tendenziell im Gleichschritt mit dem Produktionspotential.

Zur Bekämpfung der Inflation hat sich die Geldmengensteuerung in der Bundesrepublik im Großen und Ganzen bewährt (vgl. S. 102ff.). Ob der Spielraum für Expansion, den die Zuwachsrate der Geldmenge gewährt, von den Unternehmen tatsächlich genutzt wird, ist allerdings eine andere Frage.

Das politische Gewicht der Bundesbank hat sich seit 1975 erhöht. Sie konnte nun ihrer Aufgabe, Preisniveaustabilität zu sichern, eher gerecht werden, und sie zeigte sich seit 1975 entschlossen, nur die Inflationsrate zu dulden, die, etwa wegen der Ölschocks, unvermeidbar war. Die »hausgemachten« Ursachen der Inflation wurden mit überraschendem Erfolg bekämpft. Das wirkte sich auch auf die Lohnpolitik aus. Die Gewerkschaften mußten nun damit rechnen, daß steigende Lohnstückkosten von den Unternehmen nicht mehr leicht auf die Preise überwälzt werden können, sondern zu Gewinnminderungen führen. Gewerkschaftliche Lohnpolitik wurde daher deutlicher als vor 1975 in die Grenzen verwiesen, die der Produktivitätsfortschritt setzt, es sei denn, die Gewerkschaften wollten sich die Hauptverantwortung für Arbeitslosigkeit aufbürden lassen.

4. Sonderfall Arbeitsmarkt

Auf dem Arbeitsmarkt werden Regelungen zur Stärkung der Verhandlungsposition der Arbeitnehmer als notwendig angesehen. Kollektivverhandlungen über Löhne und Tarifautonomie führen zu einer Mitverantwortlichkeit der Tarifparteien für die Vollbeschäftigung. Es ist nicht gelungen, diese Mitverantwortlichkeit institutionell zu gewährleisten.

Der Markt für den Faktor »Arbeit« wird zwar von der Ökonomie gern wie ein Gütermarkt analysiert; er weist aber Besonderheiten auf, die berücksichtigt werden müssen. Sonst lassen sich die Ursachen hartnäckiger Arbeitslosigkeit gar nicht verstehen.

Als wichtigste Besonderheit des Arbeitsmarktes gilt die Schwäche der Verhandlungsposition des einzelnen Arbeitnehmers gegenüber dem Arbeitgeber. Da der einzelne Arbeitnehmer kein oder nur geringes Einkommen aus eigenem Vermögen hat, ist er darauf angewiesen, seine Arbeitskraft gegen Lohn anzubieten. Zugleich hat er in der Regel keinen ausreichenden Überblick über die Lage am Arbeitsmarkt; er weiß somit gar nicht, was er an Lohn und Arbeitsbedingungen verlangen könnte. Der Arbeitgeber hingegen ist in der Regel keineswegs gezwungen, einen bestimmten Arbeitsuchenden einzustellen; zugleich hat er die bessere Marktübersicht. Vor allem, wenn es örtlich nur ein einziges Unternehmen gibt, das Arbeitsplätze anbietet, befindet sich der Arbeitnehmer in einer sehr schwachen Verhandlungsposition. Seine Verhandlungsposition wird zwar besser, wenn Arbeitskräfte knapp sind und mehrere Unternehmen um sie konkurrieren. Dies war aber schon vor dem Ersten Weltkrieg eine seltene Ausnahmesituation. Die damals üblichen Einzelarbeitsverträge waren infolgedessen für viele Arbeitnehmer ungünstig. In der Weimarer Republik wurden die Gewerkschaften als Tarifpartei anerkannt, Kollektivverhandlungen und Kollektivverträge traten an die Stelle der Einzelverhandlungen und -verträge. Auf dem typischen Teilarbeitsmarkt standen sich nun nicht mehr viele Arbeitsuchende und einige wenige Arbeitgeber gegenüber, sondern eine Gewerkschaft und ein Arbeitgeberverband. Die Schwäche der Verhandlungsposition des einzelnen Arbeitnehmers war korrigiert.

Eine weitere Besonderheit des Arbeitsmarktes liegt darin, daß die Qualifikation der Beschäftigten nur mit hohem Aufwand an Zeit und Kosten verändert und den wechselnden Anforderungen angepaßt werden kann. Die Ausbildung zum Facharbeiter dauert drei Jahre, die zum Lehrer zwischen Abitur und Zweitem Staatsexamen acht Jahre. Erweist sich die Ausbildung als Fehlinvestition, weil sich die Arbeitsmarktlage ändert und andere Berufe gefragt sind, werden monate- oder jahrelange Umschulungen notwendig. Dabei zeigen sich Grenzen der Anpassungs- und Leistungsfähigkeit des Einzelnen. Nicht jeder Lehrer läßt sich zum Programmierer, nicht jeder Stahlarbeiter zum Facharbeiter in der Elektronik umschulen.

Eine dritte Besonderheit liegt darin, daß arbeitende Menschen Präferenzen haben, die über die Lohnhöhe hinausgehen. Sie wünschen sich Arbeitsplätze in der Nähe ihres Wohnorts, angenehme Arbeitsbedingungen, vor allem aber eine Arbeit, die ihren Neigungen einigermaßen entspricht. Zu den Vorzügen hochentwickelter Industriegesellschaften gehört es, daß Arbeit für breite Schichten nicht mehr nur unvermeidbare Mühsal, sondern Möglichkeit zur Selbstentfaltung bietet. Dieser Anspruch ist nicht nur legitim, sondern unter den gegenwärtigen Bedingungen der Bundesrepublik auch einlösbar.

Diese Besonderheiten des Arbeitsmarktes bewirken, daß er weniger flexibel ist als der normale Gütermarkt. Geht die Nachfrage nach einem Konsumgut zurück, wird der Hersteller versuchen, so schnell wie möglich ein anderes Produkt mit besseren Marktchancen zu produzieren. Dem Faktor Kapital ist es gleichgültig, ob Kühlschränke oder Computer produziert werden; die Rendite entscheidet. Geht die Nachfrage nach Arbeitskräften bestimmter Qualifikation zurück, kann sich der Betroffene keineswegs so schnell umstellen; es ist ihm auch nicht gleichgültig, was, wo und wie er produziert. Die Preise mögen auf den Gütermärkten nach oben beweglicher sein als nach unten. Auf dem Arbeitsmarkt sind die Löhne nach unten noch weit weniger beweglich, weil die Gewerkschaften versuchen, auch bei Arbeitslosigkeit das Reallohnniveau der Beschäftigten, wenn irgend möglich, zu halten. Diese Inflexibilitäten lassen sich nicht ändern, allenfalls etwas auflockern. Sie verhindern, daß auf dem Arbeitsmarkt über Veränderungen der Lohnhöhe und der Angebotsstruktur Angebot und Nachfrage rasch ausgeglichen werden. Es ist sogar zweifelhaft, ob in der Bundesrepublik mit ihrem relativ hohen Sozialleistungsniveau Arbeitslosigkeit, die durch zu hohe Reallöhne verursacht ist, allein durch Lohnsenkungen beseitigt werden könnte. Denn von der Arbeitslosigkeit sind gerade die am wenigsten qualifizierten Arbeitnehmergruppen betroffen. Ihre Löhne mögen oft zu hoch sein im Vergleich zu dem Ertrag, den ihre Einstellung einem Unternehmen bringt. Würden ihre Löhne allerdings gesenkt, könnte der Abstand zu Sozialhilfe so gering werden, daß für viele allenfalls Schwarzarbeit interessant würde. Es müßten also nicht nur die Löhne, sondern auch die Sozialleistungen reduziert werden. Dies wäre politisch kaum konsensfähig und sozial oft nicht vertretbar.

Beschränkungen der Vertragsfreiheit auf dem Arbeitsmarkt wurden im Interesse der Arbeitnehmer auch von Eucken, Müller-Armack oder Erhard für notwendig gehalten. Durch das Tarifvertragsgesetz vom 9. 4. 1949 (zuletzt novelliert 1974), das an die Regelungen der Weimarer Republik anknüpfte, wurden die Gewerkschaften und die Arbeitgeberverbände als die für die Festlegung der Löhne und der Arbeitsbedingungen maßgeblichen Organisationen anerkannt; die Tarifautonomie wurde festgelegt. Abweichend von der in der Weimarer Republik geltenden Regelung gibt es bei

Tarifkonflikten keine staatliche Zwangsschlichtung mehr. Tarifverträge legen die Mindestnormen fest, die beim Abschluß von Einzelverträgen eingehalten werden müssen; der Arbeitgeber kann somit höhere, aber nicht niedrigere Löhne zahlen, als im Tarifvertrag vorgesehen ist. Ein Tarifvertrag wird auf regionaler Ebene zwischen der Gewerkschaft und dem entsprechenden Arbeitgeberverband eines Wirtschaftszweiges abgeschlossen. In der Regel beantragen die Tarifparteien die »Allgemeinverbindlichkeitserklärung« durch den Bundesminister für Arbeit und Sozialordnung; dann gilt der Tarifvertrag auch für die Arbeitnehmer und Arbeitgeber, die nicht der Gewerkschaft bzw. dem Arbeitgeberverband angehören. An sich ließe das Tarifvertragssystem eine beträchtliche Lohndifferenzierung zwischen Wirtschaftszweigen und Regionen zu; so wäre es gegenwärtig möglich, in der notleidenden Stahlindustrie Nordrhein-Westfalens wesentlich geringere Lohnsteigerungen zu vereinbaren als in der Metallindustrie Baden-Württembergs. Ebenso wäre es möglich, gesuchten Facharbeitern deutlich höhere Lohnsteigerungsraten zu gewähren als wenig qualifizierten und kaum gefragten Arbeitnehmergruppen.

Die heute übliche Kritik, daß die Gewerkschaften diese Differenzierungsmöglichkeiten nur unzureichend wahrnähmen und vor allem durch Sockelbeträge die Löhne der am wenigsten qualifizierten Arbeitnehmer über das beschäftigungspolitisch vertretbare Maß angehoben hätten, mag sachlich richtig sein. Doch die Gewerkschaften müssen auf die Interessen ihrer Mitglieder Rücksicht nehmen; akzeptieren sie unter den heutigen Bedingungen eine größere Lohndifferenzierung, müßten sie bei den Gruppen, die sich benachteiligt fühlen, beträchtliche Mitgliederverluste hinnehmen.

Die Vertragsfreiheit am Arbeitsmarkt wird aber nicht nur durch die Tarifvertragsordnung eingeschränkt. Eine Fülle von Vorschriften zum Arbeitnehmerschutz – vom Gefahren- über den Arbeitszeit- bis zum Kündigungsschutz – kommt hinzu. Sie sind seit Gründung der Bundesrepublik zugunsten der Arbeitnehmer ausgeweitet worden. Dies entsprach durchaus dem Konzept der Sozialen Marktwirtschaft: Wachstum und steigender allgemeiner Wohlstand sollte ja gerade die Voraussetzung dafür sein, die Arbeitsbedingungen zu verbessern, den Kündigungsschutz zu stärken, die Abhängigkeit der Arbeitnehmer vom Arbeitgeber so weit wie möglich zu reduzieren. Allerdings fordert das Konzept zugleich, daß die sozialen Sicherungen und damit auch die Schutzvorschriften nicht soweit ausgedehnt werden dürfen, daß Investitionsfähigkeit der Unternehmen, Beschäftigung und Wachstum gefährdet sind. Eine Zurücknahme von Schutzvorschriften ist somit kein Widerspruch zum Konzept der Sozialen Marktwirtschaft, sofern begründet werden kann, daß die Zurücknahme die Beschäftigung fördert, ohne die Arbeitnehmer in unzumutbarer Weise zu belasten.

Als Hauptproblem der geltenden Arbeitsmarktordnung gilt die Auswirkung der Tarifautonomie auf Preisniveaustabilität und Beschäftigung.

Löhne sind für die Arbeitgeber Kosten, und zwar nicht nur in der Höhe der an die Arbeitnehmer zu zahlenden Bruttolöhne, sondern auch der Lohnnebenkosten, die inzwischen fast 80 % des Bruttolohns erreicht haben. Setzen die Gewerkschaften Lohnerhöhungen durch, die über die Zunahme der Arbeitsproduktivität hinausgehen, so steigen die Lohnstückkosten. Das Unternehmen wird versuchen, dies durch Preiserhöhungen auf die Verbraucher abzuwälzen. Gelingt das nicht, und gibt es auch keine Entlastung an anderer Stelle, etwa durch billigere Rohstoffe oder geringere ertragsunabhängige Steuern und Abgaben, so sinken die Gewinne. Früher oder später führen sinkende Gewinne zu sinkenden Investitionen und damit zu Arbeitslosigkeit. Halten sich die Tarifparteien daher nicht an die hauptsächlich durch den Zuwachs der Arbeitsproduktivität definierte Grenze für Lohnsteigerungen, so bewirken sie Inflation. Gelingt es der Zentralbank, die hausgemachte Inflation wirksam zu bekämpfen, so führt eine »grenzüberschreitende« Lohnsteigerung zu Gewinnminderung und irgendwann zu Arbeitslosigkeit.

Wegen dieser Zusammenhänge wollte Karl Schiller 1967 die Gewerkschaften und Arbeitgeberverbände in die Globalsteuerung einbinden. Die Tarifautonomie sollte und konnte allerdings nicht angetastet werden. Schiller versuchte daher eine »Einkommenspolitik der leichten Hand«: die »Konzertierte Aktion«. § 3 des Stabilitäts- und Wachstumsgesetzes sieht vor, daß die Bundesregierung »Orientierungsdaten für ein gleichzeitig aufeinander abgestimmtes Verhalten (konzertierte Aktion) der Gebietskörperschaften, Gewerkschaften und Unternehmensverbände« zur Erreichung von hoher Beschäftigung, angemessenem Wachstum, Preisniveaustabilität und außenwirtschaftlichem Gleichgewicht vorlegt. Diese »Orientierungsdaten« können nur unverbindlich sein; Schiller erhoffte sich aber wenigstens eine Integrationswirkung der Gesprächsrunden. Anfangs nahmen 9 Organisationen, 1977 schließlich 20 Organisationen mit beinahe 80 Personen an der »Konzertierten Aktion« teil. Die Klage der Arbeitgeber gegen das Mitbestimmungsgesetz von 1976 bot den Gewerkschaften dann den Anlaß, die Mitarbeit in der immer mit Distanz beurteilten »Konzertierten Aktion« einzustellen. Eine Wirkung auf die Lohnpolitik hat sie kaum gewonnen (vgl. S. 98).

In der Beschäftigungskrise nach 1974 (vgl. S. 99ff.) verstärkte sich die Diskussion über Möglichkeiten, die Tarifparteien in die Verantwortung für Stabilität und Beschäftigung mit einzubeziehen. Der Sozialen Marktwirtschaft angemessen wäre das Schweizer Modell. In der Schweiz haben in der Beschäftigungskrise von 1937 die Gewerkschaft und die Arbeitgeber in der Uhren- und Metallindustrie ein »Friedensabkommen« geschlossen, das seither immer wieder verlängert wurde; seine Prinzipien wirkten sich auf alle Wirtschaftszweige aus. Das Friedensabkommen ist eine Übereinkunft über Verfahren zur Konfliktregelung; es hat Arbeitskämpfe auf ein Minimum reduziert. Tarifverträge werden in der Schweiz zu einem beträchtlichen Teil dezentral, für einzelne Unternehmen oder Betriebe, abgeschlossen. Folge ist eine hohe Flexibilität, die die wirtschaftliche Lage des einzelnen Unternehmens optimal berücksichtigt.[19] Das Schweizer Modell setzt voraus, daß die wirtschaftliche und politische Ordnung in ihren Grundlagen auch von den Gewerkschaften akzeptiert wird und Interessengegensätze somit durch einen Fundamentalkonsens gemindert werden, der eben auch die Spielregeln eines marktwirtschaftlichen Systems umfaßt. Es wird erleichtert dadurch, daß in der Schweiz die Mittel- und Kleinunternehmen vorherrschen. Insofern ist es fraglich, ob sich das Schweizer Modell auf die Bundesrepublik übertragen ließe.

5. Betriebsverfassung und Mitbestimmung

Die Partizipationsrechte der Arbeitnehmervertreter in Betrieb und Unternehmen wurden ausgeweitet. Die paritätische Mitbestimmung in den Aufsichtsräten der Großunternehmen paßt zum Leitbild der Wirtschaftsdemokratie, nicht zu dem der Sozialen Marktwirtschaft.

In einer programmatischen Erklärung zur Sozialen Marktwirtschaft vom Mai 1948 heißt es: »Schaffung einer sozialen Betriebsordnung, die den Arbeitnehmer als Mensch und Mitarbeiter wertet, ihm ein soziales Mitgestaltungsrecht einräumt, ohne dabei die betriebliche Initiative und Verantwortung des Unternehmens einzuengen.«[20] Das 1952 nach heftigen Kontroversen mit Gewerkschaften und SPD von der Regierungskoalition durchgesetzte Betriebsverfassungsgesetz entsprach dieser Forderung. Die Arbeitnehmer gewannen auf Betriebsebene Mitwirkungsrechte in personellen und sozialen Fragen; in den Großunternehmen außerhalb des Montanbereichs erhielten Arbeitnehmervertreter ein Drittel der Aufsichtsratssitze (vgl. Materialien I. u. II.). Die Montan-Mitbestimmung, die 1951 mit breiter Mehrheit im Bundestag (Unionsparteien und SPD überwiegend dafür, FDP dagegen) verabschiedet worden war, hatte dagegen die paritätische Mitbestimmung im Aufsichtsrat und die Bestellung eines vom Vertrauen der Arbeitnehmervertreter abhängigen »Arbeitsdirektors« in den Vorstand gebracht. Dies entsprach den Vorstellungen, die in SPD und Gewerkschaften über eine »Wirtschaftsdemokratie« schon in der Weimarer Zeit entwickelt worden waren, und wurde damals von den meisten Anhängern der Sozialen Marktwirtschaft als Verstoß gegen die Ordnungsprinzipien der Leitidee gewertet. Denn die Parität gab den Arbeitnehmervertretern, nicht zuletzt den Gewerkschaften, ein gleiches Gewicht wie der Kapitaleignerseite bei der Bestellung und Kontrolle des Vorstandes; die Einengung der Initiative und Verantwortung des Unternehmers schien damit gegeben.[21] Erhard hatte daher auch versucht, die unter der britischen Militärregierung in der Eisen- und Stahlindustrie eingeführte

Mitbestimmung durch Anpassung an die deutsche Unternehmensverfassung zu beseitigen; er war jedoch am harten Widerstand der zum politischen Streik entschlossenen Gewerkschaften und am Kompromißkurs Adenauers gescheitert. Diesem Erfolg der Gewerkschaften stand dann allerdings ihre Niederlage beim Betriebsverfassungsgesetz von 1952 gegenüber, das weit hinter ihren Forderungen zurückblieb.

Gewerkschaften und SPD vertraten weiterhin das Ziel, die Mitbestimmung in allen Großunternehmen dem Montan-Modell anzunähern. Die Chance dazu ergab sich erst in der sozialliberalen Koalition. 1972 brachte zunächst die Novelle des Betriebsverfassungsgesetzes Verbesserungen der personellen und sozialen Mitwirkungsrechte der Arbeitnehmer. Das Mitbestimmungsgesetz von 1976 blieb deutlich hinter den Wünschen der Gewerkschaften zurück, weil die SPD zur Rücksicht auf den Koalitionspartner FDP gezwungen war und außerdem auch nicht sicher schien, ob volle Parität im Aufsichtsrat vor dem Bundesverfassungsgericht Bestand haben würde. Der Aufsichtsrat der Großunternehmen wird zwar je zur Hälfte aus Vertretern der Kapitaleigner und Vertretern der Arbeitnehmer zusammengesetzt; in einer Patt-Situation erhält der Aufsichtsratsvorsitzende aber ein doppeltes Stimmrecht, und das Wahlverfahren stellt sicher, daß die Kapitaleignerseite »ihren« Kandidaten als Vorsitzenden durchsetzen kann. Die Zusammensetzung der Arbeitnehmerseite im Aufsichtsrat entspricht ebenfalls nicht den Vorstellungen der Gewerkschaften. Die FDP setzte eine gesonderte Vertretung der leitenden Angestellten durch in der Annahme, daß sie im Konfliktfalle eher Interessen der Kapitaleigner vertreten würden.

Die Unternehmensmitbestimmung ist nach wie vor umstritten. Das Bundesverfassungsgericht hat in seiner Entscheidung vom 1. 3. 1979[22] die Klage von 30 Arbeitgeberverbänden gegen das Mitbestimmungsgesetz von 1976 zurückgewiesen. Seine Begründung war von prinzipieller Bedeutung für die Frage, wie weit der Gesetzgeber in Eigentumsrecht eingreifen dürfe. Das Gericht erklärte, Eigentum, das die Funktion habe, die persönliche Freiheit zu sichern, genieße einen besonders ausgeprägten Schutz. Die Befugnis des Gesetzgebers, Inhalt und Schranken des Eigentums zu bestimmen, gehe um so weiter, je mehr das Eigentumsobjekt in einem sozialen Bezug und einer sozialen Funktion stehe. Die in Art. 14,2 GG festgelegte soziale Verpflichtung des Eigentums verlange die Rücksicht auf alle Rechtsgenossen, die auf die Nutzung des Eigentumsobjektes angewiesen seien. In der Sicht des Bundesverfassungsgerichts sind das im Falle eines Unternehmens auch die Arbeitnehmer, die das Unternehmen zu »ihrer eigenen verantwortlichen Lebensgestaltung und Freiheitssicherung« brauchten. Bei großen Unternehmen handele es sich zudem um Eigentum, das durch Gesellschaftsrecht vermittelt sei und über das der Eigentümer nur mittelbar über Organe der Gesellschaft verfügen könne; für eine Vielzahl von Anteilseignern stelle der Aktienbesitz überdies eher eine Kapitalanlage als die Grundlage unternehmerischer Betätigung dar. Das Ergebnis lautet: »Der Gesetzgeber hält sich jedenfalls dann innerhalb der Grenzen zulässiger Inhalts- und Schrankenbestimmungen, wenn die Mitbestimmung der Arbeitnehmer nicht dazu führt, daß über das im Unternehmen investierte Kapital gegen den Willen aller Anteilseigner entschieden werden kann, wenn diese nicht aufgrund der Mitbestimmung die Kontrolle über die Führungsauswahl im Unternehmen verlieren und wenn ihnen das Letztentscheidungsrecht belassen wird«.[23] Allerdings meinte das Gericht auch, das Mitbestimmungsgesetz müsse geändert werden, wenn sich herausstelle, daß die Entscheidungsfähigkeit der Unternehmen durch die Kompliziertheit der Willensbildung erheblich beeinträchtigt würde.

Verfassungsrechtlich ist das Mitbestimmungsgesetz von 1976 somit unbedenklich. Da das Grundgesetz aber die Soziale Marktwirtschaft nicht festlegt, sondern lediglich eine sozial nicht gebundene Marktwirtschaft sowie eine Zentralverwaltungswirtschaft untersagt,[24] sind mit der Rechtsprechung ordnungspolitische Bedenken gegen die Mitbestimmung nicht ausgeräumt. Problematisch erscheinen vor allem drei Aspekte:

– Einer Gewerkschaft wird ein beträchtlicher Einfluß auf Führungsauswahl und Kontrolle aller Großunternehmen des Wirtschaftszweiges eingeräumt, für den sie zuständig ist. Das kann ein Schritt zur Einschränkung des Wettbewerbs durch stillschweigende oder ausdrückliche Kooperation der Unternehmen sein und widerspricht dem Prinzip, die Marktwirtschaft so dezentral wie möglich zu organisieren. Das Gegenargument, auch die Großbanken hätten unternehmensübergreifende Einflüsse in den wichtigsten Wirtschaftszweigen, trifft zu, rechtfertigt aber nur einen Mißstand durch einen bereits bestehenden Mißstand.

– Der gewerkschaftliche Einfluß auf die Bestellung der Unternehmensführung ist auch bei nicht vollständiger Parität so stark, daß die Arbeitgeberseite bei Tarifverhandlungen geschwächt wird.

– Die Funktionsfähigkeit der Wirtschaft wird nur solange nicht wesentlich beeinträchtigt, als die Gewerkschaften die Regeln des Systems akzeptieren: Sicherheit der Arbeitsplätze durch rechtzeitige Innovation und ausreichende Gewinne. Verstärkte sich in den Gewerkschaften eine Tendenz, das System der Marktwirtschaft zu überwinden, könnte die Willensbildung in den mitbestimmten Unternehmen so schwierig werden, daß ihre Entscheidungsfähigkeit beeinträchtigt würde.

Die bisher vorliegenden Erfahrungen aus beinahe vier Jahrzehnten der paritätischen Mitbestimmung im Montanbereich und mehr als einem Jahrzehnt beinahe paritätischer Mitbestimmung in den übrigen Großunternehmen lassen sich zur Bestätigung oder Widerlegung dieser Bedenken nicht verwenden, vor allem, weil in der Praxis der Mitbestimmung die Gewerkschaften bisher die Regeln des Systems akzeptierten.

Im Kohlebergbau mit seiner paritätischen Mitbestimmung wurden die schwierigen Anpassungsprozesse in der Regel in Kooperation der beiden Seiten gemeistert; die massiven staatlichen Hilfen erleichterten allerdings die Konfliktregelung. In der ebenfalls paritätisch mitbestimmten Stahlindustrie scheinen ab Mitte der 80er Jahre die Konflikte zwischen beiden Seiten in der Frage von Betriebsstillegungen heftiger gewesen zu sein; mindestens in einem Fall hat die Stimme des »neutralen« Mitglieds des Aufsichtsrates die Entscheidung für eine Betriebsstillegung gegen die Arbeitnehmerseite herbeigeführt. Über die Auswirkungen der quasi-paritätischen Mitbestimmung in den Großunternehmen außerhalb des Montanbereichs seit 1976 liegen inzwischen einige Untersuchungen vor.[25] Kampfabstimmungen zwischen der Arbeitnehmer- und Kapitaleignerseite waren selten, entsprechend selten wurde das Zweitstimmrecht des Aufsichtsratsvorsitzenden eingesetzt. Differenzen zwischen den beiden Seiten wurden oft schon durch informelle Besprechungen im »Vorfeld« beigelegt. Entgegen den Befürchtungen der Gewerkschaften haben sich die Vertreter der »Leitenden Angestellten« keineswegs als sichere Verbündete der Kapitaleignerseite erwiesen. In ihrem Selbstverständnis begreifen sich die »Leitenden« offenbar eher als »neutrale Sachwalter« des Unternehmens.[26]

Im ganzen drängt sich die These auf, daß die Mitbestimmung in Großunternehmen bisher die Konfliktregelung gefördert hat. Diesem einzel- und gesamtwirtschaftlichen Vorteil mag der Nachteil gegenüberstehen, daß gerade im großen Unternehmen das Streben der Kapitaleigner nach Sicherheit des investierten Kapitals mit dem Streben der Arbeitnehmer nach Sicherheit der Arbeitsplätze eine unheilige Allianz gegen das gesamtwirtschaftliche Interesse an Wettbewerb, Risikobereitschaft und Anpassungsfähigkeit eingehen kann.

Im Gegensatz zur Unternehmensmitbestimmung ist die Mitwirkung der Arbeitnehmer im Betrieb nach den Bestimmungen des Betriebsverfassungsgesetzes (siehe Materialien II.) kaum, allenfalls in Einzelfragen umstritten. Auf der Betriebsebene hängt allerdings viel davon ab, ob ein aktiver Betriebsrat seine gesetzlich festgelegten Einwirkungsmöglichkeiten voll ausschöpft. So könnte der Betriebsrat Kündigungen, die nicht stichhaltig begründet sind, verhindern oder bis zur Entscheidung des Arbeitsgerichtes hinauszögern. Ebenso kann der Betriebsrat die Arbeitnehmer vor allgemein als unzumutbar anerkannten Arbeitsbedingungen wirksam schützen. Schließlich kann er, falls Betriebsstillegungen oder -einschränkungen notwendig werden oder den Arbeitnehmern durch Umorganisation Nachteile entstehen, Ausgleichszahlungen (»Sozialpläne«) herbeiführen. Die freiwillig vereinbarten Ausgleichszahlungen in der Stahlindustrie 1987, die bis zu 80000,– DM je ausscheidenden Stahlarbeiter betrugen, zeigen, daß dabei höchst großzügige Regelungen erreicht werden können, vor allem, wenn es durch politischen Druck von Gewerkschaften und Arbeitgebern gelingt, den Staat zur Subventionierung der Sozialpläne zu veranlassen.[27]

6. Regulierungen und Subventionen

Wettbewerb und freie Preisbildung sind in wichtigen Wirtschaftszweigen aufgehoben oder eingeschränkt. Die meisten dieser Zweige sind hochsubventioniert. Subventionen fließen inzwischen fast allen Wirtschaftszweigen zu; überwiegend sind sie eine Vergeudung von Kapital.

Soziale Marktwirtschaft verlangt vom Politiker, so weit wie möglich dem Markt zu vertrauen. Staatliche Eingriffe in Wettbewerb und freie Preisbildung sollten nur vorgenommen werden, wenn sonst ökonomisch oder sozial nicht vertretbare Ergebnisse zu erwarten wären. Heute ist für diese Eingriffe der Ausdruck »staatliche Regulierung« üblich: Marktzutritt und/ oder Preise, Mengen, Konditionen unterliegen staatlicher Festsetzung, Genehmigung oder mindestens besonderer Aufsicht.[28] Welche Wirtschaftszweige in welchem Umfange und mit welchen Methoden reguliert werden sollten, war 1949 ebenso strittig wie heute. Einigkeit bestand und besteht lediglich, daß bei »natürlichen Monopolen« staatliche Aufsicht notwendig ist, so bei den Versorgungsunternehmen oder der Bundesbahn; doch auch in diesen Fällen ist strittig, wie weit die Regulierung gehen sollte.

Die »Gründerväter« waren sich außerdem darin einig, daß die Landwirtschaft beständig Sonderregelungen brauchte. Der bäuerliche Mittelbetrieb sollte aus politischen und sozialen Gründen lebensfähig bleiben; er mußte daher nicht nur vor der Konkurrenz des billiger produzierenden Auslandes, sondern auch vor Preisverfall als Folge von Überproduktion im Inland geschützt werden. Bis 1950 wurde die Landwirtschaft durch direkte Preisfestsetzung staatlich gelenkt; die Lebensmittelpreise lagen 1948/49 unter dem Marktpreisniveau, was Erhard erheblichen Ärger mit den Bauern einbrachte. Nach 1950 garantierten »Marktordnungen« den Erzeugern Mindestpreise für Schlüsselprodukte; Einfuhr- und Vorratsstellen sorgten dafür, daß Importe auf das erwünschte inländische Preisniveau heraufgeschleust wurden. Da die Inlandsproduktion in den 50er Jahren zur Deckung des Inlandbedarfs noch nicht ausreichte, erschien das System damals nicht als grobe Fehlsteuerung. Die späteren EG-Marktordnungen übernahmen im Prinzip das Modell der garantierten Mindestpreise und unbegrenzten Absatzmengen für Schlüsselprodukte. Schon in den 60er Jahren war aber klar, daß die Einkommenssicherung der Landwirte über staatlich garantierte Preise und Absatzmengen zur Überproduktion führen würde; eine Änderung des Systems erwies sich aber als politisch nicht durchsetzbar.

Auf dem Wohnungsmarkt zwang der Wohnraummangel zunächst zur Aufrechterhaltung der Wohnraumbewirtschaftung mit Mietpreisbindung und Wohnraumzuteilung. 1950 begann eine massive staatliche Subventionierung des Wohnungsbaus. Um ein möglichst hohes Bauvolumen zu erreichen, zugleich aber den viel zu knappen Wohnraum sozial einigerma-

ßen gerecht zu verteilen, wurde der Markt in drei Teile gespalten: Altbauwohnungen und mit öffentlichen Finanzhilfen geförderte Neubauwohnungen blieben unter vollständiger Bewirtschaftung, die 1953 und 1956
etwas gelockert, aber nicht aufgehoben wurde. Neubauwohnungen, die
lediglich steuerbegünstigt waren, konnten frei vermietet werden; die Mietpreisbindungen wurden durch »Kostenmieten« gelockert. Bei völlig frei
finanzierten Neubauten entfielen jegliche Mietpreisbindungen. Diese
Kombination von staatlicher Regulierung und partieller Marktfreigabe
erwies sich zunächst als überaus erfolgreich; das riesige Bauvolumen der
50er und 60er Jahre bildete ein sektorales Wirtschaftswunder für sich. Die
Idee, den Wohnungsmarkt vollständig freigeben zu können, sobald das
Wohnraumangebot einigermaßen ausreichte, erwies sich aber als Illusion.
Vor allem die Mieter in den Altbauwohnungen hätten erhebliche Mietsteigerungen hinnehmen müssen, während die Althausbesitzer durch hohe
Einkommens- und Vermögenssteigerungen begünstigt worden wären.
Spätfolge der zu langen Regulierung des Wohnmarktes war, daß schließ-
lich, ab 1974, das Gesamtangebot an Wohnungen die Nachfrage überstieg,
während auf dem Teilmarkt für billige Altbau- und Sozialwohnungen
Übernachfrage herrschte. Ein beträchtlicher Teil der durch die Preisbindung begünstigten Mieter erzielte außerdem längst hohe Einkommen,
während viele wirklich Bedürftige keine angemessene Wohnung fanden.
Für öffentlich geförderte Sozialwohnungen gelten auch heute noch Vorschriften über die Erteilung von Wohnberechtigungen und die Höhe der
Mieten, die entsprechend den Kosten festgesetzt werden. Bei Wohnungen,
die nicht mit öffentlichen Finanzhilfen gebaut wurden, kann die Miete frei
vereinbart werden; für Mieterhöhungen gelten nach wie vor aber Grenzen:
die »Vergleichsmiete« darf nicht überschritten werden.

In der Verkehrspolitik wurde eine marktwirtschaftliche Lösung in den
50er Jahren gar nicht erst versucht. Erst mit der Novellierung der Ver-
kehrsgesetze 1961 kam ein begrenztes Element des Wettbewerbs in die
Tarifgestaltung von Bundesbahn, Straßengüterverkehr und Binnenschiff-
fahrt. Die Belastung der Bundesbahn mit den Kosten des Streckennetzes
und der Zwang, auch unrentable Strecken zu bedienen, sind die Hauptursachen der Regulierung. Die Bundesbahn ist auch heute lediglich im Perso-
nenfernverkehr in der Lage, kostendeckend zu arbeiten.

Seit die Kohleknappheit der frühen 50er Jahre als Folge der Verdrängung
der einheimischen Kohle durch das Erdöl in einen Kohleüberschuß umge-
schlagen ist, dient die staatliche Regulierung des Kohlebergbaus der Kapa-
zitätsverringerung bei gleichzeitiger Erhaltung möglichst vieler Arbeitsplätze. Da die leicht zugänglichen Lagerstätten aber nahezu erschöpft sind
und der Abbau daher immer teurer wird, nahmen auch die staatlichen
Subventionen zu.

Im Vergleich zur Festsetzung von Preisen und Mengen und zu den
Marktzugangsbeschränkungen, die intensive Regulierung kennzeichnen,
stellen Subventionen einen vergleichsweise milden Eingriff in die markt-

wirtschaftliche Selbstregelung dar. Subventionen werden definiert als staatliche Finanzhilfen und Steuerermäßigungen an Unternehmen, denen keine direkte Gegenleistung gegenübersteht. Durch Subventionen wird die Produktion nach Kriterien beeinflußt, die der Staat setzt. Der Einfluß der Verbraucherentscheidungen auf die Produktion wird dadurch geschwächt, in nicht wenigen Fällen wird den Verbraucherwünschen direkt entgegengewirkt. Zur Begründung von Subventionen werden vor allem die folgenden Ziele und Argumente angeführt:

– Versorgungssicherheit. In einer von Krisen bedrohten Welt sei es leichtfertig, die Landwirtschaft und den Bergbau in der Bundesrepublik größtenteils stillzulegen. Importe von Agrarprodukten und Energieträgern wären zwar billiger als die Eigenproduktion; würde der Import aber einmal unterbrochen, wäre es nicht möglich, die Landwirtschaft schnell wieder aufzubauen oder gar die Kohlebergwerke wieder in Betrieb zu nehmen.

– Hohe Kosten und Risiken bei der Forschung und Entwicklung. Bei technologisch besonders schwierigen und aufwendigen Innovationen, etwa bei Kernenergie, Raum- und Luftfahrt, Elektronik, sei die Finanzkraft und auch die Risikofähigkeit eines einzelnen Unternehmens in der Regel überfordert. Wenn der Staat wolle, daß diese Innovationen überhaupt im Inland geleistet werden, bliebe ihm nichts anderes übrig, als zu subventionieren.

– Entlastung von Unternehmen und Beschäftigten bei übermäßigem Anpassungsdruck. Bei schnellem Wandel der Produktions- und Absatzbedingungen seien die Unternehmen oft nicht in der Lage, die notwendigen Umstellungen aus eigener Kraft zu leisten. Dann drohten Massenentlassungen. Anpassungssubventionen sollten die bestehenden Kapazitäten nicht erhalten, sondern ihre Umstellung erleichtern und beschleunigen.

– Ausgleich subventionsbedingter Wettbewerbsnachteile. Da konkurrierende Länder Stahl, Schiffbau oder Flugzeugbau hoch subventionierten, müsse die Bundesrepublik auch subventionieren, es sei denn, sie verzichte darauf, diese Produkte weiter herzustellen.

– Ausgleich regional bedingter Wettbewerbsnachteile. Die Industrieansiedlung zeige eine Tendenz zur Ballung in Wirtschaftsräumen, die durch Infrastruktur, Verbrauchernähe, Fachkräfteangebot begünstigt sind. Sollten die »strukturschwachen« Gebiete nicht im Arbeitsplatzangebot und Pro-Kopf-Einkommen immer weiter zurückbleiben, müsse dort die Ansiedlung von Industrie- und Handwerksbetrieben gefördert werden.

– Gesellschaftspolitische Ziele. Wer die Erhaltung des bäuerlichen Familienbetriebs wolle, müsse die Landwirtschaft anders und höher subventionieren, als wenn er nur die Erhaltung von Agrarfabriken möchte.

Jedes einzelne dieser Argumente für Subventionen kann wohlbegründet sein, kann aber auch vorgeschoben werden, um eigene Leistungsschwäche auf Kosten von Steuerzahlern und Verbrauchern auszugleichen. Alle Argumente zusammen bilden ein beträchtliches Druckmittel, das Unternehmer, Gewerkschaften, Kommunal- und Regionalpolitiker benutzen, um

Subventionen für bestimmte Wirtschaftszweige und Wirtschaftsregionen durchzusetzen. Dieses Druckmittel wird dadurch verstärkt, daß in Perioden allgemein schwachen wirtschaftlichen Wachstums der Niedergang einzelner Wirtschaftszweige soziale Konsequenzen hat, die politisch nicht hingenommen werden können. Denn dann gibt es nicht genügend Arbeitsplätze in anderen, expandierenden Zweigen, um die in der schrumpfenden Branche freigesetzten Arbeitnehmer aufnehmen zu können. Schon aus diesem Grunde verwandeln sich Anpassungssubventionen oft in langfristige Erhaltungssubventionen. Die ökonomisch vernünftige und auf Dauer unvermeidliche Strukturänderung wird um Jahre und Jahrzehnte verzögert.

Alle Bundesregierungen seit 1949 haben subventioniert und dadurch in die sektorale und regionale Struktur der Wirtschaft eingegriffen. Vor allem die regulierten Wirtschaftszweige Landwirtschaft, Wohnungswesen, Verkehr, Bergbau erhielten von Anfang an den Löwenanteil der Subventionen. 1955 kam die Kernenergie hinzu; hier waren nicht nur die Forschungs- und Entwicklungskosten extrem hoch, sondern es bestand eine technologische Lücke, weil vorher die Kernenergieforschung und -anwendung durch die Alliierten verboten war. Von Anfang an wurden auch »strukturschwache« Regionen durch Subventionierung der Industrieansiedlung gefördert, so die Zonenrandgebiete, Westberlin oder die »Bundesausbauorte«. Von 1966 an versuchte die Bundesregierung, die Zunahme der Subventionen einzudämmen. Das Wirtschaftsministerium arbeitete »Grundsätze der sektoralen Strukturpolitik« aus, nach denen Subventionen primär zur Wachstumsförderung und zur Anpassung der Unternehmen an strukturelle Veränderungen gewährt werden sollten.[29] 1969 wurde das Gesetz über die »Gemeinschaftsaufgabe Verbesserung der regionalen Wirtschaftsstruktur« beschlossen. Bund und Länder wollten nun gemeinsam die »Förderung der gewerblichen Wirtschaft bei Errichtung, Ausbau, Umstellung oder grundlegender Rationalisierung von Gewerbebetrieben« sowie die Förderung des Ausbaus der Infrastruktur übernehmen (§ 1), die Förderungsmaßnahmen sollten vorrangig im Zonenrandgebiet und in den Gebieten vorgenommen werden, »in denen die Wirtschaftskraft erheblich unter dem Bundesdurchschnitt liegt« oder »in denen Wirtschaftszweige vorherrschen, die vom Strukturwandel in einer Weise betroffen und bedroht sind, daß negative Auswirkungen auf das Gebiet in erheblichem Umfang eingetreten oder absehbar sind« (§ 1 Abs. 2).

Der Eindruck, die Subventionen seien nicht nur absolut, sondern auch relativ zum Bruttosozialprodukt kontinuierlich gestiegen, ist jedoch falsch. 1965 dürften sie noch bei weniger als 4 % des Bruttosozialprodukts gelegen haben; genauere Untersuchungen gibt es für diese Jahre nicht, und die amtlichen Statistiken erfassen nur einen Teil der öffentlichen Hilfen. Ab 1970 liegen detaillierte Untersuchungen der Wirtschaftsforschungsinstitute vor, die seit 1981 »Strukturberichte« im Auftrage der Bundesregierung erarbeiten.[30] Danach erreichen die Subventionen (Finanzhilfen und Steuerermäßigungen) aller Gebietskörperschaften an Unternehmen 1970 einen ersten Höhepunkt von 5,5 % des Bruttosozialprodukts, fielen dann etwas zurück; 1979 wurden beinahe 6 % erreicht, dann erzwang das »Diktat der leeren Kassen« einen Rückgang auf 4,5 % 1983. Dieses niedrige Niveau ließ sich nicht lange halten; schon 1984/85 stiegen die Subventionen wieder leicht an.[31]

Die Aufschlüsselung der Finanzhilfen und Steuerermäßigungen auf Wirtschaftszweige (siehe Tab. 18) zeigt, daß die größten Subventionsbrocken der Landwirtschaft, dem Kohlebergbau, dem Verkehr und dabei primär der Bundesbahn, der Wohnungsvermietung (Wohngeld eingeschlossen) und dem Gesundheitswesen zukommen. Rechnet man die Subventionen auf die Zahl der in den einzelnen Wirtschaftszweigen Beschäftigten um, so erreichen die Eisenbahnen mit 42000 DM pro Beschäftigten eine absolute Spitzenstellung. In der Landwirtschaft wäre die Subventionssumme wesentlich höher, würde auch die vom Verbraucher gezahlte Differenz zwischen Weltmarktpreisen und durch die EG-Marktordnungen hochgeschleusten Inlandspreisen berücksichtigt. Doch auch andere Wirtschaftszweige werden durch Zollschutz in die Lage versetzt, höhere Preise im Inland als auf dem Weltmarkt zu nehmen, bei der Landwirtschaft ist die Protektion nur besonders hoch.

Neben den fünf größten Subventionsbrocken, die zusammen beinahe ⅔ der gesamten Finanzhilfen und Steuerermäßigungen in Anspruch nehmen, wirken die Subventionen an die übrigen Wirtschaftszweige nahezu bescheiden. Sie können jedoch im Einzelfalle für die Unternehmen von erheblicher Bedeutung sein. Beispiele liefern Schiffbau, die Energieversorgung, u. a. Kernkraft, der Luft- und Raumfahrzeugbau. Die Zuschüsse zu Forschung und Entwicklung bei elektronischen Bauelementen und Datenverarbeitungsgeräten sollen z. B. bei Siemens 1976/77 zwischen 15 und 20 % der Forschungs- und Entwicklungskosten betragen haben.[32] Die breite Streuung von Subventionen kleineren Umfangs auf alle möglichen Wirtschaftszweige ist teilweise die Folge der regionalen Wirtschaftsförderung im Rahmen der Gemeinschaftsaufgabe. Dafür standen 1984–1987 jährlich rund 1,6 Mrd DM zur Verfügung, mit denen Investitionen in den »Fördergebieten« bezuschußt wurden; in ihnen wohnen knapp 30 % der Bevölkerung des Bundesgebietes.[33]

Subventionen im seit den 70er Jahren erreichten Umfange sind aus ökonomischen und politischen Gründen überaus bedenklich, wie immer sie auch im Einzelfalle begründet werden können. Ökonomisch bedeuten sie überwiegend eine Vergeudung knappen Kapitals. Hochsubventionierte Wirtschaftszweige sind, abgesehen vom Gesundheitssektor und von der Luft- und Raumfahrt, durch unterdurchschnittliches Wachstum und unterdurchschnittliche Beschäftigungsentwicklung gekennzeichnet. Die ihnen zufließenden Subventionen dienen daher primär der Strukturerhaltung.[34] Besonders problematisch ist, daß Sektoren, die unter Anpassungsdruck geraten, durch staatliche Hilfe offenbar nicht in die Lage versetzt werden, durch Innovation die Wettbewerbsfähigkeit wieder zu gewinnen. Vielmehr bleiben sie »Kostgänger des Staates«.[35]

Bei hoher Subventionierung scheinen Unternehmer und Arbeitnehmer sich oft darauf zu verlassen, daß der Staat sie weiter stützen werde; das Bemühen um marktorientierte Produktinnovation läßt dann ebenso nach wie das Streben nach höchstmöglicher Wirtschaftlichkeit. Diese Tendenzen sind nicht nur in der Bundesrepublik, sondern international zu beobachten. Das Ergattern von höheren Subventionen dürfte tatsächlich in manchen Wirtschaftszweigen einfacher sein, als durch Leistung am Markt die eigene Position zu verbessern. Die Ausnutzung politischer Prozesse zur Förderung eigennütziger Interessen ist sehr billig geworden, die Kosten der Benutzung des Marktsystems zur Verbesserung der eigenen Lage haben sich hingegen enorm erhöht (Douglas North). Oder, drastischer, in den Worten Wolfgang Stützels: »Am höchsten prämiiert wird am Ende nicht der tüchtigste Pionier, sondern der findigste und skrupelloseste Schnorrer.«[36] Die politische Folge hoher und permanenter Subventionierung beträchtlicher Teile der Wirtschaft ist somit offensichtlich: Marktwirtschaft als Ordnungsidee verliert an Überzeugungskraft, nicht nur, weil der Staat sie anscheinend stützen muß, sondern weil sie an Effizienz verliert. Daß dieser Verlust an Effizienz auch die Folge der staatlichen Stützung ist, wird meist übersehen.

7. Von der »Globalsteuerung« zur »Angebotspolitik«

Die »Globalsteuerung« veränderte die Wirtschaftsordnung. Es ist umstritten, ob sie die Soziale Marktwirtschaft lediglich weiterentwickelte oder ihr grundsätzlich widersprach. Seit 1982 setzte die Wirtschaftspolitik eher auf das »angebotsorientierte« Konzept.

Zum ursprünglichen Konzept der Sozialen Marktwirtschaft gehört die Forderung, der Staat solle vorrangig Ordnungspolitik treiben, in den Wirtschaftsprozeß aber möglichst wenig eingreifen. In der Praxis verhielt sich Erhard pragmatisch. Er konzentrierte sich zwar auf die Ordnungspolitik, also auf die Herstellung der rechtlichen und institutionellen Bedingungen einer funktionsfähigen Marktwirtschaft. Doch unter politischem Druck war er im Februar 1950 auch einmal bereit, durch ein Arbeitsbeschaffungsprogramm Prozeßpolitik zu treiben. Die günstige Entwicklung ab 1951 – stetig sinkende Arbeitslosigkeit, relativ stabile Preise – enthob die Regierung dann jahrelang der Notwendigkeit, eine systematische staatliche Prozeßpolitik auch nur zu erwägen (vgl. S. 85 ff.).

Ab 1960 machte die Inflation – zum Teil außenwirtschaftlich bedingt, zum Teil durch steigende Lohnstückkosten verursacht – der Regierung immer mehr zu schaffen. In der Volkswirtschaftslehre hatte sich inzwischen die auf John Maynard Keynes zurückgehende makroökonomische Theorie durchgesetzt. Danach war anhaltende Unterbeschäftigung möglich. Die im Konjunkturabschwung normalerweise eintretenden Zinssenkungen würden nicht immer ausreichen, um die Unternehmen zum Investieren zu veranlassen; in diesen Fällen müsse der Staat durch einen Überschuß von Ausgaben über Einnahmen der Wirtschaft Nachfrageimpulse geben. Umgekehrt könne der Staat in Phasen der Hochkonjunktur Einnahmen und damit Kaufkraft stillegen und so die Inflation bekämpfen. In Wissenschaft und Publizistik mehrten sich die Stimmen, die die Anwendung der Keynesianischen Lehre auch in der Bundesrepublik forderten. Brauche man sie noch nicht zur Sicherung der Vollbeschäftigung, so doch zur wirksameren Bekämpfung der Inflation.

Ein erster Schritt auf diesem Wege war die Einrichtung des »Sachverständigenrates zur Begutachtung der gesamtwirtschaftlichen Entwicklung« 1963. Dieses Gremium aus fünf unabhängigen, auf Vorschlag der Bundesregierung berufenen Wissenschaftlern sollte zur »Urteilsbildung bei allen wirtschaftspolitisch verantwortlichen Instanzen sowie in der Öffentlichkeit« beitragen.[37] Die Jahresgutachten des Rates gewannen rasch einen erheblichen Einfluß. Seine Analysen und Empfehlungen spiegelten den Erkenntnisstand der Volkswirtschaftslehre wider, mindestens den der jeweils dominierenden Richtung, und die Volkswirtschaftslehre besaß in den 60er Jahren nicht nur in der Bundesrepublik, sondern vor allem auch in den USA ein enormes Ansehen. Erhard stand dem Keynesianismus mit tiefer Skepsis gegenüber. Immerhin ließ er sich 1964 zu einem Konzept drängen, das die Ergänzung der offensichtlich überforderten Geld- und Kreditpolitik der Bundesbank durch eine antizyklische, an Stabilität orientierte Fiskalpolitik vorsah. Mitte 1966 wurde aus diesem Konzept der Regierungsentwurf eines »Gesetzes zur Förderung der wirtschaftlichen Stabilität«.

In der Regierung der Großen Koalition übernahm Karl Schiller (SPD) das Wirtschaftsministerium, Franz Josef Strauß (CSU) das Finanzministerium. Unter Schillers Federführung entstand das »Gesetz zur Förderung der Stabilität und des Wachstums der Wirtschaft«, das am 8. Juni 1967 verkündet wurde. Es knüpfte an Erhards Entwurf eines Stabilitätsgesetzes an, erweiterte es aber durch die Komponente der Wachstums- und Beschäftigungsförderung. Verfassungsrechtlich durch Änderung des Art. 109 GG abgesichert, bot das Stabilitäts- und Wachstumsgesetz dem Staat ein reichhaltiges Instrumentarium, mit dem nach nun herrschender Meinung Arbeitslosigkeit und Inflation schnell und wirksam bekämpft und Konjunkturschwankungen geglättet werden konnten.

§ 1 des Stabilitäts- und Wachstumsgesetzes lautet: »Bund und Länder haben bei ihren wirtschafts- und finanzpolitischen Maßnahmen die Erfordernisse des gesamtwirtschaftlichen Gleichgewichts zu beachten. Die Maßnahmen sind so zu treffen, daß sie im Rahmen der marktwirtschaftlichen Ordnung gleichzeitig zur Stabilität des Preisniveaus, zu einem hohen

Beschäftigungsstand und außenwirtschaftlichem Gleichgewicht bei stetigem und angemessenem Wirtschaftswachstum beitragen«.

Grundlage des Instrumentariums ist die antizyklische Fiskalpolitik: Im Konjunkturabschwung hält der Staat trotz rückläufiger Steuereinnahmen sein »normales« Ausgabenniveau aufrecht. Falls notwendig, steigert er sogar seine Ausgaben. Die Finanzierungslücke muß durch Kredite gedeckt werden. In der Hochkonjunktur gibt der Staat hingegen seine Steuereinnahmen nicht voll aus, sondern legt sie bei der Bundesbank still. In der Rezession kann er also seine Ausgaben erhöhen und gleichzeitig die Steuern für Unternehmen und Verbraucher senken; in der Hochkonjunktur kann er seine Ausgaben kürzen und die Steuern erhöhen. So kann die Einkommens- und Körperschaftssteuer für längstens ein Jahr um 10 % herab- oder heraufgesetzt werden. Es ist möglich, den Unternehmen Abschreibungserleichterungen und einen Investitionsbonus (7,5 % des Anschaffungswertes) zu gewähren, ihnen aber auch Abschreibungsmöglichkeiten zu kürzen. Nun ist der Bund nur ein fiskalpolitischer Akteur neben anderen; auch die Länder und Gemeinden beeinflussen mit ihrer Fiskalpolitik die Wirtschaft erheblich. Das Stabilitäts- und Wachstumsgesetz sieht daher eine Koordinierung der Fiskalpolitik der Gebietskörperschaften vor; die bundesstaatliche Ordnung und die Rechte der Gemeinden mußten dabei aber respektiert werden. Ein »Konjunkturrat für die öffentliche Hand« und ein »Finanzplanungsrat«, denen Vertreter des Bundes, der Länder und der Gemeinden angehören, sollen diese Koordinierung beraten und Empfehlungen aussprechen. Die Bundesregierung kann, nach Beratung im Konjunkturrat, mit Zustimmung des Bundesrates Ausgabenbeschränkungen bei Bund und Ländern (bis zu 3 % der Steuereinnahmen des letzten Jahres) verordnen. Die Gemeinden, deren Steuereinnahmen besonders konjunkturempfindlich sind, können kaum an antizyklisches Ausgabenverhalten gebunden werden.

Schillers glänzende Rhetorik bewog breite Kreise der politisch interessierten Öffentlichkeit, an die Anwendung des Stabilitäts- und Wachstumsgesetzes hohe Erwartungen zu richten. Schiller sprach von einer »Synthese von Globalsteuerung und Marktwirtschaft« und meinte, »die wesentlichen Makrodezisionen werden dabei von der Wirtschafts- und Finanzpolitik getroffen, die Mikrodezisionen aber dem Markt und dem einzelwirtschaftlichen Wettbewerb überlassen«.[38] Das klang faszinierend und wich, auf den ersten Blick, von Erhard gar nicht so weit ab; denn der »Vater des Wirtschaftswunders« hatte doch am Schluß auch schon einen Entwurf für eine systematischere Stabilitätspolitik vorlegen lassen. Der grundlegende Unterschied zwischen Schillers globalgesteuerter Marktwirtschaft und der Sozialen Marktwirtschaft der »Gründungsväter« wurde damals nur von wenigen gesehen. Schiller verlangte die Prognose und Beeinflussung der makroökonomischen Prozesse durch den von der Wissenschaft beratenen Staat. Das Modell der Wirtschaft, das sich 1967 in der Bundesrepublik durchsetzte, bestand aus makroökonomischen, steuerbaren Kreislaufgrößen. Das Bild der Wirtschaft, das Eucken, Erhard oder Müller-Armack hatten, bestand aus Millionen von Wirtschaftssubjekten, deren Handlungen durch Marktpreise koordiniert wurden. Die Vorstellung, daß diese Millionen und aber Millionen von Handlungen durch einen ausreichend informierten, vorausschauenden Staat global beeinflußt werden könnte, war den »Gründungsvätern« fremd.

Das Stabilitäts- und Wachstumsgesetz gehört heute noch zur Grundausstattung der Wirtschaftspolitik. Es gleicht aber einer Ausrüstung, die »kaum gebraucht im Schrank hängt«.[39] Von Anfang an stellten sich politische Hindernisse seiner konsequenten Anwendung entgegen; unpopuläre Maßnahmen wie befristete Steuererhöhungen waren bei Inflation nicht im nötigen Maße durchzusetzen, Länder und Gemeinden hielten sich nicht an die Empfehlungen des Konjunkturrates und des Finanzplanungsrats. Von Anfang an zeigte sich auch, daß die Wissenschaft bei der Prognose der wirtschaftlichen Entwicklung überfordert war. Schließlich gab es vermeidbare und unvermeidbare Verzögerungen beim Einsatz und bei der Wirkung der Instrumente. Nach wie vor ist umstritten, ob es Mängel der Anwendung des Gesetzes waren, die zum Versagen der Globalsteuerung führten, oder ob das gesamte Konzept aus grundsätzlichen theoretischen Erwägungen zu verwerfen ist. Doch prinzipielle Befürworter wie Gegner der Globalsteuerung sind sich in einem einig. Da staatliches deficit-spending in gewaltigem Ausmaße weder 1974/75 noch 1981/82 ausreichte, um einen sich selbst tragenden, zu hoher Beschäftigung führenden Aufschwung herbeizuführen, mußte eine Alternative gesucht werden. Diese Alternative war die »angebotsorientierte« Politik, in der eine Wiederannäherung an das ursprüngliche Konzept der Sozialen Marktwirtschaft gesehen werden kann.

Der Sachverständigenrat hatte das »angebotsorientierte« Konzept seit 1976 gefordert; 1981 formulierte er es noch einmal in besonders eindringlicher Weise: »Die Nachfrage ist ... keine Größe, die gegeben ist oder unabhängig vom Angebot entsteht. Es wird leicht aus den Augen verloren, daß in entwickelten Marktwirtschaften die Nachfrage keineswegs auch nur normalerweise einen Vorlauf gegenüber dem Angebot hat. Im Gegenteil, zu großen Teilen entwickelt sich Angebot und Nachfrage im Gleichschritt, und in wichtigen Teilen des Marktgeschehens hat das Angebotshandeln einen Vorlauf. Das Angebot, das Produzieren, schafft über das Einkommen, das dabei erzielt wird, kaufkräftige Nachfrage. Im Vorlauf ist Angebotshandeln überall dort, wo investiert, also künftige Produktion vorbereitet wird... Hier ist die erwartete Nachfrage, nicht die aktuelle in der Führungsrolle... Es genügt, daß das einzelne Unternehmen darauf setzt, sich im Produkt- und Preiswettbewerb zusätzliche Nachfrage sichern zu können. Und dies ist kein Nullsummenspiel, in dem der eine nur gewinnen kann, was ein anderer verliert. Der Einkommenseffekt expansiver Angebotshandlungen sorgt dafür, daß die Gruppe im ganzen gewinnt.«[40]

Das Konzept des Sachverständigenrats verlangte neben einer auf Geld-

wertstabilität festgelegten Geldpolitik und einer an »marktgerechten Löhnen« orientierten Lohnpolitik, der Staat solle
- unnötige Hemmnisse wirtschaftlicher Aktivität beseitigen,
- durch Konstanz der Wirtschaftspolitik und Zurückhaltung bei Eingriffen in den Markt die Risiken der Unternehmen senken,
- Reserven an privater Risikobereitschaft mobilisieren helfen, vor allem die Neigung zur Eigenkapitalanlage sowie die Gewinnbeteiligung der Arbeitnehmer fördern,
- sich im Steuersystem verstärkt an den Unternehmensrisiken beteiligen,
- die Staatsausgaben in engeren Grenzen halten, die kreditfinanzierten Ausgaben senken, die Abgabenquote nicht weiter erhöhen,
- die Mobilität der Arbeitskräfte und ihre Bereitschaft, sich fortzubilden, fördern,
- Produkt- und Verfahrensinnovationen global stärken,
- die wirtschaftliche Dynamik von unten stärken, insbesondere die Chance zur Gründung einer selbständigen Existenz sowie die Entwicklungsmöglichkeiten kleiner und mittelgroßer Unternehmen verbessern,
- den Wettbewerb scharf halten und Subventionen, die den Strukturwandel hemmen, abbauen.[41]

»Angebotsorientierte Politik« nach diesem Konzept erschöpft sich somit nicht in bloßen Begünstigungen der Unternehmen durch Senkung der unternehmensbezogenen Steuern und durch Begrenzung des Lohnkostenanstiegs. Sie lehnt kurzfristige Maßnahmen zur Entlastung der Unternehmen, etwa zeitlich eng begrenzte Investitionszuschüsse, sogar ab, weil sie zur bloßen Vorwegnahme von Investitionen führen. Sie fordert langfristig wirksame Entlastungen der Unternehmen, zugleich mehr Wettbewerb und den Abbau von Erhaltungssubventionen. Sie setzt damit die Unternehmen einer ganzen Reihe von Branchen verstärktem Anpassungszwang aus. Sie verlangt auch nicht generell weniger Staat in der Wirtschaft; zwar soll der Staat bürokratische und politische Regulierungen aufheben, wo sie unnötig sind, und er soll seine Ausgaben reduzieren; er soll zugleich aber die Dynamik der Marktwirtschaft durch Innovationsförderung, energische Wettbewerbspolitik und auch durch Qualifizierung der Arbeitskräfte verstärken.

8. Staatsausgaben

Die Ausgaben des Staates und der Sozialversicherungsträger haben relativ zum Sozialprodukt seit 1950 zugenommen. Die Folgen für Wirtschaftswachstum und Beschäftigung werden heute überwiegend negativ beurteilt.

Wer Zahlen sucht, um zu beweisen, daß der Staat durch seine Ausgaben und die entsprechenden Belastungen der Bürger die Marktwirtschaft allmählich erdrückt, führt in der Regel die Entwicklung der »Großen Staatsquote« an. Sie gibt die Ausgaben der Gebietskörperschaften (Bund, Länder, Gemeinden) und der Sozialversicherungsträger in Prozent des Bruttosozialprodukts an. Sie betrug 1950 32 %; ihren bisherigen Höhepunkt erreichte sie in der Rezession 1982 mit 50 %; als Folge der Haushaltskonsolidierung und des konjunkturellen Aufschwungs sank sie bis 1986 auf 46,7 %. Die »Große Staatsquote« ist aber keine echte Quote, denn sie enthält Transferzahlungen, etwa Renten, die kein Bestandteil des Bruttosozialprodukts sind. Wohl aber sind die Transferzahlungen Einnahmen der Privaten und haben Ausgaben zur Folge. Staatsausgaben und private Ausgaben würden daher mehr als 100 % ergeben. Die »Große Staatsquote« ist somit allenfalls als Grobindikator für die Beanspruchung des Sozialprodukts durch Staatsverbrauch und Umverteilung brauchbar.

Methodisch einwandfrei ist hingegen die »Kleine Staatsquote«, definiert als der Anteil der Staatsausgaben für Güter und Dienste am Bruttosozialprodukt. Sie umfaßt alle Ausgaben der Gebietskörperschaften für Güter und Dienste einschließlich der Personalausgaben für den öffentlichen Dienst. Sie betrug 1950 16,6 %, 1975 25,1 %, 1986 22,1 %.[42]

Die Zunahme der »Kleinen Staatsquote« muß aber nicht bedeuten, daß real der Anteil der vom Staat bereitgestellten Güter und Dienste am Sozialprodukt entsprechend gestiegen wäre. Da die Preise, die der Staat für die von ihm bei Unternehmen gekauften Güter und Dienste zahlt, deutlich schneller zunahmen als der Preisindex des Bruttosozialprodukts, dürfte real der Staat heute kaum einen höheren, eher einen niedrigeren Anteil an Gütern und Diensten kaufen und der Öffentlichkeit bereitstellen als vor 20 oder 30 Jahren. Auch sein eigenes Personal setzt der Staat wenig effektiv ein. Die Tariflöhne und -gehälter im öffentlichen Dienst sind zwar nicht schneller als im Durchschnitt aller Arbeitnehmer gestiegen. Doch der »Stellenkegel« hat sich verändert. So mancher Ministerialrat führt heute Arbeiten aus, für die vor 30 Jahren ein Oberregierungsrat qualifiziert war. Der Staat nimmt somit einen steigenden Teil des Sozialprodukts in Anspruch, doch die reale Leistung, die er dafür bietet, bleibt zurück.[43]

Höhere Ausgaben müssen durch höhere Einnahmen finanziert werden. Verschuldung schiebt diesen Zwang allenfalls etwas hinaus. Die »Steuerquote«, das Verhältnis von Steueraufkommen zum Bruttosozialprodukt, ist allerdings seit den 50er Jahren kaum gestiegen. Sie betrug 1952 23,6 %, schwankte dann bis in die 70er Jahre um 24 %, nach einem Maximum von 25 % 1975 ging sie allmählich wieder zurück. 1987 lag sie bei 23,1 %.[44]

Die Sozialabgabenquote, im Wesentlichen das Verhältnis der Sozialbeiträge der Arbeitnehmer und Arbeitgeber zum Bruttosozialprodukt, hat hingegen kräftig zugenommen, von rund 10 % Ende der 50er Jahre auf 12,6 % 1970 und 17,3 % 1986. Steuer- und Sozialabgabenquote zusammen machten 1960 rund ein Drittel, ab 1975 stets mehr als 40 % des Bruttosozialprodukts aus.[45] Auf den ersten Blick erscheint dieser Anstieg noch nicht dramatisch. Für den durchschnittlichen Arbeitnehmer ergab sich jedoch eine beträchtliche Steigerung seiner Belastung durch Steuern und Sozialabgaben. Denn die gleichbleibende Steuerlastquote verdeckt, daß die Einnahmen aus der progressiven Lohnsteuer besonders stark stiegen, weil immer mehr Arbeitnehmer durch die Zunahme ihrer Nominallöhne in die Progression hineingerieten. Die expandierenden Sozialabgaben müssen sowieso etwa zur Hälfte von den Arbeitnehmern getragen werden (Tab. 16).

Wenn ein Arbeitnehmer mit durchschnittlichem Einkommen von jeder zusätzlich verdienten Mark mehr als die Hälfte an Lohnsteuern und Sozialbeiträgen abgeben muß – in der Bundesrepublik seit 1982 die Regel –, so wird mehr Leistung ökonomisch immer weniger attraktiv, Freizeit hingegen gewinnt an Wert. Nun arbeiten manche auch aus immateriellen Motiven: Aufstieg in begehrte Positionen, Freude an der eigenen Leistung und Streben nach Anerkennung sind ihnen wichtiger. Doch manche werden in Versuchung geraten, eine illegale Beschäftigung aufzunehmen, oder aber einfach ihr Arbeitsangebot verringern. Eindeutige Belege für die These, daß die Abgabenbelastung der Arbeitnehmer inzwischen eine kritische Grenze erreicht habe, bei der eine erhebliche Zunahme der Schwarzarbeit oder Leistungseinschränkung drohe, fehlen bisher allerdings.[46]

In der Wachstums- und Beschäftigungskrise seit 1974 wurde die Frage wichtig, ob die Belastung der Unternehmen mit Steuern und Abgaben ihre Investitionsfähigkeit verringert habe. Zum Wirtschaftswunder der Jahre 1948–1960 hatte die Steuerpolitik der ersten Bundesregierungen ohne Zweifel beigetragen. Vor der Währungsreform war die persönliche Einkommensteuer durch Gesetze der Militärregierungen extrem hoch. Mit der Währungsreform wurde die Einkommensteuer um etwa ein Drittel, die Vermögensteuer um die Hälfte gesenkt. Die Bundesregierung hielt aber die Unternehmensbesteuerung immer noch für zu hoch, um das Wirtschaftswachstum kräftig anzuregen, und setzte bei den Alliierten umfangreiche Abschreibungserleichterungen durch. Wer seinen Gewinn nicht größtenteils dem Finanzamt überlassen wollte, mußte ihn also zur Selbstfinanzierung von Investitionen benutzen. Bis 1955 wurde dann die Einkommen- und Körperschaftsteuer in mehreren Stufen weiter reduziert, die anfangs sehr großzügigen Abschreibungserleichterungen wurden dafür etwas eingeschränkt. Die Körperschaftsteuer betrug ab 1958 51 % auf einbehaltene, 15 % auf ausgeschüttete Gewinne; ab 1977 56 % bzw. 36 %. Ab 1977 entfiel die Doppelbesteuerung der Gewinne der Unternehmen mit eigener Rechtspersönlichkeit durch die Körperschaftsteuer beim Unternehmen und die Einkommensteuer bei den Anteilseignern. Wie für die Lohnempfänger wurde auch für viele Empfänger von Einkommen aus Unternehmertätigkeit und Vermögen die Progression der Einkommensteuer zum Problem. Sie traf vor allem die »mittleren« Gruppen der Selbständigen; die Spitzeneinkommen unterlagen sowieso dem höchsten Satz der Einkommensteuer von 56 % (ab 1955). Gelegentliche Korrekturen, so 1965, minderten die Progressionswirkung immer nur vorübergehend. Im ganzen hat die steuerliche Belastung der Einkommen aus Unternehmertätigkeit und Vermögen seit Anfang der 60er Jahre nicht zugenommen, sondern tendenziell eher abgenommen. Werden alle unternehmensbezogenen Steuern im weiteren Sinne (veranlagte Einkommensteuer, Kapitalertrag-, Körperschaft-, Vermögen-, Gewerbe- und Grundsteuer) zusammengerechnet, so belasteten sie das Einkommen aus Unternehmertätigkeit und Vermögen 1963 zu 33,6 %, 1984 zu 25,1 %.[47] Dieser relativ niedrige Durchschnittssatz, der sich auf alle Einkommen aus selbständiger Arbeit und Vermögen bezieht, verdeckt natürlich die hohe Belastung schon eines mittelständischen Unternehmens mit gewinnabhängigen Steuern von 60–70 %. Doch das war 1955 nicht anders als 1985.

Der Unterschied in den 50er und 60er Jahren liegt somit nicht so sehr in der Unternehmensbesteuerung an sich, sondern darin, daß die Gewinne der Unternehmen vor und nach Steuern inzwischen deutlich niedriger, die Risiken und auch die Kosten bei Innovationen deutlich höher sind.

Wieder anders wirken sich die gestiegenen Sozialabgaben auf die Unternehmen aus. Die Arbeitgeberbeiträge zur Sozialversicherung bilden Bestandteile der Lohnnebenkosten, die im ganzen inzwischen 80 % der Bruttolöhne erreicht haben. Jede Erhöhung der Sozialabgaben der Arbeitgeber verteuert somit den Faktor Arbeit und erschwert die Einrichtung neuer Arbeitsplätze.

In der gegenwärtigen (1988) wissenschaftlichen Diskussion über die Auswirkung der Steuer- und Abgabenbelastung auf Arbeitnehmer und Unternehmen dominiert die Ansicht, daß eine Reduzierung der Steuern und Abgaben zur Überwindung der Wachstumsschwäche wesentlich beitragen könnte (so der Sachverständigenrat in allen Jahresgutachten seit 1975). Die Steuerpolitik der CDU/CSU/FDP-Regierung seit 1982 hat gewisse Entlastungen gebracht (vgl. S. 112 f.); es scheint allerdings, als reichten sie bei weitem nicht aus, um die Investitionsfähigkeit und -bereitschaft der Unternehmen im notwendigen Maße zu stärken. Im Grunde steht aber jede Regierung, die die Steuer- und Abgabenlast verringern will, vor dem gleichen Problem, an dem Anfang der 80er Jahre die Fiskalpolitik der amerikanischen Regierung scheiterte: Sie kann die wirtschaftliche Aktivität nur bei drastischen Entlastungen wirksam anregen. Drastische Entlastungen müßten entweder durch hohe Neuverschuldung des Staates oder durch drastische Ausgabenkürzungen finanziert werden. Hohe Neuverschuldung wäre von Übel; sie würde privaten Unternehmen dringend notwendiges Investitionskapital entziehen (»crowding-out effect«) und zukünftige Haushalte belasten. Ausgabenkürzungen wären viel besser. Es gäbe genügend Möglichkeiten, unproduktive, die Leistungsfähigkeit der Wirtschaft auf Dauer eher schwächende Staatsausgaben zu streichen – von öffentlichen Bauten, überflüssigen Straßen und Freizeiteinrichtungen bis hin zu Subventionen für Gruppen, die nicht bedürftig sind, aber ihre Interessen bisher wirksam vertreten konnten. Doch ausreichende Kürzungen scheitern am politischen Widerstand der Betroffenen. So ist ein Mittelweg der einzig gangbare, und er muß überdies in kleinen Schritten versucht werden: ein wenig entlasten, ein wenig kürzen, wenn das nicht ausreicht, vielleicht wieder ein wenig neuverschulden. Das ökonomisch Vernünftige ist politisch selten durchsetzbar, und zwar heute noch seltener als in der Gründungsphase der Sozialen Marktwirtschaft. Denn damals waren die Ansprüche an den Staat viel geringer, die Sonderinteressen noch nicht so gut organisiert.

9. Anmerkungen

1 Müller-Armack, Alfred: Wirtschaftsordnung und Wirtschaftspolitik. Freiburg 1966, S. 245.
2 Tuchtfeldt, Egon: Soziale Marktwirtschaft und Globalsteuerung. In: Tuchtfeldt, E. (Hg.), Soziale Marktwirtschaft im Wandel. Freiburg 1973.
3 Scharpf, Fritz W.: Krisenpolitik. In: Oertzen, Peter von/Ehmke, Horst/Ehrenberg, Herbert (Hg.): Thema: Wirtschaftspolitik. Materialien zum Orientierungsrahmen '85 der SPD. Bonn 1975.
4 Kantzenbach, Erhard: Die Funktionsfähigkeit des Wettbewerbs. Göttingen 1965.
5 Nach Kantzenbach, a.a.O., S. 16 f.
6 Müller-Armack, Alfred: a.a.O., 1966, S. 244.
7 Kantzenbach, a.a.O.
8 Hoppmann, Erich: Wettbewerb als Norm der Wettbewerbspolitik. In: ORDO Jahrbuch für Wirtschaft und Gesellschaft, Bd. 18, Stuttgart/New York 1967.
9 Überblick bei Aberle, Gerd: Wettbewerbstheorie und Wettbewerbspolitik, Stuttgart/Berlin/Köln 1980; einführende Darstellung bei Grosser, Dieter (Hg.): Der Staat in der Wirtschaft der Bundesrepublik, Opladen 1985. Grundlegende Darstellung der geltenden Ordnung: Emmerich, Volker: Wettbewerbsrecht, München 1976.
10 Deutscher Bundestag, 2. Wahlperiode, Drucksache 3644, nach Jäckering, Werner: Die politischen Auseinandersetzungen um die Novellierung des Gesetzes gegen Wettbewerbsbeschränkungen, Berlin 1977, S. 27.
11 Die Prognose stammt aus der Stellungnahme der Bundesregierung zum Bericht des Bundeskartellamtes 1971. Deutscher Bundestag, Drucksache IV/3570.
12 Kartte, Wolfgang/Holzschneider, Rainer: Welche Erfahrungen hat die Bundesrepublik in der Wettbewerbspolitik gemacht? In: Duwendag, Dieter (Hg.): Politik und Markt. Festschrift für Hans Karl Schneider, Stuttgart 1980.
13 Monopolkommission; vor allem 5. Hauptgutachten 1982/83 und 6. Hauptgutachten 1984/85.
14 Monopolkommission, 6. Hauptgutachten 1984/85, S. 326.
15 Kartte, Wolfgang/Martin, Edwin: Wettbewerb, technischer Fortschritt und Konsumentensouveränität. In: Hamm, Walter (Hg.): Wettbewerb und Fortschritt. Festschrift für Burkhard Röper. Baden-Baden 1980.
16 Demele, Ottwald: Ursachen der Inflation. Frankfurt/New York 1981.
17 Robert, Rüdiger: Die Unabhängigkeit der Bundesbank. Kronberg 1978.
18 Süddeutsche Zeitung vom 22. 1. 1988.
19 Dazu Allensbach, Heinz: Die Bewährung des Friedensabkommens in der Schweiz; Reimann, Fritz: Tarifpolitik auf der Grundlage des Friedensabkommens; Tuchtfeldt, Egon: Auswirkungen der Sozialpartnerschaft in der Schweiz.

Alle Aufsätze in: Biskup, Reinhold (Hg.): Partnerschaft in der Sozialen Marktwirtschaft. Bern/Stuttgart 1986.

20 »Hamburger Volkswirtschaftliche Gesellschaft«; zitiert bei Müller-Armack, Alfred: Die Anfänge der Sozialen Marktwirtschaft. In: Löwenthal, R./Schwarz, H.-P. (Hg.): Die zweite Republik. Stuttgart 1974, S. 146.

21 Zur Kritik der paritätischen Mitbestimmung aus der Sicht eines einflußreichen Mitgliedes des Kreises um Eucken, vgl. Böhm, Franz: Das wirtschaftliche Mitbestimmungsrecht der Arbeiter im Betrieb. ORDO, Bd. IV, 1951. In: Böhm, Franz: Freiheit und Ordnung in der Marktwirtschaft. Baden-Baden 1980.

22 Entscheidungen des Bundesverfassungsgerichts. Amtliche Sammlung, Bd. 50, S. 290 ff.

23 Ebenda.

24 So jedenfalls die Auffassung des Bundesverfassungsgerichtes seit dem Investitionshilfeurteil 1954. Zum Thema »Grundgesetz und Wirtschaftsordnung« vgl. Grosser, Dieter (Hg.): Der Staat in der Wirtschaft der Bundesrepublik. Opladen 1985, S. 29 ff.

25 Bamberg, U., u.a.: Praxis der Unternehmensmitbestimmung nach dem Mitbestimmungsgesetz 1976. Düsseldorf 1984; Tiemann, J./Martens, H.: Leitende Angestellte und Mitbestimmung. Forschungsberichte der Sozialforschungsstelle Dortmund. Dortmund 1986.

26 Vertiefende Darstellung der Erfahrungen mit dem Mitbestimmungsgesetz von 1976 bei Andersen, Uwe (Hg. u. Mitautor): Mitbestimmung in der Bundesrepublik Deutschland. Politische Bildung 1987, Heft 3. Stuttgart 1987.

27 Vgl. dazu: Sachverständigenrat zur Begutachtung der gesamtwirtschaftlichen Entwicklung. Jahresgutachten 1987/88, S. 192 ff.

28 Zur Regulierung in der Bundesrepublik siehe Lange, Thomas: Staatliche Regulierung. In: Grosser, Dieter (Hg.): Der Staat in der Wirtschaft der Bundesrepublik Deutschland. Opladen 1985.

29 Peters, H. R.: Konzeption und Wirklichkeit der sektoralen Strukturpolitik in der Bundesrepublik Deutschland. In: Bombach u. a. (Hg.): Probleme des Strukturwandels und der Strukturpolitik. Tübingen 1977.

30 Siehe z.B. Deutsches Institut für Wirtschaftsforschung: Abschwächung der Wachstumsimpulse. 3 Bd., Berlin 1981; Ifo-Institut für Wirtschaftsforschung: Analyse der strukturellen Entwicklung der Deutschen Wirtschaft. München 1987.

31 Ifo-Institut für Wirtschaftsforschung, a.a.O., S. 40.

32 Plettner, Bernhard: Erfordert der Strukturwandel eine staatliche Innovationsförderung? In: Besters, Hans (Hg.): Strukturpolitik – wozu? Gespräche der List-Gesellschaft. Baden-Baden 1978.

33 Deutscher Bundestag, Drucksache 10/591: Fünfzehnter Rahmenplan der Gemeinschaftsaufgabe »Verbesserung der regionalen Wirtschaftsstruktur«, 1986.

34 Ifo-Institut: Analyse der strukturellen Entwicklung der deutschen Wirtschaft, 1987, S. 54.

35 Gerstenberger, Wolfgang: Strukturwandel unter verschlechterten Rahmenbedingungen. Schriftenreihe des Ifo-Instituts für Wirtschaftsforschung, Nr. 121, Berlin/München 1984.

36 North, Douglas: Structural Change in Western Economies: An Historian's Perspective. Vortrag vor der österreichischen Nationalökonomischen Gesellschaft, 1979.
Stützel, Wolfgang: Systemkonforme Sozialpolitik in der Sozialen Marktwirtschaft. Vortrag in der Universität des Saarlandes, 4. 7. 1980, beide zitiert nach Borchardt, Knut: Die Konzeption der Sozialen Marktwirtschaft in heutiger Sicht. In: Zukunftsprobleme der Sozialen Marktwirtschaft. Verhandlungen auf der Jahrestagung des Vereins für Socialpolitik 1980. Berlin 1981, S. 39.

37 Gesetz über die Bildung eines Sachverständigenrates vom 14. 8. 1963.

38 Schiller, Karl: Marktwirtschaft mit Globalsteuerung. In: Schiller, Karl: Reden zur Wirtschaftspolitik. BMWi-Texte 1, Bonn 1967.
39 So Zacher, Hans F.: Soziale Marktwirtschaft – ihr Verhältnis zur Rechtsordnung. In: Zukunftsprobleme der Sozialen Marktwirtschaft, a.a.O., S. 833.
40 Sachverständigenrat zur Begutachtung der gesamtwirtschaftlichen Entwicklung (SVR), Jahresgutachten 1981/82, S. 143.
41 ebd.
42 Zu den Quoten grundsätzlich Littmann, Konrad: Struktur- und Wachstumsprobleme der Staatsausgaben. In: Duwendag, Dieter (Hg.): Der Staatssektor in der sozialen Marktwirtschaft. Berlin 1975. Quelle für die Quotenangaben: Kommission für wirtschaftlichen und sozialen Wandel, Wirtschaftlicher und Sozialer Wandel in der Bundesrepublik Deutschland, 1977, S. 105; eigene Berechnungen nach dem Gutachten des Sachverständigenrates 1987/88.
43 Dazu Littmann, Konrad, a.a.O.
44 Bundesfinanzministerium: Finanzbericht; Sachverständigenrat, Jahresgutachten 1987, S. 143.
45 Zahlen nach Ifo-Institut für Wirtschaftsforschung, Strukturberichterstattung 1987, S. 37.
46 Dazu Leibinger, Hans-Bodo: Erfolgschancen einer wachstums- und beschäftigungsfördernden Umgestaltung des Steuersystems. In: Krupp, H.-J. u. a. (Hg.): Wege zur Vollbeschäftigung. Freiburg 1986.
47 Leibinger, a.a.O., S. 184.

Erfolge und Mißerfolge

Dieter Grosser

I. Wurden die makroökonomischen Ziele erreicht?

1. Ziele und Zielkonflikte

Wachstum, hoher Beschäftigungsgrad, Preisniveaustabilität und außen-
wirtschaftliches Gleichgewicht gelten als die wichtigsten makroökonomi-
schen Ziele. Sie liefern nicht die einzigen Bewertungskriterien für Wirt-
schaftsordnungen und Wirtschaftspolitik. Sie lassen sich fast nie gleichzeitig
erreichen.

Von der großen Mehrheit der Bürger werden Wachstum, hoher Beschäftigungsgrad und Preisniveaustabilität nach wie vor als vorrangig angesehen.
Erfolge und Mißerfolge bei der Verwirklichung dieser Ziele merken die
Bürger unmittelbar am eigenen Einkommen und an der Sicherheit ihres
Arbeitsplatzes. Wird außenwirtschaftliches Gleichgewicht verfehlt, so
merken die Bürger diese Folgen mittelbar und mit Verzögerung an Inflation oder Arbeitslosigkeit. Doch dann erscheint ihnen eben die Inflation
oder die Arbeitslosigkeit als Hauptproblem. Der Ökonom aber sieht in
einer Verletzung des außenwirtschaftlichen Gleichgewichts ein Warnsignal, das nicht mißachtet werden darf.
Erfolge bei der Verwirklichung der makroökonomischen Ziele bilden
zwar wichtige, aber nicht die einzigen Bewertungskriterien für Wirt-
schaftsordnungen und Wirtschaftspolitik. Die Ziele sind ökonomisch. Soziale Wirkungen werden von ihnen nur insoweit erfaßt, als sie notwendige,
allein aber noch nicht ausreichende Bedingungen für eine wesentliche
Verbesserung der Lebenshaltung und der Entfaltungschancen aller Bürger
darstellen. Fragen nach der Verwirklichung allgemein akzeptierter sozialer
Ziele – von »gerechter« Einkommens- und Vermögensverteilung über
Entfaltungschancen des Einzelnen am Arbeitsplatz bis zu seiner Sicherung
im Alter und bei Krankheit – müssen gestellt werden. Auf diese Fragen
wird in gesonderten Abschnitten eine Antwort versucht. Zunächst soll
untersucht werden, wie weit in der Bundesrepublik die makroökonomischen Ziele erreicht wurden.
Wachstum, gemessen durch die Zunahme des Sozialprodukts, ist Vor-

aussetzung einer allgemeinen Steigerung der Realeinkommen. Wachstumsraten sind zwar kein zuverlässiger Indikator für Wohlstandszunahme. Die notwendige und überaus nützliche Arbeit der Hausfrauen wird ebensowenig erfaßt wie die Wertschöpfung, die sich durch »Selbermachen« einstellt; sei es, daß jemand seine Wohnung selbst tapeziert oder sein eigenes Gemüse anbaut. Die Arbeit eines Beamten, der überflüssige Vorschriften produziert, geht hingegen in die Wachstumsberechnung ein. Ein Unternehmen, das gesundheitsschädliche Produkte herstellt, trägt damit ebenfalls zum Sozialprodukt bei. Alle Versuche, die Berechnung des Sozialprodukts zu verbessern, sind bisher aber wenig überzeugend geblieben; sie arbeiten mit willkürlichen Quantifizierungen und sind noch angreifbarer als die übliche Methode. Konsens besteht in der Volkswirtschaftslehre und auch in der Politik, künftiges Wachstum müsse weitaus stärker von umweltschonenden und umweltschützenden Produktionen getragen werden als bisher. Umweltschutzmaßnahmen wie Filter, Kläranlagen, aufwendigere, den Schadstoffausstoß reduzierende Herstellungsverfahren gehen in die Wachstumsberechnung ein und steigern das Sozialprodukt, sie steigern aber nicht die Menge der Konsumgüter. Wohl aber wird die Qualität der Konsumgüter in einem bestimmten Sinne erhöht; denn ihre Herstellung belastet die Umwelt weniger als zuvor. Wenn der Verbraucher dem Umweltschutz Priorität zuweist, wird er bereit sein, dafür mehr zu zahlen und den Mehrpreis nicht als Minderung seines Lebensstandards ansehen. Die Formel »qualitatives statt quantitatives Wachstum« zielt in diese Richtung. Sie ist beliebt, wird aber leicht mißverstanden. Nehmen wir an: die Konsumgüterproduktion würde mengenmäßig auf dem gegenwärtigen Niveau stagnieren, die Bürger würden ihren materiellen Verbrauch quantitativ nicht mehr steigern wollen, wohl aber Wert auf Umweltschutz legen. Dann stiege natürlich auch das Bruttosozialprodukt, eben als Folge der Aufwendungen für den Umweltschutz. Lediglich wenn der Umweltschutz zu Lasten des bisherigen Konsums ginge, blieben Wachstumseffekte aus. Doch wäre es dann zweckmäßig, von qualitativem »Wachstum« zu sprechen?

Die Wirtschaft wächst in »Schüben«; Konjunkturschwankungen sind unvermeidbar. 1950–1973 bewirkten die Konjunkturschwankungen aber nur ein einziges Mal, 1966/67, eine beträchtliche Zunahme der Arbeitslosigkeit; denn auch in den Rezessionsphasen wurden in der Regel noch Wachstumsraten von 3 % erreicht. Seit 1974 aber herrscht über den gesamten Konjunkturzyklus, also auch auf dem Gipfel eines Aufschwungs, Arbeitslosigkeit: Das Wachstum ist zu gering, um hohe Beschäftigung auch nur vorübergehend zu sichern (Bild 1, Tab. 1).

Das Ziel »hoher Beschäftigungsgrad« ist unumstritten, seine Quantifizierung ist aber problematisch. Von 1960 bis 1973 lag die Arbeitslosenquote in den meisten Jahren unter 1 %. Nach den international üblichen Maßstäben war dies schon Überbeschäftigung. In den USA galten etwa 3 % Arbeitslosigkeit als Vollbeschäftigung; denn eine gewisse Sockelarbeitslosigkeit, im wesentlichen bedingt durch jahreszeitliche Beschäftigungs-schwankungen (saisonale Arbeitslosigkeit), durch Anpassungsprobleme bei Strukturveränderungen sowie durch Suchprozesse (friktionelle Arbeitslosigkeit), galt stets als unvermeidlich. Seit 1974 haben sich die Maßstäbe verändert; ein Beschäftigungsgrad, bei dem die Zahl der offenen Stellen mindestens so hoch ist wie die Zahl der Arbeitsuchenden, erschiene heute auch in der Bundesrepublik als hoch. Doch dabei könnte es erhebliche strukturelle Unterschiede zwischen dem Arbeitsplatzangebot und der Arbeitsplatznachfrage geben, so daß die Arbeitslosenquote keinesfalls auf die phantastisch niedrigen Werte der 60er Jahre sinken würde.

Preisniveaustabilität bedeutet nicht Stabilität der einzelnen Preise. Sie müssen vielmehr nach oben und nach unten beweglich sein, um Veränderungen der relativen Knappheit anzeigen zu können. Der Durchschnitt aller Preise sollte jedoch annähernd stabil sein. Preisniveaustabilität ist nicht nur in der Konzeption der Sozialen Marktwirtschaft, sondern auch in der Sicht vieler gegenwärtiger Ökonomen eine notwendige Voraussetzung für die optimale Funktionsfähigkeit der Marktwirtschaft. Selbst wer das bezweifelt, gibt zu, daß Wachstum bei Preisniveaustabilität besser wäre als gleiches Wachstum bei Inflation. Nur wenn sich nachweisen ließe, daß ein »bißchen« Inflation längerfristig zu höherem Wachstum führte als Preisniveaustabilität, wäre sie zu dulden. Doch dieser Nachweis steht aus (vgl. S. 46 f.).

»Außenwirtschaftliches Gleichgewicht« ist als elastische Grenze für die Handlungsmöglichkeiten der einzelstaatlichen Wirtschaftspolitik anzusehen. Auf die einfachste Formel zurückgeführt bedeutet diese Grenze, daß ein Land auf Dauer vom Ausland nicht mehr erhalten kann, als es dem Ausland gibt; umgekehrt wird es nicht ständig ans Ausland mehr liefern können oder wollen, als das Ausland ihm zurückgibt. Die Realität ist allerdings viel komplexer. Ein hochentwickeltes Land wie die Bundesrepublik Deutschland zahlt unentgeltliche Übertragungen, so z. B. Beiträge zur EG und Gastarbeiterüberweisungen. Es möchte außerdem Direktinvestitionen im Ausland vornehmen. Um alle diese Zahlungen leisten zu können, ohne Gold- und Devisenreserven zu verlieren, müssen die Handels- und die Dienstleistungsbilanz zusammen einen Überschuß zeigen. Die Bundesregierungen haben daher das außenwirtschaftliche Gleichgewicht stets mit einem »positiven Außenbeitrag« gleichgesetzt. Ob dieser auf mittlere Sicht nun 1,5 % oder 2 % des Bruttosozialprodukts beträgt, hängt davon ab, wie hoch die Übertragungen und die Netto-Kapitalexporte sind, die als notwendig oder erwünscht angesehen werden. Für die Bundesrepublik war seit 1951 in der Regel ein relativ hoher Außenbeitrag typisch (vgl. S. 197 ff.). Liegt er weit über den erwünschten Übertragungen und Nettokapitalexporten, so ist das »außenwirtschaftliche Gleichgewicht« ebenfalls verfehlt (Tab. 1, 11).

Wie außenwirtschaftliche Ungleichgewichte sich auf die Binnenwirtschaft und die Handlungsmöglichkeiten der Wirtschaftspolitik auswirken, zeigt sich besonders deutlich bei festen Wechselkursen. Anhaltende Defizite in der Zahlungsbilanz bewirken in diesem Falle einen Verlust von Gold- und Devisenreserven; früher oder später droht dem Lande die Zahlungsunfähigkeit. Um das zu verhindern, muß die Wirtschaftspolitik versuchen, die Importe zu drosseln und die Exporte zu fördern. Das ist auf marktwirtschaftliche Weise nur möglich, wenn die Preise im Inland weniger steigen als im Ausland. Also müssen Regierungen und Zentralbank eine strenge Stabilitätspolitik verfolgen: der Staatshaushalt muß konsolidiert werden, die Zentralbank muß für knappes Geld und hohe Zinsen sorgen. Das führt leicht zu einer Stabilisierungskrise mit Arbeitslosigkeit. Umgekehrt bewirken Überschüsse der Zahlungsbilanz bei festen Wechselkursen eine Inflation. Denn die Zentralbank muß die einströmenden Devisen zum festgelegten Kurs kaufen und in eigene Währung umwechseln, die Geldmenge nimmt zu, Kaufkraft und Nachfrage steigen, während der Exportüberschuß eine Lücke im Angebot von Gütern und Diensten im Inland bewirkt. Wäre die Inflation höher als im Ausland, würde sie den Exportüberschuß irgendwann beseitigen. Wollen Regierung und Zentralbank die Inflation aber nicht zulassen, so geraten sie in eine Sackgasse: sobald die Stabilitätspolitik Erfolg hat, steigen die Überschüsse in der Leistungsbilanz noch mehr, und die Inflation wird wieder beschleunigt. Feste Wechselkurse machen es einem Lande somit unmöglich, sich gegen die Inflation bei seinen Handelspartnern abzuschirmen.

Bei einem Regime flexibler Wechselkurse, wie es 1973 eingeführt wurde, wird das »außenwirtschaftliche Gleichgewicht« theoretisch durch das freie Schwanken der Kurse am Devisenmarkt hergestellt. Ein Land, dessen Leistungsbilanzdefizite nicht durch Kapitalimporte ausgeglichen werden, erleidet einen Verfall des Außenwertes seiner Währung, der seine Importe verteuert und seine Exporte verbilligt. Ein Land mit Leistungsbilanzüberschüssen, die nicht durch Kapitalexport ausgeglichen werden, erfährt eine kontinuierliche Aufwertung seiner Währung, bis die Verteuerung seiner Exporte und die Verbilligung seiner Importe die Leistungsbilanzüberschüsse abgebaut hat. Die Erfahrungen zeigen allerdings, daß diese Wirkung flexibler Kurse erst mit erheblicher Verzögerung und unter Abschwächung eintreten kann. So fiel der US-Dollar zwischen 1985 und 1987 gegenüber der DM um über 50%, trotzdem verringerten sich die amerikanischen Defizite im Handel mit der Bundesrepublik nur allmählich. Außerdem führen spekulative, kurzfristige Kapitalbewegungen zum »overshooting« der Kursausschläge. So war der US-Dollar schon 1983 unter dem Aspekt der internationalen Wettbewerbsfähigkeit gegenüber der DM weit überbewertet; 1987/88 hingegen war er gegenüber der DM unterbewertet.

Es ist somit ein Irrtum, anzunehmen, flexible Wechselkurse würden eine auf das Ziel »außenwirtschaftliches Gleichgewicht« gerichtete Geld-, Kredit- und Finanzpolitik überflüssig machen. Flexible Kurse erleichtern es zwar einer Regierung, das Stabilitätsziel oder das Vollbeschäftigungsziel energischer zu verfolgen, als es ihre Handelspartner tun. Nur läuft sie dabei offenbar Gefahr, daß der Kurs der eigenen Währung weit über das vertretbare Maß steigt oder fällt. Bei Überbewertung droht Arbeitslosigkeit, bei Unterbewertung Inflation.

Im Stabilitäts- und Wachstumsgesetz von 1967 ist die Hoffnung erkennbar, angemessenes und stetiges Wachstum, Vollbeschäftigung, Preisniveaustabilität und außenwirtschaftliches Gleichgewicht wenigstens annähernd gleichzeitig erreichen zu können (vgl. S. 64 f.). Diese Hoffnung erwies sich als Illusion. Schuld daran waren nicht nur Fehler der Wirtschaftspolitik. Vielmehr zeichnete sich ein grundsätzlicher, auch theoretisch begründbarer Konflikt zwischen dem Ziel hoher Beschäftigung und dem Ziel der Preisniveaustabilität ab. Dieser Zielkonflikt wird in der »Phillips-Kurve« anschaulich. A. W. Phillips, ein englischer Wirtschaftswissenschaftler, hatte 1958 eine Untersuchung über den Zusammenhang von Lohnsteigerungen, Inflation und Arbeitslosigkeit in Großbritannien 1861−1957 veröffentlicht. Er glaubte nachweisen zu können, daß das Preisniveau nur dann stabil blieb, wenn die Arbeitslosigkeit mindestens 2,5 % betrug. Angesehene amerikanische Ökonomen wie Samuelson erklärten diesen Zusammenhang so: Bei geringer Arbeitslosigkeit könnten die Gewerkschaften nominale Lohnsteigerungen durchsetzen, die den Zuwachs der Arbeitsproduktivität überträfen und Preissteigerungen auslösten. Die Phillips-Kurven-Hypothese bot somit den Wirtschaftspolitikern eine Wahlmöglichkeit: Sie schienen entweder Vollbeschäftigung bei vielleicht 5 % Inflation oder Stabilität bei vielleicht 5 % Arbeitslosigkeit erreichen zu können. Eine viel kritisierte, aber dem damaligen Stand der wissenschaftlichen Diskussion entsprechende Bemerkung von Bundesfinanzminister Schmidt lautete 1973: »5 % Inflation ist besser als 5 % Arbeitslosigkeit.«

In den 70er Jahren war aber »Stagflation« zu beobachten: Das Wachstum stagnierte, die Arbeitslosigkeit blieb hoch bei hoher Inflation. Die »Phillips-Kurven-Hypothese« verlor deshalb an Erklärungskraft. Ende der 70er Jahre war sie durch Milton Friedmans Hypothese der »natürlichen Rate der Arbeitslosigkeit« abgelöst. Friedman und mit ihm die »monetaristische« Schule bestreiten die Möglichkeit einer Wahl zwischen Arbeitslosigkeit und Inflation. In Friedmans Sicht gibt es eine »natürliche« Rate der Arbeitslosigkeit. Sie sei bedingt durch mannigfache Friktionen, etwa durch unzureichende Information der Arbeitsuchenden über freie Stellen, geringe Mobilität, mangelnde Möglichkeit oder Bereitschaft zur Qualifizierung und Umschulung, sowie durch mangelnde Bereitschaft eines Teils der Arbeitslosen, bei den geltenden Lohnsätzen und Arbeitsbedingungen eine Arbeit aufzunehmen. Diese »natürliche Rate der Arbeitslosigkeit« schwanke; durch Qualifizierung der Arbeitskräfte lasse sie sich verringern, bei Erhöhung der Arbeitslosenunterstützung steige sie. Durch globale staatliche Beschäftigungspolitik, etwa durch fiskalisches »deficit-spending« oder durch Ausweitung der Geldmenge, lasse sich die »natürliche Rate« aber nicht senken. Kurzfristig könnte sich zwar eine Erhöhung der

Produktion und der Beschäftigung ergeben. Bald aber würden die Preise anziehen; die Arbeitnehmer würden versuchen, das Sinken der bisher erwarteten Reallöhne zu vermeiden, und höhere Lohnforderungen stellen, die den Inflationsprozeß weiter vorantreiben. Am Ende des Prozesses wären die Reallöhne wieder auf das ursprüngliche Niveau gefallen; damit aber müßte die Beschäftigung wieder auf das Niveau der »natürlichen Rate der Arbeitslosigkeit« sinken. Folge des staatlichen Versuchs, die »natürliche« Rate zu senken, sei daher mittelfristig lediglich Inflation, nicht aber Produktions- und Beschäftigungszunahme.

Empirisch läßt sich allerdings eine stabile »natürliche Rate der Arbeitslosigkeit« ebensowenig feststellen wie eine stabile Phillips-Kurve. Ohne Zweifel gibt es ein gewisses Maß an »struktureller« Arbeitslosigkeit, bedingt durch mangelhafte oder falsche Qualifikation der Arbeitsuchenden, sinkende Wettbewerbsfähigkeit von Industriezweigen, zu geringe Mobilität von Kapital und Arbeit. Ohne Zweifel gibt es auch Personen, die als arbeitslos gemeldet sind, aber angesichts der Höhe der Sozialleistungen wenig Neigung zeigen, niedrig bezahlte oder wenig angenehme Arbeit anzunehmen. Strukturelle Arbeitslosigkeit dieser Art läßt sich durch Geldmengenausweitung, Zinssenkungen, staatliche Nachfragestützung tatsächlich kaum bekämpfen. Die seit 1974 bestehende Arbeitslosigkeit in den OECD-Ländern ist aber nur zum Teil in diesem Sinne »strukturell«. Wie die »Phillips-Kurve« muß somit auch die »natürliche Rate der Arbeitslosigkeit« als unzureichend gesicherte Annahme betrachtet werden. Beide Hypothesen enthalten allerdings eine Beobachtung, die sich immer wieder bestätigt. Lange bevor es möglich ist, jedem Arbeitslosen ein zumutbares Stellenangebot zu machen, konkurrieren Unternehmen um knapp werdende qualifizierte Arbeitskräfte; die Löhne steigen über das stabilitätskonforme Maß hinaus, ein gewichtiger, wenn auch nicht der einzige Anstoß für Inflation ist damit gegeben.

Ganz gleich, ob nun die »Phillips-Kurve« stimmt oder Friedmans »natürliche Rate der Arbeitslosigkeit«, oder ob ganz andere Erklärungsmuster gefunden werden müssen: Empirisch treten hohe Beschäftigung und Preisniveaustabilität gemeinsam höchst selten auf, in der Bundesrepublik allenfalls 1960, als bei einer Arbeitslosigkeit von 1,3 % die Preise lediglich um 1,4 % stiegen. Es ist daher nicht sehr hilfreich, den Erfolg einer Wirtschaftsordnung und einer Wirtschaftspolitik daran messen zu wollen, daß beide Ziele gleichzeitig verwirklicht werden. Gelingt es, an beide Ziele während eines längeren Zeitraums näher heranzukommen als in anderen, vergleichbaren Ländern, so kann dies schon als beträchtlicher Erfolg gewertet werden.

2. Das Wirtschaftswunder (1948–1960)

Das »Wirtschaftswunder« besteht aus einer Startphase 1948–1951 und einer Konsolidierungsphase 1952–1960. In der Startphase gab es eine »Produktionsexplosion«; danach eine einzigartige Kombination von hohem Wachstum und Preisniveaustabilität. Die Ursache des »Wunders« war marktwirtschaftliche Politik unter außergewöhnlich günstigen sozioökonomischen Rahmenbedingungen.

Die 50er Jahre gelten als die Zeit des »Wirtschaftswunders«. Den Bürgern der gerade erst gegründeten Bundesrepublik mußte es tatsächlich als ein Wunder erscheinen, daß die Reallöhne rasch und stetig stiegen, die Arbeitslosigkeit sank, die Preise relativ stabil blieben, und das nicht nur für wenige Jahre, sondern fast über ein ganzes Jahrzehnt. Die Auswirkungen dieser Erfahrung auf die wirtschaftlichen und politischen Erwartungen und Einstellungen der Bevölkerung sind kaum zu überschätzen. Es gehört zu den Glücksfällen der zweiten deutschen Demokratie, daß die Periode überwältigender wirtschaftlicher Erfolge bald nach der Konstituierung des westdeutschen Staates anbrach. Im Bewußtsein der Bevölkerung konnte sich so Demokratie nicht nur mit politischer Freiheit, sondern mit steigendem wirtschaftlichen Wohlstand verbinden. Wirtschaftlicher Vergleichsmaßstab war der mittleren Generation nicht nur die Not der Nachkriegsjahre, sondern die Inflation, das unzureichende Wachstum, die Arbeitslosigkeit der Weimarer Republik. Vergleichsmaßstab der mittleren Generation der Weimarer Zeit hingegen war der relative Wohlstand im Kaiserreich in den Jahren vor 1914. Der Weimarer Republik gelang es nie, der Mehrzahl ihrer Bürger die Hoffnung auf bescheidenen Wohlstand zu geben. Es gelang ihr noch nicht einmal, den zurückgekehrten Soldaten des Ersten Weltkrieges und dem aufstiegsorientierten Teil der jungen Generation ausreichende Karrierechancen anzubieten; die Skepsis gerade der ehemaligen Offiziere und der intellektuellen Jugend gegenüber der Demokratie war somit nicht zuletzt ökonomisch bedingt. Die junge Bundesrepublik hingegen bot jedem, der leistungsfähig war, Erfolgschancen zuerst und vor allem in der Wirtschaft, bald auch in der öffentlichen Verwaltung, im Bildungswesen, in der Wissenschaft. Das Wirtschaftswachstum war so kräftig, daß sogar die anhaltende Zuwanderung von Flüchtlingen aus der DDR und den ehemaligen Ostgebieten – 1949 bis 1959 über 2 Millionen[1] – den Rückgang der Arbeitslosigkeit nicht unterbrechen konnte.

Um die Ursachen des »Wirtschaftswunders« zu verstehen, ist es nützlich, eine Startphase von der Währungsreform und vom »Leitsätzegesetz« im Juni 1948 bis zum Ende des Korea-Booms 1951 und eine Konsolidierungsphase 1952–1960 zu unterscheiden. Der gewaltige Wachstumsschub bei geringer Stabilität in der Startphase ist leicht zu erklären. Aus heutiger Sicht besteht das eigentliche »Wunder« in der Kombination immer noch hoher Wachstumsraten mit erstaunlich stabilem Geldwert in den 9 Jahren von 1952 bis 1960.

In der ersten Hälfte des Jahres 1948 lag nach der amtlichen Statistik[2] die Industrieproduktion der Westzonen bei 53 % des Standes von 1936. In der zweiten Hälfte desselben Jahres erreichte sie bereits 73 %, im November 1949 100 % des Standes von 1936. Es gibt Schätzungen, die diese amtlichen Angaben noch übertreffen.[3] Im November 1950 produzierte die Industrie bereits ein Drittel mehr als ein Jahr zuvor. Für den Verbraucher bedeutete dieser Prozeß ein Ende des Mangels am Notwendigsten – sofern er über genügend Geld in der neuen, am 18. Juni 1948 eingeführten DM-Währung verfügte. Für fähige Unternehmer begann eine Zeit nahezu sicherer Erfolge.

Was waren die Ursachen der Produktionsexplosion bei gleichzeitigen Stabilitäts- und Beschäftigungsproblemen in den Jahren 1948 bis 1950?

Das Produktionspotential war 1948 in den Westzonen trotz aller Kriegszerstörungen und Demontagen um 11 % höher als 1936.[4] Das war eine Folge der gewaltigen Investitionen in die Rüstungswirtschaft. Natürlich mußten die Anlagen auf die Produktion von Konsumgütern und entsprechenden Investitionsgütern umgestellt werden. Doch dies erforderte wesentlich weniger Zeit und Aufwand als ein vollständiger Neuaufbau der Kapazitäten. Hinzu kam, daß der technische Fortschritt und die Ausbildung von Arbeitskräften durch die Kriegs- und Nachkriegsjahre nicht unterbrochen worden waren. Quantifizierungen sind schwierig, doch es läßt sich nicht bestreiten, daß 1948 eine gewaltige Lücke nicht nur zwischen bestehender Produktionskapazität und tatsächlicher Produktion, sondern auch zwischen der möglichen und der realisierten Entwicklung der gesamten Produktionskapazität bestand.

Schon 1945 setzte die Zuwanderung von Flüchtlingen aus den sowjetisch besetzten Gebieten in die Westzonen ein. Nicht nur das Produktionspotential, sondern auch das Arbeitskräftepotential lag daher 1948 über dem Stand von 1936.

Nicht genutzten Produktionsanlagen und nicht oder unproduktiv eingesetzten Arbeitskräften stand ein enormer Nachholbedarf der Verbraucher an Gütern aller Art gegenüber. Angesichts dieser Bedingungskonstellation fehlten nur zwei Faktoren, um eine gewaltige Produktionssteigerung auszulösen: Rohstoffe und Leistungsmotivation.

Eine Erstausstattung an Rohstoffen lieferte der Marshall-Plan. Der westdeutsche Anteil an der Wiederaufbauhilfe für Europa, die der amerikanische Außenminister George Marshall am 5. Juni 1947 angekündigt hatte, war mit 1,3 Mrd Dollar (10 %) zwar relativ gering; er reichte jedoch aus, um Rohstoffimporte aus den USA zu finanzieren, ohne die das brachliegende Produktionspotential nicht hätte genutzt werden können. Durch Marshall-Plan-Mittel und, daneben, durch die Lebensmittelhilfe wurden 1948 fast zwei Drittel der Gesamteinfuhr der Westzonen durch die USA finanziert. 1952 hörte die Marshall-Plan-Hilfe auf; zu diesem Zeitpunkt war sie bereits unnötig, weil seit 1951 die Bundesrepublik einen Außenhandelsüberschuß erwirtschaftete.

Die Leistungsmotivation erhielten die Westdeutschen durch die Währungsreform und den mit ihr verbundenen Übergang zur Marktwirtschaft. Mit der Währungsreform vom 18./19. Juni 1948 wurde die Reichsmark durch die Deutsche Mark ersetzt. Jeder Bewohner der drei Westzonen erhielt zunächst einen »Kopfbetrag« von 40,– DM im Umtausch für 40 Reichsmark; im August/September noch einmal 20,– DM. An Arbeitgeber wurde ein »Geschäftsbetrag« von 60,– DM je Beschäftigten ausgezahlt. Für die übrigen Altgeldbestände war eine Umstellung von 100 RM = 10 DM angekündigt. Da sich im Herbst 1948 kräftige Inflationstendenzen zeigten, wurden schließlich für 100 RM nur 6,50 DM ausgegeben. Die westalliierten und deutschen Fachleute, die diese Reform vorbereitet hatten, sahen in einer drastischen Verringerung des Geldumlaufs die einzige Chance, die Kaufkraft der neuen Währung zu sichern. Ungerechtigkeit war nicht zu vermeiden: Sachwertbesitzer wurden begünstigt.

Gleichzeitig mit der Währungsreform trat das »Gesetz über die Leitsätze für die Bewirtschaftung und Preispolitik nach der Geldreform« vom 18. Juni 1948 in Kraft. Es gab dem Direktor für Wirtschaft im Wirtschaftsrat der Bizone, Ludwig Erhard, die Möglichkeit, die Bewirtschaftungsvorschriften und Preisbindungen aufzuheben. Angesichts der im Sommer 1948 noch unzureichenden Produktion waren bei einer Freigabe der Preise beträchtliche Preissteigerungen zu erwarten. Erhard war aber der Überzeugung, daß ohne die rasche Aufhebung möglichst vieler Preisbindungen die Produktion nicht schnell genug steigen würde. So fiel schon am Tage der Währungsreform die Bewirtschaftung für vierhundert Warenarten weg. Der amerikanische Militärgouverneur General Clay soll Erhard deshalb angefahren haben: »Wußten Sie nicht, daß jede Änderung der Zuteilungsmengen und der Preisbindung von alliierter Genehmigung abhängig ist?« Erhard darauf: »Ich habe sie nicht geändert, ich habe sie aufgehoben.« Clay: »Meine Berater sagen mir, Sie machen einen schweren Fehler!« Erhard: »Hören Sie nicht auf sie, meine Berater sagen mir dasselbe.«[5] Im Juli 1948 wurde der seit 1936 geltende allgemeine Preisstopp aufgehoben. Die Preise für Waren des Grundbedarfs, so bestimmte Nahrungsmittel und Textilien, blieben allerdings ebenso wie die für Rohstoffe vorerst noch staatlich kontrolliert.

Marshall-Plan, Währungsreform und rasche Aufhebung der Bewirtschaftungs- und Preisbindungsvorschriften bildeten somit gewissermaßen die Zündung, mit der das brachliegende westdeutsche Produktions- und Wachstumspotential freigesetzt wurde. Der Marshall-Plan war Ergebnis amerikanischer Politik, die den Wiederaufbau Europas wünschte, primär, um eine weitere Ausbreitung des kommunistischen Machtbereichs zu verhindern, sekundär, weil ein wirtschaftlich ruiniertes Europa der amerikanischen Wirtschaft keine Absatzmöglichkeiten eröffnen konnte.[6] Die Währungsreform war in Kooperation zwischen den westlichen Besatzungsmächten und deutschen Experten unter Federführung der US-Militärregierung erarbeitet worden. Der Übergang zur Marktwirtschaft ab Juni 1948 war das Werk Erhards und der ihn stützenden »bürgerlichen« Mehrheit des Wirtschaftsrates.

Ob Erhards marktwirtschaftliche Politik politisch durchgehalten werden konnte, wurde allerdings bis 1951 immer wieder bezweifelt. Zuerst machte ihm die Inflation zu schaffen. Ende 1948 lagen die Einzelhandelspreise um mehr als 10 % über dem Niveau vom Juni 1948. Gewiß, vor dem 18. Juni konnte der Arbeiter für Geld allein kaum etwas kaufen. Jetzt war sein Geld etwas wert, nur war fast alles, was nicht mehr preisgebunden war, teurer als er es in Erinnerung hatte. Die Löhne hingegen stiegen vorerst noch nicht. So protestierten die Gewerkschaften und die SPD. Am 12. November 1948 wurde gestreikt. Adenauer, Vorsitzender der CDU in der britischen Zone, machte sich erhebliche Sorgen wegen der bevorstehenden Kommunalwahlen und drängte Erhard, energisch gegen die Preissteigerungen vorzugehen und die Löhne möglichst rasch an das gestiegene Preisniveau anzugleichen. Erhard mußte außerdem mit Widerständen aus der CSU rechnen; deren Mittelständler verübelten ihm die Liberalisierung der Gewerbegenehmigungen, die Erhard nicht nur aus ordnungspolitischen Gründen für notwendig hielt. Er wollte es auch den Flüchtlingen erleichtern, sich eine selbständige Existenz aufzubauen. Mit beachtlichem politischen Geschick gelang es Erhard, seinen Kurs zu halten. Die nicht nur von der SPD, sondern auch von Teilen der CDU geforderte Einrichtung eines Preisaufsichtsamtes wurde von der Mehrheit des Wirtschaftsrates verworfen; Erhard mußte schließlich lediglich einen »Preisrat« unter Federführung seines eigenen Amtes akzeptieren. Er selber versuchte, mit einer Mischung von symbolischer Politik und Pragmatismus die Unzufriedenheit zu besänftigen. Ein Gesetz gegen Preistreiberei gab ab Oktober 1948 den Behörden die Möglichkeit, in krassen Fällen von Preiswucher einzugreifen; die Kompetenzen seines Amtes zur Zuteilung von Rohstoffen und Devisen nutzte Erhard, um die Unternehmen bevorzugt zu berücksichtigen, die im Rahmen eines »Jedermann-Programms« preiswerte Waren anboten. Diese dirigistischen Maßnahmen brachten wenig zur Inflationsbekämpfung, entlasteten aber den Direktor für Wirtschaft politisch.

Im Winter 1948/49 ließ der Preisauftrieb nach, die Preise gingen teilweise sogar zurück. Das Angebot an Verbrauchsgütern stieg nun ebenso schnell und zeitweise rascher als die für den Konsum verfügbare Geldmenge. Im November 1948 wurde der Lohnstopp aufgehoben; die Bruttostundenverdienste der Arbeiter erhöhten sich nun, sie lagen 1949 im Durchschnitt bei 1,39 DM und damit um 14 % höher als 1948. Da von Ende 1948 bis Ende 1949 die Verbraucherpreise um mindestens 5 % fielen, ergaben sich beachtliche Reallohnsteigerungen.

Die Arbeitslosigkeit allerdings nahm nach wie vor kontinuierlich zu. Vor der Währungsreform war die Zahl der als arbeitslos Gemeldeten niedrig; für viele lohnte es sich überhaupt nur, eine reguläre Arbeit anzunehmen, weil sie so eine bessere Lebensmittelzuteilung bekamen. Nach der Währungsreform wurde der Geldlohn wieder wichtig: Hunderttausende, die vorher überhaupt keine Stellung gesucht hatten, drängten jetzt auf den Arbeitsmarkt. Hinzu kamen die Flüchtlinge. Die Unternehmen wiederum kalkulierten nun scharf; überflüssige Arbeitskräfte konnten nicht mehr, wie vor der Währungsreform, ohne Schwierigkeiten weiterbeschäftigt werden; jede Mark des Gewinns wurde für Investitionen gebraucht. So stieg die Arbeitslosenrate von 3,2 % im Juni 1948 auf 10 % im Winter 1949/50.

Am 25. Juni 1950 brach der Korea-Krieg aus. Auf dem Weltmarkt schnellten die Rohstoffpreise hoch, im Inland gab es Hamsterkäufe. Vom Oktober an zeigten sich deutliche Inflationstendenzen. Noch gefährlicher wurde die Entwicklung der Außenhandelsbilanz. Bis zum Sommer 1950 war das deutsche Außenhandelsdefizit allmählich zurückgegangen. Die kräftigen Importpreissteigerungen ließen es nun steil ansteigen; angesichts der fehlenden Gold- und Devisenreserven drohte der Bundesrepublik die internationale Zahlungsunfähigkeit. Im Februar 1951 mußte ein Einfuhrstopp für Waren aus Ländern der Europäischen Zahlungsunion verhängt werden. Im März drängte der amerikanische Hochkommissar McCloy die Bundesregierung, mit »Verwaltungsmaßnahmen« in die Wirtschaft einzugreifen, anderenfalls könne sie bei der Dollarhilfe nicht weiterhin berücksichtigt werden.[7] Erhard mußte die administrativen Vorbereitungen für die Rohstoffbewirtschaftung treffen.

Doch wieder einmal, wie schon in der Inflationskrise im Herbst 1948, wurde es Erhard erspart, den marktwirtschaftlichen Kurs aufzugeben. Die wirtschaftlichen Folgen des Korea-Krieges wirkten sich vom Frühjahr 1951 an für die Bundesrepublik günstig aus. Nun stiegen die deutschen Ausfuhren rasch; die Kapazitäten der USA waren durch die Rüstungsproduktion überlastet, den westdeutschen Unternehmen gelang es, die internationalen Märkte zurückzugewinnen, die sie in den 30er Jahren verloren hatten. Schon das Jahr 1951 brachte im ganzen einen Außenhandelsüberschuß. Auch der Preisauftrieb ließ allmählich nach; von Mitte 1951 an war der Höhepunkt der Inflation vorüber. Ebenso gab es nun Grund zu der Hoffnung, die Arbeitslosigkeit würde endlich zurückgehen (Tab. 1).

Im Rückblick hatte die Soziale Marktwirtschaft Mitte 1951, drei Jahre nach Währungsreform und Leitsätzegesetz, die größten Schwierigkeiten überwunden. Bis 1951 aber bedeutete Soziale Marktwirtschaft für die Bürger zwar volle Schaufenster und Wohlstandsverbesserung für alle, die Arbeit hatten, nicht aber Vollbeschäftigung und Preisstabilität. Doch immerhin: daß Erhards Politik eine gewaltige Erhöhung der Produktion mit herbeigeführt hatte, war schon 1951 nicht zu bestreiten.

Die Konsolidierungsphase 1952–1960 ist durch hohes Wachstum, steigende Beschäftigung und Geldwertstabilität gekennzeichnet. Die Realeinkommen erhöhten sich entsprechend. Diese Jahre setzten Maßstäbe für erfolgreiche Wirtschaftspolitik, von denen hinfort weder Wähler noch

Gewählte abrücken wollten. Von 1952 bis 1960 erhöhte sich das Bruttosozialprodukt (in konstanten Preisen) um 7,7% im Jahresdurchschnitt. Im gleichen Zeitraum ging die Arbeitslosigkeit von 8,5% auf 1,3% zurück; schon 1955 klagten die Unternehmer über einen Mangel an Facharbeitern. 1959 war Vollbeschäftigung erreicht.

Was das alles für die materielle Güterversorgung bedeutete, ergibt sich schon aus den Zahlen der Statistik: in den neun Jahren von Anfang 1952 bis Ende 1960 stieg das reale Volkseinkommen je Einwohner auf beinahe das Doppelte. Noch nie hatten sich die materiellen Lebensbedingungen breiter Schichten der Bevölkerung in so kurzer Zeit so radikal verbessert. Die oft miserablen Wohnverhältnisse der ersten Nachkriegsjahre waren überwunden, die Baulücken in den vom Bombenkrieg getroffenen Städten fast wieder geschlossen. Die Motorisierung hatte begonnen; vor allem die Jüngeren sahen im eigenen Auto die Krönung ihrer materiellen Wünsche, ein Ziel, das nun auch Leuten mit durchschnittlichem Einkommen erreichbar schien. Die Urlaubsreise, bisher ein Privileg der oberen Schichten, wurde nun für die Mehrzahl der Bürger möglich. Und vor allem: jeder, der arbeiten wollte, fand nun Arbeit; jeder, der etwas leistete, konnte Aufstiegschancen erwarten. Optimismus breitete sich aus, es könne wirtschaftlich so weitergehen.

Während die Entwicklung 1949 bis 1951 als Wiederaufholen des während der Kriegs- und ersten Nachkriegsjahre erlittenen Rückschlags interpretiert werden kann, ist das starke Wachstum bei relativ hoher Preisstabilität ab 1952 nicht mehr so leicht erklärbar. Das hohe, aber nicht genutzte Produktionspotential, das die Produktionsexplosion nach der Währungsreform begünstigt hatte, war nun nicht mehr ein ins Gewicht fallender Faktor. Das Produktionspotential selbst wuchs in den 50er Jahren weiter in einem Tempo, das deutlich höher lag als in vergleichbaren Industrieländern. Wie ist das zu erklären?

Natürlich bildeten die nach wie vor ungesättigten Märkte für Verbrauchsgüter vor allem des gehobenen Bedarfs eine wichtige Triebkraft des Wachstums. Vergleichbare Nachfrageimpulse gab es in den 50er Jahren aber auch in England, in Frankreich, in Italien; auch dort gab es hohe, aber eben nicht so hohe Wachstumsraten wie in der Bundesrepublik (Tab. 5). Die Inlandsnachfrage allein erklärt also manches, aber nicht alles.

Wichtig war, daß zur regen Inlandsnachfrage von 1950/51 an eine lebhafte Auslandsnachfrage kam. Seit 1951 erzielte die Bundesrepublik Leistungsbilanzüberschüsse. Schon Mitte der 50er Jahre war deutlich, daß die DM im Verhältnis zu den meisten anderen europäischen Währungen und bald auch zum Dollar unterbewertet war. Doch Unternehmerverbände, Gewerkschaften und auch die Bundesregierung wünschten die Aufwertung wenn überhaupt, dann so spät als möglich. Das gute Exportgeschäft brachte zusätzliche Gewinne und Arbeitsplätze, erhöhte das Sicherheitspolster der Gold- und Devisenreserven bei der Bundesbank. Auch als Vorsorge gegen eine neue internationale Krise wie 1950/51 schien die Unterbewertung daher vertretbar, solange sie nicht zur Inflation führte.

Die lebhafte und anhaltende Inlands- und Auslandsnachfrage hätte allein schon genügt, um die Unternehmen optimistisch zu stimmen. In der heute üblichen Terminologie läßt sich die Lage mit der Formel »Optimale Nachfragebedingungen« kennzeichnen. Aber auch die »Angebotsbedingungen« waren überaus günstig. Die Unternehmen konnten mit relativ niedrigen Produktionskosten rechnen. Die anhaltende Zuwanderung aus der DDR, aber auch die beträchtliche Freisetzung von Arbeitskräften in der Landwirtschaft lieferte der Industrie genügend Arbeitskräfte. Auch qualifizierte Facharbeiter waren bis 1955 noch zu finden. Angesichts dieser Lage auf dem Arbeitsmarkt blieben die Lohnforderungen der Gewerkschaften ungefähr im Rahmen der Produktivitätssteigerungen, so daß die Unternehmen von der Lohnkostenseite her nicht unter Druck gerieten (Tab. 7). Auch die Forschungs- und Entwicklungskosten lagen damals im Konsumgüterbereich relativ niedrig. Die Verbraucher hatten immer noch einen Nachholbedarf bei Gütern des üblichen Bedarfs. Die Produzenten brauchten sich daher keine völlig neuen Produkte einfallen zu lassen, es genügte, herkömmliche Produkte in guter Qualität und ansprechender Form anzubieten. Bei den Produktionsverfahren hingegen setzten die Unternehmen die neueste Technologie ein. Schon Mitte der 50er Jahre verfügten viele Unternehmen über die modernste, kostengünstigste Produktionstechnik; daher waren sie weltwirtschaftlich hoch konkurrenzfähig. Weiteres Wachstum wurde dadurch begünstigt.

Die Fiskalpolitik verbesserte die Angebotsbedingungen noch weiter. Die Unternehmen wurden durch steuerliche Maßnahmen zum Investieren geradezu gezwungen (vgl. S. 69). Die Steuervergünstigungen für Unternehmen wurden solide, d.h. bei geringer Schuldenaufnahme, und bei relativ konstanter Steuerlastquote finanziert. Der Bundeshaushalt zeigte 1952–1956 und dann wieder 1959–1960 sogar einen Einnahmeüberschuß, und auch Länder und Gemeinden wirtschafteten damals noch sparsam.[8] Die geringe Inanspruchnahme des Kapitalmarktes durch die öffentliche Hand trug zum niedrigen Zinsniveau bei. Auch auf diese Weise wurden die Angebotsbedingungen verbessert.

Alle bisher genannten Faktoren begünstigten die Investitionsneigung der Unternehmen und damit das Wachstum. Die Nettoinvestitionsquote (Verhältnis der Nettoinvestitionen zum Nettoinlandsprodukt) lag in der Bundesrepublik im Jahresdurchschnitt des Zeitraums 1950–1960 bei 19,15 % und damit höher als in allen vergleichbaren Industrieländern mit Ausnahme Japans.[9] Im Wachstum des Nettoinlandsprodukts stand die Bundesrepublik zusammen mit Japan an der Spitze der OECD-Länder, mit deutlichem Abstand folgten Österreich, Griechenland, Italien und die Niederlande (Tab. 5).

Erklärungsbedürftig ist aber nicht nur das hohe Wachstum dieser Jahre, sondern auch die erstaunliche Preisstabilität. Wiederum wirkten dabei mehrere Faktoren zusammen. Ab 1952, nach dem Abklingen der Korea-Hausse, blieben die Importpreise stabil. Das war nicht nur die Folge der

Preisentwicklung auf den internationalen Märkten; auch Erhards konsequente, gegen beträchtliche politische Widerstände durchgesetzte Liberalisierung der Einfuhren drückte die Importpreise; denn der Wettbewerb der ausländischen Produzenten um den Markt der Bundesrepublik nahm zu. Wichtiger noch war neben der maßvollen Lohnpolitik der Gewerkschaften die »Mengenkonjunktur« dieser Jahre: Steigende Produktionsmengen bewirkten in der Regel fallende Stückkosten. Von der Kostenseite her sahen sich die Unternehmen somit von 1952 bis 1960 kaum unter dem Zwang, die Preise zu erhöhen, um ihre Gewinnraten zu halten.

Inflationäre Tendenzen hätten sich aber von der Nachfrageseite her entwickeln können. Potentiell war diese Gefahr von 1952 an offensichtlich; die Leistungsbilanzüberschüsse, die die Bundesrepublik nun erzielte, wirkten expansiv und hätten zu einem Nachfrageüberhang mit entsprechenden Preissteigerungen führen können. Es gab jedoch Gegenkräfte. Zunächst wirkte der Bundeshaushalt 1952–1956 eher kontraktiv. Das enorme Wirtschaftswachstum führte zu überproportional steigenden Steuereinnahmen. Diese Einnahmen wurden aber damals nicht voll ausgegeben. Bundesfinanzminister Fritz Schäffer legte erhebliche Überschußbeträge des Bundes bei der Bank Deutscher Länder still in der Hoffnung, diesen »Juliusturm« eines Tages zur Finanzierung der Erstausstattung der Bundeswehr verwenden zu können. Diese Sparpolitik des Bundes kompensierte die expansiven Wirkungen des Leistungsbilanzüberschusses teilweise. Von 1955 an reichte diese Kompensation aber nicht mehr aus. 1955 kam es zu einer Konjunkturüberhitzung, die nicht zuletzt auch durch die Auslandsaufträge ausgelöst war. Nun bewährte sich die Unabhängigkeit der Bank Deutscher Länder (ab 1957 Bundesbank). Entgegen den Wünschen der Industrie, aber auch des Bundeskanzlers, setzte die Bank den Diskontsatz in mehreren Schritten von 3 % auf 5,5 % (Mai 1956) herauf. Schon im Herbst 1956 gab eine leichte Entspannung der Hochkonjunktur der Zentralbank die Möglichkeit, den Diskont wieder etwas zurückzunehmen.

1957 geriet die Bundesbank zunehmend in ein schwieriges, außenwirtschaftlich bedingtes Dilemma. Der Außenhandelsüberschuß hielt an. Hinzu kam aber nun ein erheblicher spekulativer Zufluß von Devisen, weil ausländische Anleger eine Aufwertung der DM erwarteten. Die Bank versuchte, diesen gewaltigen Zuwachs der inländischen Geldmenge durch Verkauf von Offenmarktpapieren, Erhöhung der Mindestreserven, Kürzung der Rediskontkontingente wenigstens teilweise zu kompensieren. Zugleich senkte sie den Diskontsatz. Dies erleichterte zwar die Kreditaufnahme der Inländer, aber niedrige Zinsen sollten zugleich auch die ausländischen Anleger vom Erwerb von DM abschrecken. Die weitaus wirksamere Lösung wäre eine Aufwertung der DM gewesen. Erhard wünschte sie; Adenauer lehnte sie mit Rücksicht auf die Exportindustrie ab. In Direktorium und Zentralbankrat der Bundesbank war eine Mehrheit gegen die Aufwertung. Das war Folge einer Fehleinschätzung. Die Leistungsbilanzüberschüsse wurden für eine vorübergehende Erscheinung gehalten; die DM schien allenfalls gegenüber dem französischen Franc und dem britischen Pfund unterbewertet, während gegenüber dem Dollar nach wie vor eher Leistungsbilanzdefizite diagnostiziert wurden. So verbanden sich Sonderinteressen der einen und Analyse- und Prognosefehler der anderen Seite; eine gemeinsame Front gegen die Aufwertung entstand. Nach zwei Abwertungen des Franc und dem Übergang Großbritanniens zu einer Hochzinspolitik flossen die Auslandsgelder vom Herbst 1957 an tatsächlich wieder ab. Eine weltweite leichte Rezession sorgte zusätzlich für eine Beruhigung des Preisauftriebs.

1958/59 herrschte faktisch Preisstabilität. Doch vom Herbst 1959 an zeigte sich, daß die Gefahr einer »importierten Inflation« alles andere als gebannt war. Die Konjunktur zog wieder an, auch die Preise zeigten wieder Auftriebstendenzen. Zugleich aber nahmen sowohl Leistungsbilanzüberschuß als auch Zustrom spekulativer Devisen zu. Mitte 1960 versuchte die Bundesbank, durch eine scharf restriktive Kredit- und Geldpolitik der Überhitzung der Konjunktur und der Inflationsgefahr entgegenzuwirken. Nun zeigte sich das Dilemma der Bundesbank so deutlich wie noch nie: Die Diskonterhöhung auf 5 %, zur Konjunkturdämpfung notwendig, führte zum Zustrom ausländischer Gelder vorwiegend aus dem Dollarraum und erhöhte die Geldmenge in der Bundesrepublik trotz aller restriktiver Maßnahmen der Zentralbank. So blieb nichts anderes übrig, als das deutsche Zinsniveau wieder dem niedrigeren der USA anzupassen: die Diskonterhöhung wurde zurückgenommen. Jetzt endlich wurde klar, daß die Bundesbank ihrer stabilitätspolitischen Aufgabe bei fortdauerndem Ungleichgewicht in der Zahlungsbilanz nicht nachkommen konnte. Im März 1961 beschloß die Bundesregierung mit Zustimmung der Bundesbank eine Aufwertung der DM um 5 %.

Preisstabilität war vor 1960 somit primär durch die »offene außenwirtschaftliche Flanke« bedroht: durch die anhaltenden Leistungsbilanzüberschüsse und auch durch den Zustrom von ausländischem Kapital, das in Erwartung einer DM-Aufwertung und/oder wegen der günstigen Zinserträge in Mark angelegt wurde.

Die Frage drängt sich auf, ob die Erfolge 1948–1960 primär auf ungewöhnlich günstige politikunabhängige Bedingungen oder auf die Wirtschaftspolitik des Staates zurückzuführen waren. Die Antwort kann nur »sowohl – als auch« lauten.

Wer günstige politikunabhängige Bedingungen in den Vordergrund rücken möchte, kann mit dem Modell der »Rekonstruktionsperiode« arbeiten. Danach gibt es einen langfristigen Wachstumspfad einer Volkswirtschaft, der letzten Endes durch technischen Fortschritt sowie Zahl und Qualität der Arbeitskräfte bestimmt sei. Das tatsächliche wirtschaftliche Wachstum habe schon vom Ersten Weltkrieg an, als Folge von ökonomischen und politischen Störungen, unter den Möglichkeiten des Wachstumspfades gelegen. Das enorme Wachstum ab 1948 wird als Annäherung des tatsächlichen Wachstums an den möglichen Wachstumspfad interpretiert. Diese Annäherung sei Ende der 50er Jahre erreicht, die »Rekonstruktionsperiode« damit zu Ende gewesen.[10] Daß die Rekonstruktionsphase so lange anhielt, ist in dieser Sicht primär die Folge des Zustroms von Arbeitskräften aus der DDR, die, qualifiziert und hochmotiviert, den Wachstumspfad nach oben drückten.[11] Dieses Modell läßt sich leicht ergänzen durch weitere politikunabhängige Faktoren wie die nach wie vor ungesättigten Verbrauchsgütermärkte oder das gute Wachstumsklima in beinahe allen OECD-Ländern, die zwar nicht ganz die westdeutschen, aber eben auch beachtliche Zuwachsraten erzielten und daher der westdeutschen Industrie günstige Exportchancen boten.

Das Modell der Rekonstruktionsperiode ist plausibel, solange nicht realisierte Wachstumsmöglichkeiten bestehen. Es setzt allerdings voraus, daß die Triebkräfte, die Wachstumsmöglichkeiten auch zu nutzen, stark genug sind.

Wer der Politik einen wichtigen Beitrag zum Wachstums- und Stabilitätswunder zubilligen möchte, kann auf die Förderung der privaten Initiative, die höhere Effizienz marktwirtschaftlicher Selbstregelung gegenüber staatlichem Interventionismus, die Förderung des Wettbewerbs durch konsequente Einfuhrliberalisierung, auf die steuerliche Begünstigung reinvestierter Gewinne verweisen. Er wird auch und nicht zuletzt einer vom Konzept der Sozialen Marktwirtschaft geforderten institutionellen Regelung, der Unabhängigkeit der zur Wahrung der Geldwertstabilität verpflichteten Zentralbank, einen Anteil am Erfolg zubilligen. Er muß jedoch zugeben, daß die damals erfolgreiche Politik des Staates auch Elemente umfaßte, die im Widerspruch zur Sozialen Marktwirtschaft standen. So war die anhaltende Unterbewertung der DM wachstumsfördernd, aber ein Verstoß gegen martkwirtschaftliche Prinzipien. Als Strafe war Inflation zu erwarten; doch diese Strafe mußte bis 1960 noch nicht gezahlt werden.

3. Über Steuerungsillusionen in die Stabilisierungskrise (1961—1973)

In der Zeit von 1961 bis 1973 ist das Wachstumstempo im Vergleich zu den 50er Jahren halbiert. Zugleich herrscht, abgesehen von der Rezession 1966/ 67, Knappheit der Arbeitskräfte. Die Inflation nimmt allmählich zu. Die Politik reagiert auf die neue Lage erst mit zunehmender Unsicherheit, dann, ab 1967, mit dem Versuch der Globalsteuerung.

1961 war die Zeit extrem hoher Wachstumsraten vorbei. Zwar stieg in Jahren der Hochkonjunktur, wie 1964 oder 1969, das Bruttosozialprodukt immer noch um beachtliche 6 oder 7 Prozent. Doch zwischen diesen

Höhepunkten eines Aufschwungs waren 3 bis 4 % die Regel; in der Rezession von 1967 gab es, zum ersten Mal in der Geschichte der Bundesrepublik, sogar Nullwachstum (Tab. 1). Die Abschwächung des Wachstumstempos wird besonders deutlich, wenn die Jahresdurchschnittswerte der Periode 1951–1960 mit denen der Periode 1961–1973 verglichen werden: 1951–1960 wurden im Jahresdurchschnitt 8 %, 1961–1973 4 % erreicht. Damit hatte sich das Wachstum in der Bundesrepublik Werten angepaßt, die zur gleichen Zeit auch international als normal gelten konnten (Tab. 5). Das Tempo der absoluten Wohlstandssteigerung ließ allerdings bis 1973 nicht nach; die Wachstumsraten waren zwar halbiert, dafür war aber das reale Bruttosozialprodukt mehr als doppelt so hoch als in den 50er Jahren.

Die Ursachen dieser Abschwächung des Wachstumtempos sind leicht festzustellen. Der Zustrom qualifizierter Arbeitskräfte hörte mit dem Bau der Berliner Mauer am 13. August 1961 auf. Die Gastarbeiter, die bald immer zahlreicher in die Bundesrepublik drängten, wiesen nicht annähernd das gleiche Qualifikationsniveau auf wie vorher die Deutschen aus der DDR. Wachstum war nun fast nur noch durch technisch verbesserte Produktionsmittel, bessere Organisation und erhöhten Kapitaleinsatz zu erzielen. Zu alledem kam hinzu, daß die Verbraucher anspruchsvoller wurden; wer am Markt Erfolg haben wollte, mußte sich neue Produkte einfallen lassen, die oft einen relativ hohen Forschungs- und Entwicklungsaufwand erforderten.

Angesichts dieser Bedingungen mußten die Unternehmen, um eine bestimmte Produktionsausweitung zu erreichen, Mitte der 60er Jahre wesentlich mehr investieren als Mitte der 50er Jahre. Obwohl die Bruttoinvestitionsquote 1960–1968 im Jahresdurchschnitt sogar höher lag als 1951–1960, reichte sie nicht aus, um auch nur annähernd ein ähnliches Wachstum zu ermöglichen (Tab. 8).

Niedrige Wachstumsraten bedeuteten aber auch, daß die realen Einkommen nicht mehr in gleichem Maße steigen konnten wie in den 50er Jahren. Gerade nun begann aber eine Zeit des Arbeitskräftemangels. Die Arbeitslosigkeit betrug 1961 bis 1966 weniger als 1 %; qualifizierte Arbeitskräfte waren vor allem in den Ballungsgebieten so knapp, daß die Unternehmen dazu übergingen, Zweigbetriebe in den strukturschwachen Regionen zu gründen. Für die Arbeitnehmer waren die Folgen überaus erfreulich. Sie waren umworben und hatten keine Schwierigkeiten, sichere Arbeitsplätze zu finden. Die Gewerkschaften konnten endlich versuchen, die Einkommensverteilung zugunsten der Arbeitnehmer zu verändern. Sie setzten Lohnsteigerungen durch, die über die Erhöhung der Arbeitsproduktivität hinausgingen. Also stiegen die Lohnstückkosten. Ein geringer Teil dieser Lohnstückkostenzunahme wurde durch Verbesserung der »Terms of Trade« (Verhältnis der Export- zu den Importpreisen) wieder kompensiert. Doch es blieben beträchtliche Steigerungen der Produktionskosten übrig. Es gelang den Unternehmen, einen Teil dieser Kostensteigerungen über die Preise den Verbrauchern aufzubürden; das Preisniveau stieg. Vollständig gelang diese Abwälzung aber nicht. Schon 1961—1963, dann 1965—1966, schließlich ständig seit 1969 stiegen die Löhne schneller als die Einkommen aus Unternehmertätigkeit und Vermögen (vgl. S. 124 ff.). Die »Gewinnkompression«, die oft für die Wachstumskrise nach 1974 mitverantwortlich gemacht wird, setzte tendenziell schon 1961 ein.

Die Verringerung des Wachstumstempos auf ein Normalmaß und die Knappheit des Faktors Arbeit können als die wichtigsten ökonomischen Kennzeichen der Periode 1961—1973 gesehen werden. Lediglich die Rezession 1966/67 stört dieses Bild. Doch sie paßt gut zur Gesamtentwicklung. Da sich die Wachstumsraten abschwächten, konnten grobe Fehler der Politik, so wie sie 1965/66 auftraten, einen Abschwung so weit verschärfen, daß das Wachstum 1967 auf 0 fiel und die Arbeitslosigkeit auf über 2 % stieg. Die Rezession trug zum Sturz der Regierung Erhard bei, und sie leitete eine Wende in der Wirtschafts- und Finanzpolitik ein: die Große Koalition beschloß 1967 das Stabilitäts- und Wachstumsgesetz, die »Globalsteuerung« sollte Konjunkturkrisen in Zukunft ausschalten (vgl. S. 64 f.).

Die wirtschaftspolitische Wende von 1967 legt es somit nahe, im Zeitraum von 1961—1973 zwei Phasen zu unterscheiden: eine Phase 1961—1966, in der die Wirtschaftspolitik mit zunehmender Unsicherheit auf normale Herausforderungen reagiert, und eine Phase inkonsequenter Globalsteuerung 1967—1973.

Die erste Phase beginnt mit einer konjunkturellen Abschwächung. Auf dem Tiefpunkt der Konjunktur 1963 betrug das Wachstum nur noch 2,8 %. Da die hohe Beschäftigung nicht gefährdet war, gab es für die Bundesregierung keinen Grund, die Konjunktur in irgendeiner Weise zu stützen. Dies galt um so mehr, als der Preisauftrieb im konjunkturellen Abschwung anhielt: Inflationsraten von rund 3 %, wie sie 1962 und 1963 auftraten, galten damals als besorgniserregend. Stabilitätsgefährdend war nun nicht mehr der Leistungsbilanzüberschuß und der Zustrom ausländischen Kapitals; die Aufwertung der DM um 5 % im Frühjahr 1961 hatte das »außenwirtschaftliche Gleichgewicht« vorübergehend hergestellt (Tab. 1). Auch den Staat traf, mindestens bis 1963, kaum Schuld an der Inflation; die Haushalte der Gebietskörperschaften wiesen 1961 sogar Überschüsse auf, und die Defizite 1962 blieben relativ niedrig. Hauptursache der Preissteigerungen war vielmehr der erfolgreiche Versuch der Unternehmen, wenigstens einen Teil der steigenden Lohnstückkosten auf die Verbraucher abzuwälzen.

1963 leiteten rasch zunehmende Exporte einen kräftigen Aufschwung ein; 1963 und 1964 ergaben sich hohe Leistungsbilanzüberschüsse, 1964 verstärkte sich wieder der Zustrom ausländischen Kapitals. Diesmal wurden in besonderem Maße deutsche Aktien und Obligationen gekauft. Die Anleger erwarteten nicht nur relativ hohe Renditen, sondern auch eine weitere Aufwertung der Mark. 1964 drohte ein Jahr mit besonders hoher Inflationsrate zu werden. In seinem ersten Jahresgutachten 1964/65 schlug der Sachverständigenrat zur Begutachtung der gesamtwirtschaftlichen Entwicklung flexible Wechselkurse vor, um Leistungsbilanzüberschüssen rechtzeitig und automatisch entgegenwirken zu können. Die Bundesregierung lehnte ab. Sie nahm dabei nicht nur Rücksicht auf die Exportwirtschaft. Die weitere außenwirtschaftliche Entwicklung war 1964 schwer zu übersehen; der sich ausweitende Vietnam-Konflikt hätte ja auch, wie einst der Korea-Krieg, die Rohstoffe verteuern und die deutsche Leistungsbilanz rasch ins Negative drängen können. Auch war es wenig ratsam, das Bretton-Woods-System der festen Wechselkurse durch einen deutschen Alleingang zu zerstören. Die allgemeine Sorge vor der »importierten Inflation« zwang die Bundesregierung aber, irgendetwas zu tun. Sie verfiel auf dirigistische und höchst umstrittene Lösungen: Sie hatte schon im Frühjahr 1964 Ausländern mit einer Sondersteuer auf den Besitz von deutschen Wertpapieren gedroht; 1965 führte sie diese »Kuponsteuer« ein. Zu diesem Zeitpunkt war das gar nicht mehr nötig; im Boom-Jahr 1964 hatte ein Importsog den Leistungsbilanzüberschuß verringert, auch die Kapitalzuflüsse gingen Ende des Jahres zurück, und die Inflationsrate erwies sich mit 2,4 % sogar als überraschend niedrig. Die starke Ausweitung der Inlandsproduktion, der Wettbewerb durch Importgüter und maßvolle Tarifabschlüsse in der Lohnrunde 1963/64 hatten dabei zusammengewirkt. Die Bereitschaft, marktwirtschaftliche Grundsätze ohne Not zu verletzen, bleibt bemerkenswert.

Das Jahr 1964 war das letzte, in dem Ludwig Erhard, seit 1963 Bundeskanzler, auf wachstums- und stabilitätspolitische Erfolge verweisen konnte. 1965 mußten Bundestagswahlen gewonnen werden, und im Wahljahr ließ sich Erhard zu Leistungsversprechungen drängen, die mit dem Stabilitätsziel nicht mehr zu vereinbaren waren. Die Hochkonjunktur hielt 1965 noch an; zunehmend stieß die Produktion jetzt an Kapazitätsgrenzen. Ausgerechnet in dieser Lage senkte die Regierungsmehrheit zum 1. 1. 1965 die Steuern. Außerdem beschloß sie Wahlgeschenke an alle möglichen Gruppen, von Bauern bis zu Kriegsopfern und Müttern, in Höhe von 6,5 Mrd DM. Zum Wahlerfolg Erhards im September 1965 mögen diese Versprechungen beigetragen haben. Doch es läßt sich nicht bestreiten, daß der Staat die Inflation schürte; das Preisniveau lag Ende 1965 um beinahe 4 % höher als ein Jahr zuvor.

Die Ausgabenpolitik des Bundes – der das Finanzgebaren von Ländern und Gemeinden an Leichtfertigkeit nicht nachstand – hätte weniger schlimme Folgen gehabt, wenn sie nicht gerade mit der Wende von der Hochkonjunktur zum Abschwung zusammengefallen wäre. Schon im Herbst 1965 zeigten sich die ersten Anzeichen einer konjunkturellen Abschwächung, und die Steuereinnahmen gingen zurück. Der Bund mußte sich stärker verschulden als geplant, und das zu teuren Zinsen, weil die Bundesbank zur Inflationsbekämpfung inzwischen den Diskontsatz erhöht hatte. Für 1966 drohten dem Bund erhebliche, nach damaligen Maßstäben ganz unvertretbare Deckungslücken. Die Bundestagsmehrheit beschloß daher am 20.

Dezember 1965 ein Haushaltssicherungsgesetz, das die Wahlversprechungen teilweise wieder aufhob und zu Einsparungen von 1,6 Mrd DM führte. 1966 setzte sich die Abschwächung der Konjunktur bei immer noch relativ hoher Inflationsrate fort. Die Bundesbank verschärfte ihre Inflationsbekämpfung durch weitere Zinserhöhungen; Bund, Länder und Gemeinden suchten ihre Kreditaufnahme zu verringern und fingen an zu sparen. Die öffentlichen Haushalte wirkten somit seit 1965 in massiver Weise prozyklisch: Im Boom wurde viel zu viel, im Abschwung zu wenig ausgegeben. Am 19. September 1966 wurde der Bundeshaushalt für 1967 verabschiedet. Es war von vornherein strittig, ob er ausgeglichen war, weil Steuereinnahmen, die die Länder beanspruchten, dem Bund zugerechnet worden waren. Im Oktober erklärte der Bundesrat, es bestehe eine Haushaltslücke von 4 Mrd. Vom Kanzler geplante Steuererhöhungen lehnte die FDP ab. In konjunkturpolitischer Sicht war das folgerichtig. Eine höhere Kreditaufnahme des Bundes war aber auch nicht durchsetzbar. Die Regierungskoalition zerbrach. Zwar ist es nicht richtig, Erhards Sturz allein seinem Versagen in der Haushaltskrise zuzuschreiben; schon seit dem Verlust der Landtagswahlen in Nordrhein-Westfalen im Juli 1966 hatte sich in der CDU die Neigung zum Kanzlerwechsel gezeigt. Doch ohne die deutlichen Fehler Erhards in seinem eigenen Fachgebiet, der Wirtschafts- und Finanzpolitik, wäre der Kanzlersturz nicht so leicht gewesen.

Als im Dezember 1966 die Regierung der Großen Koalition gebildet wurde, befand sich die Bundesrepublik am Beginn der ersten scharfen Rezession der Nachkriegszeit. Innerhalb von sechs Monaten hatte sich die Zahl der Arbeitslosen von rund 100000 auf 300000 erhöht und stieg rasch weiter; der Höhepunkt mit über 600000 Arbeitslosen kam im Frühsommer 1967. Die Produktion stagnierte oder fiel sogar; alle Indikatoren zeigten, daß für 1967 mit 0-Wachstum zu rechnen war. Unter den Arbeitnehmern wuchs die Sorge um die Sicherheit des Arbeitsplatzes; besonders beunruhigt waren die Beschäftigten in vielen kleineren Unternehmen und Handwerksbetrieben; es zeigte sich, daß Großunternehmen in der Regel nicht nur kostengünstiger produzieren, sondern Rückschläge auch besser verkraften konnten als so mancher mittelständische Unternehmer.

Wissenschaft und Politik waren sich darin einig, daß die Rezession »hausgemacht« war. Auf jeden Fall war es nicht möglich, einem Konjunktureinbruch im Ausland die Schuld zuzuweisen: in den USA, in Frankreich, Italien lief die Konjunktur nach wie vor gut, die deutschen Warenexporte waren 1966 über 10% höher als 1965, und der Auftragseingang aus dem Ausland war sogar Ende 1966 noch zufriedenstellend. Auch die Lohnentwicklung ließ sich nicht für das Debakel verantwortlich machen. Die Effektivverdienste stiegen 1965 und 1966 real nur wenig schneller als die Arbeitsproduktivität; von der Lohnkostenseite her waren die Unternehmergewinne kaum unter Druck gekommen. Die Erklärung für die Rezession ist vielmehr einfach. Ein normaler Konjunkturabschwung war durch das prozyklische Verhalten der Gebietskörperschaften verstärkt worden. Im Aufschwung hatte der Staat zuviel ausgegeben; als die Bundesbank mit der Inflationsbekämpfung einsetzte und die Konjunktur umschlug, gerieten die Politiker in Panik und drosselten die Staatsausgaben. In den 50er Jahren wäre der Schaden dieser prozyklischen Politik wahrscheinlich gering geblieben; bei dem damaligen Wachstumstempo hätte es einen Rückschlag vielleicht auf 2 bis 3 % Wachstum und geringfügige Arbeitslosigkeit gegeben. Unter den veränderten Wachstumsbedingungen der 60er Jahre aber konnte sich die Politik Fehler dieses Ausmaßes nicht mehr leisten.

Der Regierung der Großen Koalition mit ihrer breiten parlamentarischen Basis gelang es schon im Februar 1967, die Deckungslücke im Bundeshaushalt 1967 zu schließen. Einerseits wurden Ausgaben in Bereichen gekürzt, die konjunkturell nicht so wichtig waren – von Landwirtschaft über Verteidigung bis zur Entwicklungshilfe. Auch einige Steuervergünstigungen wurden gestrichen. Zugleich wurde ein kreditfinanziertes Beschäftigungsprogramm in Höhe von 2,5 Mrd DM beschlossen; sein Schwerpunkt waren Investitionen bei Bahn und Post sowie in Bildung und Forschung. Im Mai 1967 verabschiedete der Bundestag das »Stabilitäts- und Wachstumsgesetz«. Die Bundesregierung war nun zu einer Wirtschafts- und Finanzpolitik verpflichtet, die zugleich Wachstum, Beschäftigung, Preisniveaustabilität und außenwirtschaftliches Gleichgewicht beachtete (vgl. S. 64 f.).

Die rasche Überwindung der Rezession wird in der Regel der Politik Karl Schillers zugeschrieben. Im Sommer 1967 wurde ein zweites Beschäftigungsprogramm in Höhe von 2,8 Mrd verabschiedet, auch Länder und Gemeinden erklärten sich zu zusätzlichen Investitionen bereit. Tatsächlich schien schon vom Sommer 1967 an die »Talsohle« der Rezession, wie Karl Schiller formulierte, durchschritten. Es ist jedoch umstritten, ob tatsächlich die kreditfinanzierten Beschäftigungsprogramme den wesentlichen Beitrag zur Überwindung der Krise darstellten. Die Aufträge aus dem zweiten Programm erreichten die Unternehmen teilweise so spät, daß sie den Aufschwung von 1968 verstärkten und zur Preissteigerung vor allem im Hoch- und Tiefbau beitrugen. Wahrscheinlich bestand die wichtigste Wirkung der Wirtschaftspolitik Karl Schillers in der Stärkung des Vertrauens der Unternehmer in die neue Regierung. Der Aufschwung, der sich schon Ende 1967 zeigte, war dann weitaus mehr durch die rasch steigenden Exporte angeregt als durch defizitfinanzierte Staatsausgaben; der Leistungsbilanzüberschuß, 1966 nur 0,5 Mrd DM, schnellte 1967 auf 10 Mrd, 1968 auf beinahe 12 Mrd DM hoch. Als Folge der Rezession waren 1967 und auch 1968 die Preise in der Bundesrepublik relativ stabil geblieben, während der Vietnam-Krieg zu Preissteigerungen auf den Weltmärkten führte. Die deutschen Unternehmen hatten somit die besten Exportchancen seit Jahren.

In den 6 Jahren 1968–1973 zeigen die Daten ein durchgehendes Muster positiver und negativer Entwicklungen (Tab. 1). Die Wachstumsraten,

1968 und 1969 noch hoch, gehen in der leichten Rezession 1970–1971 zurück. 1972/73 setzt ein neuer Aufschwung ein, den die erste Ölpreiskrise im Herbst 1973 abrupt beendet.

Die Arbeitslosigkeit war schon 1968 überwunden; 1969–1973 herrschte ein deutlicher Arbeitskräftemangel. Diese Jahre bilden den Höhepunkt der Anwerbung von ausländischen Arbeitskräften. Von 1971 an ergaben sich zunehmende Inflationsraten. Die Leistungsbilanzüberschüsse blieben bis 1973 hoch, im Hinblick auf das Ziel der Preisniveaustabilität in der Regel zu hoch.

Die übliche Kritik an der Wirtschafts- und Finanzpolitik dieser Jahre lautet daher auch: Stabilitätsziel verfehlt, Stabilisierungskrise nach 1973 vorprogrammiert. Ohne Zweifel hat die sozialliberale Koalition nach 1969 dem Beschäftigungsziel höchste Priorität eingeräumt, beim Stabilitätsziel hingegen dem Druck von Sonderinteressen oft nachgegeben.

Es wäre jedoch zu einfach, die Inflation ab 1971 einseitig der fehlenden Fähigkeit und Bereitschaft von Bund, Ländern und Gemeinden zu stabilitätsfördernder Fiskalpolitik zuzuschreiben. Wie immer gab es vielfältige Ursachen der Fehlentwicklungen, Ursachen, die nur teilweise durch deutsche Politik zu beeinflussen waren. Außenwirtschaftliche Probleme, fiskalpolitische Versäumnisse und Fehler, Verteilungskämpfe wirkten zusammen.

Der 1968 schon deutliche, 1969 boomartige Aufschwung war nicht zuletzt deshalb besonders kräftig, weil er ziemlich gleichzeitig in fast allen wichtigen Industrieländern auftrat; Inlands- und Auslandsnachfrage verstärkten sich somit im besonderen Maße. Von außenwirtschaftlichem Gleichgewicht konnte schon Ende 1968 keine Rede mehr sein; hohe Leistungsbilanzüberschüsse und Kapitalzuflüsse gefährdeten eindeutig die Stabilität in der Bundesrepublik. Anstatt rechtzeitig aufzuwerten, griff die Große Koalition zu Ersatzmaßnahmen: Die Exporte wurden durch eine Sondersteuer von 4 % verbilligt, Kapitalverkehrskontrollen wurden eingeführt. Mit der arg verspäteten Aufwertung der DM um rund 9 % unmittelbar nach den Bundestagswahlen im September 1969 wurden diese dirigistischen Ersatzmaßnahmen wieder aufgehoben.

Die »importierte Inflation« war aber nur vorübergehend eingedämmt. Die durch den Vietnam-Krieg überlasteten USA verstießen in immer gröberer Weise gegen ihre Pflichten als Leit- und Reservewährungsland; Defizite in ihrer Leistungs- und Übertragungsbilanz ließen ihre Gold- und Devisenreserven schrumpfen, das Vertrauen der internationalen Anleger in den Dollar war nicht mehr herzustellen. Die Folge war eine Flucht internationalen Kapitals in die relativ stabil erscheinenden Währungen, nicht zuletzt in die DM. Die Bundesregierung tat nun prinzipiell, allerdings vorsichtig und zögernd, das Richtige: im Mai 1971 wurde der Kurs der Mark gegenüber dem Dollar freigegeben. Die Mark »floatete« an den Devisenmärkten nach oben. Im August 1971 hoben die USA die bisher noch bestehende Goldeinlösepflicht für Dollarguthaben der Zentralbanken auf, werteten den Dollar ab und verhängten eine Sondersteuer auf Importe. Im Dezember 1971 einigten sich dann die führenden westlichen Industrieländer im »Smithsonian Agreement« auf neue Wechselkurse. Trotz Abwertung des Dollar wurde seine Goldkonvertibilität nicht wieder hergestellt.

Da die amerikanischen Leistungsbilanzdefizite rasch weiter stiegen, nützte alles nichts. Die Flucht aus dem Dollar ging weiter, im Juni 1972 kam eine Vertrauenskrise um das Pfund Sterling hinzu, die Bundesrepublik wurde zum Ziel des internationalen Kapitals, das Schutz vor Inflation und Abwertung suchte. Vom Januar 1972 bis zum März 1973 mußte die Bundesbank rund 12 Mrd Dollar im Gegenwert von 30 Mrd DM hereinnehmen, ein Zustrom, der trotz aller kompensierenden Maßnahmen der Zentralbank die Geldmenge in der Bundesrepublik übermäßig anschwellen ließ und die Inflation verstärkte. Die internationale Währungskrise fand erst ein Ende, als die Bundesrepublik, zusammen mit den Mitgliedern des europäischen Währungsverbundes, zum gemeinsamen Floaten gegenüber dem Dollar überging. Man kann der Bundesregierung vorwerfen, daß dieser Übergang zu flexiblen Wechselkursen zu spät kam. Andererseits hatte es sich bis zum Frühjahr 1973 als unmöglich erwiesen, die Mehrzahl der EG-Partner zu einem gemeinsamen Vorgehen zu bewegen. Auch jetzt beteiligten sich Großbritannien (1973 der EG beigetreten) und Italien nicht am »Blockfloating«. Immerhin konnte die Bundesregierung nun hoffen, einen Mittelweg gefunden zu haben, der Stabilität förderte, ohne die Beschäftigung zu gefährden. Denn durch das Blockfloaten drohten wenigstens gegenüber Frankreich und den Benelux-Ländern keine Exporteinbußen.

Viel kritischer ist die Fiskalpolitik dieser Jahre zu beurteilen. Im letzten Jahr der Großen Koalition, 1969, war die Fiskalpolitik des Bundes unter konjunkturpolitischen Aspekten noch korrekt. Finanzminister Strauß, der gegen die Aufwertung gewesen war und nun den Nachweis führen wollte, daß die Inflation auch bei festen Wechselkursen durch finanzpolitische Maßnahmen wirksam bekämpft werden konnte, operierte mit Haushaltssperren, mit Vorauszahlungen bei der Einkommen- und Körperschaftsteuer und mit der vom Stabilitäts- und Wachstumsgesetz ermöglichten Konjunkturausgleichsrücklage. Das war antizyklisch, trug wohl auch zur Dämpfung des Preisauftriebs bei, reichte aber nicht aus. Der Verzicht auf teure Wahlgeschenke im Wahljahr 1969 bleibt immerhin bemerkenswert.

1970, 1971 und 1972 gaben Bund, Länder und Gemeinden stets mehr aus, als mit Rücksicht auf die Preisniveaustabilität vertretbar war. Die Abweichungen von einer stabilitätskonformen Haushaltspolitik waren schon beim Bund beträchtlich, bei den Gemeinden aber besonders groß. Die Ursachen dieses stabilitätswidrigen Ausgabenverhaltens sind leicht zu erkennen. Sie zeigen typische Schwächen des Globalsteuerungskonzepts.

Eine Ursache liegt in Prognosefehlern. Die wirtschaftliche Entwicklung des nächsten Jahres ließ sich nur schwer schätzen. Damit wurden auch Vorausschätzungen der Steuereinnahmen höchst zweifelhaft. Ein Beispiel lieferte das Jahr 1970. Bund, Länder und Gemeinden hatten sich 1969 das Ziel gesetzt, durch einen Einnahmenüberschuß zur Konjunkturberuhigung beizutragen. Noch im Herbst 1970 ging sogar der Sachverständigenrat davon aus, daß dieses Ziel erreicht werden könnte. Nach Ablauf des Jahres stellte sich heraus, daß die Steuereinnahmen geringer, die Ausgaben höher als angenommen waren und statt eines Überschusses von 3 Mrd ein Defizit übrigblieb.[12] Ähnliche Prognosefehler ergaben sich ein Jahr später, als die Haushaltsplanungen von einer deutlichen Konjunkturabschwächung im Jahr 1972 ausgingen und kräftige Ausgabensteigerungen für angemessen hielten. Die Konjunkturabschwächung blieb aber aus. Die Haushaltsansätze erwiesen sich nun als viel zu hoch und konnten trotz einiger Kürzungsversuche nicht auf ein stabilitätskonformes Maß reduziert werden.[13]

Eine weitere Ursache liegt im fehlenden politischen Willen zur energischen Anwendung des Stabilitäts- und Wachstumsgesetzes. So hätte die Bundesregierung angesichts der noch guten Konjunktur und der sich abzeichnenden Inflation 1970 die Möglichkeit zu einer allgemeinen Erhöhung der Lohn- und Einkommensteuer gehabt, um die zusätzlichen Steuereinnahmen der Konjunkturausgleichsrücklage zuzuführen und somit Kaufkraft abzuschöpfen. Das wäre aber höchst unpopulär gewesen. Die Bundesregierung beschränkte sich daher im Sommer 1970 auf einen befristeten Konjunkturzuschlag auf die Einkommen- und Körperschaftsteuer, der nur die Bezieher höherer Einkommen traf, und schon deshalb die Konsumgüternachfrage nicht drosselte, sondern allenfalls die Sparquote geringfügig senkte.

Eine dritte Ursache liegt im Föderalismus und den finanziellen Kompetenzen von Ländern und Gemeinden. Das Stabilitäts- und Wachstumsgesetz verpflichtet zwar auch die Länder und Gemeinden zur Beachtung der vier makroökonomischen Ziele. Im Finanzplanungsrat, in dem Vertreter des Bundes, der Länder und Gemeinden die Richtlinien für die Finanzpolitik des kommenden Jahres berieten, wurden in der Regel auch noch vertretbare Zuwachsraten der gesamten Ausgaben der Gebietskörperschaften beschlossen. In der Praxis hielt sich dann allenfalls der Bund im großen und ganzen an diese Vorgaben. Die Länder überschritten sie regelmäßig. Die Gemeinden waren meist gar nicht in der Lage, eine antizyklische Politik zu treiben. Bei guter Konjunktur steigen ihre Steuereinnahmen; gerade dann aber gibt ihnen die Haushaltsordnung die Möglichkeit, sich zu verschulden. Infolgedessen zeigten die Gemeindehaushalte 1970−1972 die höchsten Zuwachsraten aller öffentlichen Haushalte.

Die Inflation wurde seit 1970 auch durch hohe Lohnsteigerungen angetrieben. Dafür trug der Staat Mitverantwortung; die großzügigen Tarifvereinbarungen im öffentlichen Dienst wirkten sich auf alle übrigen Tarifparteien aus. Die Gewerkschaften, die zur Überwindung der Rezession 1967 durch sehr maßvolle Abschlüsse beigetragen hatten, sahen ihre Mitglieder im Konjunkturaufschwung 1968/69 benachteiligt. Die Globalsteuerung garantierte offensichtlich noch nicht einmal mittelfristig »soziale Symmetrie«, also gleichmäßiges Steigen von Löhnen und Gewinnen; vielmehr schien sie auf Begünstigung der Gewinne hinauszulaufen. Im Herbst 1969 gab es wilde Streiks; aus der Sicht der Gewerkschaften war eine expansive Lohnpolitik nun unvermeidlich. Vor allem 1970, 1971 und 1973 gingen die Lohnsteigerungen dann auch deutlich über das Maß hinaus, das der Sachverständigenrat als »kostenniveauneutral« ansah. Die steigenden Lohnkosten (Tab. 7) wälzten die Unternehmen teilweise über die Preise ab. Da sie das nicht in vollem Umfange konnten, fielen die Gewinne. 1968 betrug das Bruttoeinkommen aus Unternehmertätigkeit und Vermögen noch 9 % des Produktionswertes und entsprach damit ungefähr dem international üblichen Maß. 1974 war diese Gewinnrate auf 6 % gefallen.[14]

Die »Konzertierte Aktion« (vgl. S. 53), die nach dem Stabilitäts- und Wachstumsgesetz vor allem eine stabilitätskonforme Einkommenspolitik fördern sollte, erwies sich als wenig hilfreich. Beraten vornehmlich vom Sachverständigenrat lieferte die Bundesregierung »Orientierungsdaten«, die von den Tarifparteien nicht ernst genommen wurden. Es mag aber sein, daß eine gewisse Zurückhaltung der Gewerkschaften bei Lohnforderungen 1972 und Anfang 1973 von Gesprächen im Rahmen der Konzertierten Aktion beeinflußt war.

Die Ursachen für das Scheitern der Stabilisierungspolitik 1969–1973 lassen sich wie folgt zusammenfassen: Solange feste Wechselkurse eingehalten wurden, setzten spekulative Geldzuflüsse aus dem Ausland die Geldpolitik der Bundesbank weitgehend außer Kraft. Damit fiel die Hauptlast der Stabilisierung der staatlichen Fiskalpolitik zu. Die Bundesregierung hätte das Instrumentarium des Stabilitäts- und Wachstumsgesetzes weitaus energischer nutzen können, tat es aber aus politischen Gründen nicht. Eine stabilitätskonforme Koordinierung der Ausgabenpolitik von Bund, Ländern und Gemeinden mißlang. Erst recht mißlang der Versuch, über die »Konzertierte Aktion« die Stabilitätspolitik durch kostenniveauneutrale Lohnabschlüsse zu stützen.[15]

Der Nahost-Krieg vom Oktober 1973 und der anschließende Preisschock beim Öl und den meisten anderen Rohstoffen traf die Wirtschaft der Bundesrepublik zu einer Zeit, als eine Stabilisierungskrise ohnehin unvermeidbar erschien. Die erste Hälfte des Jahres 1973 hatte einen neuen weltweiten Boom mit hohen Preissteigerungen gebracht. Die Bundesbank verfolgte ab Anfang 1973 eine scharf restriktive Geldpolitik, um die Inflation zu bremsen. Nach dem Übergang zu flexiblen Wechselkursen im März 1973 griffen diese Maßnahmen auch. Die Zinsen stiegen, Geld wurde knapp. Der sich bis zum Sommer noch beschleunigende Preisauftrieb veranlaßte die Gewerkschaften, ihre Lohnforderungen wieder zu erhöhen; die kurze Phase maßvoller Lohnpolitik Anfang 1973 war vorüber. Hohe Zinsen und hohe Lohnkosten einerseits, unsichere Exportaussichten nach der Freigabe der Wechselkurse andererseits beeinträchtigten die Investitionsneigung vieler Unternehmen. Vom Frühherbst 1973 an war schon deutlich, daß eine Konjunkturabschwächung bevorstand. Die Wissenschaft begrüßte das. Der Sachverständigenrat nannte sein Jahresgutachten 1973/74 »Mut zur Stabilisierung«. Als es im Dezember 1973 veröffentlicht wurde, war es schon überholt. Der Ölschock erschwerte jede Stabilisierungspolitik aufs Äußerste; vor allem aber trat nun zum Stabilisierungsproblem das Problem der Arbeitslosigkeit.

4. Grundlegende Ursachen der Beschäftigungskrise seit 1974

1974 beginnt eine lange Periode der Unterbeschäftigung. Sie läßt sich nur erklären, wenn weltwirtschaftliche Herausforderungen, binnenwirtschaftliche Nachfrageverschiebungen, demographische Entwicklung, soziale Veränderungen in ihrem Zusammentreffen betrachtet werden. Dann ergibt sich ein Problembündel, das sowohl die Anpassungsfähigkeit der Unternehmen und der Beschäftigten als auch die Steuerungsfähigkeit der Politik überforderte.

Unter den weltwirtschaftlichen Faktoren, die die Beschäftigungskrise ab 1974 auslösten, haben die beiden »Ölschocks« die Öffentlichkeit besonders beeindruckt. Die »Ölschocks« dürfen aber nicht überbewertet werden. Der erste »Ölschock« 1973/74 bestand in einem Anstieg der Rohölpreise um das Drei- bis Vierfache; der zweite »Ölschock« 1979–1982 brachte noch einmal eine Verdoppelung des Rohölpreises. Für die Bundesrepublik bedeutete jeder der Ölschocks eine Art Sondersteuer zugunsten der OPEC-Länder in Höhe von 2 % des Sozialprodukts. Das verursachte Kostenerhöhungen auf der einen, Kaufkraftentzug auf der anderen Seite. Jede dieser beiden Sondersteuern hätte ausgereicht, eine leichte Rezession einzuleiten, es sei denn, die Steuererträge wären rasch wieder in Form von Aufträgen der OPEC-Länder in die Bundesrepublik zurückgeflossen. Dieses »Recycling der Petro-Dollar« trat tatsächlich ein, aber nur teilweise und mit Verzögerung.

Zu den »Ölschocks« kamen weitere, langfristig wirkende Belastungen. Unter den weltwirtschaftlichen Herausforderungen stand die zunehmende Konkurrenz Japans und der Schwellenländer im Vordergrund. Die Absatzprobleme beim Schiffbau, ab 1980 auch beim Stahl, der Verlust des Wachstumsmarktes Unterhaltungselektronik an japanische Firmen hingen damit zusammen. So ergaben sich gerade in der Zeit der Ölpreissteigerungen zusätzlich schwierige Anpassungsprozesse. 1973 bis 1979 spielte ein weiterer außenwirtschaftlicher Faktor eine nicht unerhebliche Rolle. Nach Einführung der flexiblen Wechselkurse stieg der Außenwert der DM gegenüber dem US-Dollar nahezu stetig; zwar bildete diese Aufwertung nur eine Korrektur der jahrelangen Unterbewertung der Mark, doch kam sie nun, nach dem ersten Ölschock, zu einem überaus ungünstigen Zeitpunkt. 1980–1985 wurde die Aufwertungstendenz durch eine Abwertungstendenz der Mark gegenüber dem US-Dollar abgelöst. Das förderte die Exporte; der Beschäftigungseffekt der Abwertung wurde aber mindestens bis 1983 durch den Zwang gebremst, das deutsche Zinsniveau dem weit überhöhten amerikanischen anzupassen.

Wahrscheinlich noch gewichtiger als diese »Herausforderung von Außen«[16] waren Veränderungen der internen Rahmenbedingungen. In der öffentlichen Diskussion oft unterschätzt, aber von erheblicher Bedeutung für den Arbeitsmarkt ist der demographische Faktor. In der Bundesrepublik lebten 1974 62 Mio, 1987 weniger als 61 Mio Menschen. Dieser Bevölkerungsrückgang war primär Folge der seit Mitte der 60er Jahre sinkenden Geburtenrate. Im selben Zeitraum drängten die »starken«, Mitte der 60er Jahre geborenen Altersgruppen ins Berufsleben. Zu diesem demographischen Effekt kam ein Verhaltenseffekt: die zunehmende Erwerbsbeteiligung der Frauen. 1987 lag das gesamte Erwerbspersonenpotential (deutsche und ausländische Arbeitskräfte) um 1 Mio höher als 1974. Arbeitslosigkeit hätte also nur vermieden werden können, wenn mindestens 1 Mio neue Arbeitsplätze geschaffen worden wären. Bei schrumpfender Gesamtbevölkerung und dadurch bedingter Abschwächung der Konsumgüternachfrage wäre dies auch unter günstigeren weltwirtschaftlichen Bedingungen schwierig gewesen.

Zu den langfristig wirkenden Faktoren, die die Beschäftigung nach 1974 ungünstig beeinflußten, gehört auch eine Verschlechterung der Nachfragebedingungen, auf die sich die Unternehmen einstellen mußten. Wichtige Verbrauchsgütermärkte waren nun »gesättigt«. Fast alle Haushalte hatten Auto, Fernseher und Tiefkühltruhe. Wer mehr verkaufen wollte, als zur bloßen Ersatzbeschaffung notwendig war, mußte sich technisch bessere oder modischere Produkte einfallen lassen. Erfolg hatte nur, wem es gelang, einen Bedarf zu befriedigen, der über das Notwendige hinausging; oder aber, wer das Notwendige deutlich billiger und besser produzierte als die Konkurrenz. An die Leistungsfähigkeit der Unternehmen bei der Produkt- und Verfahrensinnovation wurden daher immer höhere Anforderungen gestellt.

Ohne die externen Herausforderungen wären die Verschiebungen der internen Nachfrage zu bewältigen gewesen; ohne die Veränderungen des Erwerbspersonenpotentials hätten externe und interne ökonomische Schwierigkeiten niemals ein so hohes Ausmaß langanhaltender Arbeitslosigkeit zur Folge gehabt. Das marktwirtschaftliche Modell geht davon aus, daß auch bei erheblichen Veränderungen der Rahmenbedingungen Anpassungsprozesse einsetzen, die Ungleichgewichte auf den Güter- und Faktormärkten nach einer Übergangszeit beseitigen. Unternehmen, die mit ihrer bisherigen Produktpalette in Schwierigkeiten geraten, müssen sich eben umstellen. Wer sich nicht umstellen kann, muß Kapazitäten teilweise stillegen oder ganz aufgeben; das freigesetzte Kapital und die entlassenen

Arbeitskräfte finden in expandierenden Branchen Anlagemöglichkeiten bzw. Arbeitsplätze. Nimmt das Arbeitskräftepotential zu, während das Angebot an Arbeitsplätzen stagniert oder sogar fällt, muß der Reallohn des durchschnittlichen Beschäftigten sinken, in einer wachsenden Wirtschaft nicht unbedingt absolut, wohl aber relativ zu den Gewinnen.

In der ökonomischen Realität nach 1974 zeigte sich, daß diese Anpassungsprozesse beträchtliche Zeit brauchten, zum Teil unterblieben, zum Teil mißlangen, zum Teil nicht ausreichten. Immerhin waren sie aber zu beobachten. So wurde die ganze deutsche Textilindustrie Mitte der 70er Jahre schon totgesagt; die Konkurrenz der Billiglohnländer schien übermächtig. Durch Umstellung auf Erzeugnisse des gehobenen und des Luxusbedarfs gelang vielen Textilunternehmen aber der Wiederaufstieg. AEG gab seine Konsumgüterproduktion nicht auf und geriet in Schwierigkeiten; Siemens setzte auf Investitionsgüter und verdiente glänzend. Auch die Reallöhne reagierten auf die Arbeitsmarktsituation; nach 1980 gingen sie sogar zurück (Tab. 6).

Die Bereitschaft von Arbeitslosen, sich durch Umschulung oder zusätzliche Ausbildung auf die veränderten Anforderungen einzustellen, war ebenfalls gar nicht so niedrig,[17] wenn sich auch Grenzen der Qualifizierung bei bestimmten »Problemgruppen« wie den gesundheitlich Beeinträchtigten und den Älteren zeigten. Gering blieb allerdings die regionale Mobilität von Kapital und Arbeit. Während in der Zeit des Arbeitskräftemangels die Unternehmen mindestens mit Zweigbetrieben dorthin gingen, wo noch Arbeitskräfte zu finden waren, wurde in der Zeit des Arbeitskräfteüberschusses von den Arbeitslosen erwartet, daß sie dorthin wanderten, wo es noch Arbeitsplätze gab. Dies aber war in vielen Fällen unzumutbar. Wie sollte denn ein Textilfacharbeiter mit Familie und eigenem Haus, der im Emsland arbeitslos wurde, nach Düsseldorf oder München umziehen? Sein Haus war gerade wegen der hohen Arbeitslosigkeit im Emsland kaum verkäuflich.

Im Rückblick ist es leicht, der staatlichen Wirtschafts- und Fiskalpolitik, den Tarifparteien, der Wissenschaft Versagen bei dem Versuch vorzuwerfen, die Arbeitslosigkeit zu überwinden. Die folgende detaillierte Analyse zeigt, daß anfangs die Krise unterschätzt, die Leistungsfähigkeit der Globalsteuerung überschätzt wurde, daß die politischen Hindernisse für eine konsequente Anwendung irgendeiner von Wissenschaftlern empfohlenen Strategie zu hoch waren und sich »die Wissenschaft« überdies in wichtigen Fragen so uneinig war, daß sie verläßliche Politikberatung nicht im notwendigen Maße liefern konnte.

5. Die erste Phase der Krise (1974–1979)

*Die erste Phase der Beschäftigungskrise umfaßt die Periode 1974 bis 1979.
Sie beginnt mit Fehlprognosen und groben Fehlern der Tarifparteien; 1978/
79 aber scheint das Schlimmste überwunden.*

Als im Oktober 1973 der Nahost-Krieg ausbrach, befand sich die Bundesrepublik mitten in einer Stabilisierungsaktion. Die Bundesbank hatte nach dem Übergang zu flexiblen Wechselkursen die Möglichkeit einer wirksamen restriktiven Geldmengenpolitik, und sie nutzte diese Möglichkeit energisch, um die inzwischen auf fast 7 % gestiegene Inflation zu bekämpfen. Die Bundesregierung unterstützte diese Politik; zwei »Stabilitätsprogramme« vom Februar und vom Mai 1973 brachten eine Stabilitätsabgabe in Höhe von 10 % der Einkommen- und Körperschaftsteuerschuld, die bei der Bundesbank stillzulegen war, eine Investitionssteuer und die Aussetzung der degressiven Abschreibung. Kredite wurden knapp, die Zinsen stiegen, ab Juni 1973 betrug der Diskontsatz 7 %. Vom Sommer 1973 an gingen die Aufträge der Unternehmen zurück; der Boom war »gekappt« worden.[18] Niemand sah darin ein ernstes Risiko für die Beschäftigung; denn die Nachfrage nach Arbeitskräften war immer noch hoch, die Gewerkschaften hatten im Sommer wieder kräftige Lohnerhöhungen durchgesetzt, ein normaler Konjunkturabschwung schien notwendig, um der Inflation endlich Herr werden zu können. Außerdem hatte die Regierung Brandt ausdrücklich eine »Beschäftigungsgarantie« gegeben.

Vom Oktober 1973 an explodierten die Ölpreise, und auch andere wichtige Rohstoffe wurden wesentlich teurer. Allein als Folge dieser Importpreissteigerungen erhöhten sich die Kosten aller in der Bundesrepublik produzierten Güter 1973–1974 um 4 %. Dieser importierte Inflationsschub mußte hingenommen werden. Die Bundesbank war aber entschlossen, wenigstens den hausgemachten Teil der Inflation zu bekämpfen. Sie setzte somit ihre restriktive Geldpolitik solange wie möglich fort; erst im Herbst 1974 war sie zu einer sehr vorsichtigen Lockerung bereit. In ihrem Geschäftsbericht 1974 wies sie den Vorwurf, sie habe mit ihrer harten Stabilisierungspolitik Arbeitslosigkeit bewirkt, entschieden zurück. Nicht die Stabilisierung habe die Beschäftigung gefährdet, sondern die Gewerkschaften hätten durch ihre Lohnabschlüsse 1974 die Gewinne so unter Druck gesetzt, daß Investitionen und Beschäftigung zurückgehen mußten.[19] Die Gewerkschaften wehrten sich natürlich erbittert gegen diese Schuldzuweisung; die jahrelang anhaltende Debatte über die Frage begann, ob zu hohe Reallöhne eine der Hauptursachen der Beschäftigungskrise waren.

Im Rückblick ist es leicht zu sehen, daß die Lohnpolitik der Gewerkschaften 1974 tatsächlich zur Krisenverschärfung beitrug. Andererseits muß berücksichtigt werden, daß die Gewerkschaften damals von Fehlprognosen ausgingen, die weitverbreitet waren. Nicht nur die Gewerkschaften, sondern auch die meisten Unternehmer, Politiker und Wissenschaftler rechneten im Winter 1973/74 mit einem Abschwung bei hoher Inflation; die Mehrheit vertraute auf die Globalsteuerung, die doch wohl eine schwere Rezession verhindern würde. Die Wirkung restriktiver Geldmengenpolitik der Bundesbank bei flexiblen Wechselkursen wurde unterschätzt. Kaum jemand erkannte rechtzeitig, daß die Ölpreis- und Stabilisierungsprobleme eher vordergründig waren und die Bundesrepublik sich auf eine langfristige Verschlechterung wichtiger weltwirtschaftlicher und demographischer Rahmenbedingungen des Wirtschaftens einstellen mußte.

Die Gewerkschaften setzten sich Anfang 1974 das Ziel, die Arbeitnehmer vor den außenwirtschaftlich bedingten Kaufkraftverlusten wenigstens teilweise zu schützen. Die Lohnsteigerungen mußten daher deutlich über der erwarteten hohen Inflationsrate liegen. Die Lohnrunde wurde eröffnet durch die ÖTV. Bundeskanzler Brandt hatte sich auf einen Tarifabschluß im öffentlichen Dienst unter 10 % festgelegt; durch Kampfmaßnahmen erzwang die ÖTV im Februar 1974 11 %. Diese »Kapitulation« der Regierung war das Signal für die anderen Gewerkschaften und die privaten Arbeitgeber. Die Bruttolöhne und -gehälter je Arbeitnehmer stiegen 1974 im ganzen um 11,5 %.[20] Die Lohnstückkosten erhöhten sich beträchtlich. Die restriktive Geldpolitik der Bundesbank verhinderte, daß die Unternehmen diese Kosten voll auf die Preise abwälzen konnten. Mit rund 7 % blieb die Inflation unter der Rate, die die Gewerkschaften erwartet hatten. Für die Arbeitnehmer mit sicheren Arbeitsplätzen war das hocherfreulich; ihre Reallöhne stiegen brutto um rund 4 %. Eine einfache Rechnung zeigt, daß dies zu Lasten der Gewinne gehen mußte. Im privaten Unternehmenssektor betrug 1974 der Produktivitätsfortschritt 2,5 %. Der größte Teil davon, 2,1 %, wurde von der Verteuerung der Rohstoffimporte beansprucht. »Verteilungsneutral« wäre somit allenfalls eine Reallohnerhöhung von 0,4 % gewesen; was darüber hinausging, verringerte die Unternehmensgewinne.[21] Unzureichende Gewinne aber mußten früher oder später die Investitionsneigung der Unternehmen weiter schwächen.

Wie gefährlich diese Entwicklung war, erkannten auch im Sommer 1974 nur wenige. Ein Grund dafür war, daß der Export noch überraschend gut lief und erst im Herbst drastisch zurückging. Ein weiterer Grund lag in der Hoffnung, die Globalsteuerung werde, ähnlich wie 1967/68, bei der Konjunkturankurbelung funktionieren. Zwar war klar, daß die Globalsteuerung bei der Inflationsbekämpfung versagt hatte. Die Gewerkschaften schoben dies auf die Preispolitik marktbeherrschender Unternehmen, die Unternehmer auf die Lohnpolitik der Gewerkschaften und auf den Staat, in jedem Falle auf überzogene Ansprüche der Gruppen. Daraus folgte aber noch nicht, daß die Globalsteuerung auch bei der Bekämpfung einer Rezession versagen müsse. Dieser Überzeugung waren damals nur die Neoliberalen, und ihr Einfluß war noch gering.

Bund, Länder und Gemeinden verhielten sich 1974 tendenziell so, wie es das Stabilitäts- und Wachstumsgesetz befahl: Der Bund hob die 1973 beschlossenen Stabilitätsprogramme weitgehend auf und setzte vom Februar 1974 an mehrere Sonderprogramme zur Konjunkturstützung ein. Länder und Gemeinden hielten an ihrem geplanten Ausgabenvolumen trotz rückläufiger Steuereinnahmen fest. Die staatlichen Defizite stiegen. Doch diese expansiven Impulse kamen zu spät und waren unzureichend. Die Wachstumsrate fiel auf 0,2 %; 1975 ging das Bruttosozialprodukt sogar um 1,4 % zurück. Im Jahresdurchschnitt 1975 stieg die Zahl der registrierten Arbeitslosen auf 1,07 Millionen. Die Bundesrepublik befand sich in der tiefsten Rezession seit ihrer Gründung. Ihren EG-Partnern und den USA ging es nicht besser; sogar Italien und Frankreich, die 1974 noch relativ gut abgeschnitten hatten, steckten ebenfalls tief in der Rezession (Tab. 2). Ihnen gegenüber hatte die Bundesrepublik allerdings einen Vorteil: Die harte Stabilisierungspolitik der Bundesbank drückte die Inflationsrate 1975 auf 6 % und damit auf den niedrigsten Wert aller OECD-Länder (Tab. 3).

Auch heute noch ist die Frage interessant, ob bei anderer Politik der Bundesbank, der Bundesregierung und der Gewerkschaften der Abschwung früher gestoppt worden wäre. Daß die Löhne 1974 viel zu stark stiegen, wurde schon damals kaum bestritten; sogar die Gewerkschaften zogen die Konsequenz und gingen 1975–1979 zu einer relativ maßvollen Lohnpolitik über (Tab. 7). Hätte die Bundesbank unter diesen Umständen nicht etwas mehr Inflation tolerieren und so den Unternehmen die Kostenüberwälzung auf die Verbraucher erleichtern können? In Übereinstimmung mit dem Sachverständigenrat war die Bundesbank der Auffassung, daß ohne Stabilisierung die Rückkehr zu dauerhafter Vollbeschäftigung nicht zu erwarten war.[22] Die herrschende Meinung in der Ökonomie war offensichtlich, daß die überzogenen Ansprüche der Gruppen an das Sozialprodukt nur durch eine Stabilisierungskrise zurückgedrängt werden konnten. Ob eine weniger energische Inflationsbekämpfung die Arbeitslosigkeit verringert hätte, erscheint tatsächlich zweifelhaft.[23] Unter den großen EG-Ländern hatte lediglich Großbritannien eine etwas geringere Arbeitslosigkeit als die Bundesrepublik, und dies auch nur im Jahre 1975; im selben Jahr betrug die Inflation in Großbritannien 27 % (Tab. 3). Eine ganz andere Frage ist, ob es nicht notwendig gewesen wäre, den harten Restriktionskurs der Bundesbank von Anfang an durch eine noch expansivere Fiskalpolitik des Staates abzufedern. 1974 war die Inflation nicht Folge überhöhter Nachfrage, sondern Folge hoher Kosten. Rechtzeitige und kräftige Steuersenkungen und entsprechend höhere Defizite hätten diese Kostendruck-Inflation nicht verstärkt, wohl aber die Inlandsnachfrage gestützt. Sogar der Sachverständigenrat war 1974 skeptisch, ob die expansive Wirkung der staatlichen Defizite ausreichte (Tab. 17).[24]

Der Rückgang des Sozialprodukts und eine nach damaligen Maßstäben katastrophale Arbeitslosigkeit zwangen Bund und Länder 1975–1976 zu wesentlich höheren Defiziten: 1975 hatten die Gebietskörperschaften Defizite in Höhe von 64 Mrd DM, 1976 immer noch von 48 Mrd DM. Diese gewaltige Kreditaufnahme des Staates trug nun zur Überwindung der Rezession bei. Zugleich lockerte die Bundesbank die restriktive Geld- und Kreditpolitik, die Gewerkschaften mäßigten ihre Lohnpolitik und gaben sich mit Tarifabschlüssen zwischen 6 und 7 % zufrieden. Im Herbst 1975 war die »Talsohle« der Rezession überwunden, das im November veröffentlichte Jahresgutachten des Sachverständigenrates trug den Titel »Vor dem Aufschwung«.

Die Bundesregierung teilte diesen Optimismus. Sie erwartete für 1976 einen anhaltenden Aufschwung, der bald wieder zur Vollbeschäftigung zurückführen würde. Die Fiskalpolitiker in Bund und Ländern einigten sich auf ein Sparprogramm, um die enormen staatlichen Defizite möglichst rasch zu reduzieren. Das Haushaltsstrukturgesetz vom 1. Januar 1976 brachte Beitragserhöhungen bei der Arbeitslosenversicherung und Kürzungen der Leistungen der Bundesanstalt für Arbeit; Ausbildungs- und Graduiertenförderung wurden vermindert, im öffentlichen Dienst gab es Stellenstreichungen, für 1977 wurde die Erhöhung der Mehrwertsteuer beschlossen. Diese Konsolidierung der öffentlichen Haushalte hatte Erfolg; 1977 fielen die Defizite der Gebietskörperschaften auf 31 Mrd DM; die Neuverschuldung betrug somit weniger als die Hälfte des Wertes von 1975.

Die drastische Verminderung der staatlichen Defizite bremste den Aufschwung; nach einem glänzenden Start mit 5,6 % 1976 betrug das Wachstum 1977 nur noch 2,7 %. Vor allem aber blieb die Arbeitslosigkeit hoch; 1977 waren immer noch rund 1 Million Arbeitslose bei den Arbeitsämtern registriert. Das mag zu den Stimmenverlusten der SPD bei den Bundestagswahlen im Oktober 1976 beigetragen haben. Der Gewerkschaftsflügel der SPD drängte nun auf neue Konjunkturprogramme; die Bundesregierung gab den Sparkurs auf.

Von 1977 bis zum Frühjahr 1979 stützten die Fiskalpolitik des Staates, die Geld- und Kreditpolitik der Bundesbank und die Lohnpolitik der Gewerkschaften gleichermaßen die Konjunktur. Im März 1977 wurde das »Zukunftsinvestitionsprogramm« beschlossen. Über 4 Jahre verteilt wollten Bund, Länder und Gemeinden 13,8 Mrd DM vor allem für die »Verbesserung der Wohnumwelt«, die Abwasserreinigung, für umweltfreundliche Energieversorgung investieren. Außer diesem später noch aufgestockten Riesenprogramm gab es 1977 eine Reihe kleinerer konjunkturstützender Maßnahmen, so Entlastungen bei der Gewerbe- und Einkommensteuer, Verbesserungen beim Kindergeld, steuerliche Vergünstigungen bei Investitionen. Ende Juli 1978 kam ein umfangreiches Ausgabenprogramm »zur Stärkung der Nachfrage und zur Verbesserung des Wirtschaftswachstums« hinzu. Es enthielt die Verlängerung des Mutterschutzurlaubs von 2 auf 6 Monate, die Abschaffung der Lohnsummensteuer, neue Entlastungen bei der Einkommensteuer, zusätzliche Ausgaben für Forschung und Entwicklung bei gewerblichen Unternehmen, Herabsetzung der flexiblen Altersgrenze. Die staatlichen Defizite gingen in die Höhe (Tab. 17).

Die Bundesbank riskierte angesichts zurückgehender Inflationsraten eine expansive Politik: die Geldmenge wurde ausgeweitet, die Zinsen fielen. Maßvolle Lohnabschlüsse trugen dazu bei, daß die Gewinne stiegen (Abb. 2). Das Ergebnis gab all denen recht, die bei koordiniertem Einsatz von expansiver Fiskalpolitik, expansiver Geldpolitik und stabilitätskonformer Lohnpolitik eine wirksame Konjunkturstützung erwarteten. Die Wachstumsrate stieg 1978 auf 3,3, 1979 auf 4 %; die Arbeitslosigkeit fiel endlich unter die Millionengrenze. Bei 800 000 Arbeitslosen Anfang 1979 wurden qualifizierte Fachkräfte knapp. Im Laufe des Jahres 1979 wirkte sich dann die zweite große Ölpreiswelle immer stärker auf die westlichen Industrieländer aus. 1979/80 war der Aufschwung vorüber.

Ein zusammenfassendes Urteil über die staatlichen Bemühungen, die Arbeitslosigkeit zu verringern, fällt für die Zeit 1974—1979 differenziert aus. Im Rückblick ist jeder klüger. Maßstab der Beurteilung müssen nicht nur die politischen Handlungsmöglichkeiten, sondern auch die Kenntnisse über Ursachen und Bekämpfungsmöglichkeiten der Arbeitslosigkeit sein, die den politischen Akteuren damals zur Verfügung standen. Die politischen Handlungsmöglichkeiten waren vor allem dadurch begrenzt, daß die Entwicklung der Lohnkosten nicht oder nur in engen Grenzen von der staatlichen Politik beeinflußt werden konnte. Gewiß gaben Bund und Länder Anfang 1974 dem Druck der ÖTV zu schnell nach; doch auch ohne diese »Kapitulation« wäre es in der gesamten Wirtschaft zu Tarifvereinbarungen gekommen, die die Gewinne weiter reduzierten und die Krise verschärften. Ab 1975 mäßigten die Gewerkschaften ihre Forderungen. Über den gesamten Zeitraum hinweg neigten die politischen Akteure dazu, den Beschäftigungseinbruch als vorübergehend anzusehen und etwas leichtfertig Parallelen zur Situation 1967 zu ziehen. In heutiger Sicht war das naiv; doch diese Naivität wurde von vielen anerkannten Fachleuten geteilt. Der später oft erhobene Vorwurf, die Bundesregierung hätte zu einseitig auf Nachfragestützung durch staatliche Beschäftigungsprogramme gesetzt und die Verbesserung der »Angebotsbedingungen«, also die Entlastung der Unternehmen, vernachlässigt, ist überzogen. Fast alle Programme waren so gemischt, daß auch die Unternehmen begünstigt wurden, und zwar nicht nur durch Staatsaufträge an die Unternehmen vor allem der Baubranche, sondern durch Steuersenkungen und Abschreibungserleichterungen, die alle Unternehmen entlasteten. So sollen aus allen Programmen des Jahres 1978 den Unternehmen 8 Mrd, den Arbeitnehmern 11 Mrd zugeflossen sein.[25] Diese Mischung war nicht nur die Folge des Verbandseinflusses, der schon dafür sorgte, daß die Unternehmen ebenso wenig leer ausgingen wie die Arbeitnehmer. Sie war auch die Konsequenz aus der von niemandem bestrittenen Tatsache, daß die Gewinne zu niedrig waren und nicht nur indirekt, über private und öffentliche Nachfrage, sondern direkt und rasch verbessert werden mußten. Allerdings ist richtig, daß in der praktizierten Mischung von Strategien die »nachfrageorientierten« Maßnahmen überwogen.

Eindeutig trifft zu, daß die Programme überwiegend zu kurzfristig angelegt waren, oft nur zu einer Vorwegnahme von Investitionen führten, die auch ohne staatliche Hilfen vorgenommen worden wären und mit »Strohfeuereffekt« verpufften, ohne eine nachhaltige Erhöhung der Zahl der Arbeitsplätze zu bewirken. Da die Akteure aber mindestens 1974/75 in der Illusion lebten, die Konjunktur bedürfe nur eines starken staatlichen Impulses, um »selbsttragend« zu werden, kann ihnen die Kurzfristigkeit der Programme nicht zum Vorwurf gemacht werden; nach dem Global-steuerungskonzept war ihr Vorgehen nicht falsch. Auch läßt sich die Kritik an kurzfristigen Programmen nicht ohne weiteres auf langfristig angelegte übertragen. So wurde das auf vier Jahre angelegte »Zukunftsinvestitions-programm« überwiegend als erfolgreich beurteilt; weil es einen stetigen Strom von Staatsaufträgen vor allem im Hoch- und Tiefbausektor zur Folge hatte, habe es die Einrichtung von zusätzlichen Arbeitsplätzen be-wirkt.[26]

6. Die zweite Phase der Krise (1980—1987)

Die zweite Phase der Beschäftigungskrise ist durch hohe Arbeitslosigkeit in der Rezession 1980/82 wie im Aufschwung seit 1982 gekennzeichnet. Die hohe Staatsverschuldung bewirkt zunehmende Handlungsunfähigkeit der Politik. Nach dem Regierungswechsel im Herbst 1982 versucht die Bundes-regierung, durch Konsolidierung der Staatshaushalte und durch Stärkung des Marktes einen Ausweg zu finden.

Die Rezession, die 1980 einsetzte und erst 1982 auslief, erwies sich als weitaus schwerer und hartnäckiger als die Rezession 1974/75. Die Wachs-tumsrate ging 1980 auf 1,5 % zurück; 1981 und 1982 schrumpfte das Sozialprodukt sogar. Die Arbeitslosigkeit begann Ende 1980 steil anzustei-gen und erreichte Anfang 1982 beinahe die 2-Millionen-Grenze.

Noch deutlicher als 1973/74 waren es »Herausforderungen von außen«, die 1980 die Rezession auslösten. Die Ölpreissteigerung beanspruchte ungefähr den gleichen Anteil des Bruttosozialproduktes – 2 % – wie da-mals, der Preisanstieg erfolgte nur nicht so schockartig, sondern verteilte sich auf zwei Jahre. Zugleich aber wurde der Export schon zu Beginn des Abschwungs immer schwieriger, Folge nicht nur der inzwischen gegen-über dem Dollar überbewerteten Mark, sondern auch der Schuldenkrise in einer ganzen Reihe von Ländern der Dritten Welt.

Diesen negativen externen Faktoren standen 1979/80 noch beschäfti-gungsfördernde interne Faktoren gegenüber. Die Milliardenprogramme, die 1977 und 1978 beschlossen worden waren, wirkten sich jetzt voll aus. Die Gewerkschaften begnügten sich 1979 mit Lohnsteigerungen, die nur wenig über der Inflationsrate lagen. Die Bundesbank sah sich daher bis in den Herbst 1979 nicht zu einem ähnlich scharfen Restriktionskurs wie 1974 gezwungen. Diese drei internen Faktoren ließen die Binnenkonjunktur bis in den Winter 1979/80 noch ganz gut laufen; und auch 1980 fiel der Abschwung noch nicht katastrophal aus. Ein Warnsignal waren allerdings die zunehmenden Leistungsbilanzprobleme. Gerade weil die Rezession in der Bundesrepublik später einsetzte als in anderen Industrieländern, stiegen die Importe schneller als die Exporte, 1980 ergab sich ein erhebliches Leistungsbilanzdefizit. Ein noch viel ernsteres Warnzeichen waren die hochschnellenden staatlichen Defizite (Tab. 17).

1980 stieg die Inflationsrate auf über 5 %. Dies war zum Teil Folge der Ölpreiserhöhungen. Hinzu kam aber auch ein neuer Lohnstückkostenschub. Im Vergleich zu 1974 fiel dieser zwar mäßig aus; die Nominallöhne der Arbeitnehmer stiegen nur um 6,5 %. Der Druck auf die im Abschwung ohnehin fallenden Gewinne wurde dennoch stärker.

Die Bundesbank stand nun vor einer schwierigen Entscheidung. Die Preisniveaustabilität war gefährdet, zum Teil durch Importpreissteigerungen, zum Teil durch die Lohnkostenentwicklung. Eine maßvolle Straffung der Geldpolitik war in jedem Falle angezeigt, um wenigstens die »hausgemachte« Komponente der Inflation zu bekämpfen. Normalerweise hätte im Abschwung die Geldpolitik nicht allzu restriktiv ausfallen dürfen, da eine Rezession vermieden werden mußte. Das Problem war nur, daß inzwischen von der Weltwirtschaft höchst unnormale Einflüsse auf die Bundesrepublik übergriffen. Seit 1979 versuchten die USA, ihre Inflation durch eine Hochzinspolitik unter Kontrolle zu bringen. Von 1980 an verbreitete sich an den internationalen Kapitalmärkten die Überzeugung, daß diese Strategie Erfolg haben könnte. Kapital strömte in die USA, angelockt nicht nur von den hohen Zinsen, sondern auch von der Hoffnung, bei weiterer Erholung des Dollar Aufwertungsgewinne erzielen zu können. In dieser Situation ergab sich für die Bundesrepublik eine doppelte Gefahr. Nicht nur drohte ihr ein Kapitalabfluß an die USA; Unternehmen würden ihre liquiden Mittel in amerikanischen Geldmarktpapieren anlegen und nicht für Investitionen im Inland verwenden. Es drohte ihr auch eine Inflationsbeschleunigung. Der Kapitalabfluß selbst würde dazu beitragen, den Kurs der Mark gegenüber dem Dollar zu senken und so die Importe zu verteuern.

Um den Kapitalabfluß und die DM-Abwertung in erträglichen Grenzen zu halten, entschied sich die Bundesbank für eine scharf restriktive Geldpolitik. Vom Frühjahr 1980 an blieb der Diskontsatz 2 Jahre lang bei 7,5 %; der Zinssatz für Dreimonatsgelder, 1979 noch bei 4 %, stieg auf 10 % und bald noch höher. Bei einer Inflationsrate von 6 % ergab sich 1981 bei Anleihen ein Realzinsniveau von 5–6 %.[27] Diese Geldpolitik mußte natürlich die Rezession verstärken. Die Frage ist nur, ob es einen anderen Weg gab. Die Mehrheit des Sachverständigenrates hielt die Politik der Bundesbank für richtig. Schon wegen der Leistungsbilanzdefizite 1980 habe sich eine Minderung des internationalen Vertrauens in die Bundesrepublik ergeben, die Bundesbank habe darauf mit höheren Zinsen reagieren müssen. Hätte sie es nicht getan, wären vielleicht vorübergehend etwas niedrigere Zinsen möglich gewesen, doch um den Preis höherer Inflation. Eine Minderheitsmeinung im Rat vertrat Hans-Jürgen Krupp; er hielt ab Ende 1980 eine weniger restriktive Geldpolitik und eine beschleunigte Abwertung der Mark für richtig; die Abwertung hätte die Exporte gefördert; sobald wieder Leistungsbilanzüberschüsse aufgetreten wären, hätten die internationalen Kapitaleigner auch wieder Vertrauen in die DM gewonnen.[28] Ein angesehener sozialdemokratischer Politikberater, Fritz W. Scharpf, meint dazu, aus gewerkschaftlicher Sicht sei dies eine viel attraktivere Strategie gewesen; Japan habe sie 1979/80 mit Erfolg gewählt.[29] Im Grunde läuft der Streit darauf hinaus, daß die Bundesbank zusammen mit der Mehrheit des Sachverständigenrates eher eine langfristig orientierte, Krupp und Scharpf eher eine kurzfristig orientierte Strategie befürworteten. Auf längere Sicht wollten natürlich auch Bundesbank und Mehrheit des Sachverständigenrates die Wiedergewinnung hoher Beschäftigung, aber durch Expansion nach erfolgreicher Stabilisierung. Die Gegenmeinung zielte auf kurzfristig erreichbare höhere Beschäftigung; ob auf längere Sicht die Beschäftigung als Folge der Inflation wieder gefährdet worden wäre, blieb dabei offen.

Während die Unternehmen somit vor allem 1981 unter enormen Zinsen zu leiden hatten, wurden sie von der Lohnkostenseite her entlastet. Die Gewerkschaften begnügten sich 1981 und 1982 mit Tarifabschlüssen, die kaum die Inflation ausglichen. Die noch hohe Inflation dieser Jahre kann jedenfalls auf Lohnsteigerungen nicht mehr zurückgeführt werden; sie war primär die Folge von Preissteigerungen für Importgüter, die nicht nur durch den Ölpreisschub, sondern auch durch die Abwertung der DM gegenüber dem Dollar verursacht waren.

Bei scharf restriktiver Geldpolitik hätten von der Fiskalpolitik gewaltige expansive Impulse kommen müssen, um dem Wachstums- und Beschäftigungseinbruch entgegenwirken zu können. Gewiß stiegen die staatlichen Defizite auf den Extremwert von 70 Mrd DM 1981 an (Tab. 17). Doch dies war weniger die Folge zusätzlicher Ausgaben – deren Zuwachs lag 1982 sogar unter der Inflationsrate –, sondern die Folge der in der Rezession nominal stagnierenden, real rückläufigen Steuereinnahmen. Ein Teil dieser Defizite war ganz unvermeidlich, wollte man die Rezession nicht aufs Äußerste verschärfen. Der Sachverständigenrat geht davon aus, daß der Staat, soll seine Fiskalpolitik auch nur »konjunkturneutral« sein, soviel ausgeben muß, wie es den Steuereinnahmen bei Vollauslastung der Kapazitäten plus dem Inflationsausgleich plus einem als »Normalverschuldung« angesehenen Betrag entspräche.[30] Nach dieser Überlegung wäre etwa 1981 ein Defizit des Gesamtstaates von 25 Mrd »konjunkturneutral« gewesen; bei einem Defizit von 70 Mrd ergab sich somit ein »konjunktureller Impuls« von rund 45 Mrd. Das war viel, reichte aber zur nachhaltigen Verbesserung von Wachstum und Beschäftigung nicht aus.

So deutlich wie nie zuvor zeigte es sich jetzt, daß die keynesianische Globalsteuerung nicht mehr anwendbar wird, wenn eine Beschäftigungskrise zu lange dauert und der Staat an die Grenze seiner Fähigkeit gerät, Schulden zu machen. Bund, Länder und Gemeinden waren schon mit hohen Schulden in die neue Rezession hineingeraten. Sogar im letzten Jahr des Aufschwungs, 1979, hatten sie schon wieder hohe Defizite aufzuweisen. Im Wahlkampf 1980 war bereits die Staatsverschuldung ein zentrales Thema. 1981 und 1982 sah sich die SPD unter dem zunehmenden Druck des Koalitionspartners FDP, die Neuverschuldung zu verringern, oder, wenn dies wegen der Arbeitslosigkeit nicht schnell genug möglich wäre, wenigstens die reinen Transferzahlungen, etwa die Sozialleistungen, zu drosseln und dafür die öffentlichen Investitionen, von denen vor allem für die Bauwirtschaft unmittelbare Anregungen ausgehen, zu verstärken. Das wurde versucht; so gab es Kürzungen des Bundeszuschusses 1981 zur Rentenversicherung, 1982 zur Bundesanstalt für Arbeit und beim gerade erst erhöhten Kindergeld. Auf Entlastungen der Unternehmen zielte im Februar 1982 eine befristete Investitionszulage in Höhe von 10 % für Investitionen, die das durchschnittliche Investitionsvolumen der vergangenen drei Jahre überstiegen. Alles dies nützte nicht mehr viel; die Defizite verringerten sich nur ganz geringfügig, die Wirtschaft erholte sich nicht. Da für 1983 wieder riesige Defizite drohten, wurden beim Entwurf des Bundeshaushaltes 1983 im Juli 1982 neue Sparmaßnahmen vor allem bei den Bundeszuschüssen zur Rentenversicherung und zur Bundesanstalt für Arbeit beschlossen. Die entsprechenden Beitragserhöhungen bei der Arbeitslosenversicherung und die Einführung eines Krankenversicherungsbeitrages für Rentner führte zu immer heftigerem Widerstand eines Teils der SPD gegen die Wirtschafts- und Fiskalpolitik der eigenen Koalition. Die FDP war durch Stimmenverluste bei den letzten Landtagswahlen ohnehin gezwungen, ihre Politik zu überdenken. In der für sie entscheidenden Wirtschafts- und Sicherheitspolitik (NATO-Doppelbeschluß) schien ein Zusammengehen mit der SPD nun nicht mehr möglich zu sein. Die Koalition zerbrach.

Im Oktober 1982 wurde die neue Regierung aus Unionsparteien und FDP gebildet. Zu ihrem Erfolg bei den Bundestagswahlen im März 1983 trug auch die Einschätzung bei, sie werde die Beschäftigungskrise eher überwinden können als ihre Vorgängerin. Das von der neuen Koalition vertretene Konzept schien vielen um so einleuchtender, als es Prinzipien enthielt, die in den Jahren des Wirtschaftswunders gegolten hatten: Solide Staatsfinanzen, Stärkung der Leistungsfähigkeit der Unternehmen und Beschäftigten, mehr Vertrauen in die Selbstregelungsfähigkeit des Marktes, weniger Vertrauen in die Wirksamkeit staatlicher Regulierungen. Dieses Konzept näherte sich der »angebotsorientierten Politik«, wie sie vom

Sachverständigenrat seit 1976 immer wieder gefordert worden war (vgl. S. 56).

Im Vordergrund stand zunächst die Konsolidierung der öffentlichen Haushalte. Die gewaltigen Finanzierungslücken mußten durch inzwischen extrem teure Kredite finanziert werden. Die Hochzinspolitik erschwerte auch die Kreditaufnahme des Staates. Sollten künftige Haushalte nicht mit unerträglich hohen Zinszahlungen belastet werden, mußte die Neuverschuldung erheblich gesenkt werden. In einer schweren Rezession wie 1982 war die Haushaltskonsolidierung mit der Gefahr verbunden, daß die ohnehin schwache Nachfrage noch weiter zurückgehen würde. Diese Gefahr konnte nur vermieden werden, wenn die Unternehmen mehr investierten. Die Politik mußte also das Kunststück fertigbringen, zugleich mit der Haushaltskonsolidierung die Unternehmen zu entlasten und ihnen Vertrauen in die Zukunft zu geben.

Die Haushaltskonsolidierung erfolgte zunächst durch beträchtliche Kürzungen bei den Sozialleistungen. Das hatte schon die Regierung Schmidt begonnen, gegen den zunehmenden Widerstand von Teilen der SPD-Fraktion allerdings nicht weit genug führen können. Jetzt sahen die »Haushaltsbegleitgesetze« zu den Bundeshaushalten 1983 und 1984 Einsparungen im sozialen Bereich vor, die für 1984 insgesamt auf über 18 Mrd DM geschätzt wurden[31] und zum Teil den Bundeshaushalt, zum Teil die Sozialversicherungsträger entlasteten. Zur Sanierung der Sozialversicherungsträger reichte das noch nicht; Beitragserhöhungen mußten also vorgenommen werden. Den Kürzungen bei den Sozialleistungen standen Steuererleichterungen für Unternehmen gegenüber. Sie gingen teilweise noch auf Beschlüsse der sozialliberalen Koalition, teilweise auf die Steuerrechtsänderungen 1983 zurück; 1984 wurden die Mindereinnahmen auf Grund dieser Steuererleichterungen auf 10,9 Mrd geschätzt.[32] Um die Mindereinnahmen teilweise wieder auszugleichen, traten 1983 Erhöhungen der Mehrwertsteuer und einiger Verbrauchssteuern, so der Tabaksteuer, in Kraft. Außerdem fingen alle Gebietskörperschaften an, bei Personalausgaben und Bauinvestitionen zu sparen; auch die Länder und Gemeinden waren an der Grenze ihrer Verschuldungsfähigkeit angelangt. Als 1983/84 die Konjunktur allmählich an Fahrt gewann und die Steuereinnahmen stiegen, hielten die Gebietskörperschaften den Konsolidierungskurs weiter durch. 1985 betrug die Neuverschuldung des Bundes nur noch 22,4 Mrd DM. Das war eine beachtliche Leistung (Tab. 17).

Für sich genommen hatte die Verminderung der Haushaltsdefizite einen bremsenden Effekt auf die Inlandsnachfrage. Andererseits waren die Unternehmen durch beträchtliche Steuervergünstigungen entlastet worden. Auch hatte sich die »Stimmung« verändert. Die Unternehmer beurteilten die Politik der Regierung grundsätzlich positiv, die Zukunft optimistischer. Es bestand somit eine Chance, daß die privaten Investitionen steigen würden, vor allem, wenn auch Verbrauchernachfrage, Exporte, Löhne und Zinsen sich für die Unternehmen günstig entwickelten.

111

Die Verbrauchernachfrage nahm tatsächlich zu. Obwohl das verfügbare Einkommen der Arbeitnehmer zurückgegangen war, gaben die Verbraucher 1983 6 Mrd DM für Güter und Dienste mehr aus als im Vorjahr. Die Zeit des »Angstsparens« war offensichtlich vorüber. Der Export hingegen stagnierte; auf wichtigen Auslandsmärkten herrschte noch tiefe Rezession, erst Ende 1983 stiegen auch die Auslandsaufträge. 1984 übernahm dann der Export die Rolle des Konjunkturmotors; die Abwertung der Mark und die konjunkturelle Erholung in den USA wirkten sich aus. Die Bundesregierung hatte somit Glück: Negative Wirkungen der Haushaltskonsolidierung auf die Nachfrage waren anfangs durch den privaten Inlandsverbrauch, dann durch Exportsteigerungen teilweise kompensiert worden.

Die Lohnentwicklung trug zur Entlastung der Unternehmen bei. Die Gewerkschaften begnügten sich auch nach dem Regierungswechsel mit sehr maßvollen Tariferhöhungen. Netto und real ergaben sich für die Arbeitnehmer 1983 und 1984 Einkommensverluste; 1985 war der reale Zuwachs nur sehr gering und eher auf die niedrige Inflationsrate als auf höhere Tarifabschlüsse zurückzuführen. Die Lohnstückkosten blieben 1983−1985 stabil (Tab. 7). Gerade wegen ihrer Mäßigung in der Frage der Lohnhöhe mußten die Gewerkschaften allerdings versuchen, auf einem anderen Felde Erfolge zu erzielen. Sie begannen, auf Arbeitszeitverkürzung zu drängen. 1984 kam es in der Metall- und Druckindustrie über diese Forderung zu langen Arbeitskämpfen; das Investitionsklima mag dadurch vorübergehend beeinträchtigt worden sein.

Negativ wirkten die bis 1984/85 zu hohen Zinsen. Der Bundesbank war das nicht anzulasten. Sie hatte vom Sommer 1982 an die Geldmenge vorsichtig ausgeweitet und den Diskontsatz schrittweise gesenkt. Die Grenzen ihrer Möglichkeiten zeigten sich aber bald. Das deutsche Zinsniveau ließ sich nicht im wünschenswerten Maße vom amerikanischen abkoppeln. Das amerikanische Zinsniveau blieb extrem hoch, der Dollar stieg; Kapital floß aus der Bundesrepublik in die USA, wo hohe und sichere Zins- und Aufwertungsgewinne winkten. Wohl nahmen die deutschen Gebietskörperschaften den deutschen Kapitalmarkt immer weniger in Anspruch. Dafür tat dies die amerikanische Bundesregierung, deren Schatzwechsel auch von deutschen Unternehmen und Banken gern gehalten wurden.

Im Ganzen aber überwogen die Auftriebskräfte. Vom Winter 1982/83 an setzte ein verhaltener, aber lange dauernder Aufschwung ein; das Wachstum, 1983 noch mit 1,9 % gering, erreichte 1984 3,3 %, 1985 und 1986 jeweils über 2 %. Die Gewinne der Unternehmen hatten sich schon 1982 etwas erholt; sie stiegen dann fast kontinuierlich. 1985 erreichte die »Marge der Gewinn- und Vermögenseinkommen« (Bruttoeinkommen aus Unternehmertätigkeit und Vermögen in Prozent des Produktionswertes) im Verarbeitenden Gewerbe mit 7 % wieder das Gewinniveau von 1972/73. Eine Belebung der privaten Investitionen ließ allerdings auf sich warten. Erst 1985 und 1986 gab es kräftige Investitionsschübe. Zum ersten Mal seit 1982 stieg 1985 die Zahl der Arbeitsplätze deutlich, um beinahe 250 000.

1985 bis 1987 hielt die allmähliche Aufwärtsentwicklung an, doch die Faktoren, die sie bestimmten, änderten sich beträchtlich.

Von großer Bedeutung wurden zwei außenwirtschaftliche Einflüsse: Die Trendwende bei der Entwicklung des Dollarkurses und der Rückgang der Ölpreise. Schon vom Frühjahr 1985 an gab der Dollarkurs nach. Es war nun offensichtlich, daß die amerikanische Regierung einen Rückgang des Dollarkurses wünschte, um die gewaltigen Handelsbilanzdefizite der USA reduzieren zu können. Bis zum Herbst 1987 verlor der US-Dollar gegenüber der Mark die Hälfte seines Wertes. 1985 setzte aber auch der Rückgang der Ölpreise ein; das OPEC-Kartell zerfiel. Innerhalb eines Jahres wurde Rohöl auf Dollarbasis um mehr als die Hälfte billiger; auf DM-Basis ergaben sich wegen des Dollarfalls noch größere Einsparungen. Die Entwicklung von 1973/74 und 1979/81 kehrte sich um: statt eines Kostenschubs und Kaufkraftverlusts ergab sich eine Kostenminderung und ein Kaufkraftzuwachs in gewaltiger Höhe. So sparten die deutschen Verbraucher bei Benzin und Heizöl 1986 gegenüber 1985 15−20 Mrd DM.

Importgüter kosteten 1986 etwa 20% weniger als 1985. Die Unternehmen gaben diese Kostenvorteile zum Teil an die Verbraucher weiter. Zum ersten Mal seit 1953 sank das Preisniveau. Für die Einkommensempfänger ergab sich eine ganz ungewohnte Situation. Ihre Realeinkommen stiegen stärker als ihre Nominaleinkommen. Die Gewerkschaften hatten sich in der Lohnrunde 1986 mit Tariferhöhungen von durchschnittlich 4,3% begnügt; hätte die Inflationsrate wie im Vorjahr bei 2% gelegen, wäre dies nicht viel gewesen. Nun aber ergab sich ein kräftiger Reallohnzuwachs.

Die Verbraucher wurden 1986 aber nicht nur durch höhere Reallöhne und Einsparungen bei Benzin und Heizöl in die Lage versetzt, die Inlandsnachfrage nach Konsumgütern auszuweiten. Hinzu kam, daß 1986 die erste Stufe der Lohn- und Einkommensteuersenkung in Kraft trat und die Steuerzahler um rund 10 Mrd DM entlastete. Die Verbrauchsausgaben stiegen 1986 real um 4%. Nicht mehr der Export, sondern die Inlandsnachfrage nach Verbrauchsgütern bildete nun den Motor des weiteren Aufschwungs. Dieser »Wechsel der Antriebskräfte«[33] war allerdings auch dringend erforderlich. Der mit 70 Mrd DM extrem hohe Leistungsbilanzüberschuß der Bundesrepublik verdeckte die Tatsache, daß der Export seit Mitte 1985 stagnierte. Die Folgen des Dollarkursverfalls, auch der Konjunkturabschwächung bei wichtigen Handelspartnern machten sich bemerkbar. Lediglich der drastische Rückgang der Importpreise, nicht eine Zunahme des Exports war für die hohen Überschüsse der Bundesrepublik verantwortlich; bei weiterer Aufwertung der Mark mußte sogar mit Rückschlägen beim Export gerechnet werden.

In dieser Lage war es vertretbar, die Haushaltsdefizite der Gebietskörperschaften wieder ansteigen zu lassen. Die Konsolidierungsphase der öffentlichen Finanzen wäre aber wahrscheinlich in jedem Falle vorüber gewesen. Die Bundesregierung hatte sich auf Steuersenkungen festgelegt. Das war auch notwendig, sollte die Steuerquote endlich gesenkt, die Beanspruchung der Wirtschaft durch den Staat gemindert werden (Tab. 16). Im Gegensatz zu Hoffnungen und Absichtserklärungen von 1982/83 war es der Regierung aber nicht gelungen, die Subventionen an Unternehmen zu kürzen. Bei den Sozialleistungen gab es, nach den Einsparungen 1982/83, kaum noch Kürzungsmöglichkeiten. Im Gegenteil wurden die sozialen Leistungen durch das »Erziehungsgeld« 1986 wieder ausgeweitet. Nur hohe Wachstumsraten und entsprechend steigende Steuereinnahmen hätten unter diesen Bedingungen das Anwachsen der Defizite in den öffentlichen Haushalten verhindern können. 1986 und auch 1987 waren mäßig steigende Defizite noch nicht gefährlich. Die Nominalzinsen waren nun niedrig, trotz der niedrigen Zinsen strömte internationales Kapital in die Bundesrepublik, weil der Dollar fiel und bei Anlagen in Mark Aufwertungsgewinne winkten. Doch die Grenzen der Konsolidierungspolitik wurden deutlich. Wenn schon im Aufschwung die Staatsverschuldung wieder stieg, was sollte dann erst in einem demnächst fälligen Abschwung geschehen?

Selbst unter den günstigen, außenwirtschaftlich zeitweise optimalen Bedingungen 1985–1987 ging die Arbeitslosigkeit nicht zurück. In diesen drei Jahren nahm die Zahl der Arbeitsplätze zwar um etwa 500000 zu. Doch das reichte nicht aus; denn im gleichen Zeitraum stieg auch die Zahl der Erwerbspersonen um ungefähr 500000.[34] Ursache dieser Zunahme der Erwerbspersonenzahl war nun, seit 1985, nicht mehr so sehr die demografische Entwicklung: denn die »starken Jahrgänge« befanden sich inzwischen zum größten Teil bereits im Erwerbsleben oder mindestens in der Ausbildung. Vielmehr wirkte sich die nach wie vor steigende Erwerbsbeteiligung der Frauen aus. Hinzu kam, daß seit 1986 wieder mehr ausländische Arbeitnehmer zuwanderten.[35]

Hohe Arbeitslosigkeit auch noch am Ende eines 5jährigen, wenn auch verhaltenen Aufschwungs legt die Frage nahe, ob denn die Hoffnung auf die Selbstregelungsfähigkeit der Marktwirtschaft, die seit 1982 die Wirtschaftspolitik geleitet hatte, ebenso illusionär war wie die Hoffnung auf die Globalsteuerung, mit der nach 1974 die Krisenbekämpfung versucht worden war.

Anhänger der »Angebotsorientierung« konnten argumentieren, daß die Entlastung der Unternehmen vom Steuer- und Abgabendruck, die Befreiung der Wirtschaft von den Fesseln der staatlichen Regulierung längst nicht weit genug gegangen sei. Die Gewinne waren kräftig gestiegen, nicht nur als Folge der Steuervergünstigungen, sondern auch wegen der maßvollen Lohnabschlüsse. Doch das 1987 erreichte Gewinniveau entsprach erst dem von 1972/73, als die Gewinnkompression bereits eingesetzt hatte und die Investitionsneigung zurückging. Um so viel investieren zu können, daß die Arbeitslosigkeit trotz zunehmenden Arbeitskräftepotentials deutlich gesunken wäre, hätten die Unternehmen noch höhere Gewinne erzielen müssen. Durch mehr Lohnzurückhaltung der Gewerkschaften wäre dies kaum möglich gewesen, nicht nur, weil die Arbeitnehmer protestiert hätten, sondern weil dann auch die Inlandsnachfrage beeinträchtigt worden wäre. Daher hätte die Steuerbelastung der Unternehmen noch weiter reduziert werden müssen. Einer der angesehensten Ökonomen der Bundesrepublik, Herbert Giersch, schlug 1987 volle Abschreibungsfreiheit für Investitionsgüter vor; Voraussetzung müsse allerdings sein, daß ein Unternehmen keine Erhaltungssubventionen beanspruche.[36] Das Prinzip, die Unternehmen vor die Wahl zu stellen, entweder zu investieren oder aber die Gewinne überwiegend dem Finanzamt zu überlassen, hatte in den 50er Jahren die Investitionsquote kräftig erhöht; warum sollte es nicht in den achtziger Jahren auch funktionieren? Ebenso war nicht zu bestreiten, daß die »Deregulierung« erst in Anfängen steckte. Der Sachverständigenrat wurde nicht müde, auf das enorme Wachstumspotential des Telekommunikationsmarktes zu verweisen, das als Folge staatlicher Regulierung nur unzureichend genutzt wurde.[37] Die »Flexibilisierung« des Arbeitsmarktes ließ in dieser Sicht ebenfalls zu wünschen übrig; die Zulassung befristeter Arbeitsverträge und die Erleichterung von Leih- und Teilzeitarbeit durch das Beschäftigungsförderungsgesetz vom 1. 5. 1985 erschien allenfalls als erster Schritt, dem der Abbau weiterer Schutzvorschriften folgen müsse, die die Inhaber von Arbeitsplätzen privilegierten, doch Neueinstellungen erschwerten.

Gegen diese Sicht der Anhänger der »Angebotsorientierung« drängt sich zunächst ein politischer Einwand auf: die Mehrheit der Beschäftigten hatte, gerade auch wegen der Schutzbestimmungen, relativ sichere und angenehme Arbeitsplätze. In diese Privilegien einzugreifen, in der vagen Hoffnung, dadurch die Arbeitslosigkeit verringern zu können, überfordert die Handlungsfähigkeit jeder von Wahlen abhängigen Regierung. Ökonomische Konzepte, die politisch nicht realisierbar sind, bleiben akademisch.

Von beträchtlichem Gewicht ist aber auch ein ökonomischer Einwand. Die Erfahrungen 1982 bis 1987 legen die These nahe, daß »angebotsorientierte« Maßnahmen Vorbedingungen für die Wiedergewinnung hoher Beschäftigung sind, die allein aber einen ausreichenden Aufschwung nicht garantieren.[38] Hinzukommen muß eine optimistische Einschätzung der künftigen Nachfrage. In den 50er und 60er Jahren war diese zusätzliche Bedingung gegeben, wegen der leichten Absatzmöglichkeiten auf den Konsumgütermärkten im Inland und wegen der nahezu ständig günstigen Absatzchancen auf den Exportmärkten. Ende der 80er Jahre verlangte jede Absatzsteigerung von den Unternehmen ein Höchstmaß an Innovationskraft. In dieser Lage waren die Unternehmen offensichtlich nicht bereit, das zu tun, was sie nach den Hoffnungen der »Angebotstheoretiker« tun müßten: zu investieren, sobald ihre gegenwärtige Ertragslage es gestattete, dadurch Einkommen zu schaffen und auf diese Weise ihren künftigen Absatz zu sichern. Vielmehr schätzten sie die Risiken der künftigen Entwicklung zu hoch ein, investierten zu wenig und trugen somit selber dazu bei, daß die Nachfrage sich nicht ausreichend erholte – ein typischer Fall einer »self fulfilling prophecy«.

Wer diese These für richtig hält, muß sich überlegen, was zusätzlich zur angebotsorientierten Strategie getan werden könnte, um einen hohen Beschäftigungsgrad wiederzugewinnen. Bloßes Abwarten, bis als Folge der demographischen Entwicklung das Erwerbspersonenpotential wieder abnimmt und Arbeitskräfte knapp werden, hätte den Prinzipien der Sozialen Marktwirtschaft jedenfalls nicht entsprochen.

Wer in den Forderungen der angebotsorientierten Politik eine wichtige, allein aber nicht ausreichende Vorbedingung für einen kräftigen Aufschwung sieht, muß zunächst einmal alle Maßnahmen ablehnen, die die Unternehmen wieder stärker belasten könnten. Dazu gehört die von den Gewerkschaften verlangte Verkürzung der Arbeitszeit, sofern sie die Lohnstückkosten erhöht oder auch nur den bereits heute knappen Produktionsfaktor »hochqualifizierte Arbeit« weiter verknappt. Bei vollem Reallohnausgleich würde die Arbeitszeitverkürzung zu einer Belastung der Unternehmen durch steigende Lohnstückkosten. Sinkende Gewinne würden in diesem Falle die Bereitschaft zu Neueinstellungen beeinträchtigen; die Arbeitslosigkeit würde eher steigen. Die Arbeitszeitverkürzung dürfte daher nur zum Teil mit Lohnausgleich verbunden sein. Je größer die Rationalisierungschancen sind, die sich aufgrund der Arbeitszeitverkürzung ergeben, desto höher könnte auch der Lohnausgleich ausfallen. Großunternehmen der Metallindustrie, die 1985 nach Einführung der 38,5-Stunden-Woche zur produktionsbezogenen Flexibilisierung, etwa zur Gleitzeit, übergingen, konnten die Arbeitszeitverkürzung mit partiellem Lohnausgleich offenbar gut bewältigen.[39] Kleinere Betriebe haben allerdings nur geringe Rationalisierungsmöglichkeiten dieser Art. Wieviel Neueinstellungen aufgrund der Arbeitszeitverkürzung vorgenommen wurden, ist umstritten. Die IG Metall sprach von 100 000, die Arbeitgeber gaben 20 000 zusätzliche Einstellungen an.[40] Grenzen der Beschäftigungswirkung von Arbeitszeitverkürzung ergeben sich, sobald Facharbeiter knapp werden. Die Unternehmen sind dann gezwungen, entweder die Produktion zu drosseln oder teure Überstunden zu bezahlen. 1987/88 waren zumindest in Süddeutschland qualifizierte Facharbeiter in der Industrie kaum noch zu finden. Noch problematischer ist die Beschäftigungswirkung der Verkürzung der Lebensarbeitszeit. Für die Unternehmen kann es vorteilhaft sein, ältere Arbeitnehmer vorzeitig in den Ruhestand zu entlassen, vor allem, wenn sie in ihrer Leistungsfähigkeit beeinträchtigt sind und die Kosten überwiegend von der Rentenversicherung und dem Staat übernommen werden. Ob sie in gleichem Maße jüngere Arbeitskräfte einstellen, ist nicht sicher. Bei ungünstigen oder mäßigen Absatzerwartungen werden sie eher versuchen, das gleiche Produktionsvolumen mit weniger, aber jüngeren und leistungsfähigeren Beschäftigten zu erreichen. Wenn es eher auf Erfahrung als auf körperliche Leistungsfähigkeit ankommt, ist Ersatz für ältere Arbeitnehmer oft schwer zu finden. Vor allem aber ist die Herabsetzung der Altersgrenze eine Belastung der künftigen Politik. Schon Mitte der 90er Jahre wird der steigende Anteil der über

116

60jährigen an der Bevölkerung dazu zwingen, die Altersgrenze wieder heraufzusetzen. Anders ist ohne extreme Belastung der Beschäftigten mit Rentenversicherungsbeiträgen die Altersversorgung nicht zu gewährleisten.

Arbeitszeitverkürzungen bilden somit eine Defensivstrategie. Zur Ergänzung der angebotsorientierten Politik wäre aber eine Offensivstrategie angemessener. Sie müßte auf Verbesserung der langfristigen Nachfrageerwartungen der Unternehmen zielen. Die kurzfristig angelegte, auf Ausgleich von Konjunkturschwankungen gerichtete Globalsteuerung von 1967 wurde 1987 fast von allen Fachleuten abgelehnt. Doch Langzeitprogramme mit Schwerpunken wie Umweltschutz, etwa Sanierung von Altanlagen, Altbausanierung, Nahverkehrssysteme wurden wieder erwogen. Bei Langzeitprogrammen entfällt die gegen kurzfristige Konjunkturprogramme gerichtete Kritik, daß nur wenig Dauerarbeitsplätze geschaffen würden. Allerdings bleibt das Problem der Finanzierung. Werden Langzeitprogramme teilweise durch Zusatzsteuern auf hohe Einkommen finanziert, wie es die SPD in ihrem Programm »Arbeit und Umwelt« vorschlug, so werden auch die Unternehmen belastet. Weniger Beschäftigung könnte die Folge sein. Werden sie durch Haushaltdefizite finanziert, so ergeben sich außer den Problemen zunehmender Staatsverschuldung Inflationsgefahren und Zinsauftriebstendenzen. Diese könnten auf die Dauer den Beschäftigungseffekt zunichte machen. Die beste Lösung wäre die Finanzierung durch Kürzung überflüssiger, weil den Strukturwandel behindernder Erhaltungssubventionen. Dagegen stehen allerdings massive Widerstände der betroffenen Kapitaleigner und Arbeitnehmer. Doch sollte es nicht möglich sein, überflüssige Subventionen durch Ausgaben zu ersetzen, die die Beschäftigung fördern, ökologisch notwendig und ökonomisch vernünftig sind, dann muß die Verantwortung für die anhaltende Arbeitslosigkeit auch den Partikularinteressen angelastet werden, die eine Vergeudung knappen Kapitals politisch erzwingen.

Eine Offensivstrategie, die kaum öffentliche Mittel erforderte, wäre die schnelle Verwirklichung des europäischen Binnenmarktes. Mit 320 Millionen Einwohnern ist die EG ein wesentlich größerer Wirtschaftsraum als die USA. Die EG hat nach wie vor einen niedrigeren Lebensstandard als die USA und stellt daher ein Nachfragepotential gewaltigen Ausmaßes dar. Trotz der Zollunion bestehen innerhalb der EG aber nach wie vor erhebliche Hindernisse für den freien Handel und den freien Kapitalverkehr. Ein einheitlicher EG-Binnenmarkt, möglichst verbunden mit einer Währungsunion und einer entsprechenden Koordinierung der Fiskal-, Geld- und Wirtschaftspolitik, würde den Wettbewerb in allen Mitgliedstaaten verschärfen, die Unternehmen zu höheren Innovationsanstrengungen zwingen, die Investitionen vor allem der relativ leistungsfähigen Unternehmen kräftig erhöhen. Es ergäbe sich ein zweiter Integrationsprozeß, der ähnlich wie der erste Integrationsprozeß bei der Errichtung der Zollunion nach 1958 in allen Mitgliedstaaten zu Wachstums- und Beschäftigungsgewinnen führen würde (vgl. S. 199 ff.).[41]

7. Zusammenfassende Beurteilung

Die Verwirklichung der makroökonomischen Ziele gelang in der Bundesrepublik 1948–1973 tendenziell besser als in vergleichbaren Ländern. In der Beschäftigungskrise seit 1974 sind ihre Mißerfolge eher geringer als im Ausland.

Internationale Vergleiche der wirtschaftlichen Entwicklung sind stets angreifbar. Die wichtigsten Mitglieder des »westlichen« Weltwirtschaftssystems, außer den USA und Japan die Bundesrepublik Deutschland, Frankreich, Großbritannien und Italien, haben grundlegende Merkmale der Wirtschaftsordnung gemeinsam: sie alle verbinden marktwirtschaftliche Elemente mit mehr oder weniger starken staatlichen Regulierungen und sozialen Bindungen. Aber das Mischungsverhältnis von Markt, Staat und Sozialbindung ist unterschiedlich; und die Institutionen, die Steuerungsinstrumente, Strukturen und nicht zuletzt die sozioökonomisch relevanten Verhaltensweisen weichen voneinander ab. Im Falle Japans ist das besonders deutlich. Aber die Wirtschaft funktioniert auch in den USA anders als in der Bundesrepublik, nicht nur wegen des großen Binnenmarktes, der geringeren Außenhandelsabhängigkeit, sondern wegen der geringeren Sozialleistungen des Staates und der ausgeprägten Leistungsorientierung der meisten Bürger. Auch muß der Entwicklungsstand berücksichtigt werden. Im Vergleich zu den USA waren die Europäer 1948 ökonomisch unterentwickelt; im Aufholprozeß konnten sie daher sehr viel leichter hohe Wachstumsraten erzielen als das bereits hochentwickelte Amerika. Alle Vergleiche hinken daher. Dennoch sind sie nicht ohne Erkenntniswert. Denn ein Land, das über den gesamten Zeitraum von 1948 bis 1988 bei der Zielverwirklichung überdurchschnittliche Erfolge erreichte, hat wahrscheinlich eine relativ gute Wirtschaftsordnung.

Die Soziale Marktwirtschaft hatte im Grunde zwei Tests zu bestehen. Der erste bestand im Nachweis, daß sie unter den besonderen Bedingungen Westdeutschlands in der Nachkriegszeit die materielle Not durch Wachstum schnell überwinden würde. Diesen Test hat sie glanzvoll bestanden, gleich, ob man die Nachkriegsperiode nun 1955 oder 1960 auslaufen läßt. Das Wachstum war bis 1955 stärker als in allen andern »westlichen« Industrieländern, 1956–1960 blieb es lediglich hinter dem Japans geringfügig zurück, in der Preisniveaustabilität war die Bundesrepublik der internationale Spitzenreiter, das außenwirtschaftliche Gleichgewicht wurde nach 1952 allenfalls durch Überschüsse gefährdet. Die stetige und schnelle Verringerung der anfangs hohen, strukturell bedingten Arbeitslosigkeit war primär die Folge des Wachstumswunders.

Der zweite, härtere Test kam ab 1960, als die außergewöhnlich günstigen Bedingungen der Nachkriegszeit vorüber waren und die Wirtschaft der Bundesrepublik unter normalen Herausforderungen zu funktionieren hatte wie die Wirtschaft ihrer europäischen Partner und der USA auch. Im internationalen Vergleich sind die Wachstumsraten der Bundesrepublik nun nur noch durchschnittlich. Das ist nicht negativ zu bewerten, solange gleichzeitig Vollbeschäftigung herrscht. Von der kurzen Rezession 1966/ 67 abgesehen, hatte die Bundesrepublik bis 1973 nach internationalen Maßstäben Überbeschäftigung, ihre Arbeitslosenquote lag sogar noch unter der Japans. Beim Ziel der Preisniveaustabilität schneidet die Bundesrepublik bis 1973 hervorragend ab; allenfalls die USA hatten 1961–1965 noch stabilere Preise. Während sich die USA oder Großbritannien bereits mit Zahlungsbilanzproblemen plagten, erwirtschaftete die Bundesrepublik nach wie vor fast jedes Jahr Leistungsbilanzüberschüsse. Das Gesamtbild bleibt somit bis 1973 überaus günstig. Gewiß zeichneten sich von 1971 an Gefahren ab: die internationale Inflation griff auf die Bundesrepublik über, die Ansprüche der Gruppen stiegen, die Gewinne und die Investitionsneigung gingen zurück. Doch immer noch war ihre gesamtwirtschaftliche Lage eher besser als die in den anderen großen Industrieländern des Westens, Japan jetzt ausgenommen.

In der Krise seit 1974 fiel die Bundesrepublik im Wachstum hinter die USA zurück; 1974–1980 hatten sogar Frankreich und Italien zeitweise höhere Wachstumsraten. Die USA, Frankreich und Italien zahlten für ihre massive Wachstumsstützung bis 1980 allerdings den Preis hoher Inflation. So besorgniserregend der Anstieg der Arbeitslosigkeit in der Bundesrepublik auch war, im internationalen Vergleich schnitt sie eher günstig ab. Kleine Länder wie die Schweiz oder Österreich, die keinen oder nur einen geringen Anteil an den krisengeschüttelten »alten« Industriesektoren Stahl und Kohle haben, sind nicht vergleichbar; die Bundesrepublik konnte auch nicht, wie die Schweiz, die eigene Arbeitslosigkeit durch drastische Verringerung des Gastarbeiteranteils exportieren. Von allen großen Industrieländern hatte die Bundesrepublik seit 1974 die geringsten Inflationsraten, und ihre außenwirtschaftliche Leistung wird lediglich durch Japan übertroffen.

Oft wird der Bundesrepublik die Entwicklung in den USA vorgehalten. Dort stieg die Zahl der Arbeitsplätze von 1976 bis 1984 um 10%; in der Bundesrepublik stagnierte sie. Daß die USA trotz dieses »Jobwunders« höhere Arbeitslosenraten hatten als die Bundesrepublik, liegt an der enormen Zunahme ihres Erwerbspersonenpotentials.

Ein Teil des »Jobwunders« läßt sich mit der größeren Flexibilität des Arbeitsmarktes in den USA und den geringeren Soziallasten erklären. Ein weiterer Teil ist auf die Wirtschaftspolitik Reagans seit 1981 zurückzuführen. Die Kombination von »monetaristischer« Geldmengenpolitik zur Inflationsbekämpfung und »keynesianischer« Fiskalpolitik massiven Ausmaßes erwies sich binnenwirtschaftlich zunächst als erfolgreich. Eine der Voraussetzungen dafür war allerdings, daß die riesigen amerikanischen Haushaltdefizite bis 1985 zu einem beträchtlichen Teil von ausländischen Kapitalanlegern finanziert wurden. Die außenwirtschaftlichen Folgen dieser Politik – bis 1985 eine extreme Steigerung, danach ein extremer Verfall des Dollarkurses – störten die USA nur mäßig. Die außenhandelsabhängige Bundesrepublik hätte sich eine ähnliche Politik überhaupt nicht leisten können. Längerfristig aber könnte sich erweisen, daß die USA mit ihrer hohen Staatsverschuldung nicht nur gegenüber Inländern, sondern auch gegenüber dem Ausland einen Wechsel auf die Zukunft gezogen haben. Er wird entweder durch Inflation mit anschließender Konsolidierungskrise oder gleich durch eine Konsolidierungskrise eingelöst werden müssen, es sei denn, die USA erreichten in Wachstum und internationaler Wettbewerbsfähigkeit wieder eine Spitzenposition.

8. Anmerkungen

1 Antragsteller bei den Bundesnotaufnahme-Dienststellen 1949–1959, Statistische Jahrbücher der Bundesrepublik Deutschland.
2 Statistisches Jahrbuch der Bundesrepublik Deutschland 1953.
3 So Abelshauser, Werner: Die Rekonstruktion der westdeutschen Wirtschaft und die Rolle der Besatzungspolitik. In: Scharf, Claus u. a.: Politische und ökonomische Stabilisierung Westdeutschlands. Wiesbaden 1977.
4 Abelshauser, in Scharf, a.a.O.
5 Die Anekdote ist apokryph, wird aber oft erwähnt, so bei Hardach, Karl: Wirtschaftsgeschichte Deutschlands im 20. Jahrhundert. Göttingen 1979, und findet tendenziell auch in Erhards Memoiren Bestätigung.
6 Beste Untersuchung zum Marshall-Plan bisher: Gimbel, John: The Origins of the Marshall Plan. Stanford 1976.
7 Weber, Jürgen: Die Bundesrepublik wird souverän. Geschichte der Bundesrepublik , Band IV, hg. v. d. Bayer. Landeszentrale für Pol. Bildung, 1986, S. 259.
8 Dazu Dreissig, Wilhelmine: Zur Entwicklung der öffentlichen Finanzwirtschaft seit dem Jahre 1950. In: Deutsche Bundesbank (Hg.): Währung und Wirtschaft in Deutschland 1876–1975. Frankfurt 1976, S. 726.
9 Von den OECD-Ländern wiesen auch Finnland, Island und Norwegen eine höhere Nettoinvestitionsrate auf. Die in diesen nordeuropäischen Ländern ungünstigen Infrastrukturbedingungen bewirkten aber eine geringere Kapitalproduktivität; der Wachstumseffekt der Investitionen war daher geringer als in der Bundesrepublik oder in Japan. Vgl. dazu Schatz, Klaus Werner: Wachstum und Strukturwandel der westdeutschen Wirtschaft im internationalen Verbund. Kieler Studien Bd. 128. Tübingen 1984, S. 122.
10 Abelshauser, Werner: Wirtschaftsgeschichte der Bundesrepublik Deutschland 1945–1980, Frankfurt a. M. 1983.
11 Abelshauser a.a.O., 1983, S. 96.
12 Sachverständigenrat zur Begutachtung der gesamtwirtschaftlichen Entwicklung (SVR), Jahresgutachten 1971/72, Stuttgart 1971, S. 67.
13 SVR, Jahresgutachten 1972/73, Stuttgart 1972, S. 83 ff.
14 SVR, Jahresgutachten 1977/78, Stuttgart 1977, S. 57.

15 Eine ausgewogene und treffende Bilanz der Stabilisierungsversuche zieht der damalige Vorsitzende des Sachverständigenrates Kloten, Norbert: »Erfolg und Mißerfolg der Stabilisierungspolitik (1969–1974)«. In: Deutsche Bundesbank (Hg.) Währung und Wirtschaft in Deutschland 1876–1975. Frankfurt a. M. 1976.
16 So der Titel des Jahresgutachtens 1979/80 des Sachverständigenrates.
17 Büchtemann, Christoph F.: Die Bewältigung von Arbeitslosigkeit im zeitlichen Verlauf. Bd. 85 der Reihe »Forschungsberichte«, Hg. vom Bundesminister für Arbeit und Sozialordnung. Bonn 1983.
18 So der Sachverständigenrat in seinem Jahresgutachten 1973/74.
19 Deutsche Bundesbank: Geschäftsbericht 1974, S. 17.
20 SVR, Jahresgutachten 1974/75, S. 69.
21 ebd.; SVR Jahresgutachten 1975/76, S. 42.
22 a.a.O., S. 152 ff.; Deutsche Bundesbank, Geschäftsbericht 1975, S. 5.
23 Anderer Meinung ist Scharpf, Fritz W.: Sozialdemokratische Krisenpolitik in Europa. Frankfurt/New York 1987.
24 SVR Jahresgutachten 1974/75, S. 89 ff.
25 Schmid, Alfons: Beschäftigung und Arbeitsmarkt. Frankfurt/New York 1984, S. 65.
26 Krupp, Hans-Jürgen u. a. (Hg.): Wege zur Vollbeschäftigung. Konzepte einer aktiven Bekämpfung der Arbeitslosigkeit. Freiburg 1986.
27 Vgl. dazu auch Scharpf, Fritz a.a.O., 1987, S. 190.
28 SVR, Jahresgutachten 1982/83, S. 85 f.
29 Scharpf, Fritz a.a.O., 1987, S. 192.
30 Vgl. z. B. SVR, Jahresgutachten 1982/83, S. 107.
31 SVR, Jahresgutachten 1983/84, S. 138 f.
32 a.a.O., S. 138.
33 SVR Jahresgutachten 1986/87, S. 49.
34 a.a.O., S. 67.
35 a.a.O., S. 70.
36 Giersch, Herbert: Die Welt braucht mehr Realkapital. In: Frankfurter Allgemeine Zeitung (FAZ), Nr. 270, 21. 11. 1987.
37 SVR, Jahresgutachten 1987/88, S. 196 f.
38 So auch Bombach, Gottfried: Angebots- und Nachfragestörungen als Ursache der Arbeitslosigkeit. In: Krupp, Hans-Jürgen u. a. (Hg.): Wege zur Vollbeschäftigung. Freiburg 1986.
39 SVR, Jahresgutachten 1985/86, S. 148.
40 a.a.O., S. 149.
41 Ähnlich argumentiert das Ifo-Institut für Wirtschaftsforschung: Analyse der strukturellen Entwicklung der deutschen Wirtschaft. München 1987, S. 207 ff.

Dieter Grosser

II. Einkommens- und Vermögensverteilung

1. Das Problem des Maßstabs

*Es gibt keinen konsensfähigen Maßstab einer »gerechten« Einkommens-
und Vermögensverteilung. Zunehmende Ungleichheit der Verteilung widerspricht allerdings den Prinzipien der Sozialen Marktwirtschaft.*

In der Gründungsphase der Sozialen Marktwirtschaft erschien Wachstum
als das vorrangige Ziel; denn ohne Wachstum war an eine Überwindung
der materiellen Not breitester Schichten überhaupt nicht zu denken. Die
Verteilungsproblematik hatte zweitrangige Bedeutung. Die Begünstigung
der Sachwertbesitzer und damit der Unternehmer durch die Währungsreform war eindeutig; doch wer die Produktion rasch steigern wollte, hatte
gar keine andere Wahl. Eucken war damals der Auffassung, der Wettbewerb auf den Güter- und Faktormärkten würde einer hohen Einkommens-
konzentration entgegenstehen. Falls die marktbedingte Primärverteilung
als ungerecht angesehen würde, müsse der Staat durch progressive Besteuerung umverteilen, allerdings nur insoweit, als das Wachstum nicht gefährdet würde.[1]
Ende der 50er Jahre erschien Erhard und Müller-Armack die Vermö-
genskonzentration allerdings als Problem. Der Staat hatte durch die steuerliche Begünstigung der Selbstfinanzierung der Unternehmen zum raschen
Anwachsen des Produktivvermögens beigetragen, das sich unvermeidbar
in den Händen einer relativ kleinen Schicht von selbständigen Unterneh-
mern und Kapitaleignern konzentrierte. In seiner berühmten Rede »Wohlstand für alle« kündigte Ludwig Erhard vermögenspolitische Konsequenzen an.[2] Er stellte eine »relativ starke Konzentration der Kapitalbildung in
der Hand des Staates und der privaten Unternehmenswirtschaft« fest, der
gegenüber die »breit gefächerte Sparkapitalbildung des deutschen Volkes«
im Rückstand geblieben sei. Die CDU habe sich das Ziel gesetzt, »mit
jedem weiteren wirtschaftlichen Fortschritt« zu einer immer breiteren
Streuung des Eigentums an den Produktionsmitteln zu kommen«. Müller-
Armack befürwortete 1960 die »intensive Förderung des Eigentums in
breiten Schichten, von Sparprämien über den Eigenheimbau bis hin zur
Volksaktie«.[3] Vermögensbildung war für Erhard wie für Müller-Armack
keineswegs nur Mittel zur Steigerung der materiellen Güterversorgung des
Einzelnen, sondern eine unentbehrliche Voraussetzung für mehr Selbstän-

digkeit und Eigenverantwortlichkeit. Wenn sie auch kaum etwas zur positiven Definition einer »gerechten« Verteilung sagten, so besteht kein Zweifel daran, daß sie eine ständig zunehmende Ungleichheit sowohl der Einkommen als auch der Vermögen nicht akzeptiert hätten. Um wachsende Ungleichheit zu vermeiden, setzten sie primär auf Wettbewerb und auf steigende Sparfähigkeit breiter Bevölkerungsschichten, die sie als Folge zunehmender Realeinkommen erwarteten. Sekundär setzten sie auf staatliche Umverteilung einschließlich der Förderung der Vermögensbildung in den Händen der wirtschaftlich Schwächeren. Doch wie für Eucken war auch für Erhard oder Müller-Armack klar, daß die Umverteilung das Wachstum nicht behindern durfte, denn dann würde sie die materielle Besserstellung gerade der Schwächsten gefährden. Im Grunde neigten sie zur »absoluten« Position in der Theorie der Gerechtigkeit, ohne die »relative« Position ganz zu vernachlässigen: Wichtig ist, daß es gerade den Schwächeren absolut besser geht, nicht so wichtig ist, ob sie dabei in ihrer relativen Position gegenüber den Stärkeren zurückfallen. Diese Haltung Euckens, Erhards, Müller-Armacks wird von der konventionellen Ethik gedeckt. »Neid, als Funktion der relativen Position, stand immer in schlechtem Ruf«.[4]

Ein in der politisch-ökonomischen Realität verwendbarer, operationalisierbarer Maßstab für gerechte Einkommens- und Vermögensverteilung läßt sich aus solchen Überlegungen natürlich nicht gewinnen. Die negative Bestimmung, daß ständig zunehmende Ungleichheit der Verteilung sozial und politisch nicht akzeptabel sei, liefert aber immerhin ein wesentliches Kriterium zur Bewertung der Entwicklungstendenz in der Einkommens- und Vermögensverteilung in den fast vier Jahrzehnten Sozialer Marktwirtschaft. Auf die Formel: »Zunehmende Ungleichheit ist ungerecht« werden sich die meisten einigen können. Eine positive Festlegung, welches Ausmaß an Ungleichheit noch akzeptabel sei, wäre aber nicht konsensfähig. Jeder versteht unter Gerechtigkeit in der Realität primär das, was seiner Interessenlage entspricht.

2. Die Lohnquote

Im Mittelpunkt der Auseinandersetzung über die Einkommensverteilung steht meist die »Lohnquote«. Sie schwankt kurzfristig mit der Konjunktur, langfristig mit der Knappheit des Faktors »unselbständige Arbeit«. Als Verteilungsmaß ist sie nur wenig brauchbar.

Der Streit um die Einkommensverteilung entzündet sich oft an der Frage, ob der Anteil des Faktors »unselbständige Arbeit« am Gesamteinkommen gestiegen oder gefallen sei. Dieser Anteil wird durch die »Lohnquote«

gemessen. Die »tatsächliche Lohnquote« ist definiert als der Anteil des Einkommens aus unselbständiger Arbeit am Volkseinkommen. Zählt man zur Lohnquote die Gewinnquote, definiert als der Anteil des Einkommens aus Unternehmertätigkeit und Vermögen, so ergeben sich 100 % (= Volkseinkommen). Da der Anteil der unselbständig Beschäftigten an der Gesamtzahl der Erwerbstätigen aber steigt, ergäbe ein Zeitvergleich tatsächlicher Lohnquoten keinen brauchbaren Hinweis auf eine veränderte Verteilungsposition des Faktors »unselbständige Arbeit«. Die Lohnquote muß daher »bereinigt« werden, d.h. es wird berechnet, wie die Quote wäre, wenn das Verhältnis von unselbständig Beschäftigten zu Selbständigen unverändert geblieben wäre. Die Lohnquote zeigt allerdings nicht die personale, sondern die funktionale Verteilung an; sie enthält daher nicht die Einkommen der unselbständig Beschäftigten aus Vermögen, etwa aus Wohnungsvermietung oder Sparguthaben. Sie läßt auch keine Schlüsse auf die Einkommensverteilung innerhalb der Gruppe »abhängig Beschäftigte« zu; der leitende Angestellte mit mehreren Hunderttausend DM Jahresgehalt ist in ihr ebenso versteckt wie der Arbeiter mit 30 000 DM Jahreslohn. Außerdem gibt die Lohnquote die Verteilungsposition nur der beschäftigten Arbeitnehmer wider; die Arbeitslosen werden nicht berücksichtigt. Trotz dieser Einschränkungen lassen sich aus der Entwicklung der bereinigten Lohnquote seit 1950 einige Schlüsse ziehen, die für die Verteilungspolitik von Bedeutung sind.

Von 1950 bis 1960 sank die bereinigte Lohnquote von 58 auf 54 % (Abb. 3). Besonders deutlich war der Rückgang der Lohnquote bis 1955; in dieser Zeit wirkte sich die Lohnzurückhaltung der Gewerkschaften angesichts noch hoher Arbeitslosigkeit aus. 1955—1960 betrug der Rückgang der Lohnquote nur noch rund einen Prozentpunkt. Konjunkturelle Einflüsse spielten jetzt die Hauptrolle. In der Konjunkturabschwächung 1958 verbesserte sich die Verteilungsposition der Arbeitnehmer sogar um knapp einen Prozentpunkt, weil die Gewinne langsamer stiegen als die tariflich festgelegten Löhne. Im Aufschwung 1959/60 stiegen die Gewinne schneller als die Löhne, die Verteilungsposition der Arbeitnehmer verschlechterte sich entsprechend. Während die Verteilungspositionen der Arbeitnehmer 1950—1960 somit ungünstiger wurde, nahm ihr Realeinkommen absolut erheblich zu. Die Bruttolohn- und Gehaltssumme je beschäftigten Arbeitnehmer lag 1960 real um 75 % höher als 1950 (Tab. 6). Aber die Einkommen aus Unternehmertätigkeit und Vermögen waren im Wirtschaftswunder noch schneller gestiegen.

1960 begann ein Anstieg der bereinigten Lohnquote, der tendenziell bis 1975 anhielt und lediglich durch konjunkturelle Schwankungen unterbrochen wurde. Ursache der Verbesserung der Verteilungsposition der Arbeitnehmer war zunächst die Knappheit der Arbeitskräfte bei Voll- und Überbeschäftigung. Anfang der 70er Jahre ließ die Überbeschäftigung allmählich nach. Den Gewerkschaften gelang es aber vor allem ab 1969, relativ hohe Nominallohnforderungen durchzusetzen; die steil anziehenden Lohnstückkosten konnten von den Unternehmen nicht mehr voll über die Preise auf die Verbraucher abgewälzt werden, die Lohnquote stieg von 1969 bis 1975 um mehr als 4 Prozentpunkte. Vor allem 1973/74 war der Anstieg der bereinigten Lohnquote mit 1,8 Prozentpunkten ungewöhnlich hoch (vgl. S. 103).

Die Verbesserung der Verteilungsposition der Arbeitnehmer erwies sich aber nicht als dauerhaft. Unzureichende Gewinne trugen zur Rezession ab 1974 bei. Die zunehmende Arbeitslosigkeit zwang die Gewerkschaften nun zur Zurückhaltung bei Lohnforderungen; die bereinigte Lohnquote fiel und erreichte 1986 mit rund 54 % wieder den Wert von 1960.

Die Lehren aus dieser Erfahrung sind eindeutig. Eine Umverteilung der Einkommen über die Ausweitung der Lohnquote zu Lasten der Gewinnquote funktioniert nur in Ausnahmesituationen: Lediglich wenn die Arbeitskräfte besonders knapp sind, können die Gewerkschaften mit Aussicht auf Erfolg versuchen, durch »expansive Lohnpolitik« die Lohnquote zu erhöhen. Im Grunde nehmen sie in diesem Falle vorweg, was die Marktkräfte auch herbeigeführt hätten; sie können aber die Position der Arbeitnehmer schneller verbessern, als es der reine Marktmechanismus bewirken würde. Gewisse, allerdings meist sehr kurzfristige Verbesserungen der Verteilungsposition der Arbeitnehmer stellen sich auch am Anfang eines Konjunkturabschwungs ein. Denn die Lohnsteigerungen sind tarifvertraglich fixiert, während die Gewinne in dieser Phase bereits fallen. Im Aufschwung geht aber dieser Positionsgewinn in der Regel wieder verloren; die Gewinne steigen dann schneller als die in der Rezession festgelegten Löhne. Können die Gewerkschaften Nominallohnsteigerungen durchsetzen, die durch Produktivitätserhöhungen nicht mehr aufgefangen werden, so versuchen die Unternehmen, die zusätzlichen Lohnstückkosten über den Preis auf die Verbraucher abzuwälzen. Gelingt dies in vollem Umfange, so verbessert sich die Lohnquote nicht; die gewerkschaftliche Lohnpolitik hat lediglich Inflation bewirkt. Gelingt dies nicht oder nur teilweise, etwa weil die Verbraucher mehr sparen oder die Bundesbank die Inflation durch restriktive Geldpolitik bekämpft, so verbessert sich zwar die Lohnquote. Doch die sinkende Gewinnquote tolerieren die Unternehmer nur, solange der Absatz gut läuft und die künftigen Gewinnaussichten positiv beurteilt werden. Geht der Gewinneinbruch zu weit, so verringern sich die Investitionen; Arbeitslosigkeit ist die Folge. In der Arbeitslosigkeit aber sinkt die Lohnquote wieder; gegen die Marktkräfte kann gewerkschaftliche Lohnpolitik längerfristig nicht viel ausrichten.

Wird die Lohnquote trotz aller ihrer Mängel als Indikator für die Veränderung der Einkommensverteilung benutzt, so zeigt sich also, daß die Verteilungsposition des Faktors »unselbständige Arbeit« kurzfristig mit der Konjunktur, längerfristig mit der relativen Knappheit der Arbeitskräfte schwankt. Eine anhaltende Verschlechterung der Verteilungsposition des Faktors »unselbständige Arbeit« läßt sich seit 1960 aber nicht feststellen.

Der Sachverständigenrat hat 1987 eine Verteilungsrechnung vorgelegt, in der die Vermögenseinkommen und die Einkommen aus Wohnungsvermietung gesondert ausgewiesen werden. Die Einkommen aus Unternehmertätigkeit werden aufgeteilt auf einen »kalkulatorischen Unternehmerlohn«, der mit dem durchschnittlichen Bruttoeinkommen eines beschäftigten Arbeitnehmers gleichgesetzt wird, und die »Gewinneinkommen« im engeren Sinne, also die entnommenen und nicht entnommenen Gewinne der Unternehmen abzüglich des kalkulatorischen Unternehmerlohns. Auf diese Weise werden funktionale Einkommensquoten gewonnen, die differenzierter sind als die Lohn- und Gewinnquote der bisher üblichen Rechnung. Dabei wird deutlich, daß der Anteil der Vermögenseinkommen sich seit 1960 mehr als verdoppelt hat. Die übrigen Quoten zeigen ähnliche Schwankungen wie die hochaggregierten Lohn- bzw. Gewinnquoten üblicher Art (Tab. 12).

3. Verteilung der Einkommen auf Haushaltsgruppen

Die langfristige Veränderung der Einkommensverteilung auf unterschiedliche Haushaltsgruppen läßt sich nicht genau feststellen. Mittelfristige Vergleiche lassen die Hypothese zu, daß die Verteilung der Nettoeinkommen nicht ständig ungleicher geworden ist.

Funktionale Einkommensquoten sagen über die relative Position des Einzelnen bei der Verteilung der materiellen Güter wenig aus. Interessanter ist die personelle Einkommensverteilung; sie berücksichtigt, daß ein Einkommensempfänger in der Regel nicht nur aus unselbständiger oder selbständiger Arbeit, sondern zugleich auch aus Vermögen und durch staatliche Transfers Einkommen bezieht. Die meisten Verteilungsrechnungen wählen aber nicht die einzelne Person, sondern den Haushalt zum Bezugspunkt. Denn die materielle Lage der Einzelnen hängt weniger von ihrem persönlichen Einkommen als von dem Gesamteinkommen ab, das dem Haushalt zufließt, in dem sie leben. Die Veränderung der Einkommensverteilung auf möglichst differenziert unterschiedene Haushaltsgruppen für den gesamten Zeitraum 1950–1987 läßt sich aus Mangel an Daten nicht feststellen. Möglich sind lediglich Vergleiche der Einkommensverteilung auf relativ grob unterschiedene Haushaltsgruppen über mittelfristige Zeitspannen, so etwa zwischen 1962 und 1969 oder zwischen 1972 und 1982. Seit den 70er Jahren sind die Verteilungsrechnungen des Deutschen Instituts für Wirtschaftsforschung so weiterentwickelt worden, daß sie genauere Aussagen über die Änderungen in der Einkommensverteilung für die letzten Jahre zulassen.[5] Angesichts dieser Datenlage ist es nicht verwunderlich, daß jede Aussage über die Entwicklung der Verteilung angreifbar ist.
    Die Einkommens- und Verbrauchsstichproben des Statistischen Bun-

desamtes für 1962/63 und 1969 boten die Basis für einige Analysen zur Entwicklung der Einkommensverteilung in den 60er Jahren. Der Sachverständigenrat schätzte auf der Basis dieser Daten, daß die Haushaltseinkommen 1969 kaum anders verteilt waren als 1962/63.[6] Das durchschnittliche Nettohaushaltseinkommen stieg in dieser Zeit von 900 auf 1400 DM monatlich. Nach wie vor erzielten die Haushalte der Selbständigen (ohne Landwirte) weitaus höhere Durchschnittseinkommen als die übrigen Gruppen. Doch der relative Abstand der Gruppen zueinander sowie die Streuung innerhalb einer Gruppe änderten sich nur wenig.[7] Untersuchungen anderer Autoren, so Recktenwald[8] oder Schmaus,[9] bestätigten diesen Befund. Bei Schmaus wird deutlich, daß zwar einzelne Untergruppen einen beträchtlichen Auf- oder Abstieg erfuhren, daß sich aber an der Gesamtverteilung wenig änderte.[10]

Ein Vergleich der Einkommensverteilung auf sozioökonomische Haushaltsgruppen 1972 und 1982 wird durch eine Analyse des Statistischen Bundesamtes möglich.[11] Das verfügbare Einkommen je Haushalt (Bruttoeinkommen aus unselbständiger Arbeit bzw. Unternehmertätigkeit und Vermögen plus empfangene Übertragungen, z.B. Sozialleistungen, minus geleistete Übertragungen, z.B. Steuern und Sozialabgaben) betrug 1972 rund 22500, 1982 rund 39500 DM; es war also nominal um 75% gestiegen. An der Spitze der Einkommenspyramide standen nach wie vor die Haushalte der Selbständigen (außer Landwirte); der durchschnittliche Selbständigenhaushalt konnte sein Einkommen aber nur um 71% erhöhen. Die Arbeiterhaushalte gewannen im Durchschnitt 85%, die Rentnerhaushalte 88% hinzu (Tab. 13). Zunehmende Ungleichheit läßt sich somit nicht feststellen. Allerdings blieben die Einkommen der Haushalte von Empfängern von Arbeitslosengeld und -hilfe deutlich zurück. Auch ist es denkbar, daß die Ungleichheit in den einzelnen Gruppen stark zugenommen hätte, etwa der Abstand zwischen den untersten und höchsten Einkommensgruppen bei den Angestelltenhaushalten wesentlich größer geworden wäre. Aussagen darüber sind aber auf der Basis des verwendeten Materials nicht möglich. Schließlich ist zu bedenken, daß 1982 ein Anstieg der Einkommen aus Unternehmertätigkeit und Vermögen einsetzte, der mindestens bis 1986 anhielt; bei einem Vergleich der Jahre 1972 und 1986 wäre der Anstieg des Einkommens eines durchschnittlichen Selbständigenhaushalts kaum noch unterproportional ausgefallen. Das Beispiel zeigt somit deutlich, wie stark der Aggregationsgrad der Bezugsgruppen und die Wahl des Zeitraums die Aussage beeinflussen. Immerhin kommen auch andere Analysen zu dem Ergebnis, daß von Anfang der 70er bis Anfang der 80er Jahre die mittleren Gruppen die höchsten prozentualen Einkommenssteigerungen erfuhren, während die Haushalte, die überwiegend von Arbeitslosenunterstützung oder Sozialhilfe lebten, die Verlierer im Verteilungsprozeß waren.[12]

Die Analysen des Deutschen Instituts für Wirtschaftsforschung ermöglichen einen Vergleich der Einkommensverteilung 1980 und 1984. Das Institut berechnete die Einkommensanteile von jeweils 20 % der Haushalte, die nach ihrer Einkommenshöhe geordnet wurden. 1980 hatten z. B. die untersten 20 % der Haushalte einen Anteil am verfügbaren Einkommen von 6,9 %; die obersten 20 % von 43,3 %. 1984 betrugen die entsprechenden Anteile 7,6 und 41,6 %.[13] Auf zunehmende Ungleichheit kann auch aus diesen Daten nicht geschlossen werden, sondern eher auf zunehmende Gleichheit; der hohe Aggregationsgrad sogar der vom DIW verwendeten Daten sowie Unsicherheiten bei Schätzungen lassen unanfechtbare Aussagen zur Entwicklung der Einkommensverteilung auch in diesem Falle kaum zu.

Welche Möglichkeiten gäbe es, die Ungleichheit der Einkommensverteilung zu verringern? Das wirksamste Mittel zur Korrektur der »Primärverteilung« ist die Umverteilung durch Steuern und Sozialabgaben einerseits, durch Sozialleistungen und Subventionen andererseits. Diese Umverteilung hat in der Bundesrepublik einen beträchtlichen nivellierenden Effekt; mittlere und höhere Einkommen werden um rund ein Drittel reduziert, niedrigere Einkommen (bis DM 2000 monatlich) in erheblichem Maße aufgestockt.[14] Die Kritik, daß die staatlichen Transferzahlungen weitgehend »nur von der linken in die rechte Tasche des Bürgers« umverteilen, hat sich nach Untersuchungen der Transfer-Enquête-Kommission nicht halten lassen.[15] Wer also mehr Gleichheit der verfügbaren Einkommen will, könnte leicht geneigt sein, eine noch stärkere Umverteilung durch den Staat zu fordern. Die Umverteilung belastet aber heute schon die mittleren Einkommen erheblich. So hatten 1984 die Hälfte der Arbeiterhaushalte ein Bruttoeinkommen, das 4500 DM monatlich nicht überschritt. Nach der Umverteilung lag die Einkommensobergrenze der Einkommen der Hälfte der Arbeiterhaushalte nur noch bei 2900 DM.[16] Höhere Leistungen an die Haushalte mit niedrigem Einkommen wären nur finanzierbar, wenn nicht nur die relativ wenigen Großverdiener, sondern auch die vielen Erwerbspersonen mit mittlerem Einkommen noch stärker belastet würden.

4. Vermögensverteilung

Die Vermögensverteilung ist ungleicher als die Einkommensverteilung; die Ungleichheit hat aber seit 1960 wahrscheinlich abgenommen.

Die vorliegenden Daten zur Vermögensverteilung sind noch mangelhafter als die zur Einkommensverteilung. Die Vermögenssteuerstatistik erfaßt nur die größeren Vermögen, diese aber, wegen der Bewertungsschwierigkeiten vor allem beim Haus- und Grundbesitz, nicht korrekt. Durch repräsentative Umfragen sind zuverlässige Angaben kaum zu gewinnen, daher muß zusätzlich mit Schätzungen gearbeitet werden. Schließlich ist umstritten, was alles zum Vermögen zu rechnen sei. Werden die Ansprüche an die Sozialversicherung mit einbezogen, so ergibt sich ein weitaus geringeres Maß an ungleicher Verteilung, als wenn lediglich Geld- und Wertpapiervermögen (ohne Aktien), Haus- und Grundbesitz und Produktivvermögen berücksichtigt würden. Doch die Bewertung der Ansprüche einer Person an die Sozialversicherung wäre nur möglich, wenn genaue Angaben über die Höhe und die Dauer der Beitragszahlungen vorlägen, die diese Person geleistet hat; bei Stichproben sind ausreichende Angaben jedoch nicht zu ermitteln.

1968 veröffentlichten Krelle, Schunck und Siebke die erste Untersuchung zur Vermögensverteilung in der Bundesrepublik. Aufgrund von Daten der Vermögenssteuer-Veranlagung ermittelten sie für 1960, daß die »Haushalte mit einem Vermögen von mehr als 100 000 DM rund 70 % des Eigentums an den gewerblichen Unternehmen« besitzen, »obwohl sie nur 1,7 % der Bevölkerung ausmachen«.[17] Nun ist das Eigentum an gewerblichen Unternehmen nur ein Teil des gesamten Vermögens; werden Geld-, Wertpapiere (ohne Aktien) und Immobilien mit einbezogen, so hatten die reichsten 1,7 % der Bevölkerung nur noch einen Anteil von 35 % des gesamten Vermögens. Für 1966 errechnete Siebke einen Anteil dieser reichsten Haushalte am Produktivvermögen von 74 %; ihr Anteil am Gesamtvermögen war allerdings inzwischen auf 31 % gefallen.[18]

Vor allem die hohe Konzentration des Produktivvermögens bewirkte eine heftige Kritik. Dabei wurde allerdings oft übersehen, daß das Produktivvermögen allenfalls ein Drittel des gesamten Vermögens (ohne Ansprüche an die Sozialversicherungen) darstellte und, sobald die Jahre stetigen Wachstums vorüber waren, auch beträchtlichen Risiken ausgesetzt sein würde. Aber auch die Ungleichheit der Verteilung des gesamten Vermögens war offensichtlich so hoch, daß sich die Politik damit nicht zufriedengeben konnte. Das Dritte Vermögensbildungsgesetz 1970 (»624-DM-Gesetz«) sollte, zusammen mit tarifvertraglichen Regelungen, die Fähigkeit der Arbeitnehmer mit mittlerem und niedrigem Einkommen zur Vermögensbildung verbessern. Für 1974 wurde der Vermögenszuwachs der Arbeitnehmer aufgrund der Inanspruchnahme des 624-DM-Gesetzes immerhin auf 12 Mrd DM geschätzt.[19] Stärker als die staatlichen und tarifvertraglichen Maßnahmen dürfte sich aber die höhere Sparfähigkeit breiter Schichten auf die Vermögensverteilung ausgewirkt haben: da die Realeinkommen bis 1974 kräftig stiegen, konnte mehr gespart und damit Vermögen gebildet werden. Die Ungleichheit der Vermögensverteilung ging zurück (Tab. 14).

1973–1983 scheint die Dekonzentrationstendenz bei der Vermögensverteilung angehalten zu haben.[20] Keil und Stahlecker gliederten die Bevölkerung in vier Gruppen mit gleicher Personenzahl (Quartile); dann wurde die Zahl der Haushalte in den einzelnen Quartilen ermittelt. Die Autoren berechneten dann die Nettovermögensbestände in den einzelnen Quartilen. Folgt man diesen Berechnungen, so haben die Quartile mit mittleren Vermögensbeständen ihre relative Position kräftig verbessern können; die

Quartile mit den höchsten und den geringsten Vermögensbeständen fielen hingegen in ihrer relativen Position zurück. Der Haus- und Grundbesitz nahm nicht nur in den beiden mittleren Quartilen, sondern auch im untersten Quartil deutlich zu; die Haushalte im untersten Quartil zeigen aber dafür beim Geldvermögen eine beträchtliche Nettoverschuldung, während die mittleren Quartile trotz steigendem Haus- und Grundbesitz netto nicht verschuldet waren. Die hohe Konzentration beim Betriebsvermögen veränderte sich hingegen nicht (Tab. 15).

Befürchtungen, daß die Ungleichheit der Einkommensverteilung zu einem sich selbst verstärkenden Prozeß zunehmender Ungleichheit der Vermögens- und auch der Einkommensverteilung führen würde, haben sich somit nicht bestätigt. Die Vermögensverteilung ist zwar deutlich ungleicher als die Einkommensverteilung, aber das ist auch nicht anders zu erwarten; aus höherem Einkommen kann eben absolut und relativ mehr gespart werden. Aber die Vermögensverteilung selber ist nicht ungleicher geworden; im Gegenteil zeigt sich hier der Dekonzentrationsprozeß viel deutlicher als bei der Einkommensverteilung. Der Hauptgrund dafür war die rasch zunehmende Sparfähigkeit der Haushalte mit mittleren Einkommen, die sie nicht zuletzt zum Erwerb von Haus- und Grundvermögen, aber auch von Geldvermögen nutzten. Das gewaltige Übergewicht der Haushalte mit hohem Einkommen am gesamten Vermögen konnte dadurch verringert werden. Offensichtlich ist aber auch, daß die Personen und Haushalte im Quartil mit den niedrigsten Vermögensbeständen im Vergleich zum Durchschnitt zurückfielen. Bei den Haushalten im niedrigsten Quartil handelt es sich in der Regel auch um Haushalte mit relativ niedrigem Einkommen; die Sparfähigkeit ist daher gering. Zwar wirkt sich die Förderung der Vermögensbildung durch tarifliche Maßnahmen und staatliche Zuschüsse (Prämien) zu Bauspar- und Sparverträgen auch auf diesen Personenkreis aus. Doch diese Leistungen von Arbeitgebern und Staat können die unzureichende Eigensparleistung nur zum geringen Teil kompensieren. Hinzu kommt, daß Steuerermäßigungen, die den Haushalten mit überdurchschnittlichem Einkommen den Erwerb von Wohneigentum wesentlich erleichterten, Haushalte mit niedrigem Einkommen nicht oder nur wenig begünstigen können.

Die Frage, was getan werden könnte, um die Ungleichheit der Vermögensverteilung weiter zu verringern und vor allem Personen mit niedrigem Einkommen die Vermögensbildung zu erleichtern, ist überaus schwierig zu beantworten. Eine Reihe von Modellen zur »Vermögensbildung in Arbeitnehmerhand« werden bereits praktiziert, andere wurden diskutiert; alle haben jedoch auch Nachteile.[21]

Fünf Typen von Modellen zur Förderung der Vermögensbildung lassen sich unterscheiden:
– Die staatliche Sparförderung durch Steuerbegünstigung und Prämien,
– die Privatisierung öffentlicher Unternehmen zugunsten von Personen mit unterdurchschnittlichem Einkommen,

- der Investivlohn,
- die überbetriebliche Ertragsbeteiligung,
- die betriebliche Ertragsbeteiligung.

Die staatliche Sparförderung durch Steuerbegünstigungen wird schon seit Juni 1948 praktiziert; Lebensversicherungsprämien, Bausparleistungen und Sparleistungen auf sogenannte Kapitalansammlungsverträge wurden steuerlich abzugsfähig. Das begünstigte die Bezieher der höheren Einkommen; denn deren Steuerersparnis war wesentlich höher. Für Bausparverträge wurde daher schon 1952 die Möglichkeit eingeführt, anstelle der Steuerbegünstigung eine staatliche Prämie in Anspruch zu nehmen. Ab 1958 wurde die steuerliche Abzugsfähigkeit der Kapitalansammlungsverträge aufgehoben und durch Sparprämien ersetzt, die die Bezieher auch niedriger Einkommen begünstigen sollten. Die »soziale Komponente« der allgemeinen Spar- und Bausparförderung wurde später noch weiter verstärkt, 1969 z. B. durch Zusatzprämien für einkommensschwache Sparer. Die allgemeine Sparförderung mag zur dauerhaften Vermögensbildung nur bedingt beigetragen haben; selbst bei 6- oder 7jähriger Sperrfrist dürften gerade die einkommensschwachen Sparer in vielen Fällen die angesparten Beträge zur Anschaffung dauerhafter Konsumgüter verwendet haben. Die Bausparförderung hat aber mit Sicherheit die Bildung von Haus- und Grundvermögen bei Haushalten mit mittlerem und niedrigem Einkommen gefördert. Andererseits kann der Staat nur einen Bruchteil der Mittel gewähren, die zum Erwerb von Wohneigentum heute notwendig sind.[22]

Die Privatisierung öffentlicher Unternehmen zugunsten von Personen mit unterdurchschnittlichem Einkommen (Ausgabe von »Volksaktien«) wurde schon seit 1959 als Mittel der Vermögensbildung breiter Schichten eingesetzt. So wurden die Preussag AG und das Volkswagenwerk teilprivatisiert. 1965 folgte die VEBA (vollständige Privatisierung 1987). Der Staat hätte auf diesem Wege noch viel weiter gehen können; es wäre so möglich, die Energieversorgungsunternehmen oder die Lufthansa mindestens zum Teil zu privatisieren und die Aktien bevorzugt Personen mit unterdurchschnittlichem Einkommen anzubieten. Zwei Gegenargumente drängen sich auf. Aktien sind gerade in Zeiten unsicherer Wirtschaftsentwicklung mit Risiken belastet; Aktien sind in der Bundesrepublik, auch wegen des mit ihnen verbundenen Risikos, als Vermögensanlage bei einem großen Teil der Arbeitnehmer nicht beliebt. Bezeichnend war, daß die ersten Volksaktien – Preussag und VW – gerade von Personen mit geringem Einkommen relativ bald wieder verkauft wurden.

Der Investivlohn im Rahmen von Tarifverträgen erscheint bei oberflächlicher Betrachtung als geradezu geniale Lösung des Problems der Vermögensbildung in Arbeitnehmerhand. Ein Teil der vereinbarten Lohnerhöhung wird dem Arbeitnehmer nicht zur konsumptiven Verwendung überlassen, vielmehr muß er ihn investieren, sei es in langfristigen Sparanlagen, in Bausparanlagen oder Wertpapieren.

Nehmen wir an, der für den Konsum verfügbare Teil der Lohnerhöhung entspräche ungefähr der Produktivitätssteigerung. Der Investivlohnanteil würde dann zwar die Lohnstückkosten in die Höhe treiben, doch die Unternehmen könnten diese zusätzlichen Kosten nicht über die Preise auf die Verbraucher abwälzen. Denn das für den Konsum verfügbare Einkommen wäre dafür zu niedrig. Die Unternehmen müßten daher Gewinneinbußen hinnehmen. Da die Arbeitnehmer aber ihre Investivlohnanteile als Kapital den Unternehmen zur Verfügung stellen, müßte die Investitionsrate nicht sinken. Der Investivlohn hätte lediglich die Eigentumsverhältnisse verändert: ein Teil des für Investitionen verwendeten Kapitals gehörte nun den Arbeitnehmern.

Schon das erste Vermögensbildungsgesetz 1961 sollte die Arbeitgeber anregen, den Beschäftigten zusätzliche Investivlohnanteile auszuzahlen; allerdings waren nur Einzelverträge und Regelungen auf Betriebsebene zugelassen. 1965 brachte dann das zweite Vermögensbildungsgesetz die Anerkennung vermögenswirksamer Tarifverträge. Die erste tarifvertraglich vereinbarte Vermögensbildung wurde in der Bauwirtschaft erreicht. Nachdem 1970 das dritte Vermögensbildungsgesetz die Summe aller steuerlich oder durch Prämien begünstigter Sparbeträge einer Person auf 624,– DM jährlich erhöhte, wurde ein Investivlohnanteil in der Mehrzahl der Tarifverträge vereinbart. 1984 lagen die vermögenswirksamen Leistungen der Arbeitgeber im Produzierenden Gewerbe bei 1,6 % des Bruttotariflohns je Arbeitnehmer.[23] Die Arbeitgeberleistungen werden ganz überwiegend zur Bildung von Geld- und Bausparvermögen genutzt; vor allem bei Personen mit niedrigem Einkommen mögen sie eine »Initialzündung« zum Abschluß von längerfristigen Sparverträgen geliefert haben.[24] Sofern sie nicht zur Bildung von Wohneigentum verwendet werden, ist nicht sicher, ob sie tatsächlich zu einer dauerhaften Vermögensbildung einkommensschwacher Schichten beitragen oder, nach Ablauf der Sperrfrist, in den Konsum fließen. Zur Bildung von Wohneigentum aber können sie nur geringfügig beitragen. Für die Arbeitgeber sind die tariflich vereinbarten vermögenswirksamen Leistungen inzwischen feste Bestandteile der Lohnnebenkosten, die natürlich, soweit wie irgend möglich, auf die Preise abgewälzt werden; in Zeiten niedriger Gewinnraten würde jede andere Strategie die Investitionen noch weiter beeinträchtigen und die Arbeitslosigkeit erhöhen. Der Effekt des zusätzlichen Arbeitnehmersparens auf den Kapitalmarkt ist marginal, auf jeden Fall viel geringer als der Effekt der internationalen Kapitalbewegungen sowie der Geldpolitik der Zentralbank. Die Hoffnung, die Unternehmer könnten investivlohnbedingte Gewinneinbußen verkraften, weil ihnen das zusätzliche Kapital der Arbeitnehmer angeboten würde, stützt sich auf ein viel zu einfaches Modell, das die internationale Kapitalverflechtung, die langfristig anhaltende Wachstumsschwäche und Arbeitslosigkeit, die erheblichen Schwierigkeiten beim Strukturwandel ausblendet. Wenn aber die Unternehmen die Investivlohnanteile als ganz normale Lohnnebenkosten betrachten, daher möglichst abwälzen müssen, sofern sie die Grenze der Produktivitätssteigerung überschreiten, dann ist der Verteilungseffekt des Investivlohns gleich Null. Der dann eintretende Inflationseffekt bewirkt eine Minderung des Realeinkommens der Arbeitnehmer in der Höhe des von den Arbeitgebern finanzierten Zusatzsparens. Das schöne Modell des Investivlohns taugt daher in der Realität nicht viel.

Die Ertragsbeteiligung der Arbeitnehmer setzt nicht beim Lohn, sondern beim Gewinn an. Bei der »betrieblichen Ertragsbeteiligung« gewährt ein Unternehmen seinen Arbeitnehmern zusätzlich zu den Löhnen einen Anteil am Gewinn. Wenn dieser Gewinnanteil bar und ohne Auflage ausgeschüttet wird, hat er keine oder nur sehr geringe verteilungspolitische Bedeutung; denn er wird dann überwiegend zur Konsumsteigerung verwendet. Wenn er hingegen innerhalb einer längeren Sperrfrist im Unternehmen selbst bleibt – etwa in Form einer stillen Beteiligung –, dann bewirkt er Vermögensbildung in Arbeitnehmerhand, ohne daß dem Unternehmen dadurch Erträge entzogen werden, die es für Investitionen benötigt. Betriebliche Ertragsbeteiligung hat somit einen Umverteilungseffekt ohne problematische Nebenwirkung auf Investitionsbereitschaft und Investitionsfähigkeit der Unternehmen. Hinzu kommt, daß sie das Interesse der Arbeitnehmer am Erfolg »ihres« Unternehmens stärkt, zur Effizienz beiträgt; und auch die Interessenkonflikte zwischen dem Faktor »Kapital« und dem Faktor »unselbständige Arbeit« mindert.

Ein weiterer Vorteil ist, daß die betriebliche Ertragsbeteiligung direkt auf die Bildung von Produktivvermögen in Arbeitnehmerhand zielt. Sie könnte daher zur Dekonzentration des Produktivvermögens beitragen. Allerdings dürfen die Nachteile der betrieblichen Ertragsbeteiligung nicht übersehen werden. Die Arbeitnehmer der starken Unternehmen würden bevorzugt. Den Arbeitnehmern eines Unternehmens, das in eine Krise gerät, drohte nicht nur der Verlust des Arbeitsplatzes, sondern, bei Konkurs, auch der Verlust des im Betrieb angelegten Vermögens.

Überbetriebliche Ertragsbeteiligungsmodelle vermeiden die Bevorzugung der Arbeitnehmer in ertragsstarken Unternehmen ebenso wie die Risikohäufung durch Arbeitsplatz- und Vermögensverlust im Konkursfall. Alle Unternehmen, die Gewinne erzielen, müßten bei überbetrieblicher Ertragsbeteiligung einen gesetzlich festgelegten Teil ihres Gewinns an eine Clearing-Stelle abführen. Die Arbeitnehmer erhielten Anteile am Gesamtaufkommen der Ertragsbeteiligung; diese Gewinnanteile müßten sie einem zentralen oder mehreren dezentralisierten Fonds zuleiten. Die Fonds würden Aktien oder Obligationen kaufen, so daß das Kapital den Unternehmen wieder zufließen würde. Die sozialliberale Koalition hatte sich im Januar 1974 auf ein solches Modell mit dezentralisierten Fonds geeinigt; die einsetzende Wirtschaftskrise führte dann jedoch zum Verzicht auf die Initiative.

Überbetriebliche Ertragsbeteiligungsmodelle kommen ohne Fonds nicht aus; Fonds haben aber einen gravierenden politischen Nachteil: Sie führen zur Machtkonzentration in den Händen der Fondsmanager. Beim zentralen Fonds ist das besonders deutlich; er könnte nach wenigen Jahren über 10–20 % des Kapitals der wichtigsten Großunternehmen verfügen. Es ist daher verständlich, daß die Unternehmen sich der Gefahr ausgesetzt sahen, bei Einführung der überbetrieblichen Ertragsbeteiligung in eine Doppelzange genommen zu werden; sie sahen die Gewerkschaften nicht nur als bestimmende Kraft auf der Arbeitnehmerseite der Aufsichtsräte in den der Mitbestimmung unterworfenen Unternehmen, sondern fürchteten, daß gewerkschaftsnahe Fondsvertreter bald auch auf der Kapitaleignerseite der Aufsichtsräte sitzen würden. Bei dezentralisierten Fonds wäre diese Gefahr etwas geringer, aber dennoch nicht auszuschalten, denn ein beträchtlicher Teil der Arbeitnehmer würde den von ihrer Gewerkschaft empfohlenen Fonds den Vorzug geben. Und selbst wenn im Ganzen ein halbes Dutzend Fonds um die Verwaltung der Anteile der Arbeitnehmer konkurrierten – drei gewerkschaftsnahe, drei von den Großbanken kontrollierte – wäre das Ergebnis eine Zunahme der Machtkonzentration bei Großorganisationen. Der Leitidee der Sozialen Marktwirtschaft widerspräche daher nicht nur die zentrale, sondern auch die dezentrale Fondslösung.

Patentrezepte zur Vermögensbildung in Arbeitnehmerhand gibt es somit nicht. Anhängern der Sozialen Marktwirtschaft mag vor allem die betriebliche Ertragsbeteiligung als ökonomisch, sozial und politisch vorteilhaft erscheinen. Gerade in Zeiten der Wachstumsschwäche und der geringen Reallohnsteigerungen könnte sie tatsächlich Arbeitnehmern die Beteiligung am Produktivvermögen eröffnen, ohne die Unternehmen mit zusätzlichen Lohnkosten zu belasten oder ihnen erwirtschaftetes Kapital zu entziehen. Gerade in Zeiten der Wachstumsschwäche aber sind auch die Risiken dieses Weges beträchtlich.

Wie bei der Einkommensverteilung, so scheint auch bei der Vermögensverteilung die gegenwärtige Problematik nicht in ständig zunehmender Ungleichheit, sondern eher im Zurückbleiben der Schwächsten zu liegen. Wer für diese Gruppen der Bevölkerung vorrangig etwas tun möchte, muß für die Wiedergewinnung hoher Beschäftigung sorgen. Dann geht nicht nur die Zahl der besonders Benachteiligten, der Arbeitslosen, zurück; sobald der Faktor Arbeit knapp wird, verbessert sich auch die Verteilungsposition des Faktors »unselbständige Arbeit« generell, einschließlich die der weniger qualifizierten Arbeitskräfte. Vollbeschäftigung ist außerdem die entscheidende Voraussetzung für höhere Transferzahlungen an die Gruppen, die der Hilfe am dringendsten bedürfen. Und ohne Vollbeschäftigung hat der Staat auch nicht das Geld, um Steuerermäßigungen oder Prämien zur Begünstigung von einkommensschwachen Gruppen bei der Vermögensbildung finanzieren zu können.

5. Anmerkungen

1 Eucken, Walter: Grundsätze der Wirtschaftspolitik. 5. Auflage Tübingen 1975, S. 301.
2 Rede vor dem Bundesparteitag der CDU am 14. 5. 1957, in: Erhard, Ludwig: Deutsche Wirtschaftspolitik. Düsseldorf/Wien 1962, S. 344 ff.
3 Müller-Armack, Alfred: Die zweite Phase der Sozialen Marktwirtschaft. In: Müller-Armack, A.: Wirtschaftsordnung und Wirtschaftspolitik. Freiburg 1966, S. 273.
4 Boulding, Kenneth: Gerechtigkeit und Verteilung. In: Klanberg, Frank und Krupp, Hans-Jürgen: Einkommensverteilung. Neue Wissenschaftliche Bibliothek. Königstein 1981, S. 207.
5 Mängel haben alle vorliegenden Analysen. Vgl. dazu: Lindner, Helmut (Hg.): Aussagefähigkeit von Einkommensverteilungsrechnungen für die Bundesrepublik Deutschland. Gutachten im Auftrage des Bundesministers für Wirtschaft. Tübingen 1986.
6 Sachverständigenrat zur Begutachtung der gesamtwirtschaftlichen Entwicklung (SVR), Jahresgutachten Stuttgart 1972/73, S. 143.
7 SVR 1972, S. 143.
8 Recktenwald, Horst C.: Gerechte Einkommens- und Vermögensverteilung. In: Löwenthal, Richard, und Schwarz, Hans-Peter (Hg.): Die zweite Republik. Stuttgart 1974, S. 762 ff.
9 Schmaus, Günther: Personelle Einkommensverteilung im Vergleich 1962 und 1969, in: Krupp, Hans-Jürgen/Glatzer, Wolfgang (Hg.): Umverteilung im Sozialstaat, Frankfurt, New York 1978.
10 Schmaus, a.a.O., S. 111.
11 Schüler, Klaus: Einkommensverteilung nach Haushaltsgruppen. In: Volkswirtschaftliche Gesamtrechnung, Fachserie 18, Reihe 1, Konten und Standardtabellen, Stuttgart 1984, S. 76 ff. Wirtschaft und Statistik 7/1984.
12 Miegel-Meinhard: Die verkannte Revolution. Stuttgart 1983. Vgl. Keil, Bernd/ Stahlecker, Peter: Fortschritte in der personellen Vermögensverteilung: In: Ökonomie und Gesellschaft. Jahrbuch 2: Wohlfahrt und Gerechtigkeit. Frankfurt/ New York 1984, S. 206 f.
13 Deutsches Institut für Wirtschaftsforschung: Wochenbericht 4/82, S. 71 und Wochenbericht 45/85, S. 517.
14 Deutsches Institut für Wirtschaftsforschung: Wochenbericht 45/85, S. 515.
15 Das Transfersystem in der Bundesrepublik Deutschland. Bericht der Sachverständigenkommission zur Ermittlung des Einflusses staatlicher Transfereinkommen auf das verfügbare Einkommen der privaten Haushalte. Stuttgart 1981. Vgl. dazu: Einkommensschichtung der privaten Haushalte in der Bundesrepublik Deutschland 1980. Deutsches Institut für Wirtschaftsforschung. Wochenbericht 4/82.
16 Deutsches Institut für Wirtschaftsforschung: Wochenbericht 45/85, S. 524 f.
17 Krelle, W., Schunck, J., Siebke, J.: Überbetriebliche Ertragsbeteiligung der Arbeitnehmer. Bd. II, Tübingen 1968, S. 381.
18 Angaben nach Mierheim, Horst und Wicke, Lutz: Die personelle Vermögensverteilung. Tübingen 1978, S. 6.
19 Guski, Hans Günter: Vermögensbildung – Bilanz und Perspektiven. Köln 1975, S. 70.
20 Dazu Keil, Bernd, Stahlecker, Peter: a.a.O., S. 210. Die Autoren benutzen für 1973 die Daten bei Mierheim, Horst; Wicke, Lutz: a.a.O. und Berechnungen von Miegel, M.: Die verkannte Revolution. Stuttgart 1983.
21 Ausführliche Darstellung der Probleme bei Andersen, Uwe: Einführung in die Vermögenspolitik. München 1976. Grundlegend Willgerodt, Hans u. a.: Vermögen für alle. Düsseldorf/Wien 1972.

22 Ein kinderloses Ehepaar, dessen zu versteuerndes Einkommen 1986 48 000 DM nicht überstieg, konnte für Bauspareinzahlungen von jährlich höchstens 1600 DM eine Prämie von 14 % beanspruchen; angesichts der Kosten schon von kleinen Eigentumswohnungen von über 200 000 DM, von Einfamilienhäusern von über 400 000 DM ist das ein geringfügiger Beitrag. § 2 Wohnungsbauprämiengesetz.

23 Statistisches Jahrbuch für die Bundesrepublik Deutschland 1986. Stuttgart/Mainz 1986, S. 480.

24 Andersen, Uwe: Einführung in die Vermögenspolitik. München 1976, S. 128.

Thomas Lange

III. Sozialpolitik

1. Grundsätze und Probleme

Soziale Sicherheit und Gerechtigkeit gehören neben der wirtschaftlichen Freiheit zu den obersten Zielen der Sozialen Marktwirtschaft. Ziel der Sozialpolitik ist nicht eine konfliktfreie Idealordnung, sondern der Abbau der Spannungen von Wachstum, persönlicher Freiheit und sozialem Ausgleich. Die Grenzen der Sozialpolitik liegen dort, wo die Marktwirtschaft durch mangelnden sozialen Ausgleich in ihrem Bestand oder durch zu viel Umverteilung in ihrer Funktionsfähigkeit gefährdet wird.

Soziale Gerechtigkeit als die »Anerkennung der gleichen Würde aller Menschen«[1] verlangt ein Mindestmaß an Gleichheit. Die ungleiche Einkommensverteilung, die sich aus dem Wettbewerb der Marktteilnehmer ergibt, soll in gewissem Umfang durch (staatliche) Sozialpolitik korrigiert werden, um Chancengleichheit möglichst weitgehend zu verwirklichen und soziale Spannungen abzubauen. Einen konsensfähigen Maßstab der Gerechtigkeit gibt es nicht (vgl. S. 122 f.).

Soziale Sicherheit bedeutet vor allem Versicherung gegen die Lebensrisiken, die den Menschen an Erwerbsarbeit hindern: Krankheit, Invalidität, Arbeitslosigkeit, Alter.

Die von ihren Protagonisten behauptete »soziale Funktion« der Marktwirtschaft steht nicht im Widerspruch zu der Feststellung, daß der Markt von sich aus nicht sozial, daß er »sozial blind« ist. Die erste These bezieht sich auf die gesellschaftliche, sozial-ökonomische Funktion der Marktwirtschaft, Leistungsbereitschaft und Effizienz zu erhöhen, keine Marktzutrittsschranken zuzulassen und durch Wachstum für ein größeres Umverteilungsvolumen zu sorgen.[2] Die zweite These bezieht sich auf die Tatsache, daß der Markt nur die Leistung des Einzelnen honoriert, Bedarf von Personen ohne Einkommen (Kinder, Kranke, Invaliden, Hausfrauen) aber nicht berücksichtigt.[3] Auch bei optimaler Erfüllung der sozial-ökonomischen Funktionen des Marktes besteht in einer Gesellschaft, die Chancengleichheit als Ziel akzeptiert und allen Mitgliedern eine menschenwürdige Existenz sichern will, die Notwendigkeit, Sozialpolitik zu betreiben.

Müller-Armack betont die Solidaritätsfunktion, die der Wettbewerb hat.[4] Das gilt für den Welthandel durch den Abbau von Handels- und Kontaktbeschränkungen, aber auch für den Einzelnen. Solange nicht alle

Güter im gewünschten Umfang für alle zur Verfügung stehen, ist Wettbewerb unausweichlich. Als Leistungswettbewerb stört er den sozialen Zusammenhalt der Menschen am wenigsten, da er Parallel-Kampf und nicht Behinderungs-, Verdrängungs- oder Vernichtungswettbewerb ist.[5] Zudem können Konkurrenten im Leistungswettbewerb sich hinsichtlich des Ziels der Fairness solidarisieren. Der Leistungswettbewerb ermöglicht und erfordert ein gemeinsames Interesse der Konkurrenten an der Erhaltung der Regeln. Dieses allgemeine Interesse setzt sich aber nicht spontan durch, sondern muß durch Wettbewerbsgesetze geschützt werden.

Für Eucken werden soziale Gerechtigkeit und soziale Sicherheit primär durch seine Ordnungskonzeption der Verkehrswirtschaft verwirklicht. Die Verteilung, die sich im Wettbewerb ergibt, ist auch gerecht. Sozialpolitik ist primär Ordnungspolitik.[6] Da die Wirtschaftsordnung der Verkehrswirtschaft aber nicht alle sozialen Probleme lösen kann, akzeptiert Eucken die Sozialversicherung, Familienpolitik, staatliche Wohlfahrtseinrichtungen, eine progressive Besteuerung, Arbeitsschutzgesetze und in Fällen anomaler Reaktionen auf dem Arbeitsmarkt auch Mindestlöhne. Auch Gewerkschaften sind nach seiner Auffassung notwendig und legitim, um das Machtgefälle auf dem Arbeitsmarkt auszugleichen, solange ihre Lohnpolitik sich am Produktivitätszuwachs orientiert. Richtschnur ist immer die Bewahrung der Wettbewerbsordnung und das bedeutet, daß Sozialpolitik Hilfe zur Selbsthilfe sein muß und die Investitionsbereitschaft der Unternehmen nicht mindern darf. Eucken betont die Gefahr einer Transformation der Wirtschaftsordnung in Richtung auf zentrale Lenkung durch eine umfassende Sozial- und Vollbeschäftigungspolitik, wie sie nach dem Ersten Weltkrieg betrieben worden sei. Für Eucken entsteht hierdurch Inflation sowie Vermassung und staatliche Bevormundung. Für ihn ist dies die »neue soziale Frage«, die alle Berufsschichten betrifft und durch die Ordnung der Verkehrswirtschaft gelöst wird.[7]

Auch Erhard vertritt die Ansicht, daß die Wirtschaft um so sozialer ist, je freier sie ist, da sie dann persönliche Leistung optimal stimuliere und letztlich »Wohlstand für alle« ermögliche. Erhard betont die Bedeutung der Eigenvorsorge und des Subsidiaritätsprinzips, er akzeptiert aber auch die Sozialversicherung, die nach dem Äquivalenzprinzip gestaltet werden soll: Beiträge und Auszahlungen zu Marktpreisen sollen sich entsprechen, zumindest aber einer strengen Korrelation unterliegen. Darüber hinaus hält Erhard einen gewissen Ausgleich unterschiedlicher Startchancen (Einkommens-, Vermögens-, Belastungsunterschiede) für notwendig. Diesem Ausgleich soll insbesondere die Bildungspolitik dienen, er soll aber nicht auf eine völlige Gleichheit zielen. Gerechtigkeit wird primär durch die Funktion des Marktes erreicht. Einen Wohlfahrtsstaat, der die Bürger von der Wiege bis zur Bahre absichert, lehnt Erhard mit der Begründung ab, daß dadurch Verantwortungsgefühl und Leistungsbereitschaft gemindert würden.[8]

Die sozialpolitische Konzeption Müller-Armacks deckt sich weitgehend mit den Positionen von Eucken und Erhard, ist aber in vielen Punkten konkreter und vor allem pragmatischer. Auch Müller-Armack vertritt die These, daß allein in einer marktwirtschaftlichen Ordnung die Ideale der Freiheit und der sozialen Gerechtigkeit miteinander vereint werden können. Er beantwortet die Frage, wie das möglich ist, aber nicht – wie Erhard – durch definitorische Gleichsetzung. Müller-Armack steht dem Ausbau des Sozialstaates nicht grundsätzlich reserviert gegenüber. Regulatives Prinzip sozialer Interventionen ist für ihn deren Verträglichkeit mit marktwirtschaftlicher Produktion und Einkommensbildung. Um diese zu sichern, muß die Sozialpolitik zwei Grundsätze beachten, die sich auf die Qualität der Mittel und auf das Volumen der Umverteilung beziehen.

1. Die sozialpolitischen Maßnahmen müssen marktkonform sein, d. h. der Preismechanismus darf nicht durch Fixierung von Preisen (Löhnen, Mieten) gestört werden. Sozialpolitische Hilfen müssen den Charakter von Subventionen haben, die an bedürftige Schichten gezahlt werden. Marktkonforme Sozialpolitik bedient sich nur der Finanzpolitik und der Rechtspolitik. Preispolitik ist nur im Fall von Marktversagen zulässig.

2. Das Volumen der Einkommensumlenkung muß zwei Grenzlinien beachten. Als Grenze nach unten ist das Volumen anzusehen, unterhalb dessen die Stabilität des Marktsystems durch politische Opposition gefährdet wird, als Obergrenze gilt das Volumen, das leistungshemmend wirkt, da sowohl für die mit Abgaben Belasteten wie für die von Sozialleistungen Begünstigten die Leistungsanreize schwinden.[9]

Im Rahmen dieser Leitlinien entwickelt Müller-Armack einen umfassenden Katalog sozialpolitischer Ziele und Mittel: Förderung von Eigentum und Selbständigkeit, Arbeitsschutz, Erhaltung von Klein- und Mittelbetrieben, antizyklische Konjunkturpolitik (ohne Vollbeschäftigungsgarantie), Arbeitszeitverkürzung, Mobilitäts- und Umschulungsbeihilfen, Mindestlöhne, staatliche Fürsorge, Sozialversicherung, öffentliche Banken, Genossenschaften, öffentliche Investitionen in den Bereichen Bildung, Gesundheit, Verkehr, Stadtentwicklung. Er hält auch die – überwiegend mittelstandspolitisch begründete – staatliche Regulierung der Landwirtschaft und des Verkehrssektors für erforderlich.[10] Nach einem Jahrzehnt ihrer Erprobung attestiert Müller-Armack der Sozialen Marktwirtschaft selbstbewußt, daß eine erhebliche Einkommensumverteilung vorgenommen werden konnte, ohne den Charakter der Marktwirtschaft zu stören.[11]

Müller-Armack beschränkt sich nicht auf die einfache und zeitlose Formel »mehr Markt«. Er entwickelt wiederholt neue Aufgabenkataloge für die Politik, um die Soziale Marktwirtschaft an neue Herausforderungen anzupassen. Er äußert 1960 die auch von Erhard vertretene Ansicht, daß mit steigendem Wohlstand die soziale Sicherung auf eine Grundsicherung und freiwillige Zusatzversicherung beschränkt werden sollte. Zugleich war er aber der Meinung, daß die öffentlichen Dienste und Infrastrukturinvestitionen mit der privaten Wirtschaftstätigkeit nicht Schritt hielten.[12]

Müller-Armack versucht, seine Vorschläge zur Überwindung von sozia-

len Spannungen und politischen Konflikten von einem gesellschaftspolitischen Leitbild her zu begründen, das »auf das Ganze der Gesellschaft
gerichtet ist«.[13] Wie auch mehrere Ordoliberale mißt er dem selbständigen
Mittelstand und den Kleinunternehmen eine besondere Bedeutung zu. Er
hält es für verfehlt, daß der Mittelstand oder die Bauern »vom Wettbewerb
her ihre ökonomische und soziale Position zugeordnet bekommen« können.[14] Diese Heraushebung des Mittelstandes und der Selbständigen vermittelt er aber nicht mit seinem marktwirtschaftlichen Credo.

Sein Konzept der Gesellschaftsgestaltung ist auf die Erhaltung der
Marktwirtschaft und des Mittelstandes und auf die Verringerung gesellschaftlicher Spannungen orientiert. Es ist selbst von Spannungen gekennzeichnet und hat – abgesehen vom Prinzip der Marktkonformität – kaum
klarere Konturen als die von Erhard propagierte »formierte Gesellschaft«.
Müller-Armacks Konzeption der Sozial- und Gesellschaftspolitik ist weiter und pragmatischer als bei Eucken oder Erhard. Er vertraut auf die
Stärke des Marktmechanismus, der nur durch das regulative Prinzip der
Marktkonformität der sozialpolitischen Mittel geschützt werden muß.

Marktwirtschaft verlangt Flexibilität, Mobilität, Transparenz. Die So-
zialisation von Kindern, die Entfaltung von sozialen Beziehungen, von
Identifikation und Verantwortungsgefühl verlangen Stabilität, die auch
räumliche Stabilität ist. Die Förderung von Eigenheimen begünstigt die
soziale Stabilität, behindert aber die räumliche Mobilität. Gesellschaftliche
Stabilität verlangt eine rechtzeitige Anpassung an den wirtschaftlichen
Strukturwandel, die allein tiefgreifende Strukturkrisen vermeiden kann.
Müller-Armack sieht den Widerspruch wie die Entsprechung zwischen
wirtschaftlicher und gesellschaftlicher Stabilität. Er betont die Notwendigkeit wirtschaftlicher und gesellschaftlicher Dynamik. Zugleich fordert er
eine »Konstanz der Umweltform«[15] als gesellschafts- und umweltpoliti-
sches Ziel.

Soweit Lösungsansätze für die skizzierten Widersprüche bei ihm erkennbar sind, sind sie schichtspezifisch verzerrt: Schutz des gewerblichen
und agrarischen Mittelstandes vor den Marktentwicklungen, Anpassung
der abhängig Beschäftigten an den Strukturwandel durch Mobilitätshilfen.
Daneben fordert er aber auch regionale Strukturpolitik, um die Arbeitsplätze zu den Menschen zu bringen und den Mobilitätsdruck zu verringern.[16] Die Mittelschichtorientierung zeigt sich auch in der starken Präfe-
renz für die Förderung der Eigentumsbildung. In der Wohnungspolitik hat
das zur Konsequenz, daß der Staat ein Luxusbedürfnis (Eigentum) fördert,
bevor das Grundbedürfnis Wohnen allgemein befriedigt ist. Wenn eine
marktwirtschaftliche Konzeption mit Ideen von sozialer Gerechtigkeit,
gesellschaftlicher Stabilität und Chancengleichheit verknüpft werden soll,
so führt das weder in der Theorie noch in der Praxis zu konfliktfreien
Lösungen.

Müller-Armack ist nicht einseitig liberaler Marktwirtschaftler, sondern
ein politischer Denker, der die Entstehung neuer Probleme sehr genau

beobachtet und mit Vorschlägen für eine zukunftsorientierte Gesellschaftspolitik reagiert. Von Theoretikern wie Hayek oder Friedman unterscheidet ihn die Bereitschaft zu einer bewußt gestaltenden Gesellschaftspolitik, insbesondere seine mittelstandspolitischen und konjunkturpolitischen Ansätze, von sozialdemokratischen Positionen trennt ihn vor allem die Ablehnung einer wirtschaftlichen Mitbestimmung der Arbeitnehmer und sein Grundsatz der Marktkonformität der Sozialpolitik.

Die Konzeption der Sozialen Marktwirtschaft weist keinerlei Widersprüche zu den Forderungen des Grundgesetzes nach Sozialstaatlichkeit und Berufsfreiheit auf. Der Rahmen, den das Grundgesetz für die Ausgestaltung der Wirtschafts- und Sozialordnung bietet, ist allerdings weiter als die Konzeption Müller-Armacks: das Grundgesetz schreibt die Orientierung am Subsidiaritätsprinzip oder marktkonforme Mittel nicht vor und verbietet auch nicht Verstaatlichungen.[17] Auch dem Demokratiegebot des Grundgesetzes widerspricht die Soziale Marktwirtschaft nicht. Ihre Protagonisten bemühen sich bewußt, die Konzeption demokratieadäquat fortzuentwickeln.[18]

Der demokratische Wettbewerb kann aber gerade auf dem Gebiet der Sozialpolitik dazu führen, daß die Ordnungskonzeption verwässert wird. Sozialpolitik wird in der Bundesrepublik wie in anderen Ländern von den Regierungen eingesetzt, um die Chancen der Wiederwahl zu erhöhen. Eine Untersuchung der Sozialpolitik der von CDU-Kanzlern geführten Bundesregierungen bis 1968 zeigt, daß der Anteil der Leistungsgesetze an der gesamten Sozialgesetzgebung gegen Ende der Legislaturperiode regelmäßig zunahm.[19] Die Rentenreformen von 1957 und 1972 kamen beide in Wahljahren zustande und sind vom Parteienwettbewerb geprägt. Gesetze, die eine Ausweitung der Leistungen bezwecken, sind meist auch von der jeweiligen Opposition mitgestaltet und verabschiedet worden. Eine solche große Koalition ist der Wahrung einer Ordnungskonzeption sicher nicht förderlich.

Theoretiker, die der ökonomischen Theorie der Politik nahestehen, haben aus dieser Entwicklung den Schluß gezogen, daß die Sozialpolitik in der Demokratie durch eine irreversible Tendenz zur Leistungsausweitung gekennzeichnet ist.[20] Letztlich würde das nach Auffassung Müller-Armacks zur Zerstörung der Marktwirtschaft führen. Dieser Fall ist bisher aber nicht eingetreten.

Die Präferenzen der Wählermehrheiten haben eine marktkonforme Sozialpolitik zwar nicht eindeutig begünstigt, aber auch nicht verhindert. Die Wähler haben den Abbau der Wohnraumbewirtschaftung und des Mieterschutzes toleriert. Auch die Ankündigung von globalen Einsparungen im Sozialetat zur Verringerung der Staatsverschuldung durch die Bundesregierung nach dem Regierungswechsel im Jahre 1982 hat den Erfolg der Koalitionsparteien bei den Bundestagswahlen 1983 nicht verhindert. Erst 1985, nachdem die Wähler zwei Jahre vergeblich auf die versprochenen Wirkungen der Konsolidierungspolitik auf dem Arbeitsmarkt gewartet hatten, zugleich aber die Haushaltslage sich durch das Wirtschaftswachstum verbesserte, signalisierten die Stimmenverluste der CDU, daß die Wähler mit weiteren Kürzungen von Sozialleistungen mehrheitlich nicht mehr einverstanden waren. Wenn plausible Begründungen gegeben werden, ist die Mehrheit der Wähler also durchaus bereit, Kürzungen von Sozialleistungen mitzutragen.[21] Das war auch 1976 so. Im Gegensatz zur Erwartung Müller-Armacks ist bislang das Bedürfnis nach Kollektiv-Gütern mit steigendem Wohlstand aber nicht gesunken.

2. Die Prinzipien marktkonformer Sozialpolitik

Marktkonforme Sozialpolitik betont das Versicherungsprinzip, das Äquivalenzprinzip, das Kausalitätsprinzip und das Subsidiaritätsprinzip. Prinzipien und Ziele stehen oft untereinander in einem Spannungsverhältnis.

Nach dem Versicherungsprinzip erfolgt ein Risikoausgleich zwischen den Beitragszahlern, die allein Anspruch auf Leistungen bei Eintritt des Versicherungsfalles haben. Nach dem Äquivalenzprinzip sollten Beiträge und Leistungen sich entsprechen. Eine strenge Äquivalenz ist nur bei Tausch am Markt realisierbar. In einer Versicherung wird sie durch den Risikoausgleich durchbrochen. In der Renten- und Arbeitslosenversicherung bestimmt die relative Höhe des gezahlten Beitrages weitgehend auch die relative Höhe der Leistungen. Insofern ist hier eine Rangäquivalenz gewahrt. In der gesetzlichen Krankenversicherung herrscht dagegen das Solidarprinzip vor: es erfolgt z. B. ein sozialer Ausgleich zwischen Versicherten mit niedrigen und höheren Einkommen. In allen Versicherungen werden Leistungen nach dem Kausalprinzip erbracht: die Beitragszahlung begründet bei Eintritt des Versicherungsfalles einen Leistungsanspruch unabhängig von der Bedürftigkeit. Das Finalprinzip, das in der Fürsorge (Sozialhilfe) zur Anwendung kommt, geht dagegen vom Bedarf des Einzelnen aus, der gedeckt werden soll, um Notlagen zu verhindern.

Das Subsidiaritätsprinzip ist ursprünglich ein Schutzprinzip gegen staatliche Interventionen in Bereiche der gesellschaftlichen Selbsthilfe, keine Leitlinie zur Begrenzung staatlicher Verantwortung. Es wird sehr unterschiedlich interpretiert und bietet daher keine klaren Orientierungen für die Politik. Nach einer individualistischen Interpretation wird die staatliche Sozialpolitik auf die Sicherung des Existenzminimums beschränkt. Nach einer egalitären Interpretation hat die staatliche Sozialpolitik die Aufgabe, erst einmal die Grundvoraussetzungen dafür zu schaffen, daß der Einzelne oder die Familien in die Lage versetzt werden, sich in Notfällen selbst zu helfen.[22]

Von Versorgung spricht man dann, wenn die Leistungsansprüche auf bestimmten Vorleistungen oder erlittenen Nachteilen beruhen (Beamten-, Kriegsopferversorgung). Die Mittel stammen wie bei der Fürsorge nicht aus Versicherungsbeiträgen, sondern aus Steuern. Eine Staatsbürgerversorgung verletzt das Subsidiaritätsprinzip, da auch der Leistungen erhält, der zur privaten Risikovorsorge in der Lage ist.

Die staatliche Sozialpolitik in der Bundesrepublik ist zwar weitgehend, aber nicht vollständig entsprechend den Prinzipien der Marktkonformität, Äquivalenz, Subsidiarität und Kausalität gestaltet.

Sozialpolitik wird auch von Gewerkschaften, Unternehmen, Kirchen, Wohlfahrtsverbänden und Selbsthilfegruppen betrieben. Die Pluralität der Akteure entspricht dem Subsidiaritätsprinzip. Die Inhalte der von den einzelnen gesellschaftlichen Gruppen und Verbänden erfolgten Sozialpolitik müssen aber durchaus nicht mit den Grundsätzen einer marktkonformen Sozialpolitik übereinstimmen. So behindert die durch betriebliche Sozialpolitik meist erhöhte Bindung der Arbeitnehmer an das Unternehmen die Mobilität. Die zeitweise vom DGB betriebene »solidarische Lohnpolitik« erhöhte die Löhne der unteren Lohngruppen überproportional und schuf damit einen besonderen Anreiz, daß Arbeitsplätze mit geringen Qualifikationsanforderungen der Rationalisierung zum Opfer fielen.

Übersicht 1: Ziele, Grundsätze und Mittel der Sozialpolitik

	marktkonform		nicht marktkonform
Ziele	Soziale Sicherheit Soziale Gerechtigkeit		Ökonomische Gleichheit
Prinzipien	primär:	Äquivalenz Subsidiarität Kausalität	Egalität
	ergänzend:	Solidarität Finalität	
Mittel	primär:	Versicherung Konsumenten-Subventionen (Subjektförderung) Steuervergünstigungen	Preisfixierung
	ergänzend:	Fürsorge Versorgung	Staatsbürgerversorgung
		Produzenten-Subventionen (Objektförderung) Marktregulierung (Rahmengesetze zum Ausgleich unterschiedlicher Marktmacht)	gesetzliche Fixierung der Vertragsinhalte

Solidarische Lohnpolitik mag sozial dringend geboten erscheinen, weil im Warenkorb eines Haushalts mit niedrigem Einkommen Güter und

Dienstleistungen mit überdurchschnittlichen Preissteigerungen einen höheren Anteil haben als bei besser Verdienenden; in einer Marktwirtschaft ist solidarische Lohnpolitik ein untaugliches sozialpolitisches Mittel. Denn die Unternehmen interessiert nicht die Preissteigerungsrate unterschiedlicher Warenkörbe, sondern das Verhältnis von Lohnkosten und Arbeitsertrag. Die Beschäftigungs- und vor allem die Rationalisierungspolitik der Unternehmen ist nicht solidarisch und kann es im Wettbewerb auch nicht sein.[23]

Auch die sozialpolitischen Ziele von Kirchen oder Selbsthilfegruppen können einzelnen Grundsätzen der Sozialen Marktwirtschaft widersprechen. Nach dem Subsidiaritätsprinzip müßte das toleriert werden. Die Lohnpolitik ist zudem wegen der Tarifautonomie, die Sozialpolitik freier Gruppen und Verbände wegen der Vereinigungsfreiheit der staatlichen Bevormundung entzogen.

3. Die Funktionen sozialer Sicherheit

Ein hohes Maß an Sicherheit (soziale Sicherheit, Rechtssicherheit, öffentliche Sicherheit) ist für den Bestand und die Entwicklung jeder Gesellschaft erforderlich. Bei sehr hoher Unsicherheit nimmt die Zukunftsorientierung des Handelns ab. Investitionen, die erst auf längere Sicht rentabel sind, unterbleiben. Sicherheit wird daher in der Regel hoch bewertet.

Das gilt für Unternehmen wie für den Einzelnen.[24] Für Sicherheit zu sorgen verursacht Kosten. Diesen stehen gegenüber: 1. Der Nutzen höherer Sicherheit; 2. Die Einkommen der Beschäftigten in Unternehmen und Verwaltungen, die Sicherheit bereitstellen, d.h., beim Eintritt des Risikos Leistungen erbringen. Absolute Sicherheit verursacht unendlich hohe Kosten, ist also nicht herstellbar. Die Kosten der Sicherheit können durch Versicherung (Risikoausgleich) gesenkt werden. Für den einzelnen ist das Risiko eines Unfalls oder einer Krankheit nicht berechenbar, weshalb er eine sehr hohe Risikovorsorge betreiben müßte, um sich abzusichern. Für große Gruppen sind die Risiken berechenbar und die Risikoprämien, die der einzelne zahlen muß, geringer als bei rein individueller Sicherung durch Vermögensbildung.[25]

Das in der Bundesrepublik bestehende soziale Sicherungssystem befriedigt das Sicherheitsbedürfnis vieler Menschen nicht. Das ist zum Teil deshalb der Fall, weil Risiken gar nicht abgedeckt sind (Freizeitunfall, Diebstahl) oder weil sie nicht als ausreichend abgedeckt empfunden werden, wie die steigende Zahl von Lebensversicherungsverträgen oder von privaten Krankenhaus-Zusatzversicherungen zeigt.

Viele gesetzlich versicherte Risiken wie Krankheit oder Invalidität sind auch privat versicherbar, für einige Risiken gilt das nicht. Zu diesen gehört die Arbeitslosigkeit und das Inflationsrisiko. Auch für diese Risiken gilt, daß die Einführung einer Sozialversicherung auf einer politischen Entscheidung des Gesetzgebers beruht.

Die Entscheidung für eine gesetzliche Versicherung wird oft damit begründet, daß der Einzelne Risiken unterschätzt, und sich daher nicht oder nicht ausreichend versichert. Dies gilt nicht generell. Die Tatsache, daß nach Einführung der Gurtpflicht die Zahl der Verkehrstoten zurückging, bestätigt aber, daß die Hypothese für viele Menschen zutrifft.

In einer Gesellschaft, in der jeder im Notfall Anspruch auf das Existenzminimum hat, ist es außerdem legitim, jeden zu zwingen, sich gegen Notfälle so aus versichern, daß er nicht aus Steuermitteln unterhalten werden muß.[26] Um diesem Kriterium gerecht zu werden, müßte die Sicherung gegen Erwerbsunfähigkeit oder die Altersvorsorge nur das Sozialhilfeniveau erreichen. Jede darüber hinaus gehende Sicherung könnte freigestellt werden. Die Präferenzen der Wähler haben aber in der jüngsten Vergangenheit ein System hervorgebracht, das für jeden, der durch ausreichend lange Erwerbstätigkeit volle Versicherungsansprüche erwerben konnte, eine weitgehende Sicherung des Lebensstandards garantiert. Im Fall der Arbeitslosigkeit ist diese Sicherung auf maximal ein Jahr beschränkt.

In der Literatur wird meist unterstellt, daß Versicherung den Willen zur Risikomeidung schwächt und außerdem zur mißbräuchlichen Inanspruchnahme von Versicherungsleistungen verführt (moral hazard). Dies ist sicher eine fruchtbare Hypothese, die in vielen Fällen Bestätigung findet. Strategien zur Verringerung des Versicherungsbetruges oder der leichtsinnigen Inanspruchnahme einer Versicherung (z.B. einer Rechtsschutzoder der Krankenversicherung) enthalten meist die Eigenbeteiligung des Versicherten als zentrales Element. In der Arbeitslosenversicherung verliert der Versicherte Ansprüche, wenn er den Versicherungsfall herbeiführt oder seine Beendigung verhindert: er erhält für eine bestimmte Sperrzeit kein Geld, wenn er selbst gekündigt hat, und verliert alle Ansprüche, wenn er eine zumutbare Arbeit wiederholt ablehnt. In der Unfallversicherung erfolgt »Eigenbeteiligung« durch relativ niedrige Renten, bei vorzeitigem Ruhestand ebenfalls.

4. Umverteilung durch Sozialpolitik

Staatliche Sozialpolitik bedeutet immer Umverteilung auf der Grundlage gesetzlicher Normen. Es werden aber nicht nur Finanzmittel und finanzielle Risiken, sondern auch Rechtspositionen umverteilt. Außerdem werden Anreize und Hilfen gegeben, um Risiken zu mindern

Staatliche Sozialpolitik hat mehrere Dimensionen und benutzt zahlreiche Institutionen. Durch die Sozialleistungspolitik[27] werden Geld-, Sach- und Dienstleistungen zur Verfügung gestellt, um Chancenungleichheiten zu verringern. Ein solcher Ausgleich kann durch direkte Zuschüsse (Wohngeld, Kindergeld, Ausbildungsbeihilfen) oder indirekt durch die Ausgestaltung des Steuersystems (Progression, Absetzungsmöglichkeiten, Freibeträge) erfolgen. Geld wird auch umverteilt durch den Risikoausgleich in den gesetzlichen Versicherungen. Diese haben alle auch die Aufgabe, durch Prävention und Rehabilitation zur Risikominderung beizutragen. Außerdem nehmen sie Aufgaben eines sozialen Ausgleichs wahr, der über den reinen Risikoausgleich hinausgeht. In der Krankenversicherung ist der soziale Ausgleich durch das Verhältnis von ungleichen Beiträgen und gleichen Leistungen vorgegeben. In der Rentenversicherung sollen die versicherungsfremden Leistungen durch den Bundeszuschuß abgegolten werden.[28] Der Staat entschädigt auch für Kriegsfolgen (Kriegsopferversorgung, Lastenausgleich). Schließlich wird auch das »Risiko der Nichtteilhabe«[29] an den genannten Sicherungs- und Ausgleichssystemen durch die Sozialhilfe vom Staat getragen.

Durch die Festlegung von Rechtspositionen, durch Eingriffe in die Vertragsfreiheit betreibt der Staat ebenfalls Sozialpolitik. Ziel ist die Stärkung von Marktteilnehmern mit relativ schwacher Position: Verbraucher gegenüber Produzenten, Arbeitnehmer gegenüber Arbeitgebern, Mieter gegenüber Vermietern. Hierher gehören der Kündigungsschutz für Mieter und Arbeitnehmer, Regelungen der Produzentenhaftung und der Allgemeinen Geschäftsbedingungen. Auch der direkte Zwang ist ein Mittel der Sozialpolitik (Schulpflicht, Arbeitspflicht). Die Bildungspolitik, deren zentrale sozial- und arbeitsmarktpolitische Bedeutung evident ist, wird traditionell nicht der Sozialpolitik zugerechnet. Ihre gesellschaftspolitische Bedeutung als Mittel zur Verwirklichung von Chancengleichheit und sozialer Integration würde ihre Einbeziehung in die Sozialpolitik rechtfertigen.

Am sozialen Sicherungssystem wird häufig kritisiert, daß oft keine echte Umverteilung mehr stattfindet, da Belastete und Begünstigte identisch seien. Es werde nur von der linken in die rechte Tasche umverteilt. Dieses Argument übersieht, daß Umverteilung nicht der einzige Zweck des sozialen Sicherungssystems ist. Andere ebenso wichtige Zwecke sind Risikoausgleich (Sicherheit) und die politische Steuerung des Verhaltens. Wer als Lediger an Steuern zusätzlich zahlt, was er als Häuslebauer an Steuern erstattet bekommt, der hat zwar per Saldo nichts zur Umverteilung beigetragen, hat aber eine politisch erwünschte Investition getätigt. Im übrigen trifft die Kritik der Umverteilung als eines Null-Summenspiels, das nicht nur die Gesellschaft, sondern der Einzelne unter politisch verordnetem Zwang spiele, nur eine kleine Gruppe von Haushalten bzw. Einkommensbeziehern mit mittleren Einkommen (siehe S. 128).[30]

5. Die Entwicklung der sozialen Sicherung

Die Sozialpolitik in der Bundesrepublik baute auf den Grundlagen auf, die vor 1933 geschaffen worden waren. Das sind insbesondere die gesetzliche Kranken-, Renten-, Unfall- und Arbeitslosenversicherung.[31] *Zu einer umfassenden Neuordnung kam es bis heute nicht. Der Ausbau der sozialen Sicherung begann 1949 und dauert – mit Unterbrechungen – bis heute an.*

Die Startbedingungen waren im Jahre 1948 sehr ungünstig. Die Industrieproduktion hatte das Vorkriegsniveau noch nicht wieder erreicht. Die Sozialpolitik war durch den Krieg eines Teils ihrer ökonomischen Grundlagen beraubt worden, gleichzeitig stiegen die Leistungsverpflichtungen durch die Wohnungsnot, die Ansprüche der Kriegsversehrten, -witwen und -waisen, der Vertriebenen und Flüchtlinge. Zudem stieg im Gefolge der Währungsreform die Arbeitslosigkeit bis Anfang 1950 auf ca. 12 %[32] und eine Inflationsrate von ca. 13 % entwertete im 2. Halbjahr 1948 die Sozialeinkommen. In dieser Situation hatte der wirtschaftliche Wiederaufbau eindeutig Priorität vor Umverteilungsmaßnahmen. Erste Leistungsverbesserungen und Änderungen einzelner Strukturelemente der Sozialversicherung erfolgten dennoch bereits im Jahre 1949.[33] Die soziale Sicherung wurde in den Anfangsjahren der Bundesrepublik nicht zugunsten der Kapitalbildung und des Wirtschaftswachstums vernachlässigt. Die ab 1950 einsetzenden sehr hohen Steigerungsraten des Sozialprodukts kamen nicht nur den Unternehmen in Form steigender Gewinne und den Arbeitnehmern in Form steigender Reallöhne und sinkender Arbeitslosigkeit zugute, auch die Sozialleistungen stiegen, wenn auch von einem sehr niedrigen Niveau aus. Bereits ab 1951 lagen die Zuwachsraten der Sozialausgaben fast durchgehend höher als die Wachstumsrate des Bruttoinlandsprodukts.[34]

Auch die Arbeitnehmerrechte wurden ausgebaut. Die Tarifautonomie wurde 1949 wieder hergestellt (siehe S. 51 f.). Das Arbeitsverhältnis wurde durch die Festsetzung von Mindestarbeitsbedingungen (1952) und den Kündigungsschutz (1951) gesetzlich geregelt, ferner durch das Heimarbeitsgesetz (1951), das Gesetz zum Schutz der erwerbstätigen Mutter (1952) und das Schwerbeschädigtengesetz (1953). Kriegsopfer erhielten Leistungen nach dem Bundesversorgungsgesetz (1950), Kriegs- und Vertreibungsverluste wurden durch den Lastenausgleich (ab 1952) teilweise kompensiert.[35] 1954 wurde das Kindergeld eingeführt.

Eines der wichtigsten Sozialgesetze der Nachkriegszeit war die Rentenreform von 1957. Mit der Dynamisierung der Renten wurde zum ersten Mal in der Geschichte eine regelmäßige Anpassung an die Entwicklung der Wirtschaft und ein Schutz vor Geldentwertung in das soziale Sicherungssystem eingeführt. Eine private Versicherung könnte eine derartige Altersvorsorge nicht bieten. Das zweite Element der Rentenreform war die sofortige Anhebung des Rentenniveaus durch einen hohen Bundeszuschuß und die Orientierung der zukünftigen Rentenerhöhungen an der Entwicklung der Bruttolöhne. Dadurch stiegen die Renten in den folgenden zwanzig Jahren schneller, als die Nettoeinkommen der Arbeitnehmer. Die Rente sicherte so für immer mehr Menschen im Ruhestand ein ausreichendes Einkommen. Das dritte wichtige Element der Rentenreform war die Ersetzung des Kapitaldeckungsverfahrens durch das Umlageverfahren: das bedeutet, daß die Renten nicht aus der Auflösung eines durch Einzahlungen gebildeten Kapitalstocks finanziert werden, sondern aus den laufend bezahlten Beiträgen (1957 wurde zunächst ein Abschnitt-Deckungsverfahren eingeführt, 1969 das Umlageverfahren).[36]

Mit der Rentenreform begann die »Dynamisierung« der Sozialpolitik. 1963 wurden die Unfallrenten dynamisiert, 1970 wurde die Beitragsbemessungsgrenze in der Krankenversicherung dynamisiert und auf 75 % der Beitragsbemessungsgrenze der Rentenversicherung festgelegt. Arbeitslosengeld und Arbeitslosenhilfe sind per se dynamisch, da sie auf das Nettoeinkommen bezogen sind. Die Bemessungsgrenze für den Beitrag zur Arbeitslosenversicherung wurde 1970 dynamisiert und auf diejenige der Gesetzlichen Rentenversicherung (GRV) erhöht. Eine Dynamisierung erfolgte vor allem in den Versicherungssystemen, Wohngeld, Ausbildungsbeihilfe und zum Teil auch die Sozialhilfe blieben davon ausgenommen.

Die GRV bezog 1960 die Vertriebenen und Flüchtlinge ein. 1972 erfolgte eine kleine Strukturreform, die zur Verschärfung der Finanzprobleme in den folgenden Jahren beitrug. Die GRV wurde für fast alle Bürger geöffnet, die flexible Altersgrenze ab dem 63. Lebensjahr eingeführt und die Rente nach Mindesteinkommen. Alle Arbeitnehmer, die 25 Versicherungsjahre erreicht haben, wurden so gestellt, als hätte ihr Einkommen vor 1973 75 % der allgemeinen Bemessungsgrundlage betragen.[37] Der Rentenanpassungstermin wurde um ein halbes Jahr vorgezogen.

1960 wurde das Wohngeld eingeführt. Damit wurde zum ersten Mal ein völlig marktkonformes Instrument in der Wohnungspolitik geschaffen. Das Wohngeld wurde mehrfach, zuletzt zum 1. 1. 1986 erhöht.[38]

Mit dem Bundessozialhilfegesetz bekam die Sozialfürsorge 1961 eine neue Grundlage. Die Bedürftigen, die auf keine anderen Mittel zurückgreifen können, erhielten einen Rechtsanspruch auf Sozialhilfe. 1969 löste das Arbeitsförderungsgesetz das 1927 verabschiedete Gesetz über Arbeitsvermittlung und Arbeitslosenversicherung ab. Der Kreis der Beitragspflichtigen wurde erweitert. Der Schwerpunkt der Maßnahmen der Bundesanstalt für Arbeit (BfA) wurde auf die Sicherung der Vollbeschäftigung durch Förderung der beruflichen Qualifikation und Arbeitsbeschaffung gelegt. 1974 wurde eine von den Arbeitgebern zu finanzierende Konkursausfallgeldversicherung gegründet. Noch von der Großen Koalition wurde 1969 die Förderung der beruflichen Ausbildung beschlossen, für Schüler und Studenten löste 1971 das Bundesausbildungsförderungsgesetz landesgesetzliche Regelungen ab.[39]

In der Gesetzlichen Krankenversicherung (GKV) wurde 1970 die Lohnfortzahlung für Arbeiter eingeführt. Damit erfolgte eine Angleichung an das Recht der Angestellten, die die GKV finanziell entlastete. Während der ersten sechs Wochen einer Krankheit zahlt der Arbeitgeber das Gehalt weiter, erst danach zahlt die Kasse Krankengeld. 1973 wurde der Anspruch auf unbegrenzte Krankenhauspflege gewährt und 1974 schließlich das Schwerbehindertengesetz verabschiedet. Bei einer dauerhaften Minderung der Erwerbsfähigkeit um mindestens 50 % durch eine körperliche oder seelische Behinderung erhalten die Betroffenen einen besonderen Schutz bei der Suche nach einem Arbeitsplatz.

Die Politik des Ausbaus der sozialen Sicherung fand mit dem zweimaligen Anstieg der Arbeitslosigkeit 1974/75 und 1981/82 weitgehend ein Ende. Alle sozialen Sicherungssysteme basieren auf der wirtschaftlichen Leistung der sie tragenden Gruppen. Wirtschaftskrisen sind somit immer Zeiten des Leistungsabbaus, unabhängig davon, ob Familien, Versichertengemeinschaften oder alle Steuerzahler die Sozialleistungen finanzieren. Bei unveränderter Höhe der Sozialbeiträge muß ein Anstieg der Arbeitslosigkeit zu einem Abbau der sozialen Leistungsansprüche führen, da diese durch eine geringere Zahl von Beitrags- bzw. Steuerzahlern finanziert werden müssen, während die Zahl der Anspruchsberechtigten wächst.

Werden die Sozialbeiträge krisenbedingt erhöht, so müssen sie von den Unternehmen ebenso aufgebracht werden wie von den Beschäftigten. In der Regel versucht die Regierung in einer Krise, die Konjunktur durch Subventionierung von Investitionen und durch Senkung von Steuern anzuregen. Eine solche Politik führt zu Haushaltsdefiziten, die durch die Zahlungsverpflichtungen des Bundes bei Defiziten der Sozialversicherung (nach Art. 120 GG) noch erhöht werden können.

In der sozialpolitischen Literatur wird die Politik ab 1975 oft mit dem Attribut »Sozialabbau« belegt. Eine solche Qualifizierung ergibt sich, wenn man allein die Leistungsansprüche des Einzelnen berücksichtigt, insbesondere die Ansprüche auf Versicherungsleistungen. Betrachtet man die Sozialleistungsquote, so erreichte diese im Krisenjahr 1975 ihren bisherigen Höchststand und ist erst nach 1975 bzw. 1982 während der wirtschaftlichen Erholung deutlich gesunken (Tab. 19). Der Anstieg der Sozialversicherungsbeiträge, der die demographische und die Arbeitsmarktentwicklung widerspiegelt, ist selbst 1988 noch zu keinem Stillstand gekommen (Tab. 21). Insofern muß das Urteil »Sozialabbau« differenziert werden.

Es dürfte auch in einem Sozialstaat selbstverständlich sein, daß bei einer Zunahme der Zahl der Rentner und der Arbeitslosen die Last dieser Entwicklung nicht allein von den Beitragszahlern getragen wird, sondern auch von den Leistungsempfängern. Eine gleichmäßige Verteilung der Krisenlasten zwischen Beschäftigten und Arbeitslosen hätte eine stärkere Anhebung des Beitrages zur Arbeitslosenversicherung erfordert. Dadurch wären aber die Unternehmen zusätzlich belastet worden, die in Wirtschaftskrisen im Durchschnitt Gewinnminderungen verkraften müssen.

149

Die Politik des Abbaus von Leistungsansprüchen, die bereits in der ersten Krise 1966/67 betrieben worden war, begann 1975 mit einer Verschärfung der Zumutbarkeitskriterien für die Vermittlung von Arbeitsplätzen. 1977 folgte das Krankenversicherungs-Kostendämpfungsgesetz mit der Einführung von Selbstbeteiligung bei Medikamenten, der Einschränkung von Leistungen bei Zahnersatz und einer Bindung der Mitversicherung von Familienangehörigen an Einkommensgrenzen. 1978 wurde der Rentenanpassungstermin auf den 1. 1. 1979 zurückverlegt, die Steigerungssätze für die Rentenanpassung wurden für die folgenden drei Jahre auf 4,5 % bzw. 4 % gesenkt.[40]

Der Leistungsabbau wurde 1981 fortgesetzt, als die Arbeitslosenzahl wieder anstieg. Die Anwartschaftszeit für das Arbeitslosengeld wurde verdoppelt, die Sperrzeiten, die z. B. bei Nichtannahme einer zumutbaren Arbeit oder bei eigener Kündigung verhängt werden, wurden verlängert, der Zumutbarkeitsbegriff nochmals verschärft. Trotz der Leistungskürzungen stiegen die Ausgaben des Bundes für die Arbeitslosenversicherung von ca. 4 Mrd DM im Jahr 1980 auf 12 Mrd DM im Jahr 1982. Kindergeld, Wohngeld und Ausbildungsförderung wurden gekürzt. In der GKV wurde die Selbstbeteiligung erhöht, die Erstattung bei zahntechnischen Leistungen gesenkt und die Leistungen für Kuren und Brillen eingeschränkt.[41]

Das Haushaltsbegleitgesetz 1983 führte zum Teil nur aus, was schon vor dem Regierungswechsel beschlossen worden war. Die Selbstbeteiligung bei Medikamenten wurde weiter erhöht, eine Zuzahlung für Kur- und Krankenhausaufenthalt eingeführt. Das Verhältnis von Versicherungszeit und Bezugsdauer von Arbeitlosengeld wurde 1983 von 2 :1 auf 3 :1 erhöht. In der GRV wurde der Anpassungstermin um ein weiteres halbes Jahr verschoben und ein Krankenversicherungsbeitrag für Rentner eingeführt, ab 1984 der Anpassungssatz der GRV an den geringen Lohnerhöhungen des Vorjahres orientiert. Für Kinderlose wurden die Bemessungssätze für Arbeitslosengeld von 68 % auf 63 % und für Arbeitslosenhilfe von 58 % auf 56 % des letzten Nettoeinkommens gesenkt. Außerdem wurden Mieterhöhungen erleichtert.

Infolge der immer vollständigeren Einbeziehung aller Einkommensbestandteile in die Versicherungspflicht und infolge der zunehmenden Aussteuerung von Arbeitslosen aus den Leistungen der Arbeitslosenversicherung entstanden 1984 und 1985 hohe Überschüsse bei der BfA, die für eine Senkung des Beitragssatzes um 0,5 % und für Leistungsverbesserungen für ältere Langzeitarbeitslose genutzt wurden.[42] 1984 wurde mit dem Vorruhestandsgesetz Arbeitnehmern die Möglichkeit eröffnet, nach Vollendung des 58. Lebensjahres in Rente zu gehen. 1985 erfolgte mit dem Beschäftigungsförderungsgesetz eine partielle Entregulierung des Arbeitsrechts. Erst 1986, im Vorwahljahr, traten wieder mehrere Leistungsgesetze in Kraft: Anrechnung von Babyjahren für Rentnerinnen, Witwerrente, Erziehungsgeld, Ausweitung des Wohngeldes, Verbesserung der Ausbildungsförderung für Studenten.

Die Entwicklung der Realeinkommen verschiedener Sozialkategorien zeigt, daß innerhalb der Kategorien die Einkommen nach 1974 unterschiedlich stark, aber nicht massiv gesunken sind (Tab. 22). Das eigentliche Problem war der Abstieg von einer relativ gut zu immer schlechter alimentierten Kategorien: vom Arbeitseinkommen über das Arbeitslosengeld und die Arbeitslosenhilfe zur Sozialhilfe (Existenzminimum). Die Standard-Jahresrente (persönliche Bemessungsgrundlage 100 %, 40 Versicherungsjahre) lag 1985 um 2188 DM oder 11,6 % unter dem Niveau, das ohne die seit 1977 erfolgten Leistungskürzungen erreicht worden wäre.[43]

Die Politik des Leistungsabbaus in den Wirtschaftskrisen wurde bis 1982 fast nur unter dem Gesichtspunkt der Haushaltskonsolidierung betrieben, sie wurde nicht mit einer Reformperspektive verbunden. Die Kürzungen waren nur als vorübergehend geplant. Bevorzugtes Mittel dieser Politik waren Belastungsverschiebungen zwischen den Haushalten der Sozialversicherungen und dem Bundeshaushalt (siehe Übersicht 2). Die Sozialpolitik nach dem Regierungswechsel 1982 hatte insofern eine neue Qualität, als der Leistungsabbau während eines Wirtschaftsaufschwungs fortgeführt wurde und auch Schutzrechte von Arbeitnehmern umfaßte. Der Leistungsabbau wurde begleitet von Entlastungen bei den Unternehmens- und Vermögenssteuern, denen 1986/88 Entlastungen bei der Lohn- und Einkommensteuer folgten. Aus der Sicht der Bundesregierung war diese Politik nicht unsozial, da sie dazu dienen sollte, die soziale Funktion einer prosperierenden Wirtschaft wiederherzustellen. Finanzpolitisch war diese Politik – auch dank der hohen Bundesbankgewinne – erfolgreich. Beschäftigungspolitisch hat die erfolgte Korrektur der Verteilungsverhältnisse zwischen Kapital und Arbeit wenig gebracht. Die Zahl der Erwerbstätigen (der Arbeitnehmer) nahm im Aufschwung 1983–1987 um 0,47 Mio (0,45 Mio) zu, im vorangegangenen Aufschwung 1976–1980 lagen die entsprechenden Zahlen bei den Erwerbstätigen mit 0,74 Mio um fast 60 %, bei den abhängig beschäftigten Arbeitnehmern mit 1,07 Mio um fast 140 % höher (Tab. 25). Sozialpolitisch wurden die Ziele partiell erreicht: Verringerung der Sozialleistungsquote (Tab. 19) und der Regulierungsdichte. Angesichts der Tatsache, daß die Zahl der Sozialhilfeempfänger in den Aufschwungjahren nach 1983 im gleichen Maß weiter anstieg wie zuvor im Abschwung 1981–1983, muß die sozialpolitische Bilanz insgesamt als negativ bezeichnet werden. Dies ist die direkte Folge der zu geringen Zunahme der Arbeitsplätze.

6. Organisation und Leistungsrecht der Rentenversicherung

Die gesetzliche Rentenversicherung (GRV) erfaßt nahezu die gesamte Bevölkerung. Die Einführung der dynamischen Rente war ein entscheidender Fortschritt in der Entwicklung der sozialen Sicherung in der Bundesrepuplik.

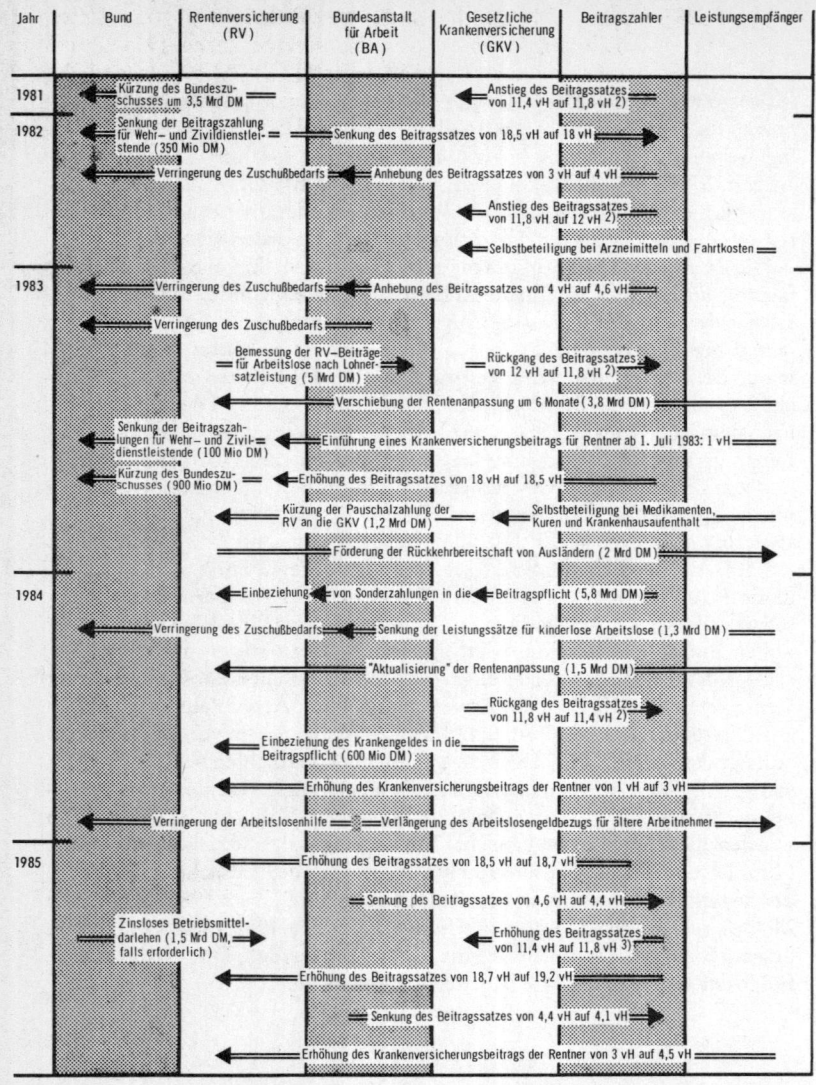

Übersicht 2: Belastungsverschiebungen durch Eingriffe in die Sozialversicherung[1]

[1] Pfeilspitze zeigt, welchen Bereich die Maßnahme entlastet (durch Mehreinnahmen, Minderausgaben). – [2] Jahresdurchschnittlicher Beitragssatz für Pflichtversicherte mit einem Anspruch auf Entgeltfortzahlung von mind. sechs Wochen. – [3] Stand Juli 1985.

Quelle: Sachverständigenrat zur Begutachtung der gesamtwirtschaftlichen Entwicklung, Jahresgutachten 1985/86, S. 91.

In der GRV sind Arbeiter und Angestellte, freiberufliche Handwerker und Künstler versicherungspflichtig. Selbständige können auf Antrag versicherungspflichtig werden. Außerdem besteht für fast die gesamte übrige Bevölkerung die freiwillige Versicherung (die verkammerten freien Berufe – Ärzte, Apotheker, Architekten, Notare, Rechtsanwälte – sind in eigenen Versorgungswerken versicherungspflichtig).[44]

Eine Rente erhalten die Versicherten nach Erreichen der Altersgrenze, wenn sie mindestens 5 Jahre an Beitrags- und Ersatzzeiten aufzuweisen haben (bis 1984 15 Jahre). Regelaltersgrenze ist die Vollendung des 65. Lebensjahres. Ab Vollendung des 60. Lebensjahres können Frauen eine Rente beantragen ebenso Arbeitslose, wenn sie in den vorangegangenen eineinhalb Jahren mindestens 52 Wochen arbeitslos waren. Nach Erreichung des 63. Lebensjahres und 35 anrechnungsfähigen Versicherungsjahren kann jeder Versicherte Rente beantragen (flexible Altersgrenze). Die Rentenversicherung zahlt auch Hinterbliebenenrente an Witwen, Witwer und Waisen. Die Hinterbliebenenrente beträgt 60 % der Ansprüche des verstorbenen Ehepartners, auf die ein Teil der Einkünfte des Hinterbliebenen zu 40 % angerechnet wird.

Die Höhe der Rente ist durch vier Faktoren bestimmt:

1. die allgemeine Bemessungsgrundlage (= AB), die sich an der durchschnittlichen Entwicklung aller Bruttoarbeitsentgelte orientiert;

2. der Vomhundertsatz der persönlichen Bemessungsgrundlage (= PB), der das Verhältnis zwischen individuellem und durchschnittlichem Brutto-Einkommen ausdrückt;

3. die Zahl der anrechnungsfähigen Versicherungsjahre (= VJ). Das sind neben den Beitragszeiten auch Ersatzzeiten (Wehrdienst), Ausfallzeiten (Arbeitslosigkeit, Ausbildung, Schwangerschaft) und Zurechnungszeiten (die Jahre zwischen dem Eintritt einer erwerbs- oder Berufsunfähigkeit und dem 55. Lebensjahr);

4. der Steigerungssatz (= St) von 1,5 %. Er ergibt z. B. nach 40 Versicherungsjahren eine Rente von 60 % des Bruttoeinkommens. Daraus ergibt sich die Rentenformel: $AB \times PB \times VJ \times St = $ Jahresrente.[45]

Die Bruttoorientierung der Anpassung führte dazu, daß die Renten im Durchschnitt schneller stiegen als die Nettoverdienste, gleichzeitig aber die Verteilung der Renten stärker streute als die Verteilung der Nettoeinkommen der Beitragszahler. Denn bei hohem Einkommen ist die Differenz zwischen brutto und netto größer als bei niedrigem Einkommen. Eine strenge Beitragsäquivalenz ist durch das Umlageverfahren nicht gesichert, aber eine an der Höhe der Beitragszahlungen orientierte Teilhabegerechtigkeit.

Auch diese Teilhabeäquivalenz, nach der die relative Höhe der gezahlten Beiträge auch die relative Höhe der Rente bestimmt, ist in der GRV durch folgende Regelungen verletzt:

1. Die Einbeziehung von Flüchtlingen und Vertriebenen nach dem Fremdrentengesetz.

153

2. Die Rente nach Mindesteinkommen.
3. Die Anrechnung von Ausfallzeiten.
4. Die Anrechnung von Ersatzzeiten.
5. Der fehlende versicherungsmathematische Abschlag bei Inanspruchnahme der flexiblen Altersgrenze.
6. Zurechnungszeiten bei Berufs- und Erwerbsunfähigkeitsrenten.

Als Ausgleich für die zahlreichen versicherungsfremden Leistungen wird der Bundeszuschuß an die GRV gezahlt.[46] Er betrug 1957 ca. 32 % der Ausgaben. Heute ist er unter 20 % gesunken.

7. Finanzprobleme der Rentenversicherung

Wenn das gegenwärtige System der gesetzlichen Rentenversicherung nicht geändert wird, werden die Beiträge in den kommenden Jahrzehnten unvertretbar stark angehoben werden müssen. Zur Lösung dieser dringenden Probleme werden zahlreiche Vorschläge gemacht. Der entscheidende Beitrag zu einer Strukturreform der Rentenversicherung, die langfristig Bestand haben kann, liegt in der Durchsetzung des Äquivalenzprinzips, das bisher in vielfältiger Weise verletzt ist.

Die Rentenversicherung ist seit einigen Jahren von mehreren Seiten unter Anpassungsdruck geraten:

1. Die seit 1974 in zwei Rezessionen angestiegene Dauerarbeitslosigkeit führte zu einem verminderten Beitragsaufkommen. Die BfA zahlt Beiträge zur Rentenversicherung nur für die Arbeitslosen, die Leistungen aus der Arbeitslosenversicherung erhalten. Das waren 1985 ca. zwei Drittel aller registrierten Arbeitslosen.

2. Das Bundesverfassungsgericht verlangte 1975 vom Gesetzgeber Regelungen zur Gleichstellung der Männer und Frauen in der Rentenversicherung.

3. Die demographische Entwicklung führt dazu, daß der Anteil der Rentner an der Bevölkerung steigt (Tab. 23). 1987 kamen auf 100 Beitragszahler ca. 49 Rentner. Im Jahre 2000 werden es ca. 61, im Jahre 2030 ca. 112 Rentner sein, die von 100 Beitragszahlern unterhalten werden müssen.[47]

Ohne Änderung des Systems müßte im Laufe der nächsten 40 Jahre entweder der Beitragssatz verdoppelt oder das Rentenniveau halbiert werden.

Für die Änderung der Altersstruktur der Bevölkerung sind vor allem folgende Faktoren ursächlich:

1. Die Zahl der Geburten hat sich seit 1965 fast halbiert.

2. Die Lebenserwartung der 60jährigen ist gestiegen und wird wohl noch weiter steigen.

3. Das durchschnittliche Rentenzugangsalter ist unter 60 Jahre gesunken.

4. Die Ausbildungszeiten haben sich verlängert. Die Zahl der Beitragsjahre ist also zurückgegangen.

5. Die in den kommenden Jahren in den Ruhestand tretenden Jahrgänge sind relativ stark.

Die finanziellen Folgen so massiver Veränderungen der Altersstruktur sind ohne eine Umgestaltung des Rentensystems nicht zu bewältigen. Die Reformvorschläge weisen eine große Variationsbreite auf. Sie bzw. ihre Elemente lassen sich unter drei Kategorien subsumieren:

1. Vorschläge zur Erschließung neuer Finanzmittel.
2. Vorschläge zur Verringerung der Leistungen.
3. Vorschläge, die durch eine Strukturreform einen Ausgleich von Einnahmen und Ausgaben erreichen wollen, ohne eine allgemeine Aussage über das Beitrags- oder Leistungsniveau zu machen.

Die meisten Reformvorschläge überschätzen allerdings den Reformbedarf, da sie nur von der Entwicklung der Altenlastquote ausgehen, statt die gesamte Soziallastquote zu berücksichtigen. Diese wird sich kaum erhöhen, da sich aufgrund der demographischen Entwicklung bei folgenden Positionen des Sozialbudgets Entlastungen ergeben werden: 1. Arbeitslosigkeit; 2. Wohnungsbau- und Sparförderung; 3. Kriegsfolgen; 4. Ehe und Familie. Die Relation von Nicht-Erwerbstätigen zu Erwerbstätigen, die 1985 bereits 1,39 betrug, wird sich bis zum Jahre 2030 nur auf 1,45 erhöhen.[48]

Am stärksten umstritten ist in der Diskussion die vor allem von Politikern der SPD vertretene Wertschöpfungsabgabe. Hier soll als Bewertungsgrundlage für die Arbeitgeberbeiträge zur Rentenversicherung nicht mehr die Bruttolohnsumme, sondern die Bruttowertschöpfung des Unternehmens herangezogen werden. Die Umstellung soll zunächst aufkommensneutral erfolgen. Auf längere Sicht werden erhöhte Einnahmen · für die Rentenversicherung erwartet, da angenommen wird, daß die Wertschöpfung eine ergiebigere und auch weniger konjunkturabhängige Bemessungsgrundlage sei als die Lohnsumme. Diese Annahme beruht wiederum auf der (pessimistischen) Voraussetzung, daß die steigende Kapitalintensität der Industrie nicht durch eine produktivitätsorientierte Lohn- und Arbeitszeitpolitik kompensiert werden wird.[49] Der DGB, der eine offensive Verteilungspolitik propagiert, steht dem Vorschlag daher sehr reserviert gegenüber. Zudem hat sich bis 1980 das Bruttoeinkommen der Arbeitnehmer nicht weniger erhöht als die Wertschöpfung. Auch die Arbeitsintensität der Industrieproduktion ist trotz Rationalisierung nicht gesunken. Daher ist auch keine Verringerung der relativen Arbeitskosten und keine beschäftigungsfördernde Wirkung der Wertschöpfung zu erwarten.[50] Das heute geltende Prinzip der Rangäquivalenz von Arbeitnehmerbeiträgen und Rentenanspruch würde bei Einführung der Wertschöpfungsabgabe beibehalten werden. Das Modell würde aber einen grundlegenden Eingriff in das bestehende System bedeuten, ohne mit Sicherheit nachhaltige Effekte zu erreichen. Es ist daher von mehreren Wissenschaftlern abgelehnt worden.[51]

Vorschläge zur Einführung einer Grundrente bedeuten einen Verzicht auf das Ziel der Vollversorgung. Soweit die Grundrente über Steuern finanziert werden soll, wird das Äquivalenzprinzip noch stärker verletzt als durch das bestehende System. Diese Vorschläge sind in der politischen Diskussion ganz überwiegend auf Ablehnung gestoßen.[52]

Dem Kriterium der Leistungsgerechtigkeit entsprechen vor allem die Vorschläge, die das Zentralkomitee der Deutschen Katholiken und Hans-Jürgen Krupp gemacht haben. Beide Konzeptionen enthalten folgende Elemente:

1. die leistungsbezogene Rente, die ein ausreichendes Einkommen sichert;

2. eine gleichgewichtige Entwicklung von Renten und Erwerbseinkommen;

3. volle Anrechnung von Kindererziehungszeiten bis zu 3 bzw. 6 Jahren;

4. Einschränkung bzw. Abschaffung der Hinterbliebenenrenten, da sie oft zur Doppelvorsorgung führen;

5. Gestaltung der Alterssicherung der Beamten entsprechend der Rentenversicherung.

Krupp favorisiert eine voll eigenständige Sicherung der Frau, die ihre Beiträge entweder selbst erarbeiten oder als kinderlose verheiratete Hausfrau die Beiträge von ihrem Mann und für Zeiten der Kindererziehung die Beiträge vom Staat gezahlt bekommt.[53] Das Zentralkomitee befürwortet eine Verkürzung der anrechenbaren Ausbildungszeiten, eine flexible Altersgrenze mit versicherungsmathematischen Ab- oder Zuschlägen (für maximal 5 bzw. 2 Jahre), Vereinheitlichung der Besteuerung der Renten und Pensionen und eine Anrechnung von Zeiten, in denen Pflegebedürftige versorgt wurden.[54]

Alle diese Forderungen sind marktkonform. Sie erhöhen die Wahlfreiheit des Einzelnen und stärken das Äquivalenzprinzip. Nicht durchdacht ist allein der Vorschlag des Zentralkomitees, die Rentenbeiträge nach der Kinderzahl zu staffeln. Denn das würde bedeuten, daß bei einem Anstieg der Geburtenzahlen nach der Jahrtausendwende für die dann steigende Zahl von Rentnern ein schrumpfendes Beitragsvolumen zur Verfügung stünde. Nicht die Beiträge, sondern die Renten müssen entsprechend der Kinderzahl gestaffelt werden. Allein eine solche Regelung entspricht der Umlagenfinanzierung des »Generationenvertrages«.

Die Koalitionsvereinbarungen von CDU, CSU und FDP vom März 1987 sahen eine Strukturreform nach folgenden Grundsätzen vor:

1. »Beibehaltung des Prinzips der Lohn- und Beitragsbezogenheit der Renten.

2. Angemessene Verteilung der aus der demographischen Entwicklung sich ergebenden Belastungen auf alle Beteiligten.

156

3. Gleichgewichtige Entwicklung von verfügbaren Renten und verfügbaren Arbeitnehmerverdiensten.
4. Erhöhung des Bundeszuschusses.«[55]

Eine Reform auf der Basis dieser Vereinbarung kann die anstehenden Probleme zwar lösen, aber nur um den Preis der Aufrechterhaltung der bestehenden Ungerechtigkeiten. Das Äquivalenzprinzip wird von der Koalition offensichtlich allein auf die Geldbeiträge, nicht auf die Beiträge durch Kindererziehung bezogen. Auch von der Opposition ist bisher kein Zeichen für ein Umdenken in dieser Hinsicht zu bemerken.

Das entscheidende Problem der Renten ist die geringe Anpassungsfähigkeit des bestehenden Systems an demographische Veränderungen. Eine automatische Anpassung könnte erreicht werden durch eine konsequente Durchführung des bisher nur in Ansätzen verwirklichten Äquivalenzprinzips. Der »Generationenvertrag« in der Rentenversicherung ist bekanntlich eine Fiktion, denn Generationen können weder Verträge schließen noch ihre Erfüllung durchsetzen.[56] Die Fiktion eines Generationenvertrages ist aber nützlich, weil sie deutlich macht, welche Leistungen zur Erfüllung der gegenseitigen »Vertragsverpflichtungen« gehören.

Die Alterssicherung nach dem Umlageverfahren ist ein Drei-Generationen-Vertrag: die erwerbstätige Bevölkerung finanziert mit ihren Beiträgen die Renten ihrer Elterngeneration und erwirbt sich durch Geburt und Erziehung von Kindern den Anspruch auf Rentenzahlung durch die Kindergeneration. Die von den Erwerbstätigen gezahlten Beiträge haben allein die Funktion, für diese als Bemessungsgrundlage zur Bestimmung der Höhe des eigenen Rentenanspruchs zu dienen.

Der Beitrag zur Rentenversicherung hat nach dem Äquivalenzprinzip mit der Begründung eines Anspruchs auf Rentenzahlung gar nichts zu tun. Mit diesem Beitrag werden vielmehr die Leistungen abgegolten, die die Rentnergeneration für die Erziehung der Erwerbstätigengeneration erbracht hat. Die Beiträge dienen auch faktisch zur Finanzierung der laufenden Renten. Der Rentenanspruch der Erwerbstätigen resultiert allein aus ihrem Beitrag zur Erziehung von Kindern, die in der Zukunft Beitragszahler werden. Kinderlose haben überhaupt nur dadurch einen Rentenanspruch, daß sie mit ihren Steuern zur Erziehung und Ausbildung der Kindergeneration beigetragen haben.[57]

Bisher wird das Äquivalenzprinzip aber oft völlig verfehlt interpretiert, auch vom Bundesverfassungsgericht und von der Bundesregierung. Von der Sache her schafft das Äquivalenzprinzip in der Rentenversicherung für den Beitragszahler keinen Anspruch auf eine Rente, die der Summe der eigenen Beiträge entspricht, sondern es erlegt die Verpflichtung auf, soviel zur Erziehung der Kindergeneration beizutragen, wie man später an Rente erhalten will.

Die Beiträge zur Rentenversicherung, die eine Bringschuld an die Rentnergeneration sind, können daher auch keinem Eigentumsschutz unterliegen, den der Beitragszahler geltend machen könnte. Vielmehr hat allenfalls der Rentner, der Kinder aufgezogen hat, einen Eigentumsschutz für diese Leistung gegenüber dem Beitragszahler. Das Bundesverfassungsgericht hat insofern sachwidrige Urteile gefällt, als es die Beiträge zur Rentenversicherung der Eigentumsgarantie nach dem Grundgesetz unterwarf.[58]

An diesen Zusammenhängen ändert nichts die Tatsache, daß man so tun kann, als sei das bestehende Verfahren der Umlagefinanzierung der GRV ein Kapitaldeckungsverfahren. In der Tat müssen nach beiden Verfahren die Renten aus dem Sozialprodukt der laufenden Periode gezahlt werden.[59] Es macht aber rechtlich und ökonomisch einen entscheidenden Unterschied, ob der zur Finanzierung der laufenden Renten heute erforderliche Kapitalstock in Höhe von ca. 2500 Mrd DM[60] von den Rentnern in der Zeit ihrer Erwerbstätigkeit angespart worden ist oder nicht.

Bisher ist nur der Teil des »Generationenvertrages« geregelt, der die Finanzierung der Renten durch die Erwerbstätigen betrifft. Der zweite Teil, der die Reproduktion der erwerbstätigen Generation betrifft, ist mit der 1985 erfolgten Anrechnung von Babyjahren für die Mütter nicht angemessen berücksichtigt. Infolgedessen werden Eltern und insbesondere die Frauen doppelt benachteiligt: sie tragen die durch Kindergeld, Schulgeldfreiheit, Steuerfreibeträge und den Familienlastenausgleich in der gesetzlichen Krankenversicherung nur teilweise sozialisierte finanzielle Last der Kindererziehung und erhalten trotz dieser wichtigen Leistung meist noch eine niedrigere Rente, da sie in der Regel wegen der Kindererziehung auf weniger Erwerbsjahre in schlechter bezahlten Berufen zurückblicken als kinderlose Rentner, die sich voll ihrer Karriere widmen konnten.[61] Hier kann von Äquivalenz der »Beiträge«, die eben nicht nur aus Zahlungen an die Rentenversicherung bestehen, keine Rede sein. Die Äquivalenz könnte wieder hergestellt werden, wenn die volle Rente nur an Ehepaare mit zwei Kindern oder an Ledige mit einem Kind gezahlt würde. Für eine geringere Kinderzahl gäbe es Abschläge, für eine höhere Kinderzahl degressiv gestaffelte Zuschläge zur Rente. Wer sich die Ausgaben für die Erziehung von Kindern spart, müßte durch Vermögensbildung für sein Alter vorsorgen. Eine gesetzliche Verpflichtung für Kinderlose zur Bildung von Vermögen erscheint nicht praktikabel, da nur für Frauen im Alter von ca. 50 Jahren endgültig bestimmt werden kann, ob sie kinderlos geblieben sind oder nicht.

Um mehr Entscheidungsfreiheit zu ermöglichen, sollte mehr Flexibilität hinsichtlich des Zeitpunktes des Renteneintritts ermöglicht werden. Die Flexibilität sollte jedoch durch Rentenzu- und -abschläge kostenneutral für die Rentenversicherung sein. Gleichzeitig kann die frühere Altersgrenze für Frauen abgeschafft werden. Sie ist sachlich nicht gerechtfertigt und entspricht auch nicht mehr den realen Verhältnissen. Bei einer durchschnittlichen Lebenserwartung der Männer von 70,5 Jahren und der Frauen von 77 Jahren führt die Möglichkeit der früheren Verrentung von Frauen theoretisch dazu, daß die Frauen nach einem um 3 Jahre kürzeren Erwerbsleben einen um 8,5 Jahre längeren Rentenbezug erwarten können als die

Männer.[62] Durch Flexibilisierung könnten Männer und Frauen hier individuell entscheiden.

Kinderlose könnten durch Hinausschieben der Verrentung ihre Ansprüche erhöhen. Die Möglichkeit der Frühverrentung sollte nur eröffnet werden, wenn ein Rentenanspruch erreicht ist, der einen gewissen Abstand zum Sozialhilfeniveau aufweist.

Die Finanzprobleme der gesetzlichen Rentenversicherung könnten auf die skizzierte Weise zu einem großen Teil ohne allgemeine Erhöhung der Beiträge gelöst werden. Der verfassungsrechtliche Gleichheitsgrundsatz und das Äquivalenzprinzip würden auf diesem Wege erst voll verwirklicht. Auch die Wahlfreiheit würde vergrößert. Fraglich erscheint, ob das Bundesverfassungsgericht eine solche Lösung, die im Widerspruch zu seiner bisherigen Rechtsprechung steht, akzeptieren würde. Probleme könnten sich auch bei der politischen Durchsetzung ergeben. Denn die Zahl der Wahlberechtigten ohne Kinder und der Ehepaare mit nur einem Kind übersteigt die Zahl der Ledigen mit einem Kind und der Ehepaare mit zwei und mehr Kindern heute bei weitem. Vermutlich hat deshalb bisher nur die katholische Kirche, aber keine Partei diese Gedanken aufgegriffen. Die Reform dürfte aber um so leichter durchsetzbar sein, je stärker der Beitrag zur Rentenversicherung steigt. Denn die Gruppe der Beitragszahler ist zusammen mit der Gruppe der »kinderreichen« Rentner größer als die Gruppe der dann schlechter gestellten Rentner.

Wenn das Wirtschaftswachstum in den 41 Jahren bis zum Jahre 2030 nur durchschnittlich 1 % (1,5 %) pro Jahr beträgt, so ergibt das eine Steigerung des Bruttosozialprodukts um insgesamt 50 % (84 %). Die allmähliche Senkung der Rentenansprüche der Kinderlosen würde also auch bei geringem Wachstum weitgehend kompensiert. Selbst wenn alle Kinderlosen die private Vermögensbildung verweigern würden, entstünde kein Armutsproblem. Der Eintritt ins Rentenalter wäre nur mit einer selbst verschuldeten und daher auch selbst zu verantwortenden Senkung des Lebensstandards verbunden.

Nur eine Strukturreform, die die Unterbewertung der Kindererziehung beseitigt und das Äquivalenzprinzip verwirklicht, ist mit marktwirtschaftlichen Grundsätzen vereinbar. Die bisherige Gestaltung der Rentenversicherung begünstigte stark die verheiratete Frau, die weder Kinder hat noch erwerbstätig ist: sie erhielt beim Tod ihres Mannes eine aus dessen Rente abgeleitete Witwenrente (§ 1264 f. RVO). Die ledige Mutter dagegen ging leer aus, wenn sie nicht neben der Kindererziehung auch noch erwerbstätig war. Markttheoretiker haben aus dieser Konstruktion den Schluß gezogen, daß unser Rentensystem eine Rationalitätenfalle enthalte, da es die Kinderlosen begünstige, die Kinderreichen benachteilige. Dadurch entziehe sich das System langfristig die eigene Basis. Das Absinken der Geburtenrate neun Jahre nach der Einführung der dynamischen Rente wurde mit dieser Rationalitätenfalle erklärt.[63] Eine solche Sicht ist sicher zu einseitig. Kinder werden nicht (vorwiegend) aufgrund von ökonomischen oder gar Renten-

159

kalkülen geboren. Daher sollte auch mit Hilfe der Rentenversicherung weder Familien- noch Bevölkerungspolitik betrieben werden. Der Rückgang der deutschen Bevölkerung der Bundesrepublik ist jetzt auch nicht mehr vermeidbar, ökologisch ist er sogar begrüßenswert.

Erziehung und Unterhalt von Kindern bedeuten heute für die Eltern, überwiegend für die Frauen, einen dreifachen Verzicht:

1. Aufwendungen und gemindertes Einkommen während der Zeit der Kindererziehung.

2. Geminderte Berufs- und Einkommenschancen danach.

3. Einen verringerten Rentenanspruch, der sich aus dem zuvor relativ geringen Einkommen ergibt.

Innerhalb der Rentenversicherung ist nur der geminderte Rentenanspruch auszugleichen. Die Lasten der Kindererziehung müssen für die Familien dann kompensiert werden, wenn sie anfallen, nicht Jahrzehnte später. Je geringer allerdings der Familienlastenausgleich während der Erziehungsphase ist, desto höher muß er bei der Rentenbemessung sein und vice versa.

8. Aufbau, Leistungen und Ausgabenentwicklung der gesetzlichen Krankenversicherung

Die Gesetzliche Krankenversicherung (GKV) ist gekennzeichnet durch organisatorische Vielfalt, Elemente des Solidarausgleichs und starke Tendenzen zur Leistungsausweitung. Versuche, die Kostendynamik zu bremsen, waren bisher nur punktuell erfolgreich.

Der Versicherungspflicht unterliegen alle Arbeiter, die Angestellten bis zu einem Einkommen, das 75 % der Beitragsbemessungsgrenze der Rentenversicherung beträgt, die Rentner, Studenten, Landwirte, Arbeitslose und einige Gruppen von Selbständigen.[64] Die Träger der GKV sind rund 1200 Orts-, Betriebs- und Innungskrankenkassen sowie die Ersatzkassen. Diese Kassen sind Selbstverwaltungskörperschaften des öffentlichen Rechts. An der Selbstverwaltung sind Arbeitgeber und Arbeitnehmer je zur Hälfte beteiligt, bei den Ersatzkassen nur die Arbeitnehmer. Die Selbstverwaltungsorgane müssen allen Beitragserhöhungen zustimmen und allen Leistungsausweitungen, die nicht gesetzlich vorgeschrieben sind.

Die Kassen sind finanziell und organisatorisch selbständig, weshalb es, je nach Risikostruktur, sehr unterschiedliche Beitragssätze gibt.[65] Die Mitglieder haben, soweit sie Arbeiter sind, keine Möglichkeit, ihre Krankenkasse auszuwählen. Angestellte können sich entweder für die zuständige Pflichtkasse oder eine Ersatzkasse entscheiden. Die Beiträge werden je zur Hälfte von Arbeitgebern und Arbeitnehmern aufgebracht. Für die

Rentner zahlt die Rentenversicherung, für die Arbeitslosen die BfA die Beiträge. Der Beitrag ist als Prozentsatz vom Bruttoeinkommen festgelegt. Für die GKV gilt grundsätzlich das Sachleistungsprinzip: die Versicherten erhalten im Krankheitsfall ambulante ärztliche und zahnärztliche Behandlung, stationäre Versorgung in Krankenhäusern, Medikamente, Heil- und Hilfsmittel als Sachleistungen. Sie müssen nicht, wie beim Kostenerstattungssystem, die Rechnungen erst bezahlen, um sich das Geld dann von der Kasse erstatten zu lassen. Ausnahmen vom Sachleistungssystem gelten für die Selbstbeteiligung und das Krankengeld.

Durch die Mitversicherung der nicht erwerbstätigen Ehepartner und Kinder besteht in der GKV ein Familienlastenausgleich. Die Männer zahlen außerdem für die höheren Risiken der Frauen, die Jüngeren für die Älteren, die Versicherten mit hohem für die mit niedrigem Einkommen. Der Generationenausgleich ist auf längere Sicht relativ gering, da die zunächst Belasteten später meist zu Begünstigten werden. Der Solidarausgleich ist auch dadurch abgeschwächt, daß er nur innerhalb einer Kasse zur Geltung kommt. In den Pflichtkassen wirkt er also nur örtlich.

Die Entwicklung der GKV ist durch eine stetige Ausweitung der Leistungen und der Kosten gekennzeichnet. Diese Entwicklung wurde früher als Ausdruck sozialen Fortschritts begrüßt. Seit Ende der 60er Jahre spricht man von Kostenexplosion.[66] Die Kostenentwicklung zeigte in den Jahren 1970 bis 1975 mit einer Gesamtsteigerung von 144 % den höchsten Anstieg in der Geschichte der GKV. Dieser Anstieg war real geringer als in der Periode 1955–1960, in der der Zuwachs nominal 122 % betrug, denn 1970–1975 war die Geldentwertung mit 33,8 % mehr als dreimal so hoch wie in den Jahren 1955–1960 mit 9,6 % (Tab. 1 u. 24).[67] Daß es 1977 zu Kostendämpfungsmaßnahmen und zur Einrichtung der Konzertierten Aktion im Gesundheitswesen (KAG) kam, hatte zwei Ursachen:

1. Die Renten- und Arbeitslosenversicherung standen infolge der Wirtschaftskrise ebenfalls vor Finanzproblemen. Die Krankenversicherung sollte einen Teil dieser Lasten tragen und zugleich von anderen Kosten entlastet werden.[68]

2. Der Anstieg der Lohnnebenkosten sollte begrenzt werden, um die internationale Wettbewerbsfähigkeit der deutschen Wirtschaft zu stärken.

Die KAG bzw. die Kostendämpfungspolitik waren relativ erfolgreich, obwohl die geschaffenen Instrumente (Empfehlungen der KAG, mehrere Kostendämpfungsgesetze) keine sehr wirksamen Steuerungsinstrumente geschaffen haben.[69] Die wiederholt von seiten der Bundesarbeitsminister ausgesprochenen Drohungen mit scharfen administrativen Eingriffen bei einem Versagen der Kostendämpfungspolitik führten immer wieder zu ausgeprägter Zurückhaltung auf seiten der Leistungsanbieter. Diese Wirkung konnte aber immer nur für kurze Phasen erzielt werden, auf die dann wieder ein beschleunigter Kostenanstieg folgte.[70] Zu einem Teil wurden die Kosten nicht verringert, sondern durch Selbstbeteiligung auf die Patienten verlagert.

Die zeitweise rasant verlaufene Kostenentwicklung ist vor allem auf politische und auf demographische Faktoren zurückzuführen. Die politischen Rahmenbedingungen waren:

1. eine Politik der bewußten Leistungsausweitung, die von allen Beteiligten (Gesetzgeber, Kassen, Anbieter) betrieben wurde. Hier ist zu nennen die Ausweitung der Leistungen für Zahnersatz, Heil- und Hilfsmittel und die Aufhebung der zeitlichen Beschränkung der Krankenhauspflege;

2. der 1977 beendete Prozeß des Steuerungsabbaus.

Der Steuerungsabbau begann 1955 mit der Aufhebung der 1932 eingeführten Gesamtvergütung für ambulante Behandlung, die 1965 vollständig durch die Einzelleistungsvergütung ersetzt wurde. Eine Vermehrung der ambulant erbrachten Leistungen führte so zu einer entsprechenden Erhöhung der Vergütung.[71] Ein Anreiz zum Sparen bestand für die Ärzte nicht mehr. 1960 wurde die Niederlassungsbeschränkung für Ärzte auf Grund eines Urteils des Bundesverfassungsgerichts als der Berufsfreiheit widersprechend aufgehoben. Infolgedessen war es nicht mehr möglich für die Kassen, nur eine im Verhältnis zur Bevölkerung festgelegte Arztzahl zuzulassen. 1970 wurde die Versicherungspflichtgrenze dynamisiert. Dadurch nahmen die Finanzmittel der Kassen automatisch in dem Maße zu, wie die Grundlohnsumme stieg. Das Finanzvolumen konnte durch eine politische Festsetzung der Versicherungspflichtgrenze nicht mehr beeinflußt werden. Schließlich wurde mit der Einführung kostendeckender Pflegesätze durch das Krankenhausfinanzierungsgesetz im Jahre 1972 der Zwang zu wirtschaftlicher Betriebsführung erheblich gemindert, da trotz des gesetzlichen Wirtschaftlichkeitsgebots praktisch alle nachgewiesenen Kosten gedeckt wurden.[72] Die Vollkostendeckung wurde ab 1985 durch das Krankenhaus-Neuordnungsgesetz wieder abgeschafft.[73]

Neben den gesundheits- und ordnungspolitisch bedingten Tendenzen zur Kostensteigerung im Gesundheitssektor sind zahlreiche andere, primär demographische Faktoren zu nennen. Die Trends zu Verstädterung, Kleinfamilien, Frauenerwerbsarbeit, Einpersonenhaushalten und die steigende Lebenserwartung bewirken, daß mehr Pflege erforderlich wird, die in Heimen und Krankenhäusern geleistet werden muß, da immer weniger Personen für häusliche Pflege zur Verfügung stehen. Der medizinisch-technische Fortschritt und die Verschiebung des Krankheitsspektrums von Infektionskrankheiten zu chronischen und insbesondere Verschleißkrankheiten erhöhen die Kosten ebenfalls.[74]

9. Probleme einer Strukturreform der gesetzlichen Krankenversicherung

Die Vorschläge für eine Reform der gesetzlichen Krankenversicherung gehen von unterschiedlichen Voraussetzungen aus. Die marktwirtschaftlich orientierten Vorschläge wollen über Selbstbeteiligung die Nachfrage nach medizinischen Leistungen drosseln. Die Gegenposition bestreitet die Möglichkeit eines funktionierenden Gesundheitsmarktes und will die Kosten durch eine Steuerung des Angebots eindämmen.

Selbstbeteiligung wird propagiert, um die Null-Tarif-Mentalität der Versicherten und die daraus resultierende Übernachfrage im Gesundheitswesen zu bekämpfen. Es wird unterstellt, daß die erhaltene Sicherheit als Gegenleistung für die Beiträge den Versicherten nicht genügt, weshalb sie dazu neigen, möglichst viele der scheinbar kostenlosen Versicherungsleistungen in Anspruch zu nehmen, um eine höhere Gegenleistung für die Beiträge zu erhalten. Dieses Theorem einer »Rationalitätenfalle« ist in der Literatur sehr verbreitet.[75] Die Rationalität des Einzelnen und die des Versicherungssystems widersprechen sich, weshalb es zur Kostenexplosion kommen muß. Durch Selbstbeteiligung erhält jede Leistung einen Preis. Es werden weniger bzw. billigere Leistungen in Anspruch genommen.

Die Schlußfolgerung, daß Selbstbeteiligung die Nachfrage senkt, ist sicher richtig.[76] Die Konsequenz wäre aber, daß das Ziel einer möglichst gleichen medizinischen Versorgung aufgegeben werden muß und damit ein wesentlicher Aspekt der (Chancen-)Gleichheit in unserer Gesellschaft. Dies ist aus sozialpolitischen Gründen abzulehnen und wäre auch gesamtwirtschaftlich nicht vertretbar. Ein zweifellos vorhandener Überkonsum von Medikamenten ist durch mehr Aufklärung und politische Steuerung, nicht durch Schaffung von Ungleichheit zu bekämpfen.

Zudem sind auch theoretische Voraussetzungen der Rationalitätenfalle nicht zutreffend: 1. Ärztliche Leistungen kosten die Versicherten Zeit und meist auch Fahrgeld. 2. Ärztliche Leistungen stellen in der Regel keinen geldwerten Nutzen dar. Untersuchungen, Injektionen, Röntgenaufnahmen, kleine Operationen etc. werden in der Regel wohl als lästig und unangenehm empfunden. Allerdings gibt es medizinische Leistungen (Kuren, zum Teil auch Massagen, Leistungen mit kosmetischem Aspekt: Brillen, Zahnersatz), für die ein geldwerter Nutzen angenommen werden kann. Hier kann Selbstbeteiligung die Nachfrage auf das Notwendige begrenzen. Es ist aber zu prüfen, ob nicht ein kontraproduktives Ausweichen auf andere Therapieformen (Pillen statt Massage) die Folge ist.

Sozial vertretbar erscheint eine Verknüpfung von Prophylaxe und Selbstbeteiligung, wie sie im Gesetzentwurf zur Strukturreform des Gesundheitswesens vorgesehen ist: die Selbstbeteiligungsquote steigt, wenn die Vorsorgeuntersuchungen nicht wahrgenommen wurden. Unverantwortliches Verhalten wird so bestraft, was durchaus sozial ist. Gerade Zahnerkrankungen sind durch einfache Formen der Vorsorge wirksam zu verhindern.

Eine – eventuell nach dem Einkommen gestaffelte – Beteiligung an den Kosten von Kur- und Krankenhausaufenthalten, die nur eine Erstattung der vom Patienten gesparten Kosten für Ernährung, Heizung etc. verlangt, ist keine Selbstbeteiligung in dem hier diskutierten Sinn, da Ausgaben für Ernährung nicht krankheitsbedingt sind. Eine solche Erstattung gesparter Kosten ist kein Problem der sozialen Gerechtigkeit, sondern allenfalls des erforderlichen Verwaltungsaufwandes.

Eine Nachfragesteuerung durch Selbstbeteiligung kann zwar zu einer Verringerung von Kosten führen, das bedeutet aber nicht, daß die Effizienz des Systems erhöht worden wäre, was in der Regel die Folge von Marktwirtschaft ist. Ein Markt setzt voraus, daß Anbieter und Nachfrager einander unabhängig gegenüberstehen und Mengen sowie Preise aushandeln. Beide Bedingungen sind im Gesundheitswesen nicht gegeben. Die Mengen werden von den behandelnden Ärzten festgelegt, die Preise in Verhandlungen zwischen Kassen und Ärzteverbänden oder autonom von der Pharmaindustrie.[77]

Außerdem wird nur die primäre Nachfrage von den Versicherten bestimmt. Ist aus dem Versicherten durch einen Besuch beim Arzt oder eine Aufnahme in ein Krankenhaus ein Patient geworden, so wird die weitere Nachfrage von den Anbietern, den Ärzten, bestimmt. Konsumentensouveränität ist in medizinischen Fragen nicht möglich.[78] Mehr Markttransparenz könnte zwar durch Änderung des Kassenrechts (Kostenerstattung statt Sachleistungen) und des Standesrechts der Ärzte und Apotheken (Zulassung von Werbung) erreicht werden. Das entscheidende Manko bliebe aber auch dann bestehen: der Patient wäre mangels eindeutiger Definition des »Produkts« Gesundheit und mangels medizinischer Kenntnisse in der Regel nicht in der Lage, das Preis-Leistungsverhältnis unterschiedlicher Angebote sachgerecht zu beurteilen.

Die Schaffung von mehr Konsumentenfreiheit durch Einführung von Wahltarifen mit unterschiedlicher Selbstbeteiligung ist nur in engen Grenzen denkbar. Gravierende Krankheitsrisiken müßten weiter voll pflichtversichert bleiben, da sonst im Falle einer Unterversicherung die Allgemeinheit die Folgen einer privaten Fehlkalkulation des Risikos zu tragen hätte.[79] Eine solche Tarifgestaltung würde außerdem zu einer Verringerung des Risikoausgleichs führen und wäre daher nicht wünschenswert. Sie würde eine Umbasierung der Beiträge erfordern. Wie in der Privatversicherung müßten altersspezifische Tarife eingeführt werden, die bei einem Wechsel zu einem Tarif mit geringerer Selbstbeteiligung auf Grund des altersbedingt steigenden Krankheitsrisikos zu einem überproportional steigenden Beitrag führen.

Als ein weiterer Ansatz zur Erzielung von mehr Wahlfreiheit und Effizienz im Gesundheitswesen wird die Erhöhung des Wettbewerbs zwischen den Kassenarten propagiert, von dem eine Senkung der Verwaltungskosten erwartet wird. Fairer Wettbewerb setzt voraus, daß mit der Wahlfreiheit für die Versicherten Kontrahierungszwang für die Versicherungen eingeführt wird: jede Versicherung muß jeden aufnehmen. Anderenfalls käme es nur zu einer Entsolidarisierung infolge einer Selektion der Risiken: die billigen Versicherungen bräuchten nur die »guten Risiken« (junge, gesunde, männliche Personen mit Bürotätigkeit) aufzunehmen, während die schlechten Risiken mangels tatsächlicher Wahlmöglichkeit bei den teuren Versicherungen verblieben, die infolgedessen noch teurer würden. Das Ergebnis eines fairen Wettbewerbs, der nicht nur zur Risikoselektion, sondern zur Kostensenkung führt, wäre ein weitgehender Ausgleich der unterschiedlichen Risikostrukturen und der Tarife der Versicherungen. Fairer Wettbewerb würde so das Solidarprinzip in der Krankenversicherung erst voll zur Geltung bringen.

Der hier skizzierte faire Wettbewerb zwischen den Kassen sollte nach dem ersten Entwurf für eine Strukturreform der GKV vom Dezember 1987 eingeführt werden. In den neueren Entwürfen ist er gestrichen worden.[80] Das Interesse der Kassen an ihren weitgehend abgegrenzten Märkten war offensichtlich größer als ihr Interesse an der Durchsetzung des Solidarprinzips. Bei Einführung von fairem Wettbewerb würde der Prozeß der allmählichen Abwanderung von der teuren AOK zu den günstigeren Ersatzkassen sich erheblich beschleunigen. Der Verwaltungsapparat müßte bei den Ortskrankenkassen schlagartig verkleinert, bei den Ersatzkassen entsprechend vergrößert werden. Die Beiträge der Ersatzkassen müßten angehoben oder die Leistungen gesenkt werden. Es ist klar, daß keine Kasse an einer solchen Entwicklung ein Interesse hat. Die AOK fordert statt Wettbewerb einen Strukturausgleich: die besonderen Belastungen der Kassen, deren Mitglieder hohe Krankheitsrisiken haben (Rentner, Industriearbeiter), sollen durch Ausgleichszahlungen der Kassen mit günstiger Risikostruktur kompensiert werden.

Ein funktionierender Markt ist im Gesundheitswesen nicht möglich. Er wäre auch nicht wünschenswert, wenn das Ziel einer möglichst gleichen gesundheitlichen Versorgung der Bevölkerung nicht aufgegeben werden soll. Eine politisch erwünschte Steuerung der Kosten muß primär beim Angebot ansetzen. Dies zeigt auch die historische Erfahrung. Mehr Steuerung bzw. Kostendämpfung wäre einfach dadurch zu erreichen, daß der Prozeß des Steuerungsabbaus rückgängig gemacht wird.

Diesen Weg – bei gleichzeitiger Einführung von Selbstbeteiligung – hat die Gesetzgebung unabhängig von der politischen Orientierung der Parlamentsmehrheit bisher auch beschritten. Zur Steuerung des Angebots wurde die KAG eingerichtet und die Budgetierung der Ausgaben im Krankenhaus eingeführt. Die Steuerung könnte verbessert werden, wenn die Konkurrenz zwischen den unterschiedlichen Kassenarten um höhere Leistungsangebote durch die Pflicht zu gemeinsamen, zentralen Verhandlungen mit allen Anbietern aufgehoben würde. Das Mittel einer wirksamen

Steuerung ist die Vereinbarung von Budgets (Gesamtvergütungen). Eine Ausdehnung des Angebots würde dann zu einem Sinken der Erstattung pro Einheit führen, nicht zu einer Steigerung der Gesamtausgaben. Der Wettbewerb um mehr Leistung ginge wieder zu Lasten der konkurrierenden Anbieter, nicht zu Lasten der Versicherten. Wie die britische Erfahrung zeigt, wäre auch eine Verstaatlichung des Gesundheitswesens eine wirksame Methode der politischen Steuerung und Kostendämpfung. Eine so radikale Reform wäre mit einem traditionellen Verständnis der Prinzipien der sozialen Marktwirtschaft nicht vereinbar und auch politisch nicht mehrheitsfähig. Regulierung des Angebots in den Bereichen, in denen der Markt nicht funktioniert, steht dagegen nicht im Widerspruch zur Konzeption der Sozialen Marktwirtschaft.

Die Forderungen an eine Strukturreform der Krankenversicherung müßten heißen:

Wettbewerb zwischen den Kassen mit Kontrahierungszwang oder Strukturausgleich; effektivere politische Steuerung durch gemeinsame Verhandlungen der Kassen und durch Budgetierung aller Ausgaben; mehr Anreize zur Prävention; Vermeidung von Ersparnissen der Versicherten bei Kuren und Krankenhausaufenthalten; Selbstbeteiligung nur bei Leistungen mit kosmetischem Anteil (Brillen, Zahnersatz).

10. Die Regulierung des Arbeitsmarktes durch Kündigungsschutz und Arbeitslosenversicherung

Die gesetzliche Regulierung des Arbeitsmarktes und des Arbeitsvertrages dient dem Ausgleich von partiellem Marktversagen. Von Marktwirtschaftlern wird sie heute oft als Ursache eines neuen Marktversagens, nämlich der Arbeitslosigkeit angesehen.

Die Theoretiker der Sozialen Marktwirtschaft akzeptieren staatliche Interventionen auf dem Arbeitsmarkt, da dieser Markt immer dann, wenn die Löhne infolge von Arbeitslosigkeit (Arbeitskräfteüberangebot) sinken, zu »inversen Reaktionen« neigt: Wenn das Lohnniveau sinkt, erhöht sich das Arbeitsangebot, da die Arbeitnehmer versuchen, ein Absinken ihres Lebensstandards durch Mehrarbeit auszugleichen. Theoretisch könnte der Lohn dann auch unter das Existenzminimum sinken. Eucken akzeptiert deshalb die Festlegung von Mindestlöhnen.[81] Ein anderer Weg, die inverse Reaktion zu vermeiden, ist die Arbeitslosenversicherung. Sie ermöglicht es dem Arbeitnehmer, im Fall von Arbeitslosigkeit auf angemessene Angebote zu warten. Er muß nicht sofort um jeden Preis einen neuen Arbeitsplatz annehmen. Dies ist auch insofern sinnvoll, weil es verhindert, daß die Qualifikation des Arbeitslosen durch einen schnellen Wechsel auf einen

Arbeitsplatz mit geringeren Qualifikationsanforderungen entwertet wird (siehe auch S. 50 ff.).

Diesen sozialen und ökonomischen Vorteilen der Arbeitslosenversicherung stehen aus der Sicht der Marktwirtschaft Nachteile gegenüber. Die Leistungen der Arbeitslosenversicherung ermöglichen dem versicherten Arbeitslosen längeres Suchen, sie verlangsamen damit den Prozeß der Anpassung an den Strukturwandel des Arbeitsplatzangebots. Tatsächlich suchen Arbeitslose um so länger nach einem angemessenen Arbeitsplatz, je länger sie Arbeitslosengeld erhalten.[82] Dies erscheint aus den oben genannten Gründen aber auch sinnvoll – in nur politisch festzulegenden Grenzen.

Die Arbeitslosenversicherung enthält zahlreiche Anreize, den Arbeitslosen zur Suche nach einem neuen Arbeitsplatz zu motivieren. Das Arbeitslosengeld beträgt nur ca. zwei Drittel des letzten Nettoeinkommens, es wird maximal ein Jahr lang gezahlt. Auch während dieses Jahres muß der Arbeitslose eine vom Arbeitsamt angebotene zumutbare Arbeit annehmen, sonst werden die Leistungen zunächst für 6 Wochen, beim zweiten Mal auf Dauer eingestellt. Nach maximal einem Jahr wird nur noch die Arbeitslosenhilfe gezahlt. Sie beträgt 58 % (bei Kinderlosen 56 %) des letzten Nettoeinkommens und setzt Bedürftigkeit voraus. Wenn der Arbeitslose einen gut verdienenden Ehepartner oder Vermögen hat, erhält er nichts.

Empirische Untersuchungen zeigen, daß die Arbeitslosen große Bereitschaft zum Wechsel des Ortes und selbst zum Wechsel auf einen geringer qualifizierten Arbeitsplatz zeigen. Zudem ist es trotz aller Leistungskürzungen nicht gelungen, die Arbeitslosigkeit abzubauen oder auch nur ihren Anstieg zu verhindern. Und die geringe Zahl offener Stellen zeigt, daß ein erhöhter Anpassungsdruck nur geringe Beschäftigungswirkungen haben kann.[83] Der Staat hat sich seit 1981 aus seiner beschäftigungspolitischen Verantwortung schrittweise zurückgezogen, um den finanzpolitischen Risiken einer aktiven Beschäftigungspolitik auszuweichen.[84] Er wäre schlecht beraten, wollte er sich nun auch aus der sozialpolitischen Verantwortung noch weiter zurückziehen, um einen vermutlich marginalen Gewinn an zusätzlichen Beschäftigungsmöglichkeiten zu erzielen.

Auch der Kündigungsschutz (wie der Mutterschutz und der Jugendarbeitsschutz) wird als beschäftigungspolitisch kontraproduktiv kritisiert, da er gerade die Arbeitnehmer mit der schwächsten Marktposition, die er eigentlich schützen soll, bei der Suche nach Arbeit behindere. Die Kündigung eines Arbeitnehmers, der länger als 6 Monate in einem Betrieb mit mindestens 5 Arbeitnehmern beschäftigt war, muß durch besondere Gründe gerechtfertigt sein. Diese können in der Person des Betroffenen liegen (Krankheit, Pflichtverletzungen, mangelnde Eignung) oder betrieblich bedingt sein (Auftragsmangel, Rationalisierung). Eine Kündigung ist nicht gerechtfertigt, wenn der Arbeitnehmer (nach Umschulung) an einem anderen Arbeitsplatz im Betrieb weiterbeschäftigt werden könnte oder wenn soziale Gesichtspunkte bei der Auswahl nicht berücksichtigt wurden. Befristete Arbeitsverhältnisse sind erlaubt, wenn sie aus sachlichen, wirtschaftlichen oder sozialen Gründen gerechtfertigt sind. Das gilt insbesondere für Beschäftigung zur Probe und zur Aushilfe.[85]

Die Kosten einer Kündigung (Sozialpläne bei Massenentlassungen, Abfindung, Arbeitsgerichtsprozeß) werden eingeschätzt als Einstellungshürde, die gerade die minder qualifizierten, für die Unternehmen wenig produktiven Arbeitskräfte trifft.[86] Diese Auffassung ist durchaus empirisch belegbar. Die Unternehmen haben auf die relativ starke Absicherung der Arbeitnehmer mit verstärktem Einsatz kurzfristig beschäftigter Randbelegschaften (Leiharbeit, befristete Beschäftigungsverhältnisse nach altem Recht) reagiert. Der Anteil der Vermittlungen in Arbeitsverhältnisse bis zu drei Monaten an der Zahl aller Stellenvermittlungen hat sich von 1975 bis 1981 von 44,3 % auf 53,3 % erhöht, noch stärker ist der Anteil der nur befristet zu besetzenden Arbeitsplätze an allen bei den Arbeitsämtern registrierten offenen Stellen gestiegen.[87]

Der Bundesgesetzgeber hat diese Entwicklung nach dem Motto reagiert: Es ist besser, eine befristete Arbeit zu finden, als unbefristet arbeitslos zu bleiben.[88] Diesem Grundsatz entspricht das am 1. 5. 1985 in Kraft getretene »Beschäftigungsförderungsgesetz«, das befristete Einstellungen bis zu zwei Jahren erlaubt. Es erlaubt und regelt außerdem Formen des flexiblen Arbeitseinsatzes, die vor seinem Inkrafttreten von Arbeitsgerichten als unzulässig qualifiziert worden waren: Job sharing und Arbeitsverhältnisse mit variabler Arbeitszeit.[89]

Das Gesetz ist bis 1. 1. 1990 befristet. Dann wird der Gesetzgeber zu entscheiden haben, ob die positiven Wirkungen einer beschleunigten Vermittlung von Arbeitslosen die zweifellos vorhandenen negativen Wirkungen einer zunehmenden Umwandlung unbefristeter in befristete Arbeitsverhältnisse überwiegen.

Ein großer Entlastungseffekt kann vom Beschäftigungsförderungsgesetz nicht erwartet werden. Die Problemgruppen am Arbeitsmarkt sind unqualifizierte und in ihrer Leistungsfähigkeit beeinträchtigte Arbeitslose. Alter, Gesundheitszustand oder Qualifikation hängen aber nicht von der Gestaltung des Arbeitsrechts ab, sondern von der Biographie des einzelnen. Die sozialpolitisch sinnvollere, zum Teil aber nur längerfristig wirksame Strategie zur Bekämpfung der Arbeitslosigkeit der Problemgruppen ist eine Verbesserung der Qualifikation bzw. eine Lohnsubvention.

Die hier referierte marktwirtschaftliche Kritik des Kündigungsschutzes geht marginalanalytisch vor: weniger Regulierung bringt mehr Beschäftigung. Marginalanalytisch kann man aber bekanntlich nicht unterscheiden, ob man den Mount Everest oder einen Maulwurfshügel besteigt. Für die Theorie mag das gleichgültig sein, für die Politik ist es entscheidend, um wieviel die Beschäftigung durch Deregulierung zunimmt und wie groß die unerwünschten Nebeneffekte sind.[90] Die Koalition war daher gut beraten, das Beschäftigungsförderungsgesetz zu befristen.

11. Die Regulierung des Wohnungsmarktes

Auf dem Wohnungsmarkt gibt es eine intensive Regulierung der Vertrags-
beziehungen und eine ebenso intensive staatliche Subventionierung. Eine
marktkonforme Wohnungspolitik hat sich bisher nicht durchsetzen können.

Die Wohnung kann als Grundvoraussetzung einer menschenwürdigen
Existenz grundsätzlich nicht in vollem Umfang den Gesetzen von Angebot
und Nachfrage überlassen werden.[91] Das Eigentum an Mietwohnungen
unterliegt in besonderem Maße der grundgesetzlichen Gemeinwohlbin-
dung. Diese wird realisiert durch den Wohnraumkündigungsschutz und
Bestimmungen zur Regelung der Mieterhöhung.

Die Kündigung einer Wohnung ist nur statthaft, wenn von vornherein
ein befristetes Mietverhältnis bestand oder der Vermieter ein berechtigtes
Interesse geltend machen kann. Dabei sind Fristen zwischen 3 und 12
Monaten einzuhalten. Ein berechtigtes Interesse des Vermieters an einer
Kündigung wird dann angenommen, wenn der Mieter seine vertragliche
Verpflichtungen nicht erfüllt, z.B. die Miete nicht zahlt, bei Eigenbedarf
des Vermieters und wenn die Vermietung zu erheblichen wirtschaftlichen
Nachteilen für den Vermieter führt.[92] Die Miethöhe kann bei Neuvermie-
tungen frei vereinbart werden. Mieterhöhungen sind nur zulässig, wenn
die Miete seit einem Jahr unverändert ist und die geforderte Miete die
ortsübliche Vergleichsmiete nicht übersteigt. Zur Ermittlung der Vergleichsmiete können vergleichbare Wohnungen, Gutachten oder Mietspie-
gel herangezogen werden. Im Gegensatz zu der These, daß Mieterhöhungen durch die gesetzlichen Regelungen sehr erschwert und fast unmöglich
gemacht sei, sind die Mieten schon seit längerer Zeit stärker gestiegen als
die durchschnittlichen Lebenshaltungskosten.[93]

Anfang 1983 wurden Mietsteigerungen erleichtert und die Möglichkeit
geschaffen, Staffelmieten und befristete Mietverhältnisse ohne Kündigungsschutz zu vereinbaren. Der angestrebte Effekt, über eine Steigerung
der Rendite den Wohnungsbau zu beleben, trat allerdings nicht ein, da
Angebot und Nachfrage bereits weitgehend ausgeglichen waren. Vielmehr
sank die Zahl der Fertigstellungen nach 1984 auf immer niedrigere Werte
(Tab. 27).

Die Wohnungspolitik der Nachkriegszeit hat beachtliche Erfolge vorzu-
weisen, die durch eine Kombination von marktkonformen und marktin-
konformen Mitteln erreicht wurden (siehe auch S. 58f. u. Tab. 27). Zum
Ende des Jahres 1976 wurde der globale Marktausgleich hergestellt (1 Wohnung pro Haushalt).[94] Dieser Erfolg wurde erreicht durch eine massive
Subventionierung des Wohnungsbaus, die auf zwei Wegen erfolgte: durch
steuerliche Begünstigungen (degressive Abschreibung) im frei finanzierten
Wohnungsbau und durch die Förderung des sozialen Wohnungsbaus.

Nur bei Förderung von Eigenheimen entsprach die Politik dem Grundsatz der Marktkonformität der Mittel, da hier Konsumentensubventionen gegeben wurden.

Im sozialen Wohnungsbau wurde das Prinzip der Marktkonformität gleich doppelt verletzt: die Subventionen wurden den Produzenten gegeben, die Mietpreisbildung wird durch Orientierung an der Kostenmiete direkt staatlich beeinflußt. Wenn der Bauherr die verbilligten öffentlichen Kredite zurückzahlt, fallen die Wohungen nach einer Übergangsfrist aus der Mietpreisbindung des sozialen Wohnungsbaus heraus. Sie können am freien Markt angeboten werden und unterliegen nur dem allgemeinen Mietrecht. Mit Ausnahme des sozialen Wohnungsbaus der gemeinnützigen Wohnungsgesellschaften diente die gesamte Wohnungsbaupolitik immer auch der Förderung der privaten Eigentumsbildung.

Im sozialen Wohnungsbau ist dem Bauherrn von Anfang an eine kostendeckende Miete zugesichert, die für den Mieter dadurch tragbar ist, daß sie durch Aufwendungszuschüsse gesenkt wird. Diese Zuschüsse sind degressiv gestaffelt, so daß der Mieter im Laufe der Zeit einen steigenden Teil der Kostenmiete tragen muß.[95] Im frei finanzierten Wohnungsbau decken die frei vereinbaren Mieten in der Regel mehrere Jahre lang die Kosten nicht. Der Bauherr erreicht Kostendeckung allein durch die steuerliche Absetzung von Kreditzinsen und degressiv gestaffelten Abschreibungen.

Im sozialen Wohnungsbau zeigen sich die Nachteile einer Objektförderung. Da nur beim Einzug geprüft wird, ob der Haushalt unter der Einkommensgrenze liegt, wohnen auf Grund von Einkommenssteigerungen in einer zunehmenden Zahl der Sozialwohnungen Mieter, die nicht mehr zum Einzug in eine solche Wohnung berechtigt wären, während Berechtigte vergeblich auf die Zuteilung einer Sozialwohnung warten. Dieser Mißstand ist durch die Erhebung einer Fehlbelegungsabgabe nicht beseitigt worden, da diese Abgabe zu gering ist, um Mieter zum Auszug zu veranlassen bzw. um zur Finanzierung vor allem in den Ballungsgebieten dringend benötigter neuer Sozialwohnungen zu dienen.

Als weiteres Mittel zur Versorgung einkommensschwacher Mieter mit angemessenem Wohnraum gibt es seit 1960 das Wohngeld, das als Konsumentensubvention marktkonform ist, da es die Preisbildung am Markt zwar beeinflußt, aber nicht stört. Das Wohngeld wird gezahlt in Abhängigkeit von Haushalts- und Wohnungsgröße sowie Einkommen- und Miethöhe. Um die preissteigernde Wirkung des Wohngeldes zu verringern, wird nicht die tatsächliche Miete, sondern nur eine anrechenbare Höchstmiete berücksichtigt.[96] Sein Anteil an den gesamten Subventionen für den Wohnungsmarkt ist im Gegensatz zu den Forderungen Müller-Armacks relativ gering (Tab. 19 u. 20). Dies ist darauf zurückzuführen, daß die Obergrenzen für die berücksichtigungsfähigen Mieten gemessen am Mietniveau der Ballungsräume zu niedrig liegen und daß die Einkommensgrenzen ebenfalls sehr niedrig angesetzt sind. Immerhin wirkt das Wohngeld zieladäquater als die Objektförderung und hat die Mietbelastung der geförderten Haushalte spürbar verringert.[97]

In einem insgesamt ausgeglichenen Markt ist die bestehende hohe Subventionierung der Eigentumsbildung für meist gut verdienende Bauherren sozialpolitisch nicht mehr gerechtfertigt. Sie sollte umgeschichtet werden auf verstärkte Subjektförderung und eine stärkere Orientierung auf Problemregionen. Für Problemgruppen, insbesondere kinderreiche Familien mit geringem Einkommen, ist eine Objektförderung nach wie vor angemessen.

12. Neue Probleme, neue Lösungen?

Die Sozialpolitik steht heute vor Problemen und Entwicklungen, die als »neue« bezeichnet werden: neue Armut, Neue Soziale Frage, zum Teil auch die neuen sozialen Bewegungen. Dies sind auch alte Probleme. Neu sind sie insofern, als sie durch die demographische und die Arbeitsmarktentwicklung ein größeres Gewicht erhielten, oder weil sie infolge des sozialen Wandels eine neue Bewertung erfuhren.

Unter dem Stichwort »Neue Soziale Frage« werden sozialpolitische Probleme und Problemlösungsstrategien subsumiert. Der Begriff stammt von Heiner Geißler. Er ermittelte für 1975 eine Zahl von 5,7 Mio Menschen in 2,1 Mio Haushalten, die infolge ihres geringen Einkommens unterhalb des Sozialhilfeniveaus lagen.[99] Geißler sah hierin die Neue Soziale Frage. Er begründete diese Behauptung mit der These, die neue Armut folge nicht aus der alten sozialen Frage, dem Konflikt zwischen Arbeit und Kapital, sondern aus der Machtlosigkeit der schlecht organisierten bzw. organisierbaren Minderheiten, denen die Armen vor allem zugehörten: Rentnerinnen und kinderreiche Familien. Richtig an dieser Analyse ist, daß kinderreiche Familien und Rentnerinnen über kein Drohpotential verfügen, mit dem sie ihren Forderungen Nachdruck verleihen können. Insofern ist die Neue Soziale Frage Ausdruck des partiellen Versagens der Parteien bei der Gestaltung der Sozialpolitik. Ein völliges Versagen zu konstatieren, hieße zu übersehen, daß durch die Rente nach Mindesteinkommen, die wiederholten Anhebungen des Kindergeldes, die Anhebung der Sozialhilfesätze und der Einkommensgrenzen gerade zu Anfang der siebziger Jahre viel gegen die neue Armut getan worden ist. Statistisch allerdings war die neue Armut vergrößert worden, denn wenn die Einkommensgrenzen für Sozialhilfe angehoben werden, steigt die Zahl derer, deren Einkommen darunter liegt.[100] Im übrigen ist die Armut von Rentnerinnen und kinderreichen Familien direkte Folge zu geringer Arbeitseinkommen. Die neue Armut ist also mit der alten Armut weitgehend identisch.[101] Das gilt auch für die Armut, die als Folge der Dauerarbeitslosigkeit entstanden ist.

Geißler hatte in seinem Buch angedeutet, daß die Neue Soziale Frage nicht durch Vermehrung der Sozialtransfers zu lösen sei, sondern durch mehr ökonomische und sozialpolitische Effizienz der Maßnahmen. Sozialpolitik sollte stärker den wirklich Bedürftigen zugute kommen, der Anteil der Verwaltungskosten, Verschwendung von Mitteln und Mehrfachbegünstigungen sollten abgebaut werden.

Die Neue Soziale Frage entwickelte sich auf dieser Basis zu einem Programm für mehr Ordnungspolitik, effizientere Steuerung und mehr Selbsthilfe in der Sozialpolitik. Geißler legte zur Umsetzung eine Konzeption für ein System von Sozialstationen zur Verbesserung der ambulanten Betreuung alter und kranker Menschen vor.[102] Seine Strategie enthält mehrere fruchtbare Ansätze. Ein Durchforsten von sozialpolitisch funktionslos gewordenen Leistungen ist eine dauernde Aufgabe, die allerdings bei dem bisher Begünstigten meist auf Widerstand stoßen wird. Die Schaffung und Erhaltung von Möglichkeiten der Selbsthilfe ist sozial- wie finanzpolitisch geboten. Die ambulante Versorgung von kranken oder gebrechlichen Menschen in ihrer vertrauten Wohnung ist billiger als stationäre Versorgung und zugleich sozial angemessener. Für dezentralisierte Versorgungssysteme sind auch eher ehrenamtliche Helfer zu gewinnen.[103] Der unvermeidlichen Tendenz zur Entmündigung der Klienten durch große Bürokratien kann entgegengewirkt werden.[107] Der Trend zur Professionalisierung, Bürokratisierung und Verrechtlichung des Sozialleistungssystems kann so aber nur in der Wirkung gemildert werden, eine Umkehrung ist sicher nicht möglich. Anderenfalls könnten Gleichbehandlung, die Kontrolle der Verwaltung und die Durchsetzung von Rechtsansprüchen nicht mehr gewährleistet werden. Das wäre mit dem Rechtsstaatsgebot nicht vereinbar.

Selbsthilfe ist ein neuerdings viel verwendeter, vieldeutiger Begriff. Er kann bedeuten: die Organisierung der Betroffenen mit dem Ziel, gemeinsame Interessen gegenüber den Leistungserbringern (Verbände, Kirchen, Behörden) durchzusetzen; die gegenseitige Hilfe z. B. von Kranken, insbesondere Suchtkranken.[105] Soweit es sich nicht um Hilfe in der Familie oder der Nachbarschaft handelt oder um selbstorganisierte Betriebe, setzt Selbsthilfe die Sozialbürokratie als Adressaten, insbesondere als Finanzier voraus.[106] Das sozialpolitische Potential von Selbsthilfe sollte nicht überschätzt werden. Es bestünde sonst die Gefahr, daß bei einer einseitigen Orientierung der Sozialpolitik auf Selbsthilfe die Bedürftigsten, die sich am wenigsten artikulieren und sich selbst am wenigsten helfen können, übergangen werden. Selbsthilfe kann also nur ein ergänzender Aspekt der Sozialpolitik sein, der aber insbesondere angesichts des steigenden Bedarfs an Pflege an Bedeutung gewinnen wird.

Die Grundprobleme der neuen alten Armut sind durch Selbsthilfe nicht zu lösen. Wer infolge eines zu geringen Lebenseinkommens eine Rente hat, die unter dem Existenzminimum liegt, wer mangels Qualifikation dauerhaft keinen Arbeitsplatz findet und daher auch keine Ansprüche auf Leistungen aus der Arbeitslosenversicherung hat, der ist auf Fremdhilfe angewiesen und kann nicht auf Selbsthilfe verwiesen werden. In all diesen Fällen ist die Sozialhilfe zuständig. Ihre Leistungen erfolgen nach dem Fürsorgeprinzip: Voraussetzung ist die nachgewiesene Bedürftigkeit des Einzelnen, unabhängig von erbrachten Leistungen und ohne Rücksicht auf die Ursachen der Notlage (Final- und Individualprinzip).[107] Bedürftigkeit ist nur gegeben, wenn leistungsverpflichtete und -fähige Verwandte ersten Grades bzw. Lebenspartner nicht vorhanden sind (Grundsatz der Nachrangigkeit). Diese sind zu Unterhaltsleistungen an einen Hilfsbedürftigen verpflichtet, solange ihr eigener notwendiger Lebensunterhalt gewährleistest bleibt.[108]

Nach § 1 des Bundessozialhilfegesetzes soll die Hilfe es ermöglichen, ein Leben zu führen, das der »Würde des Menschen entspricht«. Die Leistungen sollen die Funktion der Hilfe zur Selbsthilfe haben. Um ihren Arbeitswillen zu erhalten bzw. zu prüfen, können die Sozialhilfeempfänger gegen eine geringe Aufwandsentschädigung zu gemeinnütziger Arbeit verpflichtet werden.

Es gibt zwei Formen der Sozialhilfe: 1. Hilfe in besonderen Lebenslagen. Sie wird gewährt wegen Krankheit, Pflegebedürftigkeit und als Eingliederungshilfe für Behinderte. Die Zahl der Empfänger liegt seit vielen Jahren bei ca. 1 Million. 2. Laufende Hilfe zum Lebensunterhalt. Auf sie hat jeder einen Rechtsanspruch, der seinen Lebensunterhalt nicht aus eigenen Mitteln bestreiten kann. Sie besteht aus Zahlungen (Regelsätze), deren Höhe auf Grund einer allgemeinen Bedarfsermittlung festgelegt und jährlich der Preisentwicklung angepaßt wird. Der Regelsatz betrug 1985 für einen Alleinstehenden durchschnittlich 385 DM. Davon sollen die Kosten für Ernährung, Beleuchtung und den gesamten persönlichen Bedarf gedeckt werden. Die Sozialhilfe übernimmt darüber hinaus Miet- und Heizkosten und gewährt bei größeren Anschaffungen (Möbel, Kleidung) Zuschüsse. Bestimmte Gruppen, z. B. werdende Mütter erhalten Zuschläge von 20 % zum Regelsatz.[109] Die Zahl der Empfänger der Hilfe zum Lebensunterhalt ist seit Beginn der Wirtschaftskrise 1974/75 stark angestiegen (Tab. 28). Das hat dieselben Ursachen wie die Finanzierungsprobleme in den Versicherungssystemen: die Arbeitslosigkeit und die Überalterung. Mit der Zahl der Arbeitslosen und mit der Dauer der Arbeitslosigkeit steigt die Zahl derjenigen, die von der BfA kein Geld mehr erhalten (Tab. 26). Arbeitslosigkeit war 1985 für 25 % der Empfänger die Ursache ihrer Notlage. Dieser Anteil ist in den vergangenen Jahren laufend gestiegen. Die 309 000 wegen Arbeitslosigkeit Hilfsbedürftigen machen aber nur 32 % der 968 000 Arbeitslosen aus, die 1985 von der BfA keine Leistungen mehr erhalten haben. Mehr als 660 000 registrierte Arbeitslose erhielten in diesem Jahr keine staatliche Unterstützung. Sie waren auf »Selbsthilfe« angewiesen, auf Vermögen, Verwandte oder ihren Partner.

Von den Sozialhilfeempfängern in Einrichtungen (Krankenhäuser, Altenheime) waren 1985 über 47 % wegen unzureichender Versicherungs- oder Versorgungsansprüche auf Hilfe zum Lebensunterhalt angewiesen.[110] Hier dürfte es sich zu einem großen Teil um Rentner handeln. Mit der Gesamtzahl der Rentner wächst auch die Zahl derjenigen, deren Rente ungenügend ist. Das Sozialleistungssystem der Bundesrepublik ist gewiß keine Hängematte, in der man es sich bequem machen kann. Es gleicht vielmehr einer umgestülpten Hängematte: je tiefer man hineinfällt, desto größer ist die Gefahr, daß man hinausfällt.[111]

Die Sozialhilfe wird als zu hoch kritisiert, da ihre Leistungen oft zu nahe an den Leistungen der unteren Lohngruppen lägen. Eine solche Aussage trifft nur für kinderreiche Familien zu. Ein Ehepaar mit fünf Kindern hat Anspruch auf mehr als 2000 DM Sozialhilfe. Dieser Betrag kann durchaus höher sein, als das von einem Elternteil am Markt zu erzielende Einkommen. Da die Sozialhilfe nach Bedürftigkeit leistet, ein Arbeitgeber aber nach Leistung entlohnt, ist dieser Sachverhalt nicht verwunderlich. Die »Lösung« des Problems eines zu geringen Arbeitsanreizes für kinderreiche Arme kann aber nicht in einer Senkung der Sozialhilfesätze liegen, sondern nur in einer Erhöhung des Familienlastenausgleichs für die Arbeitnehmer. Fast die Hälfte aller Erwerbstätigen, die wegen zu geringer Erwerbseinkommen Sozialhilfe erhalten, muß Kinder versorgen.[112]

Berechtigt ist die Kritik, daß durchschnittlich 10 DM pro Tag zu einem der Würde des Menschen entsprechenden Leben nicht ausreichen. Die Leistungen decken zwar die Grundbedürfnisse nach Wohnung, Heizung, Ernährung gut ab, eine Teilnahme am gesellschaftlichen Leben erlauben sie unter den heutigen Bedingungen aber nicht. Die Sätze sollten daher erhöht werden.

Unberechtigt erscheint die Ablehnung einer Arbeitsverpflichtung für Sozialhilfeempfänger.[113] Wer vom Staat, wenn auch auf einem niedrigen Niveau, seinen Lebensunterhalt bezahlt bekommt, der muß als Gegenleistung auch bereit sein, gemeinnützige Arbeit gegen eine geringe Aufwandsentschädigung zu leisten. Auch die generelle Ablehnung von Bedürftigkeitsprüfungen ist nicht gerechtfertigt. Kritikwürdig kann die Form der Kontrolle sein, nicht aber die Tatsache. Bei jeder Sozialleistung muß das Vorliegen der Anspruchsberechtigung geprüft werden. Sozialleistungen ohne Kontrolle widersprechen den Grundsätzen einer marktkonformen und rechtsstaatlichen Sozialpolitik.

13. Zusammenfassung

Die Entwicklung des Sozialleistungssystems der Bundesrepublik ist durch einen Trend zur Ausweitung charakterisiert. Dieser Trend wurde bisher nur kurzfristig durch die Wirtschaftskrisen gebrochen. Ob die sozialpolitische Neuorientierung nach dem Koalitionswechsel der FDP in Bonn ei-

nen dauerhaften Trendbruch hinsichtlich des Umverteilungsvolumens bedeutete, ist noch offen.

Die Ausdehnung der sozialen Sicherung wirkte in mehreren Richtungen: 1. immer mehr Bevölkerungsgruppen wurden einbezogen. Heute sind über 90% aller Erwerbspersonen, die Rentner, Studenten und Schüler gesetzlich versichert. 2. Der Leistungskatalog wurde ausgeweitet, so daß heute nicht mehr nur eine Mindest-, sondern meist eine Vollversicherung besteht. 3. Die Zahl der versicherten Risikotatbestände wurde vergrößert. 4. Die gesetzlichen Versicherungen erhielten vermehrt die Aufgabe, die Ursachen des Risikoeintritts zu bekämpfen (Fortbildung und Umschulung; Vorsorgeuntersuchungen; Rehabilitation).[114]

Keine eindeutige Entwicklungstendenz ist im Bereich der Regulierung der Vertragsbeziehungen festzustellen: neben dem Abbau der Mietpreisbindung und der Wohnraumbewirtschaftung, der Abschaffung von Zulassungsbeschränkungen für einzelne Berufe und Gewerbe (Ärzte, Apotheker, Teile des Transportwesens) steht eine große Zahl von Gesetzen, die das Arbeitsverhältnis regulieren. Auch das Verfahren der Mieterhöhung und der Kündigung von Wohnraum ist noch gesetzlich geregelt. Anläufe zur sozialpolitischen Deregulierung sind im Bereich des Arbeitnehmerschutzes, des Jugendarbeitsschutzes und des Mietrechts zwar gemacht worden. Der politische Willen zu weiterem Abbau gesetzlicher Vorschriften wird aus den Reihen der Koalitionsparteien auch bekundet. Im Gesamtergebnis ist aber bisher noch keine generelle Abnahme der Regulierungsdichte festzustellen. Unberührt von allen Diskussionen um mehr Markt blieb die öffentlich-rechtliche Zwangsorganisation der verkammerten freien Berufe (Ärzte, Apotheker, Architekten, Rechtsanwälte).

Die Sozialpolitik hat seit 1948 beachtliche Beiträge zur Verwirklichung von mehr Chancengleichheit, zur Erhaltung des sozialen Friedens und zur Vermeidung von Armut geleistet. Trotz einer absolut und relativ stark gestiegenen Umverteilungsmasse, einer hohen Regulierungsdichte und einer zunehmenden Orientierung auf vorbeugende Maßnahmen sind die alten Probleme von Armut, Arbeits- und Obdachlosigkeit nicht gelöst (vgl. S. 128, 134). Neue Probleme die sich aus der zunehmenden Vereinzelung der Menschen ergeben und aus dem Ersatz der Familie als sozialer Sicherungsinstanz durch staatliche, Verbands- und Unternehmensbürokratien sind hinzugekommen.

Für die alten Probleme, die vorwiegend aus ungenügenden Erwerbschancen resultieren, besteht die Hoffnung, daß sie mit dem Umkippen der demographischen Entwicklung durch Verringerung des Arbeitskräfteangebots weitgehend verschwinden werden. Arbeitszeitverkürzung und verstärkte Qualifizierung der Arbeitskräfte werden dazu bedeutende Beiträge leisten, wenn sie so durchgeführt werden, daß sie nicht zu einer Erhöhung der Lohnstückkosten führen. Innerhalb des Systems der sozialen Sicherung besteht erheblicher Reformbedarf, um die Anpassungsfähigkeit des

Systems an veränderte Rahmenbedingungen zu verbessern, um mehr Gerechtigkeit in der Rentenversicherung, mehr Solidarität in der Krankenversicherung und mehr Existenzsicherheit in der Sozialhilfe durchzusetzen. Von der Konzeption der Sozialen Marktwirtschaft her wäre dies geboten, die politischen Perspektiven sind allerdings für solche Reformen nicht günstig. Allein in der Wohnungspolitik erscheint mehr Marktkonformität durchsetzbar.

Die bisherigen Erfahrungen mit einer kurzatmig auf Finanzprobleme reagierenden Sozialpolitik erfordern eine Verbesserung der Planungsgrundlagen. Die demographischen Entwicklungen müssen in ihren Auswirkungen auf Arbeitsmarkt, Bildungssystem und soziale Sicherung langfristig prognostiziert werden. Die Prognosen müssen laufend überprüft werden unter Beachtung der Interdependenzen der Einnahmen und Ausgaben in allen Bereichen der sozialen Sicherung. Bei erneuten Trendbrüchen sollten Anpassungsstrategien in Kooperation mit den Tarifparteien entwickelt werden.

Die 1975 von Heiner Geißler aufgestellte Forderung, Verwaltungsaufwand, Mehrfachbegünstigungen und -belastungen in der sozialen Sicherung abzubauen, ist eine noch ungelöste Aufgabe. Die Probleme der Steuerung müssen gründlicher analysiert werden, um zu Lösungen zu kommen, die langfristig Bestand haben. Der Ansatz, im Gesundheitswesen Experimente mit neuen Organisationsformen und Anreizmechanismen durchzuführen, um Erfahrungen zu sammeln, ist ein Schritt in die vorgeschlagene Richtung. Eine ideologische Fixierung auf »mehr Markt« oder »mehr Bürokratie« oder »mehr Verbandsverhandlungen« löst die Steuerungsprobleme nicht. Vielmehr geht es darum, durch eine Kombination von sach- und sozialadäquaten Steuerungsmechanismen die soziale Sicherung längerfristig zu stabilisieren, als das bisher möglich war. Eine Gesellschaft, die die sozialen Probleme weitgehend dem Markt überläßt, entspricht der Gesellschaftsphilosophie der Sozialen Marktwirtschaft so wenig wie eine egalitär orientierte, allein von staatlichen Bürokratien getragene Sozialpolitik.

14. Anmerkungen

1 Schachtschabel, Hans G.: Sozialpolitik, Stuttgart, Berlin, Köln, Mainz 1983, S. 15.
2 Lampert, Heinz: Die Wirtschafts- und Sozialordnung der Bundesrepublik Deutschland, 8. Aufl., München, Wien 1985, S. 146 ff.
3 Külp, Bernhard: Gerechtigkeit in der Verteilung; in: Gäfgen, Gerard: Soziale Herausforderung der Marktwirtschaft, Limburg 1976, S. 105 f.
4 Müller-Armack, Alfred: Wirtschaftsordnung und Wirtschaftspolitik, Bern, Stuttgart 1976, S. 263.

5 Böhm, Franz: Wettbewerb und Monopolkampf, Berlin 1933, ND 1964, S. 78 ff.

6 Eucken, Walter: Grundsätze der Wirtschaftspolitik, 5. Aufl., Tübingen 1975, S. 187 ff.

7 Eucken, a.a.O., S. 186.

8 Heusgen, Christop: Ludwig Erhards Lehre von der Sozialen Marktwirtschaft, Bern u. Stuttgart 1981, S. 171 ff.

9 ebd., S. 197 f., 246 f.

10 ebd., S. 120, 197 f., 246, 260 ff., 276 ff., 286 f.

11 ebd., S. 258.

12 ebd., S. 284 ff.

13 ebd., S. 304.

14 ebd., S. 128 f., 304.

15 ebd., S. 289.

16 ebd., S. 198.

17 Andersen, Uwe: Der Spielraum, den das Grundgesetz bietet. In: Zuviel Staat? Die Grenzen der Staatstätigkeit, Red.: Wehling, Hans-Georg, Stuttgart 1982, S. 24 ff.

18 Dettling, Warnfried u. a.: Die neue soziale Frage und die Zukunft der Demokratie, 2. Aufl., München, Wien 1977, bes. S. 52 ff.

19 Bank, Hans-Peter: Die Sozialgesetzgebung der Bundesrepublik Deutschland und ihr zeitlicher Zusammenhang mit den Wahlterminen seit 1949, in: Recht der Arbeit, H. 4/1970, S. 101 ff.

20 So z. B. Blankart, Charles Beat: Warum wächst der Sozialstaat? Eine institutionelle Erklärung, in: Koslowski, Peter; Kreuzer, Philipp; Löw, Reinhard (Hg.): Chancen und Grenzen des Sozialstaates. Staatstheorie – Politische Ökonomie, Politik, Tübingen 1983, S. 154 ff.

21 Alber, Jens: Der Wohlfahrtsstaat in der Wirtschaftskrise – eine Bilanz der Sozialpolitik in der Bundesrepublik seit den frühen siebziger Jahren, in: Politische Vierteljahresschrift, H. 1/1986, S. 40, 56 f.

22 Siehe: Weichsel, Manfred: Die aktuelle und zukünftige Lage der Sozialversicherung und ihre Reform; in: Bieback, Karl-Jürgen (Hg.): Die Sozialversicherung und ihre Finanzierung. Frankfurt, New York 1986, S. 42.
Siehe auch: Krotz, Friedrich: Zwischen Ahlen und Wahlen. Konzeptionen christdemokratischer Sozialpolitik, in: Grottian, Peter u. a.: Die Wohlfahrtswende. Der Zauber konservativer Sozialpolitik, München 1988, S. 23.

23 Nach Hardes betraf Lohnnivellierung 1975–1985 nur wenige untere Lohngruppen. In mittleren und oberen Gruppen war eher stärkere Differenzierung zu beobachten. Auch sektoral haben die Lohndifferenzen in dieser Zeit zugenommen. Vgl. Hardes, Heinz-Dieter: Vorschläge zur Differenzierung und Flexibilisierung der Löhne, in: Mitteilungen aus der Arbeitsmarkt- und Berufsforschung 1/88, S. 63 ff.

24 So wird soziale Sicherheit als Produktions- und Wettbewerbsvorteil gesehen. Vgl. Schmidt, Helmut: Politik der sozialen Sicherheit, in: Christmann, Alfred u. a. (Hrsg.): Sozialpolitik, Köln 1974, S. 545 f.; Schmid, Günther: Flexibilisierung des Arbeitsmarkts durch Recht? In: Aus Politik u. Zeitgeschichte 23/1986, S. 25.

25 Gesamtverband der Deutschen Versicherungswirtschaft e. V. (Hg.): Statistisches Taschenbuch der Versicherungswirtschaft 1987, Tab. 27 und 33.

26 Külp, Bernhard: Der Staat und die soziale Sicherheit; in: Zuviel Staat? Die Grenzen der Staatstätigkeit, Red.: Wehling, Hans-Georg, Stuttgart 1982, S. 98 ff.

27 Lohmann, Ulrich: Sozialpolitik – Dimensionen und Maßstab, in: Sozialer Fortschritt, H. 11/1987, S. 258−261.

28 Die staatlichen Zuweisungen hatten 1986 folgenden Anteil an den Finanzmitteln: Arbeitsförderung 26,1 %; gesetzliche Rentenversicherung 19,1 %; Un-

fallversicherung 6,6%; gesetzliche Krankenversicherung 1,2%. Frerich, Johannes: Sozialpolitik, München, Wien 1987, S. 317 ff.

29 Lohmann, a.a.O.
30 iwd 32/1980.
31 Die auf militärische und Bevölkerungsexpansion gerichtete, durch Leistungsabbau und Führerprinzip gekennzeichnete Sozialpolitik des Nationalsozialismus hinterließ wenig Bewahrenswertes. Siehe dazu: Hentschel, Volker: Geschichte der deuschen Sozialpolitik 1880—1980. Frankfurt a.M. 1983, S. 136 ff., und Lampert, Heinz: Lehrbuch der Sozialpolitik, Berlin u.a. 1985, S. 84 ff.
32 Abelshauser, Werner: Wirtschaftsgeschichte der Bundesrepublik Deutschland 1945—1980, Frankfurt a.M. 1983, S. 241.
33 Hentschel, a.a.O., S. 151 ff.
34 Alber, a.a.O., S. 36.
35 Lampert, a.a.O., S. 92 ff.; Hockerts, Hans Günter: Integration der Gesellschaft: Gründungskrise und Sozialpolitik in der frühen Bundesrepublik, in: Zeitschrift für Sozialreform H. 1/1986, S. 31 ff.
36 Frerich, a.a.O., S. 83.
37 ebd., S. 160.
38 ebd., S. 574.
39 ebd., S. 502.
40 Eichner, Harald: Zwischen Privatisierung und Solidarität. Soziale Sicherung unter veränderten Bedingungen, Bonn 1986, S. 65 f., 87 f.
41 ebd., S. 122 f.; Hautsch, Gert: Operation '82, '83 usw. Sozialer Besitzstand wird amputiert. Frankfurt a.M. 1982, S. 81 f.
42 Hickel, Rudolf: Zerstörung des Sozialstaats. Die Politik mit der Krise; in: Bremer, Heiner u.a.: Politik der Wende. Bilanz, Kritik, Alternativen, Hamburg, Zürich 1985, s. 82.
43 Schmähl, Winfried u.a.: Soziale Sicherung 1975—1985. Verteilungswirkungen sozialpolitischer Maßnahmen in der Bundesrepublik Deutschland, Frankfurt am Main, Bern, New York 1986, S. 81. Zu den Volumina und Wirkungen des Leistungsabbaus siehe auch: Adamy, Wilhelm u.a.: Die Wende stoppen, Hamburg 1985.
44 Frerich, a.a.O., S. 183.
45 ebd., S. 157 ff.
46 Ruland, Franz: Die Verpflichtungen des Bundes gegenüber der Rentenversicherung; in: Wirtschaftsdienst 1987/XII, S. 611 ff.
47 Niemeyer, Werner: Strukturreform der gesetzlichen Rentenversicherung; in: Aus Politik und Zeitgeschichte 35/1987, S. 20.
48 Rosenberg, Peter: Das Sozialbudget im demographischen Wandel; in: Sozialer Fortschritt, H. 1—2/1987, S. 16 ff.
Rosenberg geht von sinkender Arbeitslosigkeit und einer steigenden Erwerbsquote aus. In der GKV sieht er keine zusätzlichen Risiken auf Grund der Erhöhung der Altenlast. Diese Annahme ist sicher zu optimistisch.
49 Bäcker, Gerhard: Viel Lärm um wenig? Der Wertschöpfungsbeitrag als neues Finanzierungsfundament der Rentenversicherung in der sozialpolitischen Diskussion; in: Aus Politik und Zeitgeschichte 35/1987, S. 30 ff.
50 ebd.
51 Siehe: Krelle, Wilhelm u.a.: Der »Maschinenbeitrag«. Gesamtwirtschaftliche Auswirkungen alternativer Bemessungsgrundlagen für die Arbeitgeberbeiträge zur Sozialversicherung. Gutachten im Auftrag des Bundesministeriums für Arbeit und Sozialordnung, Tübingen 1985, bes. S. 334 ff., und Schmähl, Winfried, Henke, Klaus-Dirk, Schellhaaß, Horst M.: Änderung der Beitragsfinanzierung in der Rentenversicherung? Ökonomische Wirkungen des »Maschinenbeitrags«, Baden-Baden 1984, bes. S. 164 ff., 248 ff.
52 Die steuerfinanzierte Grundrente wird von den Grünen vertreten und in einer Studie aus Kurt Biedenkopfs Institut für Wirtschafts- und Gesellschaftspolitik.

Wirtschaftsminister Bangemann plädierte 1985 für eine beitragsfinanzierte Grundrente.

53 Krupp, Hans-Jürgen: Perspektiven einer Strukturreform der sozialen Alterssicherung; in: Aus Politik und Zeitgeschichte 35/1987, S. 6 ff. Der erste Vorschlag für eine voll eigenständige Sicherung der Frau dürfte von Heiner Geißler stammen. Siehe: ders.: Die Neue Soziale Frage, Freiburg 1976, S. 83 ff.

54 Zentralkomitee der deutschen Katholiken: Stabilisierung der gesetzlichen Rentenversicherung, Bonn 1988.

55 Niemeyer, a.a.O.

56 Koslowski, Peter: Versuch zu einer philosophischen Kritik des gegenwärtigen Sozialstaats; in: Koslowski, Peter; Kreuzer, Philipp; Löw, Reinhard (Hg.): Chancen und Grenzen des Sozialstaates. Staatstheorie – Politische Ökonomie – Politik, Tübingen 1983, S. 19.

57 Erbe, Rainer: Familienlastenausgleich über die gesetzliche Rentenversicherung? In: Wirtschaftsdienst 1986/IV, S. 198.

58 BVerf.GE 53, 257 (290); 69, 272 (198 ff.). Dazu auch: Ruland, Franz: Notwendigkeit und verfassungsrechtliche Grenzen einer Reform der Finanzierung der Sozialversicherung; in: Bieback, Karl-Jürgen (Hg.): Die Sozialversicherung und ihre Finanzierung. Bestandsaufnahme und Perspektiven, Frankfurt a. M., New York 1986, S. 152 ff.

59 Van Suntum, Ulrich: Reformvorschläge zur gesetzlichen Rentenversicherung; in: Wirtschaftsdienst 1987/VIII, S. 401.

60 Meinhold, Helmut: Der Generationenvertrag und die verschiedenen Formen der Alterssicherung; in: Besters, Hans (Hg.): Bevölkerungsentwicklung und Generationenvertrag, Baden-Baden 1980, S. 18; Dinkel, Reiner: Die Zukunftsprobleme der Rentenversicherung: Eine Folge des Versicherungsverfahrens? In: Wirtschaftsdienst 1986/II, S. 82 f.

61 Die Geldleistungen für die Erziehung von Kindern wurden 1974 im Durchschnitt zu 50 % durch die Öffentliche Hand aufgebracht. Bei Bewertung des Zeitaufwandes für Kindererziehung beträgt der öffentliche Anteil noch ein Viertel (siehe Albers, Willi: Auf die Familie kommt es an, Stuttgart 1986, S. 45). Dabei ist zu beachten, daß die Steuern zum Teil von den Begünstigten selbst aufgebracht werden.

62 Wenn Frauen die vorzeitige Verrentung mit 60, Männer die flexible Altersgrenze mit 63 Jahren in Anspruch nehmen. Das durchschnittliche Verrentungsalter betrug 1986 aber bei Frauen 61,4, bei Männern 59 Jahre. Siehe: Conradi, Hartmut, Jacobs, Klaus, Schmähl, Winfried: Vorzeitiger Rentenbezug in der Bundesrepublik Deutschland; in: Sozialer Fortschritt, H. 8/1987, S. 183.

63 Engels, Wolfram: Mehr Markt. Soziale Marktwirtschaft als politische Ökonomie, Stuttgart 1976, S. 128 ff.

64 Lampert, a.a.O., S. 150 ff.

65 Eichner, a.a.O., S. 44: Die Beitragssätze schwankten 1985 zwischen 6 % und 15 %.

66 Schreiber, Wilfried, Allekotte, Heinz (Hg.): Kostenexplosion in der gesetzlichen Krankenversicherung? Köln 1970; siehe auch: Geißler, S. 99 ff.

67 Frerich, a.a.O.. S. 433.
Herder-Dorneich, Philipp: Wachstum und Gleichgewicht; in: Der Sozialstaat in der Rationalitätenfalle, Stuttgart u. a. 1982, S. 52 ff.

68 Wiesenthal, Helmut: Die Konzertierte Aktion im Gesundheitswesen. Ein Beispiel für Theorie und Politik des modernen Korporatismus. Frankfurt a. M., New York 1981, S. 52 ff.

69 Smigielski, Edwin: Die Konzertierte Aktion im Gesundheitswesen als Steuerungsinstrument für die Honorarverhandlungen zwischen Krankenkassen und Kassenärztlichen Vereinigungen. Bochumer Wirtschaftswiss. Studien Nr. 71, Bochum 1980, S. 211 ff., 246 ff.

70 Zöllner, Detlev: Ausgaben für die Gesundheit – Steuerungsprobleme und Re-

formmöglichkeiten, in: Aus Politik und Zeitgeschichte 24–25/1987, S. 7 f.
Deutsche Bundesbank: Aktuelle Tendenzen in der finanziellen Entwicklung
der gesetzlichen Krankenversicherung, in: Monatsbericht, April 1985, S. 29.
71 Zöllner, a.a.O., S. 4. Endgültig wurde die Einzelleistungsvergütung 1965 eingeführt; siehe Frerich, a.a.O., S. 454.
72 Herder-Dorneich, Philipp: Gesundheitspolitik als Ordnungspolitik, in: Dettling, Warnfried (Hg.): Die Zähmung des Leviathan. Neue Wege der Ordnungspolitik, Baden-Baden 1980, S. 260 f.
73 Finsinger, Jörg, und Mühlenkamp, Holger: Neue Impulse durch die Novellierung der Krankenhausfinanzierung? In: Zeitschrift für öffentliche und freige-
meinnützige Unternehmen, H. 2/1986, S. 271 ff.
74 Camphausen, Bernd: Auswirkungen demographischer Prozesse auf die Berufe
und die Kosten im Gesundheitswesen. Stand, Struktur und Entwicklung bis
zum Jahre 2030. Berlin u. a. 1983, S. 51 ff.
75 Z. B. Hamm, Walter: Für eine Strukturreform der GKV, in: ders., u. a.: Aspekte zur GKV-Strukturreform. Hrsg. v. d. Medizinisch-Pharmazeutischen Stu-
diengesellschaft, Stuttgart, New York, 1984, S. 89–100.
Herder-Dorneich, Philipp: Der Sozialstaat in der Rationalitätenfalle. Grundfragen der sozialen Steuerung, Stuttgart u. a. 1982, S. 82 ff.
Oberender, Peter: Das Gesundheitswesen der Bundesrepublik Deutschland:
Diagnose und Therapie unter besonderer Berücksichtigung der Krankenversicherung, in: ders. (Hg.): Gesundheitswesen im Umbruch?, Bayreuth 1987, S.
22.
76 So Graf von der Schulenburg, J.-Matthias: Selbstbeteiligung – theoretische und
empirische Konzepte für die Analyse ihrer Allokations- und Verteilungswirkungen, Tübingen 1987, S. 57 ff. Kritisch: Geißler, Ulrich: Erfahrungen mit
der Selbstbeteiligung in der gesetzlichen Krankenversicherung in der Bundesrepublik Deutschland, in: Internationale Gesellschaft für Gesundheitsökonomie
(Hg.): Selbstbeteiligung im Gesundheitswesen, Stuttgart 1980, S. 37–57; Eichner, a.a.O., S. 67 ff.
77 Herder-Dorneich, Philipp: Gesundheitspolitik als Ordnungspolitik, in: Dettling, a.a.O., S. 268 ff.
78 ebd., S. 264 f.
79 Frerich, a.a.O., S. 453.
80 Vgl. Dienst für Gesellschaftspolitik, Nr. 49/1987, Nr. 1/1988, jeweils Dokumentation.
81 Eucken, a.a.O., S. 321 f. Eucken rechtfertigt auch die Arbeitsschutzgesetzge-
bung, insbesondere den Schutz für Frauen und Jugendliche, äußert sich aber
nicht zu den Grenzen des Arbeitnehmerschutzes.
82 Klaus, Joachim: Arbeitslosigkeit als Folge von Fehlentwicklungern in der Sozialpolitik? In: Arbeitslosigkeit, Red. Wehling, Hans-Georg, Stuttgart 1984, S.
109 ff.
83 ebd.
84 Büchtemann, Christoph F.: Massenarbeitslosigkeit und »aktive Arbeitsmarktpolitik«, in: WSI-Mitteilungen H. 10/1984, S. 588.
85 Lampert, Heinz: Sozialpolitik, Berlin, Heidelberg, New York 1980, S. 204 ff.;
Wenzel, Leonhard: Kündigung und Kündigungsschutz, 5. Aufl., Neuwied
und Darmstadt 1987, S. 56 ff.
86 Klaus, a.a.O., Soltwedel, Rüdiger: Mehr Markt am Arbeitsmarkt. Ein Plädoyer für weniger Arbeitsmarktpolitik, München, Wien 1984, S. 15 ff., 148 ff.
87 Seifert, Hartmut: Was bringt Deregulierung für den Arbeitsmarkt? Das Beispiel
des Beschäftigungsförderungsgesetzes, in: WSI-Mitteilungen H. 5/1985, S.
290.
88 Blüm, Norbert: Ein beschäftigungspolitisches Akutprogramm, in: Wirtschaftsdienst 1984/IX, S. 419.
89 Pfarr, Heide M.: Mutterschaft und Mitleid, in: Grottian, Peter u. a.: Die

Wohlfahrtswende. Der Zauber konservativer Sozialpolitik, München 1988, S. 61 ff.

90 Kritisch gegenüber den hohen Erwartungen bezüglich einer Flexibilisierung auch Lampert, Heinz: Möglichkeiten und Grenzen einer Flexibilisierung der Beschäftigungsverhältnisse, in: Wirtschaftsdienst 1986/IV, S. 181.
91 Roppel, Ulrich: Sozialer Wohnungsbau. Ausgestaltung und Wirksamkeit, in: Der Bürger im Staat, H. 4/1979, S. 248.
92 Heuer, Jürgen H. B., u.a.: Lehrbuch der Wohnungswirtschaft, 2. neubearb. Aufl., Frankfurt a. M. 1985, S. 192.
93 Siehe Frerich, a.a.O., S. 256.
94 Heuer, a.a.O., S. 193.
95 Roppel, a.a.O., S. 250f.
96 ebd., S. 252.
97 Füllenkemper, Horst: Wirkungsanalyse der Wohnungspolitik in der Bundesrepublik Deutschland, Münster 1982, S. 163, 249.
98 Frerich, a.a.O., S. 255f.
99 Geißler, a.a.O., S. 49.
100 Wagner, Wolf: Die nützliche Armut. Eine Einführung in die Sozialpolitik, Berlin 1984, S. 14.
101 Becher, Heribert J.: Schlußbemerkungen, in: ders. (Hrsg.): Die Neue Soziale Frage, Opladen 1982, S. 247f.
102 Geißler, a.a.O., S. 83ff.
103 Fink, Ulf: Neue Akzente in der Sozialpolitik, in: Sonde H. 3–4/1986, S. 26f.
104 Fürstenberg, Friedrich: Personale Selbstgestaltung in sozialen Systemen, in: ders., Herder-Dorneich, Philipp, Klages, Helmut (Hrsg.): Selbsthilfe als ordnungspolitische Aufgabe, Baden-Baden 1984, S. 203, 215.
105 Gerade im Gesundheitswesen ist die Selbsthilfe noch – oder wieder – weit verbreitet. Siehe Grunow, Dieter: Soziale Ressourcen in der alltäglichen Gesundheitsselbsthilfe, in: Keupp, Heiner, Röhrle, Bernd (Hrsg.): Soziale Netzwerke, Frankfurt am Main, New York 1987, S. 257; ders., Hegner, Friedhart: Sozialstationen im Bereich der ambulanten Sozial- und Gesundheitspflege, in: Badura, Bernhard, v. Ferber, Christian (Hrsg.): Selbsthilfe und Selbstorganisation im Gesundheitswesen, München, 1981, S. 62f.
106 Wahl, Christian: Der Selbsthilfemythos, in: Sozialer Fortschritt, H. 6/1987, S. 135.
107 Frerich, J., a.a.O., S. 204.
108 Tjaden-Steinhauer, Margarete: Die verwaltete Armut, Hamburg 1985, S. 152f.
109 Adamy, a.a.O., S. 21.
110 Wirtschaft und Statistik, H. 2/1987, S. 156.
111 Wagner, a.a.O., S. 7 und passim.
112 Meinhardt, Volker (Bearb.): Sozialhilfeausgaben aufgrund von Arbeitslosigkeit, DIW-Wochenbericht 27/1986, S. 346; Wirtschaft und Statistik H. 2/1987, S. 156.
113 ablehnend: Wagner, a.a.O. S. 49; Tjaden-Steinhauer, M., a.a.O., S. 150f.
114 Külp, Bernhard: Der Staat und die soziale Gerechtigkeit, in: Zuviel Staat? Die Grenzen der Staatstätigkeit. Red. Wehling, Hans-Georg, Stuttgart 1982, S. 98ff.

Thomas Lange

IV. Umweltpolitik

1. Umweltschutz, Marktwirtschaft und Wirtschaftswachstum

Umweltschutz ist kein Gegensatz zu Marktwirtschaft, Wirtschaftswachstum oder Vollbeschäftigung. Er ist im Gegenteil Voraussetzung für die langfristige Sicherung von Wachstum und Arbeitsplätzen.

Umweltbelastungen sind eine Begleiterscheinung jeder wirtschaftlichen Tätigkeit. Abgase, Abwasser, Abfall und Lärm wirken auf die Umwelt ein und verursachen Kosten (Waldsterben, Wasserverschmutzung, Krankheiten).[1] Diese »externen Kosten« kommen in der Wirtschaftsrechnung des Unternehmens nur dann zum Ausdruck, wenn Gesetze die Unternehmen zur Vermeidung oder Beseitigung von Umweltschäden zwingen. Eucken forderte daher als eines der regulierenden Prinzipien der Wirtschaftsordnung der Verkehrswirtschaft die »Wirtschaftsrechnung«:[2] Die Unternehmen werden vom Staat gezwungen, Umweltbelastungen in ihrer Wirtschaftsrechnung zu berücksichtigen, die externen Kosten werden internalisiert. Ohne eine solche Internalisierung ist die Kalkulation und infolgedessen die Produktionsstruktur verzerrt. Umweltbelastende Produkte werden zu billig und daher in zu großer Zahl produziert.

Müller-Armack betonte 1959/60 die Notwendigkeit von Umweltpolitik. Er sah darin eine Aufgabe für die Fortentwicklung der Sozialen Marktwirtschaft nach der Periode des wirtschaftlichen Wiederaufbaus.[3] Auch Erhard sah die Notwendigkeit des Umweltschutzes. Er betonte aber in Verkennung der Probleme, daß in der Umweltpolitik die Eigenverantwortung Vorrang vor staatlichem Eingreifen haben solle.[4] Umweltpolitische Eigenverantwortung wird in der Marktwirtschaft gerade durch staatliche Politik hergestellt.

Aus heutiger Sicht gehört die Internalisierung von externen Kosten durch Umweltschutzgesetze zu den konstituierenden Prinzipien einer Marktwirtschaft, ebenso wie z. B. die Geldwertstabilität. Fehlender Umweltschutz verzerrt den Wettbewerb ebenso wie fehlende Preisstabilität. Unternehmen mit umweltbelastender Produktion können sich einen Wettbewerbsvorteil verschaffen gegenüber Produkten, bei denen alle Kosten internalisiert sind. Im Zeitalter der Industrie ist »Marktwirtschaft« ohne Umweltschutz Ausbeutung der Allgemeinheit und der Natur. Ein Betrieb, der nicht bereit oder in der Lage ist, seine Umweltkosten zu bezahlen, muß

182

demnach ebenso aus dem Markt ausscheiden wie ein Betrieb, der Steuern, Löhne oder die Lieferantenrechnungen nicht mehr bezahlen kann. Umweltschutz muß durch zwingende Normen durchgesetzt werden. Eine Politik, die sich auf moralische Appelle und Aufklärung beschränkt, würde ins Leere laufen. Denn die Unternehmen, die moralisch handelten, müßten mit höheren Kosten produzieren als die unmoralischen und hätten infolge ihrer höheren Preise Wettbewerbsnachteile. In der Regel würden sie sich im Markt nicht halten können.

Der Markt für »biologisch« erzeugte Lebensmittel beweist zwar, daß bei bewußtem Verhalten der Käufer auch relativ teure Produkte im Markt erfolgreich sein können. Doch gerade die Begrenztheit dieses Marktes zeigt, daß es völlig unverantwortlich wäre, bei der Durchsetzung von Umweltschutz in den Unternehmen allein auf Bewußtseinsbildung bei den Konsumenten zu setzen. Die Entwicklung von mehr Umweltbewußtsein ist eine wichtige Aufgabe. Sie ermöglicht Umweltpolitik und muß sie ergänzen, kann aber die Gesetzgebung nicht ersetzen. Ohne Gesetze bleibt Umwelt ein öffentliches Gut: jeder kann es in Anspruch nehmen, ohne dafür zu bezahlen. Die Folge ist eine Umweltübernutzung und eine sinkende Umweltqualität. Moralische Appelle können daran in der Regel nichts ändern. Denn der Vorteil, den man von der kostenlosen Beanspruchung der Umwelt hat, indem man z. B. ein Auto benutzt, wird in der Regel höher bewertet, als der Vorteil, den man durch Verzicht auf diese Beanspruchung der Umwelt aus der dann steigenden Umweltqualität ziehen kann, indem man z. B. mit der Bahn statt mit dem Auto fährt.[5] Der Beitrag des Einzelnen zur gesamten Umweltbelastung ist gering, daher ist auch der Nutzen eines individuellen Verzichts auf Umweltbelastung für den Einzelnen gering.

Die Logik des nutzen- bzw. gewinnorientierten Handelns, die den staatlichen Zwang zur Durchsetzung von Umweltschutz gegenüber Unternehmen und Individuen notwendig macht, behindert auf der politischen Ebene die Gesetzgebung selbst. Umwelt ist auch ein international öffentliches Gut. Die Welt stellt einen Belastungsverbund dar, in dem die Staaten einen Teil ihrer Emissionen »exportieren«, einen Teil ihrer Immissionen »importieren«. Daher ist es für den einzelnen Staat – insbesondere bei positivem Schadstoff-Exportsaldo – relativ uninteressant, seine Umweltschutzgesetze zu verschärfen, denn überwiegend haben andere Länder die Nachteile seiner laxen Normen zu tragen. Das Fehlen international wirksamer Sanktionen hat bislang zum »grenzenlosen Versagen« der internationalen Umweltpolitik beigetragen.[6] Auch föderalistische Vielfalt ist einem wirksamen Umweltschutz abträglich. Nur wenn auf Bundesebene die Umweltnormen festgelegt werden, besteht kein Anreiz für die Länder, durch weniger strenge Gesetze um Industrieansiedlungen zu konkurrieren. Dies schließt nach einheitlichen Kriterien festgelegte unterschiedliche Normen für Ballungs- und Erholungsgebiete nicht aus. Anzustreben ist eine Vereinheitlichung der Umweltpolitik, auch in der EG und letztlich auf internationaler Ebene.

Umweltschutz verteuert meist die Produktion.[7] Dadurch sinken Absatzchancen, Gewinn, Produktion und Beschäftigung desjenigen Betriebes, der für den Schutz der Umwelt Investitionen tätigt. Die Investitionskosten sind aber zugleich Nachfrage und schaffen Arbeit in der Investitionsgüterindustrie. Umweltschutz gefährdet also keine Arbeitsplätze, sondern führt zu einer Verlagerung der Arbeitsplätze von der Konsumgüterindustrie zur Investitionsgüterindustrie sowie von umweltbelastenden zu nicht belastenden Produktionen. Außerdem schafft Umweltschutz Arbeitsplätze in Verwaltung und Forschung. Alle Studien zur Beschäftigungswirkung von Umweltschutz haben bisher gezeigt, daß es in der Bundesrepublik ohne Umweltschutz mehr Arbeitslose gäbe.[8] Umweltschutz ist ein Zukunftsmarkt, der zunehmend mehr Menschen Arbeit gibt.

Umweltschutz bewirkt mit dem Strukturwandel der Produktion auch einen Strukturwandel des Konsums: es stehen weniger individuell konsumierbare Güter zur Verfügung (Autos, Kleidung, Nahrungsmittel), dafür steigt die Umweltqualität und somit die Möglichkeit, dieses öffentliche Gut zu genießen. Umweltschutz verringert zugleich die Schäden und Beeinträchtigungen, die durch Umweltbelastungen entstehen. Ob per Saldo ein Wohlfahrtsgewinn eintritt, kann man messen, indem man die durch unterlassenen Umweltschutz entstandenen Schäden monetär bewertet und den zur Vermeidung dieser Schäden erforderlichen Aufwendungen gegenüberstellt. Wicke kommt auf Grund einer Berechnung aller Umweltschäden, die pro Jahr in der Bundesrepublik entstehen, auf die Gesamtsumme von 103,5 Mrd DM.[9] Dies ist ein Vielfaches der jährlich für Umweltschutzinvestitionen aufgewendeten Mittel.[10] Diese Kosten sind Schäden an Gebäuden und Bäumen, Ertragsausfälle der Fischerei oder Landwirtschaft, Kosten der Grundwasserentgiftung für die Trinkwasseraufbereitung. Wikkes Rechnung enthält auch 29,3 Mrd DM Mietwertminderung für Wohnungen durch Lärm und Abgase. Dies zeigt, daß unterlassener Umweltschutz zu massiven Vermögensumverteilungen führt: was Autofahrer und Industrie an Kosten sparen, mindert das Vermögen der Wald- und Hausbesitzer.

Wickes Rechnung zeigt auch, daß die Kosten des Umweltschutzes sicher geringer sind, als die Kosten der Umweltschäden bzw. des unterlassenen Umweltschutzes. Das Beispiel zeigt außerdem, daß auch unterlassener Umweltschutz Arbeitsplätze schafft: im »Reparaturgewerbe« (Lärmdämmung, Fassadenreinigung und -renovierung, Gesundheitswesen etc.). Diese Arbeitsplätze dienen nicht der Herstellung von mehr Konsumgütern, sondern der Beseitigung von Zerstörungen. Die für diese Arbeiten gezahlten Vergütungen erhöhen zwar das Bruttosozialprodukt nominal, real tritt aber kein Wohlstandsgewinn ein, vielmehr werden nur zuvor eingetretene Wohlstandsverluste wieder ausgeglichen. Da die Vermeidung von Schäden billiger ist als die Reparatur nach Schadenseintritt, ist die Arbeitsbeschaffung durch unterlassenen Umweltschutz teurer als die Schaffung von Arbeitsplätzen durch Umweltschutzinvestitionen. Eine ökonomische Betrachtung müßte momentan zu erheblich mehr Umweltschutz führen, als tatsächlich verwirklicht wird, vorausgesetzt, es wird die politische Entscheidung getroffen, volkswirtschaftliche Kosten zu berücksichtigen. Dies gilt auch deshalb, weil Umweltschutz immer mehr zur Voraussetzung weiteren Wachstums, ja sogar zur Voraussetzung der Aufrechterhaltung der vorhandenen wirtschaftlichen Leistungsfähigkeit wird. Die agrarische und industrielle Produktion braucht saubere Luft, sauberes Wasser und fruchtbare Böden.

2. Prinzipien und Instrumente der Umweltpolitik

Ökonomische Effizienz und ökologische Wirkung von Umweltpolitik sind weitgehend davon abhängig, welche Prinzipien und Instrumente des Umweltschutzes angewendet werden: Verursacher- oder Gemeinlastprinzip, ordnungsrechtliche Auflagen oder wirtschaftliche Anreize.

Nach dem Verursacherprinzip muß der Verursacher für die Vermeidung von Schäden oder für deren Beseitigung aufkommen. Nach dem Gemeinlastprinzip werden die Umweltkosten von der öffentlichen Hand getragen. Eine kommunale Kläranlage arbeitet nach dem Verursacherprinzip, wenn sie den einzelnen Abwasserproduzenten die Klärkosten in voller Höhe in Rechnung stellt, sie arbeitet nach dem Gemeinlastprinzip, wenn die Kosten der Anlage vom städtischen Etat getragen werden. Auch Subventionen und Steuervergünstigungen für Umweltschutz-Investitionen entsprechen dem Gemeinlastprinzip. Nur das Verursacherprinzip läßt sich mit dem Vorsorgeprinzip verbinden, da der Nutzer der Umwelt auch die Kosten der Nutzung trägt, und so Anreize zu einem sparsamen Umgang mit dem knappen Gut Umwelt erhält. Nur das Verursacherprinzip ist marktkonform, da es die Produktionsfaktoren in weniger umweltbelastende Produktionen lenkt. Es entspricht Euckens Prinzip der Wirschaftsrechnung. Die Anwendung des Verursacherprinzips setzt voraus, daß politisch Grenzen der legitimen Umweltbeeinträchtigung festgelegt werden.[11] Der Grenzwert Null würde das Ende jeglichen Wirtschaftens bedeuten. Er wäre auch ökologisch überzogen, da die Umwelt eine gewisse Menge an Belastungen dank ihrer Problemverarbeitungskapazität verkraften kann.[12] In besonderen Fällen, z.B. wenn bei alten Mülldeponien ein Verantwortlicher nicht mehr ausfindig gemacht werden kann, ist es unvermeidlich, nach dem Gemeinlastprinzip vorzugehen.

Umweltpolitik muß die Schadstoffbelastungen von Luft, Wasser, Boden (Immissionen) auf verträgliche Werte reduzieren. Um dies zu erreichen, muß sie den Schadstoffausstoß (Emissionen) aller denkbaren Quellen kontrollieren und nötigenfalls reduzieren. Die Reduktion von Emissionen kann erreicht werden durch Herausfiltern der Schadstoffe aus Abgasen, Abwässern oder Abfällen (end of pipe-Lösung). End of pipe-Lösungen haben den Nachteil, daß sie meist relativ teuer sind und große Mengen Abfall erzeugen, die nicht wieder verwendet werden können. Optimaler sind Methoden, die von vornherein die Entstehung großer Abfallmengen vermeiden durch geschlossene Kreisläufe und (innerbetriebliches) Recycling oder durch Einsatz schadstoffarmer Rohstoffe.

Das Verhalten eines umweltbelastenden Betriebes oder Haushalts kann durch unterschiedliche Instrumente gesteuert werden. Eine in der Bundesrepublik immer noch bevorzugte Methode sind Auflagen (Ge- und Verbote). Es werden Emissionen oder Emissionsgrenzwerte festgelegt, Verfahrenstechniken vorgeschrieben oder die Verwendung bestimmter Vorprodukte.[13] Auflagen haben den entscheidenden Nachteil, daß sie den technischen Fortschritt behindern, und zwar gerade dadurch, daß sie eine Emissionsvermeidung nach dem »Stand der Technik« (Immissionsschutzgesetz) oder nach den »allgemein anerkannten Regeln der Technik« (Wasserhaushaltsgesetz) vorschreiben. Dadurch wird der Umweltschutz behindert. Am »Stand der Technik« orientierte Auflagen schaffen Anreize, den Fortschritt der Umwelttechnologie zu verlangsamen.[14] Die Unternehmen können so ihre Anlagen länger nutzen und Kosten sparen.

Ein weiterer Kritikpunkt an Auflagen bezieht sich auf ihre geringe ökonomische Effizienz. Die Einhaltung von Auflagen (Grenzwerte pro Abgas- oder Abwassereinheit; Emissionsmaxima pro Tag) verursacht bei verschiedenen Betrieben sehr unterschiedliche Kosten.[15] Wenn nun alle Betriebe die gleichen Grenzwerte einhalten müssen, ist das sehr viel teurer, als wenn ein Betrieb mit niedrigen Vermeidungskosten seine Emissionen stark reduziert, während ein Betrieb mit hohen Vermeidungskosten seine Emissionen entsprechend weniger oder gar nicht reduziert. Das Gesamtergebnis ist das gleiche, die Kosten aber sind geringer als bei gleichmäßiger Emissionsreduktion, wie das Beispiel zeigt:

Anlage	SO_2-Emission	Vermeidungs-kosten pro t	Emissionssenkung um 25 %			
			Kosten bei gleichmäßiger Senkung	Rest	Kosten bei Kostenminimierung	Rest
A	100 t	500 DM	12 500 DM	75 t	–	100 t
B	80 t	100 DM	2 000 DM	60 t	6 000 DM	20 t
C	60 t	300 DM	4 500 DM	45 t	–	60 t
Summe	240 t		19 000 DM	180 t	6 000 DM	180 t

Eine solche Politik setzt voraus, daß die Anlagen entweder zum selben Unternehmen gehören oder aber, daß die Unternehmen A und C dem Unternehmen B die Mehrkosten von 4000 DM zuzüglich eines Gewinnanteils ersetzen. Es sind dann sowohl volkswirtschaftliche als auch betriebswirtschaftliche Kosten gespart worden. In den USA werden solche Lösungen seit langem mit Erfolg praktiziert. In der Bundesrepublik sind sie bis jetzt nicht gesetzlich verankert.

Diese Methode der Emissionsminderung gibt nur die Zielgröße vor, überläßt es aber dem Erfindergeist der Unternehmen, auf welche Weise sie die gemeinsame Auflage erfüllen wollen. Sie haben ein Eigeninteresse, dafür die effizienteste Technologie einzusetzen bzw. zu entwickeln. Dies wird in der Regel keine Filtertechnik sein, sondern eine neue Verfahrenstechnik, die von vornherein die Entstehung von Schadstoffen vermeidet oder zumindest deren Menge verringert. Nur auf diesem Wege ist weiteres Wirtschaftswachstum bei Verbesserung der Umweltqualität möglich.[16]

Das Prinzip der gemeinsamen Auflage kann innerhalb einer Region auch auf alte Unternehmen und Neugründungen bzw. Neuinvestitionen angewandt werden. Dann ist die Errichtung einer neuen Schadstoffquelle nur erlaubt, wenn bei vorhandenen Anlagen die Emissionen entsprechend reduziert werden (Kompensationsregelung). Eine weitere Form von gemeinsamen Auflagen ist die Festlegung von Emissionsstandards für ein ganzes Land bzw. für Teilregionen. Der Staat legt die Höhe der zulässigen Gesamtemissionen fest und verkauft die Emissionsrechte meistbietend. Die Käufer können die Emissionsrechte weiterverkaufen, wenn sie diese nicht mehr benötigen. Der Vorteil dieser Regelung wäre, daß der Standard der Umweltbelastung eindeutig politisch bestimmt werden kann, da die Gesamtmenge aller Emissionen festgelegt ist. Probleme tauchen dann auf, wenn liquide Unternehmen Emissionsrechte horten, um ihre Konkurrenten zu schädigen, oder wenn zu viele Emissionsrechte auf eine Region entfallen, wodurch dort die Umweltqualität sogar sinken kann. Dieses Problem kann durch Regionalisierung der Standards gelöst werden.

Ein einfacherer Weg, das Eigeninteresse der Unternehmen an Umweltschutz zu mobilisieren, sind Umweltabgaben. Die Unternehmen müssen pro Schadstoffeinheit einen bestimmten Betrag zahlen. Je höher der Betrag festgelegt wird, desto größer wird das Interesse der Unternehmen, den Schadstoffausstoß zu verringern. Das Problem ist hier, die ökologisch richtige Höhe der Abgabe festzulegen und den Wert der Abgabe gegen Inflation zu sichern. Ein gangbarer Weg wäre eine Dynamisierung: die Abgaben werden laufend um den Geldentwertungssatz und zusätzlich solange um einen bestimmten Prozentsatz pro Jahr erhöht, bis der erwünschte Umweltstandard erreicht ist.

Abgaben, Kompensationen, Emissionsrechte und gemeinsame Auflagen werden in der Literatur etwas unglücklich als marktwirtschaftliche

Instrumente bezeichnet. Gebote und Verbote dagegen als bürokratisch.[17] Verbote (der Kinderarbeit, von Kartellen) sind aber durchaus marktkonforme Mittel. Verbote sind auch innovationsfördernd. Ein Verbot von Asbest löst einen Substitutionswettbewerb aus. Gebote können einen Wettbewerb um die effizienteste Erfüllung nur dann auslösen, wenn sie relativ offen formuliert sind. Dies gilt z. B. für die Festlegung eines Emissionswertes, für dessen Einhaltung keine bestimmte Technik vorgeschrieben ist. Eine strenge Trennung von marktwirtschaftlichen und bürokratischen Instrumenten ist mit Hilfe des Gegensatzes Auflagen versus Abgaben bzw. Emissionsrechte nicht möglich.

Unabhängig von der Art der verwendeten Instrumente setzt Umweltpolitik zudem eine ausgebaute staatliche Bürokratie voraus, die die Einhaltung der Abmachungen, Grenzwerte und Emissionsrechte kontrolliert. Jegliche Umweltpolitik kann nur wirksam sein, wenn die politischen Entscheidungen des Gesetzgebers dafür sorgen, daß die Preise für Emissionsrechte und die Abgaben hoch genug, die Grenzwerte für Emissionen und Immissionen niedrig genug angesetzt sind. Die Emissionsgrenzwerte müssen immer durch Immissionsgrenzwerte ergänzt werden. Denn eine Reduktion von Schadstoffen im Abgas um 20 % bringt nichts, wenn gleichzeitig die Abgasmenge um 25 % oder mehr steigt. Die Umweltbelastung bleibt dann gleich oder nimmt sogar zu.

Ein wirksames und marktkonformes Mittel zur Durchsetzung von mehr Umweltschutz ist die Ausdehnung der Haftung von Unternehmen für Schäden. Drohende Schadensersatzansprüche veranlassen die Unternehmen, die Kosten zur Vermeidung von Umweltschäden zu übernehmen. In Japan wurde die Haftung durch Gerichtsentscheidungen so verschärft, daß die Unternehmen wirksam unter Druck gerieten. In Deutschland sind bislang die Anforderungen an die Beweispflicht eines geschädigten Klägers so hoch, daß Gerichtsurteile kaum zur Verschärfung von Umweltnormen beigetragen haben. Nordrhein-Westfalen hat 1987 im Bundesrat einen Gesetzentwurf für eine verschuldensunabhängige Gefährdungshaftung bei Umweltschäden eingebracht.[18]

Der Übergang zu mehr Kleintechnologie bringt keine Lösung der Umweltprobleme. Das Großsystem Bundesbahn ist umweltverträglicher als das Automobil. Großbetriebe sind über Umweltgesetze besser informiert als Klein- und Mittelbetriebe, ihre Emissionen sind leichter zu kontrollieren. Die Entscheidung zwischen Groß- und Kleintechnologie kann umweltpolitisch nicht generell getroffen werden. Sie muß im Einzelfall begründet werden.

3. Geschichte der Umweltpolitik

Umweltpolitik ist erst seit 1969 ein eigener Politikbereich. Die Durchsetzung von Umweltgesetzen ist bisher sehr stark von der wirtschaftlichen Entwicklung abhängig. Sie verläuft prozyklisch. Mit der Wirtschaft hat auch der Umweltschutz Konjunktur.

In den ersten Jahren der Bundesrepublik standen Probleme des Wiederaufbaus im Vordergrund. Umweltpolitik spielte kaum eine Rolle. Doch wurden bereits Ende der 50er Jahre Normen der Wasser- und Luftreinhaltung verschärft (Wasserwirtschaftsgesetz, Gewerbeordnung).[19] Dagegen scheiterten Initiativen zur Brennstoffentschwefelung.[20] 1961 trat die SPD im Bundestagswahlkampf mit einem umweltpolitischen Slogan an: »Blauer Himmel über der Ruhr.« So war es konsequent, daß 1969, nach der Übernahme der Kanzlerschaft durch Willy Brandt, Umweltpolitik erstmals als eigener Bereich in das Regierungsprogramm aufgenommen wurde. Im September 1971 legte die Bundesregierung ihr Umweltprogramm vor, das bis 1980 umgesetzt wurde und bis heute die umweltpolitische Konzeption der Bundesregierung bestimmt. Die Ziele des Programms waren:

1. Sicherung einer Umwelt, wie sie der Mensch für seine Gesundheit und ein menschwürdiges Dasein braucht.

2. Schutz von Boden, Luft, Wasser, Pflanzen und Tierwelt vor nachteiligen Wirkungen menschlicher Eingriffe.

3. Beseitigung von schädlichen Folgen menschlicher Eingriffe.

Als Grundlinien wurden festgelegt: Das Verursacherprinzip; die Berücksichtigung der Leistungsfähigkeit der Volkswirtschaft; Förderung umweltfreundlicher Technik; Intensivierung der Forschung und Ausbildung; Förderung des Umweltbewußtseins; Kooperation mit Ländern, Gemeinden und auf internationaler Ebene.[21] Umweltpolitik sollte den gleichen Rang erhalten wie die soziale, die innere oder äußere Sicherheit.

In den folgenden Jahren entwickelte sich der Umweltschutz zu einem eigenen Politikbereich. Das Umweltprogramm wurde durch zahlreiche Gesetze und Verordnungen sowie den Ausbau bestehender und den Aufbau neuer Verwaltungen umgesetzt. 1971 wurde der Rat von Sachverständigen für Umweltfragen berufen, das Fluglärm- und das Benzinbleigesetz erlassen. 1972 folgte das DDT-Gesetz. Nach den vorgezogenen Bundestagswahlen wurde der Ausbau des Umweltschutzes fortgesetzt mit der Errichtung des Umweltbundesamtes und der Verabschiedung des Immissionsschutzgesetzes im Jahre 1974.

Die Wirtschaftskrise bewirkte, daß der Umweltschutz in den Medien, in der Einschätzung durch die Bürger und in der Politik von Parteien und Regierung an Bedeutung verlor.[22] Auch Konflikte zwischen den Ländern führten zur Abschwächung von Umweltgesetzen im Bundesrat: die Kohleländer Saarland und Nordrhein-Westfalen wehrten sich gegen eine Verschärfung von Emissionsstandards, die Oberlieger Bayern und Baden-Württemberg opponierten gegen strengere Normen im Abwasserabgabengesetz.[23] Beim »Gymnicher Gespräch« sicherte Bundeskanzler Schmidt 1975 der Industrie zu, in der Rezession das Gemeinlastprinzip verstärkt zur Geltung zu bringen.[24] Im Bundestagswahlkampf 1976 spielten Umweltthemen keine Rolle. Die Industrie verstärkte ihren Widerstand gegen schärfere Umweltgesetze und konnte sich bei der Abmilderung des Abwasserabgabengesetzes (1976), der TA Luft (1978 und 1986) und des Umweltchemikaliengesetzes (1980) weitgehend durchsetzen. Die angestrebte Verhinderung des Chemikaliengesetzes gelang allerdings nicht und war auf Grund des bereits bestehenden EG-Rechts auch nicht möglich.[25] Das Bundesimmissionsschutzgesetz und seine Ausführungsverordnungen wirken bis heute weitgehend als Verschmutzungsgesetze. Die Probleme wurden mit Hilfe von Hochschornsteinen weitgehend nach dem Motto »gelöst«: the solution for pollution is dilution.[26] Die Emissionsgrenzwerte wurden zu allmählich verschärft. Die Folge war das großflächige Waldsterben.

Allgemein leidet die Wirkung der relativ milden Gesetze unter einem Vollzugsdefizit.[27] Erst die Wahlerfolge der Grünen führten im Sommer 1982 zu einer Reorientierung der Politik der sozialliberalen Koalition, die auch nach dem Regierungswechsel beibehalten wurde. Der retardierende Einfluß der Industrie blieb aber stark. 1986 wurde die nachteilige Zersplitterung der Kompetenzen auf Bundesebene durch Schaffung eines Umweltministerium beseitigt.[28] Trotz Ankündigung in der Regierungserklärung von Bundeskanzler Helmut Kohl im Jahre 1983 wurden aber bislang keine ökonomischen Anreize in die Umweltgesetzgebung eingeführt.

4. Zusammenfassung

Die Umweltpolitik ist noch zu sehr Nachsorgepolitik, die weder auf die Produktgestaltung noch auf die Produktionsprozesse ausreichend Einfluß nimmt. Daher ist eine Verbesserung der Umweltqualität in den letzten Jahren nicht eingetreten.

Der Umweltschutz steht in der Bundesrepublik weitgehend noch unter dem Stern, unter dem er angetreten ist: Der Schock der Veröffentlichungen des Club of Rome über das baldige Ende der Rohstoffe, der in vielen Publikationen zu Recht für ein zentrales Moment gehalten wird, war ja ein Schock über das Ende des Wohlstandes, nicht über den Zustand der Umwelt. Dieser Bewußtseinsorientierung entspricht es, daß die Rohstoffe allgemein als nicht regenerierbare Ressourcen bezeichnet werden, Pflanzen und Tiere dagegen als regenerierbar. Tatsächlich ist es umgekehrt. Ein

Kupferatom bleibt auch nach »Verbrauch« ein Kupferatom, selbst Energierohstoffe sind regenerierbar, solange die Sonne Energie liefert. Zudem sind Rohstoffe meist substituierbar. Eine ausgestorbene Art dagegen bleibt immer ausgestorben.

Trotz solcher Fehlorientierungen hat sich in den letzten Jahren allgemein die Erkenntnis durchgesetzt, daß Umweltschutz eine zentrale Aufgabe ist. Die Politik ist dadurch zunehmend unter Druck geraten bzw. hat Spielräume gegenüber der Industrie erhalten, die bislang aber nicht ausreichend genutzt worden sind. Weitgehend hilflos stehen Umweltschützer in Verbänden und Parteien der Tatsache gegenüber, daß in einer demokratischen Gesellschaft mit wachsender Freizeit der Freiheitsanspruch des Einzelnen zunehmend zum ökologischen Belastungsfaktor wird (Individualverkehr, Tourismus, Freizeitsport). Gerade die grün-alternative Bewegung, die mehr Demokratisierung und weniger staatliche Kontrolle verlangt, gerät hier in Widerspruch zu ihren ökologischen Zielsetzungen.

Die gesetzgeberische Bilanz der Umweltpolitik in der Bundesrepublik ist insgesamt positiv. Die Zunahme der Regelungsdichte nach Breite und Eingriffstiefe ist beachtlich. Die Umweltschutzinvestitionen in der Industrie haben von 1978 bis 1985 von 2,2 auf 5,6 Mrd DM zugenommen, ihr Anteil an den Gesamtinvestitionen ist – auch in den Krisenjahren 1981/82 – fast kontinuierlich von 3,1 % auf 6,4 % gestiegen.[29] Die ungeordnete Abfalldeponierung ist beendet, die Abgasnormen sind 1986 wiederum verschärft worden. Den positiven Entwicklungen stehen negative gegenüber. Die Abfallmengen sind 1980–1984 nur im produzierenden Gewerbe zurückgegangen, bei den übrigen Verursachern steigen sie nach wie vor ebenso wie die gesamten Abwassermengen. Dadurch wird der Effekt verbesserter Klärung teilweise wieder aufgehoben. In Bezug auf gasförmige Emissionen und ihre Wirkung hat sich die Situation insgesamt stabilisiert. Die jährlichen Emissionen sind 1966–1984 zurückgegangen bei Schwefeldioxid von 3,2 auf 2,6 Mio t (−18,8 %), bei Stäuben von 1,8 auf 0,65 Mio t (−63,9 %). Dagegen sind sie gestiegen bei organischen Verbindungen von 1,7 auf 1,8 Mio t (+5,5 %) und bei Stickoxid von 2 auf 3 Mio t (+50 %; Hauptverursacher Verkehr). Die Waldschäden haben auch 1986 noch leicht zugenommen.[30] Die Versiegelung der Landschaft, die Vernichtung von Biotopen und der Artenschwund schreiten weiter voran. Die ökologische Gesamtbilanz ist also immer noch negativ.

Alle bisherigen Ansätze der Umweltpolitik haben vorwiegend zu Teillösungen und zu Teilverlagerungen der Probleme geführt. Die Kanalisation ist ausgebaut, dafür ist der Klärschlamm nun mit Schwermetallen verseucht. Statt Schwefeloxide zu emittieren, produzieren die entschwefelten Kraftwerke nun Gips, der überwiegend deponiert werden muß. Das Kohlendioxid wird weiter emittiert und führt bereits seit Jahren zur Erwärmung der Atmosphäre, die unabsehbare Folgen haben kann.[31] Der Übergang von einer »Politik des peripheren Eingriffs«[32] zu einer konsequenten Vorsorgepolitik ist bisher nur halb vollzogen. Die Lösung kann nur in der weiteren Reduzierung des Energie- und Rohstoffverbrauchs und der Abfallmengen liegen. Es müssen intelligentere Produktionsverfahren und Produkte entwickelt werden als bisher. Voraussetzung dafür sind strengere Immissionsstandards und mehr ökonomische Anreize. Dann wird sich die Marktwirtschaft von selbst in Richtung auf eine ökologisch verträgliche Kreislaufwirtschaft entwickeln.

5. Anmerkungen

1 Kapp, K. William: Soziale Kosten der Marktwirtschaft, Frankfurt a. M. 1974, S. 10 ff.
2 Eucken, Walter: Grundsätze der Wirtschaftspolitik, 5. Aufl., Tübingen 1975, S. 301 ff.
3 Müller-Armack, Alfred: Wirtschaftsordnung und Wirtschaftspolitik, Bern, Stuttgart 1976, S. 265, 280.
4 Heusgen, Christoph: Ludwig Erhards Lehre von der Sozialen Marktwirtschaft. Ursprünge, Kerngehalt, Wandlungen. Bern und Stuttgart 1981, S 222 f., 342 f.
5 Hansmeyer, Karl-Heinrich: Ökonomische Anforderungen an die staatliche Datensetzung für die Umweltpolitik und ihre Realisierung, in: Wegehenkel, Lothar (Hrsg.): Marktwirtschaft und Umwelt, Tübingen 1981, S. 7 f.
6 Mayer-Tasch, Peter Cornelius: Die verseuchte Landkarte, München 1987, S. 8.
7 Das gilt nicht immer. Bei einer Umfrage meldete ein Drittel der befragten Betriebe Kostensenkungen durch Umweltschutz; Wicke, Lutz: Die ökologischen Milliarden. Das kostet die zerstörte Umwelt – so können wir sie retten, München 1986, S. 147.
8 Wicke, a.a.O., S. 143 ff. 1985 arbeiteten in der Bundesrepublik ca. 440 000 Beschäftigte für den Umweltschutz.
9 ebd., S. 56, 85, 107, 120 ff. Luftverschmutzung 48 Mrd; Gewässerverschmutzung 17,6 Mrd; Bodenbelastung 5,2 Mrd; Lärmschäden 35,2 Mrd DM. Die Berechnung beruht auf Schätzungen, die fast alle sehr vorsichtig sind.
10 Die Aufwendungen für den Umweltschutz der Industrie und der öffentlichen Hand betrugen in den 10 Jahren von 1970 bis 1979: 104 Mrd DM für Investitionen und 73,9 Mrd Dm für Betriebsausgaben (Wicke, Lutz: Umweltökonomie. Eine praxisorientierte Einführung, München 1982, S. 272). In den 4 Jahren 1980–1983 betrugen die gesamten Investitionen für den Umweltschutz 40,7 Mrd DM (ifo-Schnelldienst 5/1986, S. 4).
11 Blümle, Gerold: Einige Gründe für die Lücke zwischen Theorie und Praxis in der derzeitigen Umweltpolitik. In: Wegehenkel, a.a.O., S. 23.
12 Brunowski, R.-D.; Wicke, Lutz: Der Öko-Plan. Durch Umweltschutz zum neuen Wirtschaftswunder, München, Zürich 1984, S. 62 ff.
13 Praml, Rolf: Emissionsabgaben als Instrument des Umweltrechts, in: Umweltrecht in der Bundesrepublik Deutschland, Loccumer Protokolle 18/1983, 3. Aufl., Rehburg-Loccum 1986, S. 91 f.
14 Zohlnhöfer, Werner: Umweltschutz und Wettbewerb, Grundlegende Analyse, in: Gutzler, Helmut (Hg.): Umweltpolitik und Wettbewerb. Baden-Baden 1981, S. 34.
15 Bonus, Holger: Marktwirtschaftliche Konzepte im Umweltschutz, Stuttgart 1984, S. 134 ff. – referiert Daten aus den USA: hier variieren die Schadstoff-Vermeidungskosten um den Faktor 12.
16 Vgl. Brunowski und Wicke, a.a.O., S. 105 ff.

17 Siehe ebd., S. 88, und Wicke: Die ökologischen Milliarden, a.a.O., S. 165.
18 Weidner, Helmut: Bahnbrechende Gerichtsurteile gegen Umweltverschmutzer, in: Tsuru, Shigeto; Weidner, Helmut: Ein Modell für uns: Die Erfolge der japanischen Umweltpolitik, Köln 1985, S. 95 ff.; Das Parlament, Nr. 26 vom 27. 6. 1987, S. 3.
19 Wey, Klaus Georg: Umweltpolitik in Deutschland, Opladen 1982, S. 173 ff.
20 Müller, Edda: Innenpolitik der Umweltpolitik, Opladen 1986, S. 257.
21 Umweltschutz. Das Umweltprogramm der Bundesregierung, 3. Aufl. Stuttgart, Berlin, Köln, Mainz 1973, S. 15 ff.
22 Margedant, Udo: Entwicklung des Umweltbewußtseins in der Bundesrepublik Deutschland, in: Aus Politik und Zeitgeschichte, H. 29/1987, S. 26 f.
Malunat, Bernd M.: Umweltpolitik im Spiegel der Parteiprogramme; in: ebd. S. 31 ff.
23 Posse, Achim Ulrich: Föderative Politik: Verflechtung in der Umweltpolitik. München 1986, S. 101 f., 131 ff.
24 Rat von Sachverständigen für Umweltfragen. Umweltgutachten 1978, Stuttgart und Mainz 1978, S. 77.
25 Damaschke, Kurt: Der Einfluß der Verbände auf die Gesetzgebung, München 1986, S. 141 ff.
Joepen, Karl-Heinz: Umweltpolitik des kleinsten Widerstandes, Neukirchen-Vluyn 1987, S. 79 ff.
Hartkopf, G.; Bohne, E.: Umweltpolitik, Bd. 1, Opladen 1983, S. 397.
26 Mayer-Tasch, a.a.O., S. 84.
27 Brunowski und Wicke, a.a.O., S. 22.
28 anderer Ansicht: Müller, a.a.O.,, S. 517 f.
29 Statistisches Bundesamt: Investitionen für Umweltschutz im Produzierenden Gewerbe 1985, Fachserie 19, Reihe 3, Stuttgart und Mainz 1987, S. 8.
30 Statistisches Bundesamt, Statistisches Jahrbuch 1987, Stuttgart und Mainz 1987, S. 583 ff.
Umweltbundesamt, Daten zur Umwelt 1986/87, 2. Aufl. Berlin 1986, S. 186 ff.
31 Bach, Wilfried: Wie beeinflußt die Luftverschmutzung unser Klima? In: Bedrohte Lebenselemente. Red. Wehling, Hans-Georg, Stuttgart 1985, S. 71 ff.
32 Joepen, a.a.O., S. 15.
Mayer-Tasch, Peter Cornelius: Umweltrecht und Umweltpolitik, in: Doran, Charles F.; Hinz, Manfred O.; Mayer-Tasch, P. C.: Umweltschutz – Politik des peripheren Eingriffs. Darmstadt und Neuwied 1974, S. 21 f.

Beate Neuss

V. Internationale Verflechtung und Wettbewerbsfähigkeit

Die Bundesrepublik Deutschland ist heute die zweitgrößte Welthandelsmacht hinter den USA und vor Japan (Tab. 29). Sie ist mit einer Exportquote von rund 30 % weit stärker mit der Außenwelt verflochten als andere Staaten mit größerem Binnenmarkt und einem geringeren Außenhandelsanteil am Bruttosozialprodukt, wie z. B. die USA mit einer Exportquote von 5,3 % und Japan mit 13,2 % 1985.

Im folgenden wird auf die Entwicklung der Bundesrepublik zur Handelsmacht, auf Vorteile, aber auch auf Nachteile der Verflechtung eingegangen und nach der Fähigkeit zur Bewältigung neuer Herausforderungen gefragt.

1. Verflechtung und Wettbewerbsfähigkeit

Wettbewerbsfähigkeit ist die Voraussetzung für Wohlstand in einer international verflochtenen Wirtschaft

Die Beteiligung am Welthandel, also an der internationalen Arbeitsteilung, bringt der Bundesrepublik Wohlstandsgewinne: Sie spezialisiert sich auf die Produktion und den Export von Gütern, für deren Herstellung sie im Vergleich zu anderen Ländern begünstigt ist. Sie importiert, was sie nicht selbst herstellen kann oder was das Ausland preisgünstiger anbietet. Der Außenhandelsgewinn besteht darin, daß bei gleicher Ausstattung mit Produktionsfaktoren über eine größere Gütermenge verfügt werden kann als bei Autarkiebestrebungen.

Die Offenheit und Exportabhängigkeit einer Volkswirtschaft, die Internationalisierung der Produktion und des heimischen Finanzmarktes sind Indikatoren für die Verflechtung einer Wirtschaft mit dem Weltmarkt (Abb. 4).

Offene Märkte verlangen Wettbewerbsfähigkeit, um einen vorteilhaften Platz in der internationalen Arbeitsteilung zu erhalten. Eine eindeutige Begriffsbestimmung von »internationaler Wettbewerbsfähigkeit« gibt es allerdings nicht.

Wettbewerbsfähigkeit wird im allgemeinen definiert als die Fähigkeit

194

von Unternehmen, ihre Waren und Dienstleistungen im In- und Ausland zu Preisen abzusetzen, die ein hohes Realeinkommen der Produktionsfaktoren erwirtschaften. Sie »drückt sich z. B. in der Qualifikation der Arbeitskräfte, in der Innovations- und Imitationsfähigkeit und damit in der Flexibilität bei sich ändernden Rahmenbedingungen aus.«[1] Der Erfolg im Wettbewerb ist sowohl vom Unternehmen (seiner Produktentwicklung und seinen Fertigungsverfahren) abhängig, wie von gesamtwirtschaftlichen Entwicklungen (Preis- und Kostenentwicklung, Konjunktur). In einer Weltwirtschaft mit sich wandelnden Angebots- und Nachfragestrukturen entscheiden Flexibiliät und Innovationsfähigkeit der Unternehmen über die Wettbewerbsposition.

Der Sachverständigenrat betont besonders die dynamischen Aspekte der Wettbewerbsfähigkeit: »Wettbewerbsfähigkeit in einer dynamischen Wirtschaft ist die Fähigkeit, neue Spezialprodukte und neue technische Problemlösungen in einem Maß entwickeln zu können, das es gestattet, steigende Einkommen bei hohem Beschäftigungsstand zu erzielen, obwohl nachstoßende Wettbewerber allmählich das technische Wissen und die organisatorischen Fähigkeiten erwerben, diese Produkte ebenfalls herzustellen.«[2]

Folglich kann Wettbewerbsfähigkeit nicht lediglich mit der Fähigkeit gleichgesetzt werden, das »außenwirtschaftliche Gleichgewicht« zu erhalten. Denn Defizite der Leistungsbilanz können in der Regel durch Abwertung der eigenen Währung früher oder später beseitigt werden. Doch dies ist natürlich mit einem »Wohlstandsverlust« wegen gestiegener Importpreise verbunden.

Eine wesentliche Rolle für die Wettbewerbsfähigkeit spielt die Preisentwicklung gegenüber dem Ausland. Die ist zum einen abhängig von internen Faktoren, wie der Produktivität und den Lohnstückkosten (im Vergleich zum Ausland). Zum anderen spielt der Wechselkurs eine beträchtliche Rolle für die internationale Wettbewerbsposition. Eine für die deutsche Wirtschaft ungünstige Entwicklung des Wechselkurses (reale Aufwertung der DM) kann ansonsten positive Wettbewerbsfaktoren aufzehren bzw. bei einer Abwertung schwache Wettbewerbspositionen kompensieren. Eine Unterbewertung der DM z. B. gegenüber dem Dollar, wie bis in die 70er Jahre und wieder 1982–1985, nützt dem Export, erlaubt dem Anbieter größere Preisflexibilität, und verteuert den Import. Eine Überbewertung hingegen erschwert den Export, verbilligt aber die Importe und bewirkt bei stabilen Preisen und Kosten reale Einkommensgewinne. Wollen die Unternehmen trotz zunehmender Überbewertung ihre Exportanteile halten, müssen sie im Exportgeschäft geringere Gewinne, vielleicht sogar Verluste hinnehmen, wie etwa bei Exporten in den Dollar-Raum 1987.

Hoher Verflechtungsgrad und Wettbewerbsfähigkeit sind für die Bundesrepublik aus zwei Gründen von größter Bedeutung:
– Die rohstoffarme Bundesrepublik braucht noch immer den komplemen-

tären Austausch von Waren; d. h. sie erwirbt mit dem Export von Industrieerzeugnissen die Devisen zum Kauf von Rohstoffen. Der Anteil des komplementären Handels am Gesamthandel geht allerdings zurück, er beträgt heute nur noch rund 20 %.

– Je mehr sich die Bundesrepublik am Weltmarkt engagiert, je mehr sie sich gleichzeitig dem Weltmarkt öffnet, desto intensiver wird der Wettbewerb, desto größer werden auch die Möglichkeiten deutscher Unternehmen, sich zu spezialisieren. Bezeichnend ist, daß der Austausch ähnlicher (»substitutiver«) Produkte ständig zunimmt und inzwischen einen Anteil von zwei Dritteln des Gesamthandels erreicht hat.

Durch starke Spezialisierung, optimale Nutzung der Produktionsfaktoren und die flexible Anpassung an neue Herausforderungen bleibt die Volkswirtschaft »im Training«. »Verschlafen« von Strukturveränderungen, wie im Stahlbereich, führt zu Wohlstandsverlusten.[3]

Die Sonnenseite der Verflechtung ist ihr Beitrag zum Wohlstand des Landes. Sie hat allerdings auch Schattenseiten, die eine beträchtliche Herausforderung für die Regierungen darstellen: Verflechtung macht abhängig und erhöht die Störanfälligkeit. Der Wegfall von Rohstofflieferungen bringt die Wirtschaft zum Erliegen, besonders abrupte Terms of Trade-Änderungen (z. B. Preissteigerungen bei Rohstoffen) führen zu Wohlstandsverlusten.

Die Wirtschaft gerät in Abhängigkeit von wirtschaftlichen Vorgängen im Ausland: Ein Konjunkturrückgang bei den Handelspartnern führt zu geringerer Nachfrage nach deutschen Exporten – die Rezession wird auf die Bundesrepublik übertragen. Selbstverständlich wirkt der internationale Konjunkturverbund auch in anderer Richtung; ein Boom im Ausland wirkt auf die Bundesrepublik zurück, wie auch die Wirtschaftskonjunktur der Bundesrepublik Auswirkungen auf ihre Partner hat. Ein weiteres Problem ist die Inflation, die bei intensivem Außenhandel übertragen werden kann. Die Verflechtung mit dem Ausland verhindert, daß die Bundesregierung mit einer autonomen Wachstums- und Beschäftigungspolitik entscheidenden Einfluß auf den Konjunkturverlauf nehmen oder dem spekulativen Handel mit der DM entgegenwirken kann.

Ein hoher Verflechtungsgrad mit einem Partnerland oder einer Gruppe von Partnerländern (wie z. B. mit der OPEC oder Südafrika) kann auch einen politischen Preis fordern und eine eigenständige Außenpolitik erschweren.

2. Exportwunder »Made in Germany«

Das »Exportwunder« trug zum allgemeinen »Wirtschaftswunder« bei. Es wurde ermöglicht durch die wachsende Nachfrage aus dem Ausland, die Unterbewertung der DM und die Liberalisierung des Welthandels.

Die internationale Verflechtung der nationalen Volkswirtschaften war bereits um die Jahrhundertwende relativ groß (Exportquote des Deutschen Reiches: ca. 10 %). Nach der Weltwirtschaftskrise 1929 ging der Austausch aber deutlich zurück. Die Reglementierung im Außenhandel durch die Nationalsozialisten und die Kriegswirtschaft brachten dem Deutschen Reich einen weiteren Verlust an Auslandsmärkten; die Exportquote von noch 12 % (1930−1934) sank auf nur 6 % (1935−1938).[4]

Krieg und Kriegsfolgen reduzierten die Exportfähigkeit Deutschlands, aber auch anderer Volkswirtschaften so stark, daß die internationale Verflechtung der Wirtschaften in der zweiten Hälfte der 40er Jahre sehr gering war.

Nach dem Zweiten Weltkrieg war Deutschland Nettoimporteur; zu exportieren gab es vorläufig nichts, dafür hatte das Land Bedarf an allem, besonders an Rohstoffen und Lebensmitteln. Die Versorgung der Bevölkerung mit Nahrungsmitteln und der Unternehmen mit Rohstoffen aus amerikanischen Lieferungen war die Grundvoraussetzung für den Wiederaufbau der Wirtschaft. Der Import dieser Produkte hätte aber nur bezahlt werden können mit aus dem Export erwirtschafteten Devisen. Noch 1947 wurden lediglich Güter im Wert von einer Mio Dollar exportiert, während allein die amerikanischen Hilfslieferungen (vorwiegend Lebensmittel) eine Mrd Dollar ausmachten − ein hoffnungsloser Zirkel.

Ein eindrucksvolles Exportwunder ereignete sich mit der Wende vom extremen Außenhandelsdefizit 1948 zu den anhaltenden Außenhandelsüberschüssen nach 1951 (Tab. 11). Diese Entwicklung trug zum allgemeinen Wirtschaftswunder kräftig bei. Die Bedeutung der »Devisenspritze« des Marshall-Plans für die »Zündung« der Produktionsexplosion nach dem Juni 1948 kann gar nicht überschätzt werden (vgl. S. 80 ff.). Das Wiederaufbauprogramm des amerikanischen Außenministers sollte »Heilungskuren, nicht nur ein Linderungsmittel darstellen«.[5] Um die Integration der europäischen Wirtschaft zu fördern, wurde die Dollarhilfe für die Finanzierung von Gütern abgelehnt, die in Westeuropa zur Verfügung standen; Ziehungsrechte in europäischen Währungen überbrückten den Devisenmangel.

Der Koreakrieg, der Ende Juni 1950 ausgebrochen war, gab dem Außenhandel den entscheidenden Impuls. Der Boom in den USA führte zu einem Importsog, der deutschen Anbietern die Chance gab, ausländische Märkte zu erobern. Lediglich vorübergehend belasteten die Steigerung der Rohstoffpreise und der Import von mehr als der Hälfte der Lebensmittel noch einmal stark die Zahlungsbilanz. Kredite von 440 Mio Dollar, die die Bundesrepublik 1950 wegen der Devisenknappheit bei der Europäischen Zahlungsunion (EZU) aufgenommen hatte, konnten im folgenden Jahr bereits zurückgezahlt werden.[6] 1951 war die Handelsbilanz ausgeglichen und ein Nettodevisenstand von 1,5 Mrd DM erwirtschaftet. Der Wechselkurs der DM im Verhältnis zum Dollar wirkte für die deutschen Unternehmen wie eine Exportsubvention. Bei der Währungsreform noch mit 3,33 DM festgelegt und damit überbewertet, wertete die Bundesregierung den Kurs im Herbst 1949 um durchschnittlich 20,6 % ab. Die Relation der DM gegenüber dem Dollar wurde mit 4,20 DM festgesetzt. Die Bundesregierung hatte eine noch weiter gehende Abwertung gewünscht, konnte sich aber bei den Besatzungsmächten Frankreich und Großbritannien, die die dynamische deutsche Konkurrenz fürchteten, nicht durchsetzen.[7] Der Wechselkurs gegenüber dem Dollar, an dem bis 1961 unverändert festgehalten wurde, erwies sich bald als günstig. Bereits Mitte der 50er Jahre war die DM unterbewertet und trug zu einem exportgeführten Wachstum bei.

Wirtschaftsminister Erhard drängte auf die Liberalisierung des Handels, weil die Konkurrenz des Auslands den Wettbewerb verschärfen, den Innovationsdruck erhöhen und die Preise niedrig halten würde. Die Notwendigkeit für die Integration in die Weltwirtschaft ergab sich aus den Kriegsfolgen. Westdeutschland war abgetrennt von den östlichen Industrie- und Agrargebieten des Deutschen Reiches, es hatte seine Handelspartner im Osten und Südosten eingebüßt. Gegen den Widerstand der Wirtschaftsverbände, gegen Teile seiner Partei und gegen den an Zolleinnahmen interessierten Finanzminister setzte Erhard seine Öffnungspolitik durch.

Kräftige Unterstützung erfuhr er durch die Vereinigten Staaten. Diese hatten sich die allgemeine Reintegration der europäischen Volkswirtschaften in die Weltwirtschaft und die Öffnung der Märkte durch den Abbau von Handelshemmnissen und Protektionismus zum Ziel gesetzt. Die Deutschen dienten den USA als Speerspitze in ihrer Liberalisierungspolitik.[8] Als Instrumente dienten eine ganze Reihe multinationaler Organisationen, denen die Bundesrepublik nach 1949 beitrat: die Organisation für europäische ökonomische Zusammenarbeit (OEEC, später OECD), der Internationalen Währungsfonds (IWF), das General Agreement on Tariffs and Trade (GATT) und die Europäischen Zahlungsunion (EZU). Das GATT spielte eine wichtige Rolle für die Senkung der Handelsbarrieren. Mit seinem Beitritt konnte Westdeutschland die Vorteile der Zollsenkungen wahrnehmen. Die EZU diente der Liberalisierung des Zahlungsverkehrs und der Konvertibilisierung der europäischen Währungen. Die Bundesrepublik Deutschland machte die DM 1958 voll konvertibel.

Die Öffnung zum Weltmarkt erfolgte rasch: Bereits 1954 waren 90 % der Waren bei der Einfuhr aus OEEC-Ländern und 54 % der Waren bei der Einfuhr aus dem Dollarraum liberalisiert. Zwischen 1955 und 1957 nahm die Bundesrepublik zudem einseitige Zollsenkungen vor.[9]

Im Widerspruch zu der These eines freien und unverzerrten Welthandels stand jedoch der Schutz einiger Wirtschaftssektoren durch Zölle und Kontigente, vor allem in der Landwirtschaft, der Textil- und Keramikindustrie. Steuerermäßigungen für Exporteure (Exportförderungsgesetz von 1951), Zinsvergünstigungen für die Exportfinanzierung und die Absicherung von Exportrisiken durch die Hermes-Kreditversicherungsanstalt subventionierten den Export ebenso wie massive staatliche Unterstützungen für bestimmte Branchen wie Stahl, Schiffbau und Kohle.

Aus der Perspektive von 1952 waren die Wiedergutmachungsleistungen an Israel als starkes Hemmnis für die wirtschaftliche Entwicklung angesehen worden. Da bis 1966 ein Teil der 3,5 Mrd DM Wiedergutmachtung an Israel als Sachlieferungen aus deutscher Produktion erfolgte, »kam dies auch volkswirtschaftlich gesehen, einer aus Steuermitteln geleisteten Hilfe für die beteiligten Unternehmen gleich. Geliefert wurden vor allem Schiffe, Investitionsgüter, Infrastruktureinrichtungen und Rohmaterialien«.[10] Auch die Tilgung der Schuldenlast von 13 Mrd DM (Vorkriegsschulden und Wirtschaftshilfeleistungen) hatte keineswegs die befürchtete negative Auswirkung. Im Gegenteil: Sie diente dem Abbau des durch den steigenden Export hohen Überschusses der Devisenbilanz. Das war ein auch aus politischen Gründen höchst wünschenswerter Effekt; denn die Devisenbilanzen der europäischen Großmächte waren defizitär. Bald wuchs die Bundesrepublik im Rahmen der EZU in die Position des Gläubigers gegenüber Großbritannien und Frankreich hinein. Der Devisen- und Goldbestand der Bank Deutscher Länder (ab 1957: Bundesbank) lag 1955 bereits bei über 13 Mrd DM.

Auch die Zusammensetzung des deutschen Exports wirkte sich günstig aus: Investitionsgüter, darunter Maschinen- und Fahrzeugbauprodukte, führten die Außenhandelsstatistik an. Die Weltnachfrage für diese Güter wuchs besonders dynamisch, da der positive Konjunkturverlauf auch im Ausland die Investitionsneigung stärkte. Insgesamt profitierte die Bundesrepublik von einer zunehmenden internationalen Verflechtung: der Welthandel stieg von 1950–1960 real mit 6,4 % jährlich – damals ein historischer Rekord.[11] Im gleichen Zeitraum waren die durchschnittlichen jährlichen Exportsteigerungen der Bundesrepublik mit 15,8 % jedoch mehr als doppelt so hoch.

3. Die Wirkung der Europäischen Gemeinschaft auf die deutsche Außenwirtschaft

Die europäische Integration brachte der Wirtschaft eine intensive Verflechtung mit einem gesicherten Markt. Bei einem Binnenmarkt ohne Schranken könnten die Wohlstandsgewinne noch beachtlicher ausfallen. Die Mitgliedschaft in der EG stärkt die deutsche Position in der internationalen Wirtschaftspolitik.

Seit dem 1. Januar 1958 ist die Bundesrepublik Mitglied der Europäischen Wirtschaftsgemeinschaft. Diese wurde 1967 gemeinsam mit der Europäischen Gemeinschaft für Kohle und Stahl (seit 1952) und der Europäischen Atomgemeinschaft (seit 1958) zur Europäischen Gemeinschaft (EG) fusioniert. Der »exklusive Club« von zunächst sechs Mitgliedern wurde im Laufe der Jahre auf zwölf erweitert.

Zum Zeitpunkt des Beitritts war die deutsche Industrie auf die angestrebte Wirtschaftsunion recht gut vorbereitet. Der Anteil des Imports aus den EWG-Ländern am Gesamtimport der Bundesrepublik betrug 1957 bereits 23,5 %, der des Exports in die EWG-Staaten 29,2 %. Ferner hatte die Bundesrepublik schon bei der Gründung den größten Anteil am Außenhandel der EWG.

Wirtschaftsminister Erhard widerstrebte die Schaffung des Gemeinsamen Marktes, den die Bundesregierung aus übergeordneten politischen und auch aus wirtschaftlichen Gründen befürwortete. Er wollte eine globale Orientierung der deutschen Wirtschaft, die sich positiv auf die Wettbewerbsfähigkeit und Exportentwicklung auswirken mußte. Durch den regionalen Zusammenschluß schien die Verflechtung mit dem Weltmarkt gefährdet, denn das deutsche Zollniveau, eines der niedrigsten in Europa, mußte bei einem gemeinsamen Zoll der Mitglieder angehoben werden. Erhard und andere liberale Nationalökonomen wie Wilhelm Röpke befürworteten hingegen einen möglichst freien Welthandel und Organisationen wie das GATT oder die OEEC zur Sicherung der Liberalisierung. Eine große europäische Freihandelszone unter Einschluß Großbritanniens, Skandinaviens, der Schweiz und Österreichs schien Erhard das äußerste, was im Interesse der deutschen Exportwirtschaft liegen konnte.

Die Integration der sechs europäischen Staaten in der EWG/EG schritt rasch voran. Die Binnenzölle wurden schneller als geplant abgebaut. 1968 war die Zollunion hergestellt, zugleich ging die Kompetenz zum Abschluß von Handelsabkommen auf die Gemeinschaft über. Der Gemeinsame Außenzolltarif (GZT) der EWG hatte aufgrund von GATT-Bestimmungen nicht mehr betragen dürfen, als die durchschnittlichen Zollbelastungen zuvor.[12] Die Außenzollmauer war daher im internationalen Vergleich von Anfang an relativ niedrig, sie wurde in einer Reihe von GATT-Verhandlungsrunden weiter gesenkt (Dillon-Runde 1962, Kennedy-Runde

1964–67, Tokyo-Runde 1973/79). Für Industrieprodukte war der nominale Zoll schon 1970 nicht höher als 8,8 %, heute liegt er bei 6,9 % und ist damit der niedrigste durchschnittliche Zoll im Welthandel. Etwa 50 % der importierten Güter sind gänzlich zollfrei.

Die Landwirtschaft wird hingegen durch Abschöpfungszölle beim Import und durch Subventionen beim Export extrem geschützt. An beidem – niedrigem Zoll auf gewerblichen Gütern, hohen Belastungen auf landwirtschaftlichen Produkten – haben die Bundesregierungen im Ministerrat der EG aktiv mitgewirkt. Aufgrund der Produktionsstruktur der Bundesrepublik (wettbewerbsfähig in der industriellen Produktion, nicht konkurrenzfähig in der Landwirtschaft) und der Einflußnahme von Verbänden auf den Entscheidungsprozeß, schien dies im Interesse der Bundesrepublik zu liegen. Erst in den achtziger Jahren zeigte sich endgültig, daß die Ausgaben für den Agrarbereich eine extreme Fehlallokation der Mittel verursacht und den unumgänglichen Strukturwandel lediglich verzögert haben.

Wirtschaftliche Auswirkung regionaler Verflechtung durch Integration

Zollunionstheorien erwarten vom Zusammenschluß mehrerer Volkswirtschaften zu einem Binnenmarkt Vorteile für die Wohlfahrt aus der Spezialisierung der Produktion gemäß komparativer Kostenvorteile. Massenproduktionen an günstigen Standorten für einen großen Binnenmarkt, Modernisierung von Industrien durch verstärkten Wettbewerb, Konzentration nationaler Finanzmittel für supranationale Forschungsprojekte, technischer Fortschritt und Angebotsdifferenzierung sollen eine merkliche Steigerung des Bruttosozialprodukts bewirken.[13] Diese Erwartungen finden ihren Niederschlag im Art. 2 des EWG-Vertrages, der »eine beständige und ausgewogene Wirtschaftsausweitung, eine größere Stabilität, eine beschleunigte Hebung der Lebenshaltung...« mit dem Zusammenschluß intendiert.

Ferner geht die Volkswirtschaftslehre von *handelsschaffenden* sowie *handelsumlenkenden* Effekten einer Zollunion aus: Die Integration der Märkte sollte eine handelsmehrende Wirkung haben, zugleich den Handel auf den neuen Binnenmarkt konzentrieren und im Hinblick auf Drittmärkte unter Umständen handelsmindernd wirken. Lediglich wenn die Handelsschaffung größer ist als die Handelsumlenkung, ergibt sich ein Vorteil aus dem Zusammenschluß.

Der Schritt in die regionale Integration brachte den Mitgliedern die erwartete Steigerung des Binnenhandels: Zwischen 1958 und 1970 stieg der Intra-EG-Handel um 630 %, der Import aus Drittländern wuchs immerhin noch um 282 %.[14]

Die Zollunion bewirkte eine Umlenkung des europäischen Handels, die Mitglieder deckten einen größeren Anteil ihres Importbedarfs aus dem EG-Raum. Der durchschnittliche Anteil des Intra-EG-Handels am Außenhandel der Mitglieder hatte 1956 bei 31 % gelegen, er stieg kontinuierlich und erreichte schon vor der Vergrößerung der EG um Großbritannien, Irland und Dänemark 49 %; seit 1973 liegt der Prozentsatz bei über 50 % (Tab. 30).[15]

Der Effekt der Handelsumlenkung war für den deutschen Handel weniger spürbar, da der Verflechtungsgrad schon vor der EWG-Gründung relativ hoch war. Die Steigerung der Ex- und Importquoten im Intra-EG-Handel verlief langsamer als diejenige von zuvor stärker protektionistischen Staaten, wie z. B. Frankreich. Die Unterschiede hatten sich für die Altmitglieder Anfang der siebziger Jahre verwischt, die Neumitglieder zeigten noch Nachholbedarf.

Der Grad der deutschen Wirtschaftsverflechtung mit dem EG-Raum erreichte jedoch nie die Spitzenwerte, die den Handel der Benelux-Länder und Irlands kennzeichnen, auch nicht die höheren Werte Frankreichs.[16] Die deutsche Wirtschaft blieb vergleichsweise global orientiert: Der Austausch mit den USA und Japan wie auch mit der übrigen Welt ist intensiver als beim Durchschnitt der EG-Mitglieder.[17]

Wie weit die EG zur Steigerung des deutschen Bruttosozialprodukts und somit zur Wohlfahrt beitrug, die volkswirtschaftliche Theorien vom Zusammenschluß fragmentierter Märkte erwarten, ist damit jedoch nicht geklärt. Bewirkte die EG einen handelsmehrenden Effekt über die handelsumlenkende Wirkung hinaus? Die Steigerung des EG-Binnenhandels um das 2,5fache gegenüber dem Extra-EG-Handel läßt allein keine Aussage zu.

Ob und in welchem Maße die EG wohlstandssteigernd wirkte, ist in der Wissenschaft noch immer umstritten. Die Antwort hängt im wesentlichen von den Szenarien ab, die der Untersuchung zugrunde gelegt werden. So ergibt sich jeweils ein anderes Ergebnis, wenn die Wachstumsraten des Handels vor 1957 fortgeschrieben werden, bzw. wenn man davon ausgeht, daß in der ersten Hälfte der fünfziger Jahre durch den Wiederaufbau und die Handelsliberalisierung der internationale Wirtschaftsaustausch rascher stieg, daß 1958 beides jedoch weitgehend abgeschlossen war und daher der Handel ohne Integration im wesentlichen unverändert geblieben wäre.[18] Im allgemeinen sind sich die Nationalökonomen jedoch einig, daß die »handelsschöpfenden Wirkungen der regionalen Abgrenzung negative Effekte der Handelsumlenkung ausgeglichen und übertroffen haben«.[19] Tewes geht davon aus, daß die Einfuhr der Bundesrepublik aus Drittländern ohne den umlenkenden Effekt fünf Prozent mehr betragen hätte, dafür aus dem EG-Bereich 20 % niedriger gewesen wäre.[20]

Für die Bundesrepublik ergeben Analysen, »daß der Drittländer diskriminierende Zollabbau keine Handelsumlenkung hervorgerufen hat«.[21] Dafür gibt es im wesentlichen drei Gründe: Die neugeschaffene Kaufkraft in der EG bewirkte eine größere Nachfrage, von der Drittstaaten profitierten. Die EG senkte mehrfach die Außenzölle und baute nicht-tarifäre Handelshemmnisse ab. Auch Zollpräferenz- und Assoziierungsabkommen mit einer steigenden Anzahl von Staaten erleichterten den Marktzutritt von Drittländern und begünstigten die externe Handelsschaffung. So hat »die europäische Integration zu einer bedeutenden Zunahme der Einfuhren der Bundesrepublik geführt«.[22] Die Importe stiegen um 44 % (bis 1970), die externe Handelsumlenkung war mit 13 % nicht nur geringer als erwartet, sondern wurde durch eine Bruttohandelsschaffung von 25 % überkompensiert. Besonders die USA und die EFTA (ohne Großbritannien) profitierten mit jeweils 12 % Nettohandelsschaffung, die übrigen entwickelten Länder, darunter vor allem Japan, insgesamt mit 32 %. Einbußen mußten allerdings die Entwicklungsländer hinnehmen, die einen Rückgang der Ausfuhr von 4 % bzw. 0,5 Mrd DM bis 1970 aufwiesen. Dies ist auf ihre Angebotsstruktur (Nahrungsmittel, natürliche Rohstoffe) zurückzuführen.

Die Liberalisierung des Warenaustauschs führte zu einem intensiven Handel und somit zu einem stärkeren Wirtschaftswachstum. Die Auswirkung der Handelsmehrung auf das deutsche Bruttosozialprodukt wird mit 0,2 % jährlich geschätzt.[23]

Wettbewerbsverzerrungen in der EG

Neue Protektionsmethoden verhindern, daß die Vorzüge eines Binnenmarktes voll zum Tragen kommen, denn noch immer gibt es Handelshemmnisse. Der EWG-Vertrag sieht in Art. 2, Abs. 3 den Gemeinsamen Markt vor; »eine Verfälschung des Wettbewerbs zwischen den Unternehmen der Gemeinschaft« ist zu vermeiden (Art. 112). Nach dem Abbau der internen Zölle nutzten die Mitgliedstaaten jedoch nicht-tarifäre Handelshemmnisse zum Wiederaufbau von Schutzwällen für die nationalen Industrien. Zu diesen Instrumenten eines verdeckten Protektionismus *sowohl nach innen wie nach außen,* zählen administrative Hindernisse (z.B. Grenz- und Devisenkontrollen, Transportbestimmungen, Prüf- und Bescheinigungsverfahren etc.) und technische Normen für Sicherheit und Gesundheit, Größennormen etc. Auch die Bundesrepublik greift unter dem Eindruck geringerer Wachstumsraten des Bruttosozialprodukts und hoher Arbeitslosigkeit zu Schutzmaßnahmen.

Die EG-Kommission bemühte sich von Anfang an um den Abbau von nicht-tarifären Handelshemmnissen und um die Vereinheitlichung notwendiger Bestimmungen durch EG-Richtlinien und Rechtsangleichungen. Sie scheiterte jedoch am EG-Ministerrat, der sich – vertragswidrig – das Prinzip einstimmiger Entscheidungen zu eigen gemacht hatte. Wenn mit Hilfe von package-deals schließlich Maßnahmen in Gang gesetzt werden konnten, dauerte die Umsetzung in allen Mitgliedstaaten oft noch Jahre. Manche betroffenen Industrien zogen zunächst noch vor den Europäischen Gerichtshof, um die Entscheidung überprüfen zu lassen – und um Zeit zu gewinnen.

Die Bundesrepublik leidet als Exporteur unter diesem vertragswidrigen Verhalten, beteiligt sich jedoch selbst zunehmend daran. Allein zehn Verfahren gegen die Bundesrepublik waren 1985 vor dem Europäischen Gerichtshof anhängig. Der wohl bekannteste Fall erhitzte auch die Gemüter von Bürgern, die sich Sorge um die Qualität ihres Gerstensaftes machten: Mit Hilfe des »Reinheitsgebotes des deutschen Bieres« hatte der Gesetzgeber einheimische Brauer vor ausländischer Konkurrenz geschützt, rechtswidrig, wie der Europäische Gerichtshof feststellte.

Die nicht-tarifären Hemmnisse vielfältiger Art kommen die europäische Wirtschaft und den europäischen Bürger teuer. Allein den bürokratischen Aufwand für die Abfertigung an den innergemeinschaftlichen Grenzen (zur Kontrolle der Lastwagen und zur Abschöpfung unterschiedlicher nationaler Mehrwert- und Verbrauchersteuersätze) schätzte die Kommission 1984 auf 27 Mrd DM im Jahr. Die Endkosten der EG-Produkte stiegen um 5–10 Prozent.[24] Die Wachstumsstrategie der Integration ging nicht voll auf: Die Chancen einer europäischen Großproduktion für den Binnenmarkt konnten nicht ausgeschöpft werden.

Erst im Gefolge von zwei Weltwirtschaftskrisen (1974, 1979) und unter dem Konkurrenzdruck nicht nur der USA, sondern vor allem Japans und der ostasiatischen Schwellenländer, wuchs Mitte der achtziger Jahre in der EG der politische Wille zur Vollendung des Gemeinsamen Marktes. In der Einheitlichen Europäischen Akte (EEA), die 1987 in Kraft getreten ist, wird die Schaffung eines Binnenmarktes ohne Grenzen bis 1992 vertraglich festgelegt. Allerdings lassen auch hier Vertragsartikel[25] die Möglichkeit offen, den Markt durch eigene Normen, u. a. Gesundheits- und Sicherheitsnormen, Umweltschutzmaßnahmen etc. zu schützen. Die erfolgreiche Umsetzung der Akte wird von der wirtschaftspolitischen Einsicht der Politiker in den langfristigen Nutzen des Binnenmarktes und wohl auch von einer günstigen Konjunktur abhängen. Die von der EEA zwar vorgesehene, aber nicht erzwingbare Rückkehr zur Mehrheitsentscheidung könnte die Verwirklichung erleichtern. Wirtschaftswissenschaftler erwarten von der Stimulierung des Leistungswettbewerbs im Binnenmarkt die Freisetzung neuer wirtschaftlicher Energien und ein stärkeres Wachstum.[26]

Protektionismus nach außen

Die EG-Mitglieder schützen sich mit einem Bündel protektionistischer Maßnahmen auch vor äußeren Konkurrenten und versuchen, den Wettbewerbsdruck internationaler Anbieter abzuschwächen. Zu den Instrumenten gehören neben den nicht-tarifären Handelshemmnissen gegenüber Drittländern auch die Zölle. Der durchschnittliche nominale Zollsatz, der für die EG sehr niedrig ist, sagt nämlich über den Protektionsgrad wenig aus. Für die inländische Produktion benötigte Rohstoffe und Halbfabrikate sind in der Regel niedriger verzollt als Endprodukte. Erst die Wirkung von effektiver Zollprotektion, von Subventionen und von nicht-tarifären Handelshemmnissen gemeinsam zeigen das ganze Ausmaß der Protektion.[27]

Ähnlich wie Zölle, die inländische Preise erhöhen und den Unternehmen Schutz bieten, wirken auch Selbstbeschränkungsabkommen. Diese werden entweder auf EG-Ebene oder national seit den siebziger Jahren vor allem mit Japan und anderen ostasiatischen Ländern vereinbart (z.B. für Textilprodukte, Autos, Videorecorder, Elektronik). Sie sollen die enormen Steigerungsraten bei Importen aus diesem Raum unterbrechen.

Bereits 1984 hatte sich Japan nach Verhandlungen mit der EG bei zehn »sensiblen« Produkten Selbstbeschränkung auferlegt, wobei es parallel zu nationalen Abkommen kam. So ließ Italien nur 2000 japanische Autos auf den Markt, die Bundesrepublik erhielt die Zusage, die Importe würden höchstens 10 % über den Importen von 1980 liegen.[28] Die EG-Mitglieder haben im Ministerrat durchgesetzt, daß nationale Quotenregelungen »in äußerst dringenden Fällen ... ohne vorherige Konsultation in Kraft gesetzt werden (können)«.[29]

Selbst die völlige Öffnung kann, wenn sie nur bestimmte Produkte betrifft, wettbewerbsverzerrend sein. So entfallen Zölle auf Mikrochips, wenn sie in Rechenanlagen eingebaut werden. Die indirekte Subventionierung und damit Absatzförderung von EDV-Geräten benachteiligt die Mikrochipbranche. Die vermutliche Folge ist der geringe Marktanteil europäischer Chips.[30] Was zunächst aussieht wie Freihandel, ist, auf die gesamte Volkswirtschaft bezogen, eine Verzerrung der Produktionsstruktur durch Protektion mit erheblichen Kosten durch die Fehlallokation von Ressourcen. Ganze Branchen werden diskriminiert, wozu neben dem erwähnten Beispiel u.a. auch die Maschinenbauindustrie gehört, die sehr leistungsfähig ist. Sie könnte stärker expandieren, würde sie nicht durch Zölle für verschiedene Vorleistungsstufen benachteiligt. Die Sünden wider einen liberalen Handel führen folglich zur Diskriminierung leistungsfähiger Branchen und zur Protektion von schwachen Branchen. Notwendige Anpassungsvorgänge werden verzögert und müssen mit oft großem Aufwand nachgeholt werden.

Wirtschaftliche und politische Vorteile aus der Mitgliedschaft

Als EG-Mitglied hat die Bundesrepublik wirtschaftlichen Spielraum und wirtschaftspolitische Sicherheit gewonnen. Sie hat mit der Europäischen Gemeinschaft einen sicheren Handelsraum von 320 Mio Einwohnern gefunden, der rund die Hälfte ihrer Exporte aufnimmt (Tab. 31). Seit dem Beitritt Großbritanniens, Irlands und Dänemarks sind die Rest-EFTA-Mitglieder (Schweiz, Schweden, Österreich, Norwegen, Island, Finnland) mit der EG durch ein Freihandelsabkommen verbunden. In diesem größten

Freihandelssystem der Welt mit weniger als einem Zehntel der Welt-Bevölkerung werden heute rund 40 % des Welthandels abgewickelt. Die Bundesrepublik hat beträchtliche Vorteile aus dem gemeinsamen Industriemarkt gezogen.

Der Abbruch oder die Beschränkung der Handelsbeziehungen aus politischen Gründen ist ausgeschlossen, die wirtschaftliche Verflechtung ist institutionell abgesichert.

Einen erheblichen Vorteil zieht der Außenhandel der Bundesrepublik aus der Stabilisierung der Währungen in der EG. Als Reaktion auf das Schwanken der europäischen und amerikanischen Währungen in den siebziger Jahren riefen Bundeskanzler Helmut Schmidt und der französische Präsident Giscard d'Estaing 1979 das Europäische Währungssystem (EWS) ins Leben. Seither ist das Verhältnis der europäischen Währungen untereinander vergleichsweise stabil. Für die Bundesrepublik bedeutet dies, daß rund 50 Prozent ihres Außenhandels unter kalkulierbaren Wechselkursbedingungen getätigt werden können. Sie ist in Europa nicht den Wechselbädern der Kursschwankungen ausgesetzt, die ihren Handel außerhalb der EG erschweren. Der deutsche Export profitiert nicht nur von der »stabilen Währungszone«, sondern auch von einer tendenziellen Unterbewertung der DM im EWS. Aus politischen Gründen zögern nämlich einige Partner zu lange mit der Abwertung ihrer Währungen.

Die Mitgliedschaft in der EG bietet auch nach außen die Rahmenbedingungen für vorteilhaften Handel. Assoziierungsabkommen der EG (Lomé-Verträge) mit 67 Entwicklungsländern in Afrika, der Karibik und dem Pazifik (AKP-Staaten) sichern der Bundesrepublik Rohstoffe, bieten Absatzmärkte und – im Rahmen der EG – auch (wirtschafts-)politischen Einfluß. Präferenzabkommen mit Mittelmeeranrainern erweitern den geographischen Rahmen des erleichterten Marktzutritts.

Das politische Gewicht der einzelnen EG-Mitglieder gegenüber Drittstaaten steigt durch den Zusammenschluß. Davon profitiert nicht zuletzt die Bundesrepublik: Sie ist mit einem nationalen Markt von 60 Mio Einwohnern und einer Exportquote von 30,6 % des Bruttosozialprodukts auf sich allein gestellt viel verletzbarer, als die Vereinigten Staaten mit einem Markt von 220 Mio bei einer Exportquote von 5,3 % oder Japan mit 115 Mio Einwohnern mit einer Außenabhängigkeit von 13,2 % (1985). Die ökonomische Interdependenz, die sich durch die Größenverhältnisse und die Außenhandelsverflechtungen ergibt, ist asymmetrisch. Obwohl die Bundesrepublik 1985 nur 6,5 % ihrer Importe aus den USA bezog, jedoch 10,3 % ihrer Exporte in die USA verkaufte,[31] blieb sie wirtschaftlich dennoch verletzbar: Protektionistische Maßnahmen der USA würden sie ungleich härter treffen, als die USA von Handelssanktionen der Bundesrepublik getroffen werden könnten.[32] Zudem können die Vereinigten Staaten als Schutzmacht mit politischen Instrumenten Druck ausüben und ihre dominierende Rolle im Weltwährungssystem ausspielen.

Die Europäische Gemeinschaft ist als Block hingegen die größte Welthandelsmacht mit einem Anteil von 33 Prozent am Welthandel (1985). Seitdem sie einen Gemeinsamen Zolltarif nach außen hat und zuständig geworden ist für den Abschluß von Handelsverträgen mit Drittländern (beides 1968), besteht für das Verhältnis EG–USA Symmetrie in der Interdependenz. Solange sich die Interessen der Bundesrepublik mit der EG decken, profitiert die Bundesrepublik von ihrem Schutz. Ihre Verhandlungsposition bei Konflikten mit Drittländern ist stärker, der politische Druck ist gemildert. Die wirtschaftliche Emanzipation der Europäer durch das »Sprechen mit einer Stimme« hat bei den »Dreiergipfeln« (USA, EG, Japan) zu einer realen und gleichgewichtigen Mitsprache geführt, die beim Verharren in der traditionellen Zersplitterung der handelspolitischen Interessen nicht durchsetzbar gewesen wäre.

Die Asymmetrie konnte im technologischen Bereich bisher nicht abgebaut werden, was mit den Schwächen der EG in diesem Sektor zusammenhängt. Eine ganze Reihe von High-Tech-Produkten können die Europäer weder jetzt noch in absehbarer Zeit produzieren. Im Gegenteil: Der Anteil an High-Tech-Produkten der EG auf dem Weltmarkt ist seit den siebziger Jahren rückläufig. Diese Situation führt dazu, daß z.B. in der Raumfahrt die Amerikaner den Europäern die Bedingungen stellen. Die Bundesrepublik entwickelte, baute und bezahlte das Spacelab, mußte es aber den USA überlassen, und muß es, nach einmaliger Nutzung durch deutsche Astronauten, nunmehr für jeden weiteren Gebrauch mieten – wie andere interessierte Staaten auch. Die Europäer sind sich dieser Abhängigkeit bewußt, wie ihre Bemühungen um eine »Europäische Technologiegemeinschaft« zeigen.

Mit den Raumfahrtprojekten Hermes, Columbus und Ariane versuchen sie, selbständig zu werden. Mit Programmen wie Esprit und Eureka wollen sie auch in anderen Forschungsbereichen, wie der Mikroelektronik und Informationstechnologie, vorankommen. Für die Bundesrepublik stellt sich jedoch die Frage, was sie bevorzugen soll: die Zusammenarbeit mit den technologisch führenden Unternehmen in den USA und Japan, oder mit ihren europäischen Partnern, von denen zwar speziell Frankreich und Großbritannien leistungsfähig sind, ohne jedoch internationales Höchstniveau zu erreichen.

Die Zusammenarbeit mit den USA als Juniorpartner ist jedoch, wie das Spacelab-Beispiel zeigt, vom unterschiedlichen Gewicht der Partner geprägt. Die Bundesrepublik muß auch ein Interesse daran haben, daß das technologische Niveau in der EG nicht zu unterschiedlich wird. Protektionismus und Zerfallstendenzen könnten sonst die Folge sein. Deshalb ist die Bundesrepublik bereit, gemeinsame Forschungsprogramme aufzulegen.[33] Sie wird sich dennoch nicht auf den engen EG-Rahmen beschränken, sondern, wie mit Eureka bereits geschehen, auf der Grundlage einer »géometrie variable« auch andere europäische Partner suchen. Allerdings besteht bei mangelnder Abstimmung zwischen der nationalen Forschung der EG-Partner und den Gemeinschaftsprojekten die Gefahr von Doppelarbeit. Die schwache Wettbewerbsposition Europas erfordert dringend ein klares und kohärentes Forschungskonzept.

4. Außenwirtschaft unter Bedingungen weltwirtschaftlichen Wandels

Trotz ungünstiger weltwirtschaftlicher Bedingungen wächst die Verflechtung mit dem Ausland. Die Währungsschwankungen werden vom Außenhandel verkraftet, jedoch verliert die Bundesrepublik im sensitiven Bereich der Hochtechnologieproduktion Marktanteile.

Die Prosperitätsphase der OECD-Länder dauerte bis 1973. Stabile Rohstoffpreise, günstige Terms of Trade führten zu einem Wachstum des Welthandels um 9 % pro Jahr.[34] Das gute Wachstumsklima begünstigte die Bundesrepublik. Das qualitativ hochwertige Exportsortiment entsprach der Nachfrage vor allem nach arbeitssparenden Ausrüstungsgütern. Der im Vergleich zum Ausland relativ geringe Preisauftrieb verstärkte die ausländische Nachfrage.

Flexible Wechselkurse und Terms of Trade-Veränderungen

1973 brach das System fester Wechselkurse endgültig zusammen (vgl. S. 95 ff.), die Währungen schwankten nun frei. An flexible Wechselkurse hatten Ökonomen hohe Erwartungen geknüpft. Sie hofften, daß sich die Wechselkurse an den Kaufkraftparitäten orientieren und Veränderungen in der internationalen Wettbewerbsfähigkeit folgen würden. Tatsächlich zeigte sich aber, daß, bei Interdependenz der Finanzmärkte, die Spekulation mit vagabundierenden Dollarmilliarden Verfälschungen des Wechselkurses und damit langfristig der Wettbewerbspositionen bewirken. Nationale wirtschaftspolitische Entscheidungen erschwerten die Stabilisierung der Währungen zusätzlich. Die »überschießenden« Wechselkurse spiegeln nicht die nationalen Preis- und Kostenverhältnisse und sind damit schwer prognostizierbar.[35]

Zu dem neuen Problem des Exports unter raschen Wechselkursänderungen kamen die Ölpreisschocks in den 70er Jahren, die zu Weltwirtschaftskrisen führten – 1974/75 zum ersten Mal seit den dreißiger Jahren. Im Gefolge des Jom-Kippur-Krieges erhöhte das Kartell der Erdöl exportierenden Länder (OPEC) die Ölpreise drastisch. Mit dem während weniger Monate von 3 Dollar auf 12 Dollar je Barrel gestiegenen Preis hatten sich die Terms of Trade für die Industriestaaten abrupt geändert. Wachstumsindustrien wie Mineralölverarbeitung, Kunststoffverarbeitung und die chemische Industrie waren von der Verteuerung des Öls in besonderem Maße betroffen. Inflation in den Industrieländern und Leistungsbilanzdefizite führten allgemein zu restriktiver Wirtschaftspolitik und Wachstumsdämpfung. Die Außenwirtschaft der Bundesrepublik verkraftete das verlangsamte Wachstum des Welthandels zunächst relativ gut. Trotz der realen Erhöhung des Wertes der DM um ein Viertel seit 1969 konnte sie noch 1974 ihre Ausfuhr steigern. Neben einem im Vergleich zu anderen OECD-Ländern geringen Preisauftrieb dürften dafür auch die langfristigen Orderzeiten für Ausrüstungsgüter eine Rolle gespielt haben. Der rezessionsbedingte Nachfragerückgang anderer Industrieländer machte sich schließlich 1975 bemerkbar, wurde aber schon im folgenden Jahr mehr als kompensiert durch die Aufträge der nunmehr kaufkraftstarken OPEC-Länder, die ihre Petrodollar teilweise in den Aufbau heimischer Industrien investierten. Auch die Exporte in die Staatshandelsländer konnten weiteren Zuwachs verzeichnen, blieben aber mit 7,8 % vergleichsweise gering. Dafür büßte die deutsche Industrie Anteile in allen anderen Regionen ein.

Bei nachlassender Binnennachfrage Mitte der 70er Jahre richtete sich die gewerbliche Wirtschaft deutlich zum Weltmarkt aus, die durchschnittliche Exportquote erhöhte sich von 13,8 % (1960) auf 22,5 % (1977). Insgesamt waren die gewerblichen Ausfuhren mit 90 % am Export beteiligt. Sie stiegen von 44,3 Mrd DM (1960) auf 260,4 Mrd (1977). Investitionsgüter (vor allem Schiffbau, Büromaschinen und Maschinenbau), dauerhafte Konsumgüter sowie chemische und organische Vorprodukte hatten einen besonders hohen Anteil. Bei nicht dauerhaften Konsumgütern ging der Exportanteil hingegen von 10 auf 8 % zurück. Die Erzeugnisse des verarbeitenden Gewerbes machten mit 80 % auch den größten Teil der Importe aus. Die Importquote stieg von 9,1 % 1960 auf 18,1 % 1970. Die zunehmende Verflechtung der deutschen Wirtschaft mit der Weltwirtschaft ist daran deutlich erkennbar.[36]

Trotz steigender Defizite aus den Dienstleistungs- und Übertragungsbilanzen, zurückzuführen auf Auslandsreisen, Überweisungen von Ausländern in ihre Heimatländer und steigende Beiträge zum EG-Haushalt,[37] blieb die Leistungsbilanz in den Krisenjahren mit hohen Überschüssen positiv (1974: 26,5 Mrd DM; 1975: 10 Mrd DM). Die Bundesrepublik nahm damit eine Sonderposition unter den westlichen Industrieländern ein. Sie alle, außer Japan, wiesen Defizite auf.

Herausforderungen durch neue Welthandelspartner

So schien die Wettbewerbsposition der Bundesrepublik auch in der Wirtschaftskrise unbeschadet zu sein. Trotz realer DM-Aufwertung hatte das Wachstum des Exportvolumens mit dem Wachstum des Welthandelsvolumens schrittgehalten. Die Verschlechterung der Wettbewerbsposition – sowohl durch höhere Kosten für Vorleistungen als auch durch die Aufwertung – fiel durch die Spezialisierung auf hochwertige Industriegüter geringer ins Gewicht, da nichtpreisliche Wettbewerbsfaktoren wie die Verfügbarkeit von qualifizierten Arbeitskräften, Einsatz von Technik und Knowhow bei der Produktion dominierten.

Jedoch war der Bundesrepublik mit Japan und den ostasiatischen Schwellenländern starke Konkurrenz erwachsen. Seit 1973 drängte Japan auf den europäischen Markt, mit Eisen und Stahl und technologisch hochwertigen und ausgereiften Produkten. Die japanische Industrie hatte nach sorgfältiger Prüfung von ausländischen Marktsegmenten und gezielter Anpassung an die Auslandsnachfrage unter Berücksichtigung amerikanischen bzw. europäischen Geschmacks ganze Bereiche moderner Produkte »aufgerollt« und europäische Anbieter verdrängt (»industrial targeting«). Herausragende Beispiele sind die Motorrad-, Optik- und Unterhaltungselektronik, die Uhren- sowie die Fahrzeugproduktion. Gerade in diesen Bereichen hatte die Bundesrepublik im nichtpreislichen Wettbewerb Vorteile aufzuweisen.

Das rasante Tempo Japans beim Vordringen auf den Weltmärkten war zunächst mit niedrigeren Löhnen und Lohnnebenkosten, längeren Arbeitszeiten und der Struktur der japanischen Gesellschaft in Verbindung gebracht worden. Genauere Analysen zeigten jedoch, daß erst die Produktion technologisch und qualitativ hochwertiger Güter, der Ausbau der Serviceleistungen und die effizientere Organisation der Massenproduktion den Wettbewerbsvorteil der deutschen Industrie aufgezehrt hatten.[38] Problematisch erschien vor allem, daß der gewichtigste Teil der Exportwirtschaft, die investitionsgüterproduzierende Industrie, betroffen war. Die Analysen zeigten weiterhin, daß die Bundesrepublik in der Produktion und Anwendung der neuen Basisinnovation Mikroelektronik hinter den USA und Japan zurückgeblieben war (Tab. 32). Die Schwellenländer, denen die Technologie durch amerikanische und japanische Direktinvestitionen zugänglich gemacht worden war, holten auf und waren in einigen Marktsegmenten sogar bereits zu Konkurrenten der Japaner geworden. Für die Bundesrepublik hat »diese Konstellation – zwei Wettbewerber voraus, ein hungriger vierter im Nacken – ... zweifellos etwas Bedrohliches an sich«.[39]

Die durch den durchschlagenden japanischen Erfolg überraschten Branchen reagierten unterschiedlich auf diese Herausforderung an die Wettbewerbsfähigkeit. Gemessen an Investitionen zur Einführung neuer Produkte und Daten über internationale Patentanmeldungen zeigte sich, daß die deutsche Werkzeugmaschinenindustrie – bislang bedeutendster Anbieter auf dem Weltmarkt – ihre Wettbewerbsposition nicht verbessern konnte. Während die deutschen Patentanmeldungen leicht rückläufig waren, weitete sich der Anteil der japanischen beträchtlich aus. Der Anteil deutscher Produkte auf dem amerikanischen Markt sank und wurde von japanischen ersetzt. Insgesamt konnten die Weltmarktanteile nur durch erhöhten Absatz im RGW-Gebiet, vor allem in der UdSSR, gehalten werden.[40]

Die Autoindustrie unternahm jedoch erhebliche Innovationsbemühungen gerade im Bereich Mikroelektronik für Kraftfahrzeuge und investierte erhebliche Summen in die Umstrukturierung der Produktionsprogramme und die Einführung neuer Produktionstechniken. Sie stellte damit eine Ausnahme in der deutschen Exportindustrie dar. Trotz beträchtlicher Schwächung in der Wettbewerbsposition ergaben sich jedoch durch die Veränderung der Weltimportnachfrage Zuwächse im Export z. B. der Elektrotechnik, Chemie und kunststoffverarbeitenden Industrie.

Daß die Position am Weltmarkt gehalten werden konnte, obwohl sich der Dollarkurs ungünstig entwickelte, zeigt, welche bedeutende Rolle nichtkostenorientierte Standortfaktoren (Qualifikation der Arbeitskräfte, Kapitalintensität und Innovationsaktivität) für die Wirtschaft der Bundesrepublik besitzen.[41] Der komparative Kostenvorteil des japanischen Lohn- und Sozialsystems zehrte jedoch an den Gewinnen der deutschen Exporteure.

Unter besonderen Konkurrenzdruck der Schwellenländer gerieten allerdings die Textil- und Bekleidungs-, Sport- und Spielwarenindustrien. Diese lohnkostenintensiven Branchen versuchten seit Mitte der siebziger Jahre zunehmend durch Verlagerung der Produktionsstätten in Niedriglohnländer ihre Konkurrenzfähigkeit zu erhalten. 1976 und 1979 machten Investitionen in den Entwicklungsländern rund 30 % der deutschen Direktinvestitionen aus, rund ein Viertel davon müssen als lohnkosteninduzierte Verlagerungen angesehen werden. Besondere Bedeutung kam dabei den europäischen Entwicklungsländern wie Spanien und Griechenland zu.[42] Die meisten Direktinvestitionen waren jedoch von absatzpolitischem Kalkül geprägt und wurden daher in den westlichen Industrieländern getätigt. Deutlich wird die Verlagerung der Produktionsstätten zum Absatzmarkt hin im EG-Raum, der bis Anfang der 70er Jahre mit rund 50 % der Anlagen Schwerpunkt der Investitionstätigkeit war. Der nordamerikanische Markt mit den USA als wichtigstem Handelspartner der Bundesrepublik in den 60er Jahren und zu Beginn der 70er Jahre, folgte dicht auf (Tab. 33).[43]

Die Verlagerung der Produktion in Entwicklungsländer verlor aber bereits Ende der siebziger Jahre wieder an Bedeutung, wofür zwei Gründe ausschlaggebend sein dürften. Als Absatzmärkte erwiesen sich diese Länder als weniger attraktiv, außerdem wurde das »Investitionsklima« als instabil eingeschätzt. Die Automatisierung des Produktionsprozesses mit Hilfe der Mikroelektronik machte die lohnkosteninduzierte Verlagerung überflüssig, da der Anteil der Lohnkosten in vielen Produktionsbereichen erheblich gesenkt werden konnte. Anlernen der Arbeitskräfte, Transport von Vorleistungen zur Produktionsstätte und Rücktransport der Fertigwaren reduzierten den Lohnkostenvorteil drastisch. So sind schließlich die 80er Jahre durch einen Rückgang von Investitionen in der Dritten Welt geprägt. Die deutschen Direktinvestitionen in den europäischen Entwicklungsländern weisen große Schwankungen auf (bei Spanien z. B. 0,4 % der deutschen Direktinvestitionen 1985 und 5,8 % 1984), gehen aber insgesamt nicht zurück.

Mit Beginn der Dollarschwäche Ende der siebziger Jahre wurden die Vereinigten Staaten Investitionsland Nr. 1 für deutsche Anleger. Sie nahmen seit 1978 ein Drittel bis die Hälfte der deutschen Direktinvestitionen auf. Neben dem günstigen Dollarkurs und der größeren Marktnähe dürfte das zunehmende Drängen der amerikanischen Industrie auf protektionistische Maßnahmen eine Rolle gespielt haben – inländische Produktionsstätten sind in der Regel von Protektionismus nicht betroffen.

Belastungen durch Währungsschwankungen und neuen Protektionismus

Von 1979–1981, drei Jahre lang, befand sich die Leistungsbilanz der Bundesrepublik tief in den roten Zahlen, davon 1980 mit 28,5 Mrd DM (Tab. 11). Es war das höchste Leistungsbilanzdefizit aller Industrieländer.

Eine Ursache war der zweite Ölpreisschock 1979/80, der von der deutschen Industrie nicht so gut verkraftet wurde wie der erste. Der Anstieg des Ölpreises auf 30 Dollar je Barrel innerhalb von zwei Jahren bewirkte einen längerfristigen Einbruch in die Konjunkturentwicklung. Mit einer Kostensteigerung von 4 % schlug sich die Erhöhung der Rohstoffpreise auf die inländische Produktion nieder (vgl. S. 107ff.). Dies erhöhte auch den Kostendruck für die Exportwirtschaft.

Die Wirtschaftswissenschaftler prognostizierten ein Anhalten des Defizits und führten die Lage auf einen Verlust an internationaler Wettbewerbsfähigkeit aufgrund eines gravierenden technologischen Rückstands gegenüber Japan, den USA und asiatischen Schwellenländern wie Südkorea, Taiwan und Singapur zurück. Die Zunahme an Fertigwarenimporten schien diese These zu stützen. Diese Befürchtungen erwiesen sich jedoch als übertrieben. Hauptursache der deutschen Leistungsbilanzdefizite war 1979–1981 weniger eine langfristige Wettbewerbsschwäche als die Aufwertung der Mark gegenüber dem Dollar, die 1979 einen ersten Höhepunkt erreichte (1 $ = 1,70 DM). Ab 1980 wurde die Überbewertung der Mark korrigiert; etwa ab 1983 wich sie einer Unterbewertung. Hinzu kam, daß die »Konjunkturlokomotive USA« 1983 ansprang und auch die Wirtschaft der Bundesrepublik aus dem Konjunkturtief zog. Der Dollarkurs erreichte in den Jahren 1984/85 den Höhepunkt.

Schon 1984 hatte sich die deutsche Ausfuhr in die USA im Vergleich zu 1980 mehr als verdoppelt (von 21,5 Mrd auf 46,8 Mrd DM), wobei rund 20 Mrd DM Mehrerlös durch die »falsche« Dollarkursentwicklung erzielt wurde (d.h., Anstieg des Dollarkurses, obwohl die USA eine höhere Inflationsrate als die Bundesrepublik hatten).[44] Ähnliche Kursgewinne konnte der deutsche Handel im gesamten Dollarraum, in den rund 16 % seiner Exporte gehen, mitnehmen. Er gewann gleichzeitig gegenüber der US-Konkurrenz auf Drittmärkten an Boden. Die Kursentwicklung des Dollars bewirkte erneut eine verstärkte Orientierung der Wirtschaft auf den Export, die Exportquote stieg auf 29 %. Diese Entwicklung mußte beim Umkehren des Kurstrends 1985 problematisch werden.

Direkte Folge des amerikanischen Importsogs, von dem der deutsche Export glänzend profitierte, waren protektionistische Strömungen in den Vereinigten Staaten. Analysen haben ergeben, daß die Überbewertung des Dollars der ausschlaggebende »leading indicator« für Protektionismus war.[45] Vom Aufbau der Handelshemmnisse und den folgenden wirtschaftspolitischen Konflikten waren die EG-Staaten doppelt betroffen. Zum einen direkt, durch amerikanische Schutzmaßnahmen gegen europäische Produkte, zum anderen indirekt, durch Umleitung japanischer Produkte auf den europäischen Markt.

Als traditioneller Agrarexporteur sahen sich die Vereinigten Staaten vom Verkauf hochsubventionierter Agrarprodukte der EG auf dem Weltmarkt einem Verdrängungswettbewerb ausgesetzt. Der Absatz europäischer Überschußprodukte wies Steigerungsraten weit über den amerikanischen aus. Der EG-Agrarexport inklusive des Intra-EG-Handels mit landwirtschaftlichen Gütern war 1985 dreimal so hoch wie der amerikanische Export; ohne EG-Binnenhandel war er, in ECU ausgedrückt, erstmalig höher als der der Vereinigten Staaten. Da die EG in Verhandlungen nicht bereit war, die Weizensubventionen um 50 % zu kürzen, reagierten die USA 1985 mit Strafzöllen auf Nahrungsmittel.

Unter massivem Druck gerieten die Europäer jedoch auch durch die Abwehrmaßnahmen der Amerikaner gegen japanische Produkte. Selbstbeschränkungsabkommen für Autos und Mikrochips stellten für die japanische Industrie keine große Belastung dar: Die von Japan auf einzelne Unternehmen verteilten festen Quoten entlasteten diese vom Wettbewerb untereinander in den USA und gewährleisteten, bei steigenden Preisen, sichere Gewinnmargen von rund 12 %.[46] Der über die Selbstbeschränkungsquote hinausgehende Warenstrom drängte nun nach Europa und auf den Weltmarkt.

1985 kehrte sich die Kursentwicklung des Dollars um. Von 1 $ = 3,40 DM Anfang 1985 sank er auf seinen bisher historischen Tiefstand von 1,57 DM im November/Dezember 1987. Die USA hatten sich gezwungen gesehen, durch »Herunterreden« des Dollars mit zu dieser Entwicklung beizutragen, um durch einen niedrigen Wechselkurs die Wettbewerbsfähigkeit wiederherzustellen. Da die Bundesrepublik nur noch 10 % ihres Exports in den Vereinigten Staaten und nur rund 16 % im Dollarraum insgesamt absetzt, ist sie weniger stark betroffen als z. B. Japan, dessen Exporte allein zu 36 % in die USA gehen. Auch der Yen wurde gegenüber dem Dollar stark aufgewertet. Daher ist zu erwarten, daß Japan seinen Export stärker auf den europäischen Markt ausrichten wird.

Zunächst wirkte sich jedoch die rapide und starke Abwertung des Dollars kaum auf den deutschen Export aus: Die Handelsbilanz erzielte 1986 mit 112,6 Mrd DM den höchsten Überschuß, desgleichen die Leistungsbilanz mit 80,5 Mrd DM. Wie zuvor bei veränderten Kursrelationen muß mit einer Zeitverzögerung in der Auswirkung gerechnet werden. Bei einer Exportquote von über 30 Prozent, preiswerten Importen und einer nur mäßigen Binnennachfrage ist ein Durchschlagen auf das Wachstum und die Arbeitsplätze in der Bundesrepublik nicht auszuschließen. Bereits 1986 war ein deutlicher Rückgang der Auslandsbestellungen auch aus dem EG-Raum und den Staatshandelsländern zu verzeichnen, der unter dem Druck des Währungskurses 1987 noch anhielt. Preiszugeständnisse der Exporteure konnten den Trend noch einmal aufhalten. Da jedoch die deutschen Exporteure auf Drittmärkten einem harten Wettbewerb mit Japan und den Schwellenländern ausgesetzt sind, ist eine Kompensation des Gewinnverlusts auf anderen Märkten kaum zu erwarten.[47]

Während der Aufwertungsphase der DM 1973–1980 waren die deutschen Ausfuhren in die Industrieländer hinter dem Handel der OECD-Länder untereinander zurückgeblieben. 1981–1986 hatte sich der Trend zugunsten eines schnelleren deutschen Exportwachstums umgekehrt. In Anbetracht der offensichtlichen Wechselkursempfindlichkeit der deutschen Ausfuhren wird das Pendel nun zur anderen Seite ausschlagen.[48] Das Ifo-Institut schätzt, daß in der Aufwertungsphase der siebziger Jahre der deutschen Wirtschaft aufgrund der ungünstigen Preiswettbewerbsposition rund 4 % der Exporte im Wert von ca. 20 Mrd DM verloren gingen, während andererseits die Handelsüberschüsse 1984/85 zur Hälfte auf die Abwertung zurückzuführen waren.[49]

5. Fit für die Zukunft?

Um die gegenwärtige Position im Welthandel und die hohen Realeinkommen zu erhalten, muß die Bundesrepublik technologieintensive Produkte entwickeln, produzieren und exportieren. Dazu sind ein hoher allgemeiner Ausbildungsstand und dynamische Distributionsmethoden in der »Triade« USA, Japan, EG erforderlich.

Vor vier Jahrzehnten setzte Ludwig Erhard die Soziale Marktwirtschaft und mit ihr die Öffnung der Bundesrepublik Deutschland für den Welthandel durch. Ende der 80er Jahre ist die Bundesrepublik im Vergleich zu anderen Industrieländern stark in den Welthandel verflochten. Wirtschaft, Wohlstand und Beschäftigungsmöglichkeit sind vom Außenhandel stärker abhängig als in den USA oder in Japan. Stets sind die Bundesregierungen als Anwälte eines freien Welthandels aufgetreten, jedoch nehmen nicht-tarifäre Handelshemmnisse auch in der Bundesrepublik zu. Rund 12 % der Importe waren 1983 von Handelsschranken betroffen, wobei der Protektionsgrad bis auf 72 Prozent (Textilien aus Entwicklungsländern) steigen kann. Aber auch »moderne« Produkte (CD-Disks) sind geschützt.[50] Zeigen sich im Aufbau informeller Handelsschranken Grenzen der deutschen Wettbewerbsfähigkeit?

In der Bundesrepublik werden im Weltmaßstab Spitzenlöhne gezahlt. Hohe Einkommen und mehr Beschäftigung setzen eine Spezialisierung auf Waren und Dienstleistungen voraus, die wenig Konkurrenz aus Niedriglohn-Ländern ausgesetzt sind. Das sind in der Regel Produkte, deren Know-how den Entwicklungsländern noch nicht zur Verfügung steht und die industrieländerspezifische Standortfaktoren voraussetzen, wie z.B. hochqualifizierte Arbeitskräfte. Die Bundesrepublik Deutschland muß daher bestrebt sein, Know-how-intensive Produkte zu entwickeln bzw. zu verbessern.[51] Bisher war die deutsche Industrie dabei relativ erfolgreich: Ihr Export wies einen vergleichsweise geringeren Prozentsatz von Waren mit niedrigem Technologieanteil auf als der Export der USA oder Japans.[52] Da zugleich ihre Produkte und ihre Abnehmer breiter gestreut sind als die auf wenige Marktsegmente konzentrierten japanischen Exporte, ist sie gegen Protektionismus weniger empfindlich. Sie kann es sich daher auch leisten, nicht bei jedem Produkt Marktführer zu sein. Ist demnach die Zukunft gesichert?

Niemand zweifelt heute daran, daß die internationale Marktposition der Bundesrepublik mittelfristig auf ihrer Fähigkeit beruhen wird, Anschluß beim Handel mit Gütern hoher Technologie zu halten. Es ist allerdings problematisch, »High-Tech-Produkte« zu definieren; OECD, deutsche Wirtschaftsforschungsinstitute und Bundesbank wenden jeweils eigene Kriterien an. Das HWWA z.B. geht von der Höhe der Marktanteile von High-Tech-Produkten aus, das Ifo-Institut von einem niedrigen Exportanteil der Entwicklungs- und Schwellenländer. Alle Institute berücksichtigen Produkte, die einen hohen Anteil der Basisinnovation Mikroelektronik aufweisen, da diese in die gesamte Volkswirtschaft hineinwirkt. Chips steuern heute »traditionelle« Produkte wie Plattenspieler, Waschmaschinen, Autos. Ein Abkoppeln vom technischen Fortschritt in diesem Bereich müßte gesamtwirtschaftliche Auswirkungen haben.

In diesem Zusammenhang kommt dem Bereich Forschung und Entwicklung (FuE) große Bedeutung zu. Die Höhe der Ausgaben für FuE ist jedoch sekundär, denn sie läßt keine Schlüsse über die Ergebnisse und ihre Verwendung zu. Hingegen lassen internationale Patentanmeldungen, als Ausdruck der Erwartung über die wirtschaftliche Bedeutung der Innovation, Aussagen zu. Von den Patenten, die 1982−1985 in zwei oder mehr Ländern angemeldet wurden, stammten fast ein Fünftel aus der Bundesrepublik, das sind pro Kopf der Bevölkerung etwa doppelt so viele wie in Japan und fast dreimal mehr als in den USA. Der Anteil ist allerdings rückläufig, da Japan sehr stark aufholt. Während Japan die USA in der Büro- und Computertechnik bereits überholt hat, ist der Anteil deutscher Erfindungen in diesem Bereich unterdurchschnittlich. Auch in einem weiteren Zukunftsbereich, der Nachrichten- und Kommunikationstechnik, bleibt die deutsche Patentanmeldung überdurchschnittlich zurück (Tab. 34).

Neben der Mikroelektronik gilt die Bio- und Gentechnik als zweite Basisinnovation mit Ausstrahlung über die Bereiche Ernährung und Gesundheitswesen hinaus. In der Pharmazie, im Umweltschutz, in der Landwirtschaft, in der Chemie, bei Werkstoffen und alternativen Energien ist ein hinreichend großer Bedarf gegeben. Allein der Biotechnologie-Markt wird weltweit auf 240 Mrd Dollar geschätzt, rund 200 Mrd Dollar entfallen auf die Nahrungs- und Genußmittelproduktion. Sowohl bei der FuE-Förderung als auch bei der Patentanmeldung sind die Vereinigten Staaten vor Japan führend.[53]

Wenn auch die Bundesrepublik bei den »Schlüsselpatenten« meistens Rang zwei (nach den USA) oder drei (nach USA und Japan) einnehmen kann, so ist die Durchsetzung am Markt nicht ausschließlich von Erfolgen in Forschung und Entwicklung abhängig. Gerade die japanische Wirtschaft bietet Beispiele für durchschlagende Erfolge mit gekauften Patenten und Lizenzen. Wichtig ist die Umsetzung des Know-How in der Produktion. Darüber hinaus kann die Schnelligkeit der Durchsetzung eines Produktes auf dem Weltmarkt und die Erringung einer marktbeherrschenden Position ausschlaggebend sein. Philips und Grundig, deren Video-2000-System den Konkurrenten qualitativ überlegen war, zogen den kürzeren, weil japanische Unternehmen ein besseres Distributionssystem hatten. Sie penetrierten, z.T. in Zusammenarbeit mit einheimischen Firmen (d.h., europäischen und amerikanischen), den Weltmarkt so rasch, daß Video 2000 keine Chance mehr hatte (Kompatibilität der Cassetten!).

Der *Zeitfaktor* spielt noch in einer anderen Hinsicht eine wesentliche Rolle: Die FuE-Aufwendungen für neue Produkte sind heute in der Regel extrem hoch. Die Forschungsaufwendungen für das neue Produkt müssen sich möglichst rasch auszahlen. Denn wenn Nachahmer auf den Markt kommen, verfällt der Preis schnell. Der Preisverfall binnen weniger Monate in der Chipproduktion ist wohl das bekannteste Beispiel. Monopolsituationen können nur noch kurze Zeit gewahrt werden. Daher ist die Position des »zweiten Siegers« bei der Entwicklung und Marktdurchsetzung ein gravierendes Kostenproblem.

Japanische Wirtschaftswissenschaftler gehen davon aus, daß der Erfolg eines Unternehmens zunehmend von der Orientierung auf die »Triade« – USA, Japan, EG – abhängt. Hier wird ein Markt von 700 Mio Einwohnern mit relativ einheitlicher Nachfrage gesehen, der aus den oben genannten Gründen gleichzeitig erobert werden muß (»Sprinkler-Modell«). Bisherige Marktstrategien, wie die möglichst »globale« Durchsetzung, gelten als nicht effizient genug. Die Anpassung an die unterschiedlichen Strukturen relativ unbedeutender Märkte kostet Zeit und Kapital. Auch das »Wasserfall-Modell« verspricht wenig Erfolg (Durchsetzung auf dem heimischen Markt, danach in der OECD und später in den Entwicklungsländern) beim Kampf um internationale Marktanteile.[54]

Neben der Nutzung von Distributionssystemen ausländischer Partner spielen Direktinvestitionen im Ausland eine wichtige Rolle: Produkte inländischer Firmen sind von protektionistischen Maßnahmen nicht betroffen (so unterliegen z.B. japanische Autohersteller in den USA keiner Selbstbeschränkungsquote). Auch Wechselkursschwankungen fallen hier nicht ins Gewicht. Werden Vorleistungen eingeführt, sind diese von einem niedrigeren Zoll betroffen als die Endprodukte.

Japan hat seine Direktinvestitionen in den letzten eineinhalb Jahrzehnten beachtlich gesteigert. Neben Investitionen zur Rohstoffsicherung in den Entwicklungsländern haben die USA, die EG und die ostasiatischen Schwellenländer einen herausragenden Stellenwert; denn die USA und die EG sind große und wichtige Märkte. Allein in etwa 20 Werken in der Bundesrepublik werden japanische Bausätze und Teile für Videorecorder, Kopierer, CD-Player etc. montiert (»screw-driver-plants«).[55] In den dynamisch wachsenden Schwellenländern versucht sich Japan schon jetzt Marktanteile zu sichern.

Die deutschen Investitionen, die in den Entwicklungsländern rückläufig, in den USA steigend waren, vernachlässigen jedoch Japan und die Schwellenländer. Japan spielt als Investitionsland fast keine Rolle. Die Investitionsquote schwankt mit der Ausnahme von 1984 um 1 Prozent der gesamten deutschen Direktinvestitionen und liegt ebenso wie die in den ostasiatischen Schwellenländern unter den deutschen Anlagen in Spanien.[56] 1986 standen 201 Mio in Japan investierten DM japanische Investitionen in Deutschland in Höhe von 1,25 Mrd DM gegenüber. Der Gesamtbetrag japanischer Investitionen beträgt 4,35 Mrd DM gegenüber deutschen Investitionen von 1,35 Mrd DM.[57]

Japan ist kein abgeschotteter Markt mehr. Der Anteil der von nichttarifären Handelshemmnissen betroffenen Importe ist mit 11,9 Prozent etwas geringer als die durchschnittliche deutsche Behinderung, auch die Zölle sind erheblich gesenkt worden. So liegt es offenbar am schwierigen Markt, der die Unternehmen abschreckt: Sozio-kulturelle Barrieren, hohe Startinvestitionen und ein sehr viel längerer Zeitraum bis zur Amortisation der Kosten.

Als Reaktion auf das Leistungsbilanzdefizit zu Beginn der 80er Jahre hatten Wirtschaftswissenschaftler darüber nachgedacht, ob das japanische Modell (»Japan-Incorporated«) auf die Bundesrepublik übertragen werden könne. Schon aus sozio-kulturellen Gründen ist das Modell jedoch nicht kopierbar.

Die CDU/CSU-FDP-Regierung versprach sich den besten Erfolg im Kampf um die Erhaltung der deutschen Wettbewerbsposition von der Rückbesinnung auf die Marktkräfte. Sie setzt auf die Schaffung günstiger gesamtwirtschaftlicher Rahmenbedingungen: Auf größere Freiräume für die Wirtschaft, auf die Stärkung der Investitionsneigung und auf im wesentlichen indirekte Forschungsförderung. Lediglich extrem aufwendige, die Privatindustrie überfordernde Forschung und Entwicklung (Luft- und

Raumfahrt, Kernenergie) »oder besonders wichtige branchenübergreifende Schlüsseltechnologien« sollen der staatlichen FuE-Förderung unterliegen.[58]

Der Staat vertraut darauf, daß die dem internationalen Wettbewerb ausgesetzte Industrie am ehesten in der Lage ist, marktgerechte Entscheidungen zu treffen und will sich darauf beschränken, Ersatz- und Neuinvestitionen interessant zu machen, z.B. durch staatliche Infrastrukturleistungen und Erhaltung der hohen Qualität der Ausbildung. Dem gegenüber steht aber, daß hohe Subventionen für nicht wettbewerbsfähige Branchen (z.B. Stahl, Landwirtschaft) zu einer Verzerrung des Marktes und der Wettbewerbsfähigkeit und zur Fehlallokation der Ressourcen führen.

Von außen steht die deutsche Industrie unter den Unwägbarkeiten des Auf und Ab des US-Dollars. Eine günstige Relation der Lohnstückkosten im internationalen Vergleich sowie Modernität und Qualität der exportierten Güter sind sicher Voraussetzung für eine hervorragende Wettbewerbsposition – rasch schwankende Dollarkurse mit Extremen von 3,47 DM (1985) und 1,57 DM (1987) verfälschten jedoch die internationale Wettbewerbsfähigkeit und geben der Industrie falsche Signale, die ebenfalls zu Fehlallokation führen. Da flexible Wechselkurse unter dem Einfluß global frei fließender Kapitalströme in Milliardenhöhe die wirtschaftliche Leistungsfähigkeit der Volkswirtschaften nicht korrekt widerspiegeln, erstaunt nicht, daß der Ruf nach einer neuen Bindung der Kurse lauter wird.[59] Das EWS bietet der deutschen Wirtschaft immerhin für rund 50 Prozent ihrer Im- und Exporte einen stabilen Währungsraum und damit einen besser kalkulierbaren Markt.

Die Bundesrepublik Deutschland ist ein Hochlohn-Land. Soll der erreichte Wohlstand erhalten werden, ergibt sich daraus der Zwang, an der Spitze des technologischen Fortschritts zu stehen. Strukturwandel bedeutet daher ein ständiges Umsteigen in anspruchsvollere Herstellungsverfahren und in höherwertige Produkte. Ob die Bundesrepublik für die Zukunft gerüstet ist, hängt also von vielen Faktoren ab; nicht zuletzt davon, daß die Wissenschaft erstklassige Leistungen erbringt und daß ein vorbildliches Ausbildungssystem hochqualifizierte Arbeitskräfte für alle Produktionsbereiche bereitstellen kann.

6. Anmerkungen

1 Gahlen, B., Rahmeyer, F., Stadler, M.: Zur internationalen Wettbewerbsfähigkeit der deutschen Wirtschaft. In: Konjunkturpolitik 3/1986, S. 131.
2 Sachverständigenrat, Jahresgutachten 1981, Z. 459.
3 Horn, Ernst-Jürgen: Die Entwicklung der internationalen Wettbewerbsfähigkeit der Bundesrepublik Deutschland, in: WiSt, H. 7, Juli 1985, S. 337.

4 Abelshauser, Werner: Wirtschaftsgeschichte der Bundesrepublik Deutschland 1945–1980, Frankfurt a. M. 1983, S. 148.
5 Kennan, George: Memoirs 1925–1959, New York 1967, S. 338.
6 Abelshauser, a.a.O., S. 155; Schwarz, Hans-Peter: Die Ära Adenauer 1949–1957, Stuttgart/Wiesbaden 1981, S. 127.
7 Schwarz, a.a.O., S. 61.
8 Abelshauser, a.a.O., S. 151 ff.
9 Kaht, Hilmar: Die Wirkung der Integration auf die Einfuhren der Bundesrepublik Deutschland, Hamburg 1975, S. 106.
10 Schwarz, a.a.O., S. 186.
11 Hardach, Gerd: Deutschland in der Weltwirtschaft 1870–1970, Frankfurt/New York 1977, S. 113.
12 Art. 24, Abs. 5 GATT.
13 Für einen Überblick über die älteren und neueren Theorien vgl. Kaht, a.a.O.
14 Statistisches Amt der EG, Außenhandel Monatsstatistik, Brüssel 1971, Nr. 12, S. 10 ff.
15 Durchschnitt EG 12, 1985: Einfuhr 53,4 %, Ausfuhr 54,9 %; Statistische Grundzahlen der Gemeinschaft 1987, Luxemburg 1987.
16 Z. B. Benelux seit den siebziger Jahren durchschnittlich 60 % bei der Einfuhr, über 70 % bei der Ausfuhr.
17 Bundesrepublik Deutschland 1985, Gesamteinfuhr aus der EG 12: 53,1 %, Gesamtausfuhr 49,7 %, Statistische Grundzahlen der Gemeinschaft 1987, a.a.O.
18 Vgl. Kaht, a.a.O., S. 105 ff.
19 Abelshauser, a.a.O., S. 159.
20 Tewes, Torsten: Handelsschaffende und handelsumlenkende Wirkungen der EG bei der deutschen Einfuhr unter besonderer Berücksichtigung der EFTA-Länder, in: Weltwirtschaftliches Archiv, Bd. 101, 1971, S. 221 ff.
21 Kaht, a.a.O., S. 115.
22 Ebenda, S. 135.
23 Ebenda, S. 148.
24 Riccardis, F.: Wo Europa nichts kosten würde. In: EG-Magazin, März 1984, S. 8.
25 EEA-Vertrag, Art. 8 c, Art. 100 a, Art. 118 a.
26 Krägenau, Henry: Wirtschaftspolitik, in: Weidenfeld, W./Wessels, W.: Jahrbuch der europäischen Integration 1985, Bonn 1986, S. 116.
27 Weiss, Frank D.: Importrestriktionen der Bundesrepublik Deutschland, in: Die Weltwirtschaft 1985/1, S. 88 ff.
28 Koopmann, Georg: Nationaler Protektionismus und gemeinsame Handelspolitik in der EG, in: Wirtschaftsdienst 1984/V, S. 245 ff.
29 Verordnung Nr. 288/82 des Rates vom 5. Febr. 1982 betreffend die gemeinsame Einfuhrregelung, Art. 20, Abs. 4 a.
30 Weiss, a.a.O., S. 94.
31 Alle Zahlenangaben: Eurostat, Statistische Grundzahlen der Gemeinschaft 1987, a.a.O.
32 Grosser, Dieter: Internationale Wirtschafts- und Währungspolitik, in: Grosser, D. (Hg.): Der Staat in der Wirtschaft, Opladen 1985, S. 482 f.
33 Vgl. Grewlich, Klaus W.: EG-Forschungs- und Technologiepolitik – eine besondere Verantwortung für das wirtschaftlich-technologische Flaggschiff, in: Hrbek, R./Wessels, W.: EG-Mitgliedschaft: Ein vitales Interesse der Bundesrepublik Deutschland? Bonn 1984, S. 256 ff.
34 Ifo-Institut für Wirtschaftsforschung: Analyse der strukturellen Entwicklung der deutschen Wirtschaft. München 1987, S. 17.
35 Vgl. Pohl, R.: Dollarschwankungen, Handelsströme und internationale Kapitalbewegungen, in: Wirtschaftsdienst 1985/VI, S. 309 f.
36 Schedl, Hans: Strukturwandel im Außenhandel der Bundesrepublik Deutschland, Ifo-Schnelldienst 1/80, S. 3 ff.

37 Allein das Defizit durch den Reiseverkehr stieg von 1973 auf 1974 um rund 1,5 Mrd DM auf 12,4 Mrd DM, im Jahr darauf um weitere 2,4 Mrd DM.
38 Vgl. Gerstenberger, Wolfgang: Die westdeutsche Wirtschaft in der Zange: Die Herausforderung durch Japan, die USA und die Schwellenländer, in: Beihefte zur Konjunkturpolitik, H. 29: Die westdeutsche Wirtschaft im internationalen Wettbewerb, Berlin 1983, S. 59 ff.
39 Ebenda, S. 64.
40 Ebenda, S. 70.
41 Schedl, a.a.O., S. 12.
42 Gerstenberger, Wolfgang: Deutsche Direktinvestitionen im Ausland auf hohem Niveau, in: Ifo-Schnelldienst 13/86, S. 3.
43 Krägenau, Henry: Internationale Direktinvestitionen 1950–1972, Hamburg 1975.
44 Pohl, a.a.O., S. 309.
45 Bergsten, F., Williamson, J.: Exchange Rate and Trade Policy, in: Cline, W. P. (Hg.): Trade Policy in the 1980s, Washington D.C. 1983.
46 Hermann, A.: Handelspolitik in Zeiten dramatischer weltwirtschaftlicher Ungleichgewichte, in: Ifo-Schnelldienst 12/87, S. 11.
47 Sachverständigenrat zur Begutachtung der gesamtwirtschaftlichen Entwicklung, Jahresgutachten 1987/88, Stuttgart 1987, S. 29 ff.
48 Ifo-Institut, Strukturbericht 1987, a.a.O., S. 30.
49 Ebenda, S. 33.
50 Hermann, a.a.O., S. 6 ff. Der durchschnittliche Protektionsgrad der Industrieländer liegt allerdings höher als der der Bundesrepublik, nämlich bei 27 %.
51 Ifo-Institut, Strukturbericht 1987, a.a.O., S. 124 ff.
52 Ebenda, S. 139.
53 Maier, Harry: Standort und Zukunftsperspektiven der neuen Biotechnologie, in: Ifo-Schnelldienst 9/87, S. 14 ff.
54 Ohmae, Kenichi: Macht der Triade, Wiesbaden 1985.
55 Laumer, Helmut: Handelsbeziehungen EG – Japan: Anhaltende Spannungen, in: Ifo-Schnelldienst 24/87, S. 14.
56 Vgl. Halbach, Axel: Deutsche Direktinvestitionen im Ausland auf hohem Niveau, in: Ifo-Schnelldienst 13/86, S. 3 ff.
57 Laumer, a.a.O., S. 19.
58 BMWI-Dokumentation Nr. 263: Hochtechnologien und internationale Wettbewerbsfähigkeit der deutschen Wirtschaft, Bonn, Juli 1984, S. 29.
59 Z.B. Schmidt, Helmut: Menschen und Mächte, Berlin 1987; Müller, Lothar: Dollarkurs und Konjunktur – was kann die Geldpolitik tun? In: Ifo-Schnelldienst 19/87, S. 7 ff.

Dieter Grosser

Schlußbemerkungen

Das Ordnungsmodell Soziale Marktwirtschaft läßt sich in wenigen Prinzipien zusammenfassen:
– Die Wirtschaft sollte so weit wie irgend möglich der marktwirtschaftlichen Selbstregelung überlassen werden.
– Die Funktionsfähigkeit des Marktes stellt sich nicht von selber her, sondern muß durch den Staat gewährleistet werden. Vor allem muß der Staat für Wettbewerb und Geldwertstabilität sorgen.
– Mit ständigen Eingriffen in den Wirtschaftsprozeß ist der Staat überfordert. Er sollte von Aufgaben entlastet werden, die er nicht gut lösen kann. Sonst schädigt er die Wirtschaft und verliert das Vertrauen der Bürger.
– Die Wettbewerbsordnung der Marktwirtschaft ist zwar für sich schon sozial, weil sie Macht begrenzt und nach Leistung verteilt. Doch die Bürger sind von sehr unterschiedlicher Leistungsfähigkeit. Manche können sich aus eigener Kraft nicht die materiellen Voraussetzungen für eine menschenwürdige Existenz schaffen, andere sind zwar ausreichend leistungsfähig, aber in ihren Chancen im Wettbewerb grob benachteiligt. Leistung am Markt kann daher nicht das einzige Verteilungskriterium sein. Der Staat muß durch Umverteilung einen sozialen Ausgleich herbeiführen.
– Zwischen dem Marktprinzip und dem Sozialprinzip besteht ein Spannungsverhältnis, das in einer Balance gehalten werden muß. Weder das Marktprinzip noch das Sozialprinzip darf verletzt werden. Wird das Marktprinzip verletzt, so werden Effizienz, Wachstum und Beschäftigung gefährdet; damit verringern sich die Möglichkeiten, die materiellen Lebensbedingungen gerade der sozial Schwachen zu verbessern. Wird das Sozialprinzip verletzt, so nehmen die Verteilungskonflikte zu, die auch die Funktionsfähigkeit des Marktes beeinträchtigen können. Vor allem wird dann aber die Legitimität der Wirtschaftsordnung und der politischen Ordnung gefährdet.
In den 50er Jahren entsprach die wirtschaftspolitische Praxis wenigstens annähernd diesen Prinzipien. Gewiß gelang die Durchsetzung des Marktprinzips nicht überall dort, wo es möglich gewesen wäre, gewiß blieb auch die Wettbewerbsgesetzgebung hinter den Forderungen des Modells zurück. Doch die Befreiung des größten Teils der Märkte von den Fesseln vollständiger Bewirtschaftung konnte einen gewaltigen Leistungsimpuls freisetzen, der unter den günstigen Rahmenbedingungen dieser Zeit zu erstaunlichem Wachstum führte. Die Balance zwischen Marktprinzip und

221

Sozialprinzip konnte gerade wegen des hohen Wachstums aufrechterhalten werden, und der Staat brauchte auch kaum in den Wirtschaftsprozeß einzugreifen. Die Selbstregelung des Marktes funktionierte.

In den 60er Jahren wurden die Rahmenbedingungen allmählich ungünstiger, der Staat machte außerdem, wie 1965/66, Fehler, die die Wirtschaft nicht mehr ausgleichen konnte. Das Marktprinzip schien nun ergänzungsbedürftig; dem Staat wurde die Aufgabe der Globalsteuerung zugewiesen. Damit war er überfordert – wie es die »Gründerväter« vorhergesagt hatten. Auch das Gleichgewicht zwischen Marktprinzip und Sozialprinzip erschien zunehmend gefährdet. Mindestens ab 1970 ging die Umverteilung über das Maß hinaus, das mit Wachstum und hoher Beschäftigung auf Dauer vereinbar war. Nicht zuletzt zeigte es sich, daß der Staat unter dem Druck der Partikularinteressen immer mehr dazu überging, das Sozialprinzip auszuweiten. Nicht nur die notwendigen Leistungen an die sozial schwächsten Teile der Bevölkerung nahmen zu, sondern auch die Gratifikationen an Bürger mit mittleren oder gar überdurchschnittlichem Einkommen. Nicht wohlbegründete Ansprüche an den Sozialstaat, sondern sozial kaschierte Ansprüche an den Gefälligkeitsstaat überlasteten die Wirtschaft.

Der Wachstums- und Beschäftigungskrise, die 1974 einsetzte, hätte durch Anpassungsprozesse begegnet werden müssen. Das Marktprinzip hätte dafür sorgen müssen, daß weltwirtschaftliche Herausforderungen, demographische Veränderungen, höhere Erwerbsbeteiligung der Frauen, Strukturveränderungen der Binnenmärkte durch Produkt- und Verfahrensinnovationen, durch Verbesserung der Qualifikation der Arbeitskräfte, durch Korrekturen der Löhne ohne langanhaltende Arbeitslosigkeit bewältigt werden konnten. Das Sozialprinzip hätte dafür sorgen müssen, daß die Anpassungsprozesse den Bürgern zumutbar blieben. Sie hätten aber nicht erschwert werden dürfen. Es gab diese Anpassungsprozesse; doch sie kamen spät, und sie blieben zu schwach. Für die Anhänger der Sozialen Marktwirtschaft lag dies an der Mißachtung wichtiger Prinzipien des Modells. Sie kritisierten das Übermaß an Umverteilung zu Lasten der Investitionsfähigkeit der Unternehmen, die Inflexibilitäten am Arbeitsmarkt, die Vergeudung von Kapital für Erhaltungssubventionen ohne dauerhafte Beschäftigungswirkung, das übertriebene Vertrauen in eine kurzfristig angelegte Globalsteuerung. Die Wende zur langfristig angelegten Stützung der Wachstumskräfte im Rahmen der »angebotsorientierten Politik« nach 1982 war die Folge dieser Kritik. Die Entlastung der Unternehmen bei den Kosten gelang einigermaßen, jedenfalls bis 1986. Die Inflexibilitäten vor allem am Arbeitsmarkt konnten nur geringfügig gelockert werden. Der Subventionsabbau mißlang. Wieder vermischten sich notwendige soziale Rücksichten mit Einflüssen von Partikularinteressen, die zumutbare Opfer verweigerten. Im Grunde erwies sich der Staat als zu schwach, um eine von der Mehrzahl der marktwirtschaftlich orientierten Ökonomen geforderte Politik konsequent und lange genug durchzuhalten.

Trotz dieser Schwächen kann die Gesamtleistung der Wirtschafts- und Sozialpolitik der Bundesrepublik im internationalen Vergleich bestehen. Auch nach 14 Jahren der Wachstums- und Beschäftigungskrise hat die Bundesrepublik Deutschland die höchsten durchschnittlichen Realeinkommen, die solideste Währung, das beste Außenwirtschaftsergebnis, sogar die geringste Arbeitslosigkeit unter den großen EG-Ländern. Die USA konnten allerdings bessere Ergebnisse bei der Bekämpfung der Arbeitslosigkeit erzielen, wahrscheinlich wegen der höheren Flexibilität ihres Arbeitsmarktes, wohl auch wegen ihrer geringeren außenwirtschaftlichen Störanfälligkeit und einer nachfragestützenden, aber auf die Dauer gefährlichen staatlichen Neuverschuldung. Im Sozialleistungsniveau übertrifft aber die Bundesrepublik nicht nur die großen EG-Länder, sondern erst recht die USA.

Nicht befriedigend hingegen ist die Gesamtleistung der Bundesrepublik seit 1974, wenn die Maßstäbe des Ordnungsmodells Soziale Marktwirtschaft angelegt werden. Doch das liegt nicht am Ordnungsmodell, sondern an der Überforderung der Politik. Die »Gründerväter« gaben sich in einer zentralen Frage Illusionen hin. Sie sagten zwar Staatsversagen bei den meisten Aufgaben der Wirtschaftssteuerung voraus, glaubten aber, der Staat könne stark genug sein, um eine marktwirtschaftliche und zugleich sozial verantwortliche Ordnung vor dem Zugriff der Partikularinteressen zu schützen. Politik und Staat können aber nicht weitsichtiger und vernünftiger handeln, als die Bürger dies wollen. Beträchtliche Teile der Bürger aber wollen höhere Realeinkommen, zugleich Sicherheit der bestehenden Arbeitsplätze, höhere Transferzahlungen an die eigene Gruppe, zugleich aber geringere Steuern und Sozialabgaben, besseren Umweltschutz, aber keine höheren Preise, vermehrte Leistung der anderen, für sich selbst aber Entlastung vom Leistungsdruck. Das mag nicht für alle zutreffen. Doch es trifft für so viele zu, daß ein Politiker schlecht beraten wäre, wollte er seinen Wählern größere Opfer längere Zeit zumuten. Nur sollte er sich davor hüten, durch unverantwortliche Leistungsversprechungen die Neigung vieler Wähler zu Forderungen, die miteinander unvereinbar sind, auch noch zu verstärken.

Anhang

Tabellen, Abbildungen und Materialien

A. Tabellen

Tabellen

Tabelle 1: Wirtschaftsentwicklung der Bundesrepublik 1951–1987

Jahr	Wachstums-rate[1]	Preisent-wicklung[2]	Arbeits-losenquote[3]	Außen-beitrag[4]
1951	10,5	7,9	9,1	1,9
1952	8,9	2,0	8,5	2,5
1953	8,2	−1,7	7,6	3,8
1954	7,4	0,1	7,1	3,4
1955	12,0	1,6	5,2	2,4
1956	7,2	2,5	4,2	3,4
1957	5,7	2,3	3,5	4,1
1958	3,7	2,0	3,6	3,9
1959	7,3	1,1	2,5	3,4
1960	9,0	1,4	1,3	2,6
1961	4,4	2,3	0,9	2,2
1962	4,7	2,9	0,7	1,2
1963	2,8	3,0	0,9	1,5
1964	6,6	2,4	0,8	1,4
1965	5,4	3,4	0,7	0,1
1966	3,0	3,5	0,7	1,5
1967	−0,1	1,5	2,1	3,5
1968	5,8	1,3	1,5	3,7
1969	7,5	2,0	0,8	2,9
1970	5,0	3,2	0,7	2,1
1971	3,0	5,1	0,8	2,0
1972	4,2	4,4	1,1	2,2
1973	4,7	6,8	1,2	3,1
1974	0,2	6,9	2,5	4,5
1975	−1,4	6,1	4,7	2,9
1976	5,6	4,4	4,6	2,6
1977	2,7	3,5	4,5	2,4
1978	3,3	2,5	4,3	2,9
1979	4,0	3,8	3,7	0,8
1980	1,5	5,3	3,7	−0,2
1981	0,0	6,3	5,3	1,0
1982	−1,0	5,3	7,6	2,3
1983	1,9	3,3	9,3	2,3
1984	3,3	2,4	9,3	3,1
1985	2,0 (vor-	2,1	9,4	4,2 (vor-
1986	2,5 läufig)	−0,2	9,0	5,7 läufig)
1987	1,6 (geschätzt)	0,5	9,0,(geschätzt)	

[1] Wachstumsrate des Bruttosozialprodukts (in Preisen von 1980)
[2] Jährliche Veränderung des Preisindex für die Lebenshaltung, 4-Personen-Arbeitnehmerhaushalt, in %. Basis 1970
[3] Prozentualer Anteil der Arbeitslosen an den abhängigen Erwerbspersonen (Beschäftigte plus Arbeitslose)
[4] Ausfuhr minus Einfuhr (Waren, Dienste einschließlich der Erwerbs- und Vermögenseinkommen) in % des Bruttosozialprodukts (in jeweiligen Preisen)

Quelle: Sachverständigenrat, Jahresgutachten 1987/88; eigene Berechnungen.

Tabelle 2: Wachstumsrate des Bruttoinlandproduktes ausgewählter Industrieländer 1972−1985

Jahr	D	F	GB	I	J	NL	CH	USA
1972	4,2	5,9	2,3	3,2	8,4	3,3	3,2	5,1
1973	4,7	5,4	7,7	7,0	7,9	4,7	3,0	4,8
1974	0,3	3,2	−1,0	4,1	−1,2	4,0	1,5	−0,7
1975	−1,6	0,2	−0,6	−3,6	2,6	−0,1	−7,3	−1,0
1976	5,4	5,2	3,8	5,9	4,8	5,1	−1,4	4,9
1977	3,0	3,1	1,0	1,9	5,3	2,3	2,4	4,5
1978	2,9	3,8	3,5	2,7	5,1	2,5	0,4	5,2
1979	4,2	3,3	2,2	4,9	5,2	2,4	2,5	2,0
1980	1,4	1,1	−2,3	3,9	4,4	0,9	4,6	0,0
1981	0,2	0,5	−1,2	0,2	3,9	−0,7	1,5	3,7
1982	−0,6	1,8	1,0	−0,5	2,8	−1,4	−1,1	−2,5
1983	1,5	0,7	3,8	−0,2	3,1	1,4	0,7	4,0
1984	2,7	1,5	2,2	2,8	5,0	2,4	1,7	6,7
1985	2,6	1,1	3,7	2,3	4,5	1,7	4,0	3,0

Quelle: OECD, Economic-Outlook. Historical Statistics 1960−1985, Paris 1987, S. 44.

Tabelle 3: Inflation in ausgewählten Ländern 1972−1985 (Preisindex des Bruttoinlandprodukts, Veränderungen in Prozent gegenüber dem Vorjahr)

Jahr	D	F	GB	I	J	NL	CH	USA
1972	5,3	6,2	8,3	6,3	5,6	9,4	9,8	4,5
1973	6,4	7,8	7,1	11,6	12,9	9,0	8,1	6,6
1974	7,0	11,1	14,9	18,5	20,8	9,2	6,9	9,1
1975	6,0	13,4	27,1	17,5	7,7	10,2	7,1	9,8
1976	3,6	9,9	15,0	18,0	7,2	9,0	2,7	6,2
1977	3,7	9,0	13,9	19,1	5,8	6,7	0,3	6,7
1978	4,3	9,5	11,3	13,9	4,8	5,4	3,6	7,2
1979	4,0	10,4	14,5	15,9	3,0	3,9	2,0	8,9
1980	4,8	12,2	19,7	20,6	3,8	5,7	2,7	9,1
1981	4,0	11,8	11,5	18,3	3,2	5,5	6,9	7,9
1982	4,4	12,6	7,7	17,8	1,9	6,0	7,3	6,3
1983	3,3	9,5	5,0	14,9	0,8	1,9	3,3	3,3
1984	2,0	7,2	4,1	10,8	1,2	2,2	2,8	3,7
1985	2,2	5,9	5,8	8,8	1,5	2,4	2,7	3,1

Quelle: OECD, Historical Statistics 1960−1985, Paris 1987, S. 78.

Tabelle 4: Arbeitslosenquote in ausgewählten Industrieländern 1960–1985[1]

Jahr	D	F	GB	I	J	NL	USA
1960	1,3	1,8	1,5	9,4	3,1	0,9	6,5
1961	0,9	1,4	1,3	8,4	2,6	0,6	7,9
1962	0,7	1,5	1,8	7,3	2,2	6,7	6,5
1963	0,9	0,8	2,2	6,0	2,2	0,7	6,6
1964	0,8	1,3	1,5	6,7	1,9	0,6	6,0
1965	0,7	1,6	1,3	8,4	1,9	0,7	5,2
1966	0,7	1,6	1,2	9,0	2,1	1,0	4,3
1967	2,1	2,1	2,2	8,3	2,0	2,0	4,3
1968	1,5	3,5	2,3	8,6	1,8	1,8	4,0
1969	0,8	3,0	2,2	8,4	1,8	1,3	3,9
1970	0,7	3,1	2,4	8,0	1,8	1,2	5,5
1971	0,8	3,4	3,1	7,9	1,8	1,5	6,6
1972	1,1	3,5	3,4	9,1	2,1	2,7	6,2
1973	1,2	3,3	2,4	9,0	1,8	2,7	5,4
1974	2,5	3,5	2,3	7,6	2,0	3,3	6,2
1975	4,7	5,1	3,6	8,2	2,7	6,1	9,3
1976	4,6	5,4	5,3	9,3	2,8	6,4	8,4
1977	4,5	6,0	5,7	9,8	2,8	6,2	7,7
1978	4,3	6,4	5,7	10,0	3,2	6,1	6,6
1979	3,7	7,2	5,1	11,5	2,9	6,2	6,4
1980	3,7	7,7	6,2	10,4	2,8	7,0	7,8
1981	5,3	8,9	9,9	10,9	3,0	10,0	8,3
1982	7,6	9,8	11,5	11,7	3,2	13,0	10,6
1983	9,3	10,0	12,4	13,0	3,6	15,6	10,6
1984	9,3	11,6	12,5	13,7	3,6	16,0	8,2
1985	9,4	12,2	12,9	13,9	3,5	14,5	7,9

[1] Prozentualer Anteil der Arbeitslosen an den abhängigen Erwerbspersonen (abhängige Erwerbstätige und registrierte Arbeitslose)

(Quelle: Sachverständigenrat zur Begutachtung der gesamtwirtschaftlichen Entwicklung; Jahresgutachten 1987/88 S. 268 / eigene Berechnungen).

Tabelle 5: Die Entwicklung des Bruttoinlandsprodukts in Industrieländern (Veränderung gegenüber Vorjahr real in %)

	1951−55	56−60	61−65	66−70	71−75	76−80	81−85
Belgien	4,5[a]	2,6	5,0	4,8	3,5	2,9	0,7
BRD	9,5	6,5	5,0	4,2	2,1	3,3	1,3
Dänemark	2,0	4,4	5,3	3,7	2,0	2,5	2,3
Frankreich	4,1	5,0	5,8	5,4	4,0	3,3	1,1
Großbritannien	3,9[b]	2,6	3,1	2,5	2,1	1,6	1,9
Italien	5,5[c]	5,5	5,2	6,2	2,4	3,8	0,9
Niederlande	5,1	4,0	4,8	5,5	3,2	2,6	0,7
Österreich	6,6	5,5	4,3	5,3	3,9	3,3	1,6
Schweden	3,4	4,3	5,2	4,1	2,6	1,3	1,8
Schweiz	5,0	4,3	5,3	4,2	0,8	1,7	1,3
Spanien	5,2[d]	3,5	8,5	6,2	5,5	2,0	1,4
USA	4,1	2,3	4,6	3,0	2,5	3,4	3,1
Japan	7,2[b]	8,6	10,2	11,2	4,3	5,0	3,9
Ø dieser Länder	5,1	4,5	5,6	5,1	3,0	2,8	1,7

[a] 1954/55   [b] 1953/55   [c] 1952/55   [d] 1955

Quellen: OECD: National Accounts Statistics 1950−1978, Vol. 1, Paris 1980; Institut der dt. Wirtschaft: Zahlen zur wirtschaftlichen Entwicklung der BRD, 1985 ff.; eigene Berechnungen.

Tabelle 6: Bruttolohn- und -gehaltsumme je beschäftigten Arbeitnehmer real; Index 1950 = 100

1950	100
1955	137
1960	175
1965	231
1970	300
1975	363
1976	372
1977	385
1978	396
1979	404
1980	410
1981	404
1982	399
1983	399
1984	401
1985	404
1986	420

Quelle: Bis 1960 eigene Berechnungen nach der Preis- und Sozialproduktstatistik des Statistischen Bundesamtes; ab 1960 Weiterführung durch eigene Berechnungen nach den Gutachten des Sachverständigenrates.

Tabelle 7: Lohnkosten und Preise

Jahr	Arbeitskosten je beschäftigten Arbeitnehmer[1]	Produktivität[2]	Lohnstück-kosten[3]	Preisindex des Brutto-sozialprodukts
	Veränderung gegenüber dem Vorjahr in %			
1951–55[4]	8,6	6,6	1,9	3,4
1956–60[4]	7,5	4,9	2,5	2,7
1961–65	8,6	4,2	4,2	3,7
1966–70	8,5	4,3	4,0	3,7
1971–75	10,5	2,7	7,6	6,5
1976–80	6,6	3,0	3,5	4,1
1981–85	3,9	1,8	2,1	3,1
1961	10,2	3,2	6,8	4,8
1962	9,0	4,4	4,4	3,9
1963	6,1	2,5	3,5	3,2
1964	8,2	6,6	1,5	3,1
1965	9,5	4,9	4,4	3,6
1966	7,6	3,3	4,2	3,3
1967	3,3	3,2	0,1	1,4
1968	6,7	5,5	1,1	2,2
1969	9,5	5,8	3,5	4,2
1970	16,0	3,8	11,8	7,6
1971	11,6	2,3	9,1	8,0
1972	9,9	4,4	5,3	5,3
1973	12,1	4,0	7,8	6,4
1974	11,5	1,6	9,7	7,1
1975	7,2	1,3	5,8	6,0
1976	7,9	6,3	1,5	3,6
1977	6,6	3,1	3,4	3,7
1978	5,6	2,3	3,2	4,3
1979	5,9	2,7	3,1	4,0
1980	6,9	0,3	6,6	4,8
1981	5,2	0,9	4,3	4,0
1982	4,2	1,1	3,1	4,4
1983	3,8	3,0	0,8	3,2
1984[5]	3,4	2,6	0,8	1,9
1985[5]	3,0	1,9	1,1	2,2
1986[5]	3,9	1,5	2,3	0

[1] Bruttoeinkommen aus unselbständiger Arbeit je beschäftigten Arbeitnehmer.
[2] Bruttoinlandsprodukt in konstanten Preisen je Erwerbstätigen.
[3] Arbeitskosten pro Einheit des realen Bruttoinlandsprodukts.
[4] Ohne Saarland und Berlin (West); nur bedingt vergleichbar mit nachfolgenden Angaben.
[5] Vorläufige Ergebnisse.

Quelle: Zahlen zur wirtschaftlichen Entwicklung der Bundesrepublik Deutschland 1987, Hrsg. Institut der dt. Wirtschaft, Köln 1987.

233

Tabelle 8: Investitionsquote (Bruttoanlageinvestitionen[1] in Prozent des Bruttosozialprodukts) im internationalen Vergleich (Jahresdurchschnitte)

Land:	1950−59	1960−67	1968−73	1974−79	1980	1981	1982	1983	1984	1985	1986
Deutschland	22,6	25,2	24,4	20,8	22,7	21,8	20,5	20,5	20,2	20,0	20,1
USA	−	18,0	18,4	18,7	19,1	18,6	17,2	17,2	18,1	18,6	−
Japan	−	31,3	34,6	31,8	31,6	30,7	29,7	28,3	27,9	27,7	−
Frankreich	−	22,3	23,5	22,7	21,9	21,4	20,8	19,8	19,0	18,9	−
Großbritannien	−	17,7	19,1	19,3	18,2	16,4	16,2	16,3	17,4	17,2	−
Italien	−	21,7	20,6	20,0	19,8	20,2	19,0	17,9	18,2	18,2	−

[1] Anlageinvestitionen umfassen Ausrüstungen und Bauten, nicht hingegen die Vorratsveränderungen.

Quelle: OECD, Historical Statistics 1960−1985; Sachverständigenrat 1987/88; Sachverständigenrat 1975 (für Deutschland 1950−1959).

Tabelle 9: Produktivität in der Bundesrepublik Deutschland (Bruttoinlandsprodukt, Veränderungen gegnüber dem Vorjahr in Prozent, in Preisen von 1980)

	je Erwerbstätigen	je Erwerbstätigenstunde
1951−1960	6,7	6,2
1961−1970	4,3	5,3
1971−1980	2,8	3,9
1981−1985	1,9	2,4
1986	1,5	2,4

Quelle: Deutsches Institut für Wirtschaftsforschung. Zitiert nach: Institut der Deutsche Wirtschaft: Zahlen zur wirtschaftlichen Entwicklung der Bundesrepublik Deutschland. Köln 1987.

Tabelle 10: Gewinn-, Rendite- und Investitionsentwicklung im Unternehmensbereich

| Jahr | Relationen in % | | |
| | Ertrags-quote[a] | Rendite[b] | |
		Unternehmen insgesamt	Unternehmen ohne Wohnungs-vermietung
1970	32,9	12,6	20,0
1971	31,6	11,5	18,4
1972	31,6	11,2	18,1
1973	30,9	11,1	17,9
1974	29,6	10,3	16,4
1975	29,5	9,6	15,0
1976	30,6	10,4	16,4
1977	30,4	10,3	16,3
1978	30,8	10,4	16,8
1979	30,8	10,4	17,1
1980	28,9	9,2	15,1
1981	28,6	8,6	14,2
1982	29,8	8,7	14,4
1983	31,7	9,5	15,7
1984	32,4	9,7	16,2
1985	32,6	9,8	16,4
1986	33,6	10,3	17,3

[a] Brutto-Einkommen aus Unternehmertätigkeit und Vermögen je Einheit Brutto-Wertschöpfung.
[b] Brutto-Einkommen aus Unternehmertätigkeit und Vermögen zum Netto-Vermögen (Anlagen und Vorräte) zu Wiederbeschaffungspreisen am Jahresanfang.

Quelle: Statistisches Bundesamt; Berechnungen des Ifo-Instituts.
aus: Ifo Strukturberichterstattung 1987, S. 63.

Tabelle 11: Zahlungsbilanz der Bundesrepublik in ausgewählten Jahren (Mio DM)

Zeitraum	insgesamt	Handelsbilanz[1]	Ergänzungen zum Warenverkehr[2] und Transithandel	Dienstleistungsbilanz[3]		Übertragungsbilanz[5]	
					darunter		darunter
				zusammen	Reiseverkehr[4]	zusammen	Nettobeitrag zum EG-Haushalt[7]
1950	− 427	− 3012	− 50	+ 570	+ 50	+ 2065	—
1960	+ 4783	+ 5223	− 187	+ 3235	− 979	− 3488	− 55
1970	+ 3183	+ 15670	−1601	− 1127	− 5377	− 9759	−1985
1975	+10023	+ 37276	−1236	− 9334	−14701	−16683	−3491
1980	−28480	+ 8947	− 583	−14252	−25246	−22590	−4099
1981	−11741	+ 27720	+ 601	−15771	−25716	−24291	−6412
1982	+ 9866	+ 51277	+1522	−17423	−26195	−25510	−7510
1983	+10594	+ 42089	+3198	− 9421	−25477	−25272	−6017
1984	+23887	+ 53966	−1718	+ 1709	−25287	−30070	−7272
1985	+44516	+ 73353	−1342	+ 2269	−25739	−29764	−8343
1986	+80554	+112619	− 921	− 3525	−27882	−27619	−8236
1987 1. Vj.	+20072	+ 27782	− 277	− 1086	− 5430	− 6347	−1399
2. Vj.	+19282	+ 27755	+ 251	− 2108	− 7608	− 6616	−2386
3. Vj.	+13622	+ 27923	−1778	− 5748	−11583	− 6771	−2164

Zeitraum	Kapitalbilanz[6]			Statistisch nicht aufgliederbare Transaktionen[8]	Ausgleichsposten zur Auslandsposition der Bundesbank[9]	Devisenbilanz[10]
	insgesamt	langfristiger	kurzfristiger			
		Kapitalverkehr				
1950	+ 637	+ 488	+ 149	− 774	—	− 564
1960	+ 1272	− 81	+ 1353	+ 1964	—	+ 8019
1970	+15113	− 934	+ 16047	+ 3616	+ 738	+22650
1975	−13282	−18231	+ 4949	+ 1039	+5480	+ 3260
1980	+ 1761	+ 5491	− 3730	− 1175	+2164	−25730
1981	+ 6499	+ 7856	− 1357	+ 2959	+3616	+ 1278
1982	− 4383	−14888	+ 10505	− 2405	− 411	+ 2667
1983	−15776	− 6979	− 8797	+ 1108	+2430	− 1644
1984	−37026	−19848	− 17177	+10039	+2118	− 981
1985	−50730	−13615	− 37114	+ 8057	−3104	− 1261
1986	−68966	+35655	−104621	− 5624	−3150	+ 2814
1987 1. Vj.	− 4363	+14425	− 18788	− 1493	− 77	+14139
2. Vj.	−14134	+ 332	− 14466	+ 636	− 283	+ 5502
3. Vj.	−13872	−18079	+ 4207	− 1260	+ 142	− 1365

[1] Spezialhandel nach der amtlichen Außenhandelsstatistik; Einfuhr cif, Ausfuhr fob.
[2] Hauptsächlich Lagerverkehr auf inländische Rechnung und Absetzung der Rückwaren und der Lohnveredelung.
[3] Ohne die bereits im cif-Wert der Einfuhr enthaltenen Ausgaben für Fracht- und Versicherungskosten.
[4] Einschließlich der der Bundesbank von den Zentralbanken wichtiger europäischer Reisezielländer mitgeteilten An- und Verkäufe von DM-Noten.

⁵ Eigene Leistungen: —.
⁶ Kapitalexport: —.
⁷ Ohne den besonderen Währungsausgleich bei der Ausfuhr nach Großbritannien und Italien. Gemäß Beschluß des Rates der EG vom 29. April 1976 werden ab 17. Mai 1976 die Währungsausgleichsbeträge für Einfuhren Großbritanniens und Italiens aus anderen EG-Ländern über den ausführenden – und nicht, wie sonst üblich, über den einführenden – Mitgliedstaat ausbezahlt.
⁸ Saldo der nicht erfaßten Posten und statistischen Ermittlungsfehler im Leistungs- und Kapitalverkehr (= Restposten).
⁹ Gegenposten zu Veränderungen der Auslandsposition der Bundesbank, die nicht auf den Leistungs- und Kapitalverkehr mit dem Ausland zurückgehen: Änderungen des DM-Wertes der auf Fremdwährung laufenden Aktiva und Passiva der Bundesbank durch Neubewertung zum Jahresende und Zuteilung von IWF-Sonderziehungsrechten; ab 1982 auch Differenzen zwischen den Transaktionswerten und den im Wochenausweis der Bundesbank zu Bilanzkursen ausgewiesenen Veränderungen der Auslandsposition.
¹⁰ Veränderung der Netto-Auslandsaktiva der Bundesbank (Zunahme: +). Ab 1982 bewertet zu Bilanzkursen.

Quelle: Deutsche Bundesbank

Erläuterungen: 1950 hatte die Bundesrepublik noch ein Handelsbilanzdefizit, dafür Überschüsse bei der Dienstleistungs- und Übertragungsbilanz, nicht zuletzt aufgrund der Übertragungen von Marshall-Plan-Mitteln. 1960 zeigt sich bereits die auch heute noch typische Lage: Handelsbilanzüberschüsse, denen Defizite bei der Übertragungsbilanz gegenüberstehen. Der Saldo der Dienstleitungsbilanz wird durch den Reiseverkehr immer mehr geschmälert und ab 1970 in der Regel negativ.

Tabelle 12: Verteilung der Erwerbs- und Vermögenseinkommen
Anteil am Volkseinkommen in vH

| Jahr | Volkseinkommen insgesamt | Arbeitseinkommen | | | Vermögenseinkommen der privaten Haushalte[2] | | »Gewinn«-Einkommen[3] | Vermögenseinkommen des Staates[4] | Nachrichtlich |
| | | zusammen | davon | | zusammen | darunter | | | bereinigte Lohnquote[5] |
			von Inländern empfangene Bruttoeinkommen aus unselbständiger Arbeit (= Lohnquote)	kalkulatorischer Unternehmerlohn[1]		Einkommen aus Wohnungsvermietung			
1960	100	77,9	60,1	17,8	3,3	1,4	17,9	0,9	60,1
1965	100	80,7	65,3	15,4	3,5	1,2	15,1	0,7	62,3
1970	100	81,5	68,0	13,5	5,1	1,3	13,0	0,4	62,9
1975	100	85,7	73,1	12,6	6,1	1,5	8,8	−0,5	66,1
1980	100	84,1	73,5	10,6	6,0	0,8	10,9	−1,0	64,9
1985 }[6]	100	80,0	69,7	10,2	7,4	1,0	14,1	−1,4	61,7
1986 }	100	78,8	68,8	10,0	7,2	1,1	15,5	−1,5	60,8

[1] Dabei wird unterstellt, daß jeder Selbständige bzw. mithelfende Familienangehörige das durchschnittliche Bruttoeinkommen eines beschäftigten Arbeitnehmers erhält.
[2] Empfangene Vermögenseinkommen von den Unternehmen, vom Staat, von der übrigen Welt und Einkommen der privaten Haushalte aus Wohnungsvermietung, nach Abzug der Zinsen auf Konsumentenschulden.
[3] Einkommen aus Unternehmertätigkeit (entnommene und nichtentnommene Gewinne der Unternehmen) abzüglich des kalkulatorischen Unternehmerlohns und der Einkommen der privaten Haushalte aus Wohnungsvermietung.
[4] Nach Abzug der Zinsen auf öffentliche Schulden.
[5] Lohnquote bei konstant gehaltenem Anteil der Arbeitnehmer an den Erwerbstätigen im Jahre 1960.
[6] Vorläufige Ergebnisse.

Quelle: Sachverständigenrat, Jahresgutachten 1987, S. 110.

Tabelle 13: Verfügbares Einkommen[1] der Privathaushalte nach Haushaltsgruppen insgesamt, je Haushalt und je Haushaltsmitglied

| Gegenstand der Nachweisung | Privathaushalte insgesamt | Selbständigenhaushalte | | Arbeitnehmerhaushalte | | | Nichterwerbstätigenhaushalte | | |
| | | Landwirtehaushalte | übrige Selbständigenhaushalte | Beamtenhaushalte | Angestelltenhaushalte | Arbeiterhaushalte | Haushalte von | | |
							Empfängern von Arbeitslosengeld/-hilfe	Rente/Pension	sonstigen Nichterwerbstätigen
1972									
Mill. DM	510646	15583	95049	37589	113004	135953	4334	99539	12323
Anteil in %	*100*	*3,1*	*18,6*	*7,4*	*22,1*	*26,8*	*0,3*	*19,5*	*2,4*
DM je Haushalt	22548	29687	62235	26951	25701	19637	13076	14394	14439
Privathaushalte insgesamt = 100	*100*	*132*	*276*	*120*	*114*	*87*	*58*	*64*	*64*
DM je Haushaltsmitglied	8487	6418	19071	8481	9129	6161	4553	8346	7611
Privathaushalte insgesamt = 100	*100*	*76*	*225*	*100*	*108*	*73*	*54*	*98*	*90*
1982[2]									
Mill. DM	973009	19376	156308	77085	244555	204157	13119	228907	29503
Anteil in %	*100*	*2,0*	*16,1*	*7,9*	*25,1*	*21,0*	*1,3*	*23,5*	*3,0*
1972 = 100	*191*	*122*	*164*	*205*	*216*	*150*	*983*	*230*	*239*
DM je Haushalt	39355	47502	106633	49711	45622	36394	20790	27003	24748
Privathaushalte insgesamt = 100	*100*	*121*	*271*	*126*	*116*	*92*	*53*	*69*	*61*
1972 = 100	*175*	*160*	*171*	*184*	*178*	*185*	*159*	*188*	*167*
DM je Haushaltsmitglied	16044	10898	34278	16415	17102	11825	8324	16176	12700
Privathaushalte insgesamt = 100	*100*	*68*	*214*	*102*	*107*	*74*	*52*	*101*	*79*
1972 = 100	*189*	*170*	*180*	*194*	*187*	*192*	*183*	*194*	*167*

[1] Einschl. nichtentnommener Gewinne der Unternehmen ohne eigene Rechtspersönlichkeit. – [2] Vorläufiges Ergebnis.

Quelle: Klaus Schüler: Einkommensverteilung nach Haushaltsgruppen. In: Statistisches Bundesamt, Volkswirtschaftl. Gesamtrechnungen. Fachserie 18, Reihe 1: Konten und Standardtabellen 1983.

Tabelle 14: Veränderung der Vermögensverteilung in der Bundesrepublik Deutschland zwischen 1969 und 1973

Haushaltseinteilung nach Vermögenshöhe[a]	Anteile am ganzen privaten Nettovermögen in %	
	1969	1973
1. (unterstes) Quintil	7,0	7,0
2. Quintil	7,3	8,2
3. Quintil	9,0	11,5
4. Quintil	13,4	16,2
5. (oberstes) Quintil	62,8	56,8

[a] Jedes Quintil umfaßt 20% der Haushalte nach der Vermögensschichtung.

Quelle: Horst Mierheim/Lutz Wicke: Die personelle Vermögensverteilung. Tübingen 1978, S. 262.

Tabelle 15a: Die Nettovermögensbestände 1973 und 1983 der Bevölkerung in deutschen Haushalten, insgesamt und nach wachsendem Nettovermögen gruppiert – in absoluten Werten –

		insgesamt Bestand 1973	insgesamt Bestand 1983	insgesamt Veränderung	Gruppe 1 0% bis unter 25% Bestand 1973	Gruppe 1 Bestand 1983	Gruppe 1 Veränderung	Gruppe 2 25% bis unter 50% Bestand 1973	Gruppe 2 Bestand 1983	Gruppe 2 Veränderung	Gruppe 3 50% bis unter 75% Bestand 1973	Gruppe 3 Bestand 1983	Gruppe 3 Veränderung	Gruppe 4 75% bis unter 100% Bestand 1973	Gruppe 4 Bestand 1983	Gruppe 4 Veränderung
Haushalte	Mio	21.5	23.5	2.0	6.2	6.3	0.1	5.9	5.6	-0.3	5.0	5.5	0.5	4.4	6.1	1.6
Bevölkerung	Mio (i.H.)	58.0	56.2	-1.8	14.50	14.05	-0.45	14.50	14.05	-0.45	14.50	14.05	-0.45	14.50	14.05	-0.45
Gesamtvermögen	Mrd DM	2186.5	5263.2	3076.7	11.2	17.8	6.5	113.4	1060.6	947.2	418.6	1103.7	685.1	1643.3	3081.2	1437.9
pro Haushalt	TDM	101.5	224.0	122.5	1.8	2.8	1.0	19.3	190.9	171.7	83.4	199.0	115.6	369.8	508.1	138.3
pro Kopf	TDM	37.7	93.7	56.0	0.8	1.3	0.5	7.8	75.5	67.7	28.9	78.6	49.7	113.3	219.3	106.0
Haus- u. Grundverm.	Mrd DM	1312.1	2698.3	1386.2	-10.3	202.6	212.9	8.4	609.0	600.5	238.3	625.2	386.8	1075.5	1261.5	186.0
pro Haushalt	TDM	60.9	114.8	53.9	-1.7	32.0	33.6	1.4	109.6	108.2	47.5	112.7	65.2	242.0	208.1	-34.0
pro Kopf	TDM	22.6	48.0	25.4	-0.7	14.4	15.1	0.6	43.3	42.8	16.4	44.5	28.1	74.2	89.8	15.6
Betriebsvermögen	Mrd DM	250.0	513.3	263.3	2.5	-22.5	-25.0	2.8	40.8	38.1	32.7	43.5	10.7	212.0	451.5	239.5
pro Haushalt	TDM	11.6	21.8	10.2	0.4	-3.6	-4.0	0.5	7.4	6.9	6.5	7.8	1.3	47.7	74.5	26.8
pro Kopf	TDM	4.3	9.1	4.8	0.2	-1.6	-1.8	0.2	2.9	2.7	2.3	3.1	0.8	14.6	32.1	17.5
Geldvermögen	Mrd DM	624.5	1550.7	926.2	19.1	-192.1	-211.2	102.2	305.8	203.5	147.5	326.9	179.4	355.7	1110.2	754.5
pro Haushalt	TDM	29.0	66.0	37.0	3.1	-30.3	-33.4	17.4	55.0	37.7	29.4	58.9	29.5	80.0	183.1	103.0
pro Kopf	TDM	10.8	27.6	16.8	1.3	-13.7	-15.0	7.0	21.8	14.7	10.2	23.3	13.1	24.5	79.0	54.5

241

Tabelle 15b: Die Nettovermögensbestände 1973 und 1983 der Bevölkerung in deutschen Haushalten, gruppiert nach wachsendem Nettovermögen – in relativen Werten –

	Gruppe 1 0% bis unter 25%			Gruppe 2 25% bis unter 50%			Gruppe 3 50% bis unter 75%			Gruppe 4 75% bis unter 100%		
	Bestand		Veränderung	Bestand		Veränderung	Bestand		Veränderung	Bestand		Veränderung
	1973	1983		1973	1983		1973	1983		1973	1983	
Haushalte %	28.7	27.0	-1.8	27.3	23.6	-3.7	23.3	23.6	0.3	20.6	25.8	5.2
Bevölkerung (i.H.)	25.0	25.0	0.0	25.0	25.0	0.0	25.0	25.0	0.0	25.0	25.0	0.0
Gesamtvermögen %	0.5	0.3	-0.2	5.2	20.2	15.0	19.1	21.0	1.8	75.2	58.5	-16.6
Haus- u. Grundvermögen %	-0.8	7.5	8.3	0.6	22.6	21.9	18.2	23.2	5.0	82.0	46.8	-35.2
Betriebsverm. %	1.0	-4.4	-5.4	1.1	8.0	6.8	13.1	8.5	-4.6	84.8	88.0	3.2
Geldvermögen %	3.1	-12.4	-15.4	16.4	19.7	3.3	23.6	21.1	-2.5	57.0	71.6	14.6

Quelle: B. Keil/P. Stahlecker: Fortschritte in der personellen Vermögensverteilung? In: Ökonomie und Gesellschaft, Jahrbuch 2: Wohlfahrt und Gerechtigkeit. Frankfurt/New York 1984, S. 200, S. 212/13.

Tabelle 16: Entwicklung der Ausgaben und Einnahmen des Staates (Gebietskörperschaften und Sozialversicherung)

Art der Ausgaben bzw. Einnahmen	Anteile in %					
	1970	1975	1980	1982	1984	1986
	Im Verhältnis zum konjunkturbereinigten Brutto-Sozialprodukt					
Ausgaben insgesamt	40,3	48,0	50,1	48,9	47,7	46,9
darunter:						
Bruttoinvestitionen	4,8	3,8	3,7	2,8	2,3	2,4
Staatsverbrauch	16,2	19,8	20,7	20,0	19,7	19,7
(Brutto-Wertschöpfung)	(9,5)	(11,6)	(12,0)	(11,6)	(11,2)	(11,2)
Soziale Leistungen	13,4	17,4	17,3	17,6	16,6	16,1
Hilfen für Unternehmen[a]	3,2	3,4	4,0	3,5	3,8	3,6
Zinsen auf öffentliche Schulden	1,0	1,3	2,0	2,7	3,0	3,0
	Im Verhältnis zum Brutto-Sozialprodukt					
Einnahmen insgesamt	39,3	43,9	45,7	46,6	46,2	45,5
darunter:						
Steuern	24,0	24,7	25,7	24,7	24,9	24,3
(direkte Steuern)	(10,8)	(12,0)	(12,6)	(12,1)	(12,1)	(12,1)
Sozialbeiträge	12,6	16,3	16,7	17,8	17,3	17,3
Finanzierungssaldo	−0,2	5,6	2,9	3,3	1,9	1,2
Finanzierungssaldo bereinigt[b]	1,0	4,2	4,3	2,4	1,5	1,4

[a] Subventionen, Vermögensübertragungen und sonstige .aufende Übertragungen an Unternehmen.

[b] Einnahmen des Staates, um konjunkturbedingte Veränderungen bereinigt.

Quelle: Statistisches Bundesamt, Fachserie 18, Reihe 8; Berechnungen des Ifo-Instituts. In: Analyse der strukturellen Entwicklung der deutschen Wirtschaft, Kernbericht 1987. Ifo-Institut für Wirtschaftsforschung. München 1987.

243

Tabelle 17: Ausgaben und Einnahmen der öffentlichen Haushalte[1] (in Mrd DM)

Öffentlicher Gesamthaushalt

Zeitraum	Ausgaben					Einnahmen			Finan-zierungs-saldo	Kredite (netto)
	ins-gesamt	darunter				ins-gesamt	darunter			
		Personal-aus-gaben	laufende Zuschüsse	Zinsaus-gaben	Sach-investi-tionen		Steuern	Zuwei-sungen		
1965	139,30	37,38	33,29	3,49	23,47	129,87	106,16	.	− 9,37	6,92
1970	196,32	61,42	46,87	6,79	32,24	188,29	154,04	.	− 8,09	6,49
1971	226,48	73,36	53,02	7,67	37,57	211,18	172,26	.	− 15,61	13,93
1972	252,13	81,87	60,88	8,77	39,13	239,22	196,98	.	− 13,09	15,38
1973	280,49	93,90	67,16	10,51	41,35	271,47	224,83	.	− 8,82	11,40
1974	318,26	108,71	76,03	12,44	46,13	290,88	239,59	.	− 27,26	22,46
1975	360,51	118,11	99,06	14,51	46,03	296,64	242,08	.	− 63,85	53,63
1976	376,76	124,24	105,04	17,81	43,63	328,70	267,51	.	− 48,03	46,75
1977	395,17	132,07	109,69	20,65	43,21	364,00	299,05	.	− 31,18	31,69
1978	433,40	140,94	122,20	21,74	47,56	393,74	318,96	.	− 39,62	40,65
1979	469,85	150,46	128,43	24,73	53,32	423,50	342,71	.	− 46,57	43,44
1980	509,24	162,47	137,67	29,35	60,00	452,14	364,90	.	− 57,07	53,76
1981	541,76	172,51	151,46	36,41	56,99	466,09	370,20	.	− 75,65	69,56
1982	561,55	177,24	156,39	44,88	52,01	491,58	378,54	.	− 69,94	68,60
1983	570,08	182,14	153,54	51,14	48,50	514,77	396,22	.	− 55,29	56,16
1984	583,58	184,94	157,49	53,31	47,62	537,05	414,55	.	− 46,50	49,78
1985	604,03	191,66	163,20	55,77	49,98	564,68	437,00	.	− 39,30	40,53
1986	627,35	200,36	170,76	57,61	53,00	585,37	452,56	.	− 41,92	41,78

Tabelle 17: Ausgaben und Einnahmen der öffentlichen Haushalte¹ (in Mrd DM) (Fortsetzung)

Zeitraum	Ausgaben					Einnahmen			Finanzierungssaldo	Kredite (netto)
	insgesamt	darunter				insgesamt	darunter			
		Personalausgaben	laufende Zuschüsse	Zinsausgaben	Sachinvestitionen		Steuern	Zuweisungen		
Bund										
1965	64,19	9,11	22,42	1,17	3,77	63,12	59,03	0,15	− 1,00	0,11
1970	87,99	14,55	32,95	2,46	5,64	88,40	83,71	0,10	+ 0,35	1,11
1971	98,48	17,02	35,19	2,60	6,41	97,40	92,23	0,10	− 1,39	1,44
1972	111,10	18,96	39,70	2,80	6,63	106,34	101,71	0,13	− 4,79	3,98
1973	122,56	21,27	43,19	3,33	6,49	119,79	114,96	0,15	− 2,59	2,68
1974	134,04	24,03	47,33	4,23	7,10	123,57	118,66	0,16	−10,35	9,48
1975	158,80	25,45	62,18	5,21	7,81	123,79	119,21	0,19	−34,99	29,93
1976	165,20	26,25	65,80	6,88	7,01	136,63	130,90	0,21	−28,54	25,78
1977	172,39	27,47	66,62	8,54	7,21	149,76	144,00	0,24	−22,64	21,82
1978	189,66	28,77	75,30	9,56	7,66	163,15	154,09	0,26	−26,47	26,09
1979	203,41	30,17	78,62	11,26	7,98	177,52	166,14	0,27	−26,10	25,66
1980	215,72	32,14	83,29	13,97	8,21	188,09	176,18	0,61	−27,61	27,12
1981	232,99	34,08	92,68	18,00	7,28	195,03	180,45	0,38	−37,94	37,39
1982	244,65	34,40	65,49	22,11	6,96	206,97	183,11	0,35	−37,66	37,18
1983	246,75	35,14	90,52	26,62	7,12	214,81	190,28	0,39	−31,92	31,48
1984	251,78	35,46	92,75	27,76	7,12	223,13	197,20	0,40	−28,63	28,31
1985	257,11	36,67	94,79	29,16	7,39	234,35	206,30	0,38	−22,74	22,39
1986	261,53	37,94	96,34	30,27	7,52	238,25	208,91	0,44	−23,26	22,93

¹ Bund, Lastenausgleichsfonds, ERP-Sondervermögen, EG-Anteile, Länder, Gemeinden und Gemeindeverbände in der Abgrenzung der Finanzstatistik. Bis 1985 Rechnungsergebnisse, für die Gemeinden jedoch noch für 1985 Ergebnisse der Vierteljahresstatistik, zuzüglich nicht mehr erfaßte Krankenhäuser der Länder und Gemeinden; für 1986 Ergebnisse der Vierteljahresstatistik einschließlich Sonderrechnungen der Länder sowie Krankenhäuser der Länder und Gemeinden; mit dem Jahr 1985 nur bedingt vergleichbar.

Quelle: Sachverständigenrat zur Begutachtung der gesamtwirtschaftlichen Entwicklung / Jahresgutachten 1987/88.

245

Tabelle 18: Finanzhilfen und Steuervergünstigungen nach Wirtschaftszweigen

Wirtschaftszweig, -bereiche	Subventionskern und Transfers mit Subventionscharakter nach Destinataren					
	in Mill. DM			in DM/Erwerbstätigen		
	1980	1984	Veränd. in %	1980	1984	Veränd. in %
Land- und Forstwirtschaft, Fischerei	17 667,5	19 780,4	12,0	12 295	14 375	16,9
Energie-, Wasserversorgung	1 431,9	2 416,9	68,7	5 363	8 850	65,0
Kohlebergbau	6 089,5	5 656,1	– 7,1	28 062	27 729	– 1,2
Übriger Bergbau	166,2	240,6	44,8	9 765	15 038	54,0
Chemische Industrie	1 016,5	1 174,0	15,5	1 640	1 973	20,3
Mineralölverarbeitung	187,2	203,4	8,7	4 800	5 811	21,1
Kunststoffwarenherstellung	190,1	292,3	53,8	830	1 282	54,5
Gummiverarbeitung	57,1	88,8	55,5	472	822	74,2
Steine und Erden	278,1	483,3	73,8	1 168	2 346	100,9
Feinkeramik	41,5	67,0	61,4	692	1 288	86,1
Glasgewerbe	59,8	85,3	42,6	695	1 201	72,8
Eisenschaffende Industrie	669,0	2 371,7	254,5	2 165	9 800	352,7
NE-Metallerzeugung	154,3	229,1	48,5	2 004	3 273	63,3
Gießereien	76,9	120,5	56,7	615	1 159	88,5
Ziehereien, Kaltwalzw.., Stahlverf.	166,7	312,0	87,2	579	1 195	106,4
Stahl und Leichtmetallbau	190,6	280,8	47,3	1 008	1 789	77,5
Maschinenbau	1 457,4	2 573,5	76,6	1 318	2 561	94,3
Büromaschinen, ADV-Geräte	137,1	137,2	± 0,0	1 781	1 633	– 8,3
Straßenfahrzeugbau	584,6	978,9	67,4	603	1 044	73,1
Schiffbau	688,1	629,9	– 8,5	11 864	13 402	13,0
Luft- und Raumfahrzeugbau	588,9	529,1	–10,2	10 707	9 448	–11,8
Elektrotechnik	1 604,6	2 114,8	31,8	1 430	2 071	44,8
Feinmechanik, Optik	179,3	266,6	48,7	744	1 360	82,8
H. v. Eisen-, Blech- und Metallwaren	249,9	401,1	60,5	720	1 257	74,6
Musikinstrumente, Spielwaren u. a.	44,0	105,8	140,5	458	1 260	175,1
Holzbearbeitung	65,6	107,4	63,7	1 075	2 026	88,5
Holzverarbeitung	308,1	543,4	76,4	824	1 709	107,4
Zellstoff, Papier und Pappe	60,9	104,6	71,8	1 107	2 012	81,8
Papier-, Pappeverarbeitung	154,2	206,2	33,7	1 168	1 793	53,5
Druckerei, Vervielfältigung	217,0	342,8	58,0	995	1 714	72,3

Tabelle 18: Finanzhilfen und Steuervergünstigungen nach Wirtschaftszweigen (Fortsetzung)

Wirtschaftszweig, -bereiche	Subventionskern und Transfers mit Subventionscharakter nach Destinataren					
	in Mill. DM		Veränd. in %	in DM/Erwerbstätigen		Veränd. in %
	1980	1984		1980	1984	
Ledergewerbe	51,0	102,3	100,6	411	1066	159,4
Textilgewerbe	260,5	461,7	77,2	764	1729	126,3
Bekleidungsgewerbe	235,2	379,4	61,3	724	1471	103,2
Nahrungs- und Genußmittelgewerbe	971,7	1489,9	53,3	1270	2131	67,8
Getränkeherstellung	236,4	397,0	67,9	1938	3710	91,4
Tabakverarbeitung	258,1	307,9	19,3	9927	13995	41,0
Bauhauptgewerbe	1946,3	2588,9	33,8	1485	2243	51,4
Ausbaugewerbe	603,5	1103,6	82,9	775	1491	92,4
Großhandel, Handelsvermittlung	824,0	1362,9	65,4	604	1032	70,9
Einzelhandel	1446,5	1933,0	33,6	676	956	41,4
Eisenbahnen	13049,0	13689,0	4,9	36862	42645	15,7
Schiffahrt	864,7	718,6	− 16,9	11685	11228	− 3,9
Deutsche Bundespost	1319,7	1971,9	49,4	2671	3905	46,2
Übriger Verkehr	4372,9	4666,2	6,7	7999	8625	7,8
Kreditinstitute, Versicherungen	4488,9	3699,3	−17,6	6066	4779	−21,2
Wohnungsvermietung	19507,7	23013,7	46,9	–	–	
Gastgewerbe, Heime	652,8	871,5	33,5	841	1100	30,8
Bildung, Wissenschaft	2146,7	2759,4	28,5	8907	10950	22,9
Gesundheits- und Veterinärwesen	5599,6	7332,3	30,9	11199	13478	20,4
Übrige Dienstleistungsunternehmen	3011,8	4163,2	38,2	2273	2940	29,3
Noch nicht sektoralisiert	1849,0	1678,0	− 9,2			
Unternehmen zusammen	98481,0	117537,0	19,3	4564	5768	26,4
Unternehmen ohne Wohnungsvermietung	78971,0	94522,3	19,7	3660	4639	26,7

Quelle: Statistisches Bundesamt; Subventionsberichte und Finanzberichte der Bundesregierung; Subventionserfassung der Institute.
Aus: Analyse der strukturellen Entwicklung der deutschen Wirtschaft, Kernbericht 1987. Ifo-Institut für Wirtschaftsforschung. München 1987, S. 47.

Tabelle 19: Sozialbudget, Leistungen nach Funktionen

	1965	1970	1975	1980	1982	1983	1985	1986
				in Mio. DM				
Sozialbudget	114603	180144	346598	475730	524435	535378	572297	603779
Ehe und Familie	23414	30805	47998	61936	64213	64184	67738	78455
Kinder	11867	14901	25143	32647	33186	31272	31415	41312
Ehegatten	10549	14528	20696	25348	26897	28844	32393	33471
Mutterschaft	998	1376	2159	3941	4130	4068	3930	3671
Gesundheit	30867	53084	107487	157799	168364	171126	191786	199778
Vorbeugung	2914	4418	8101	9967	10775	9680	11081	11728
Krankheit	19873	36346	77055	112477	116989	120001	135666	141095
Arbeitsunfall, Berufskrankheit	3121	4875	8323	11987	12613	12772	13768	14251
Invalidität (Allgemein)	4959	7445	14009	23368	27989	28674	31270	32704
Beschäftigung	2403	5798	22146	30732	46515	48180	46089	52269
Berufliche Bildung	663	2337	6992	10721	11942	11457	10107	12467
Mobilität	740	1709	2153	5735	4564	4600	6172	8902
Arbeitslosigkeit	1000	1753	13001	14276	30010	32123	29810	30901
Alter und Hinterbliebene	45372	72342	135027	185225	205257	211098	223785	230377
Alter	42742	68035	126981	173412	193098	200158	212026	218270
Hinterbliebene	2629	4306	8046	11812	12159	10940	11759	12107
Übrige Funktionen	12548	18115	33940	40039	40104	40790	42899	42900
Folgen politischer Ereignisse	3841	4732	7625	9086	9729	9820	9747	10129
Wohnen	4936	5948	8195	10383	9707	10577	12296	12836
Sparförderung	2670	6045	16096	17283	17544	17108	16236	16085
Allgemeine Lebenshilfen	1100	1390	2024	3287	3124	3285	4620	3849

Tabelle 19: Sozialbudget, Leistungen nach Funktionen (Fortsetzung)

	1965	1970	1975	1980	1982	1983	1985	1986
				Struktur in %				
Sozialbudget	100,0	100,0	100,0	100,0	100,0	100,0	100,0	100,0
Ehe und Familie	20,4	17,1	13,8	13,0	12,2	12,0	11,8	13,0
Gesundheit	26,9	29,5	31,0	33,2	32,1	32,0	33,5	33,1
Beschäftigung	2,1	3,2	6,4	6,5	8,9	9,0	8,1	8,7
Alter und Hinterbliebene	39,6	40,2	39,0	38,9	39,1	39,4	39,1	38,2
Übrige Funktionen	10,9	10,1	9,8	8,4	7,6	7,6	7,5	7,1
				Anteile am Bruttosozialprodukt in %				
Sozialbudget	25,01	26,66	33,67	32,03	32,84	31,98	31,14	30,96

Quelle: Bundesminister für Arbeit und Sozialordnung, Materialband zum Sozialbudget 1986, Tab. I–3.

Tabelle 20: Sozialbudget: Leistungen nach Institutionen (in Mio DM)

	1965	1970	1975	1980	1982	1983	1985	1986
Sozialbudget	114603	180144	346598	475730	524435	535378	572297	603782
Allgemeines System	54944	88948	201586	281718	321451	328175	353588	368705
Rentenversicherung	31569	52224	101125	142585	159210	162457	175237	179584
– Rentenversicherung der Arbeiter	20019	31896	61813	80216	88688	89773	96020	97240
– Angestelltenversicherung	9777	16432	43143	57137	67351	71585	77390	81540
– Knappschaftliche Rentenversicherung	4045	6129	9769	13319	14590	14848	14740	14970
Krankenversicherung	15988	26088	61142	90066	97532	100992	114543	118535
Unfallversicherung	3266	4240	7155	10019	11074	11207	11673	11986
Arbeitsförderung	1566	3882	18066	22844	38303	39537	38990	43654
Kindergeld	2884	2891	14638	17609	16898	15435	14464	14590
Erziehungsgeld								1705
Sondersysteme	569	1104	2427	3695	4130	4217	4590	4940
Altershilfe für Landwirte	488	900	1867	2775	3004	3048	3327	3631
Versorgungswerke	81	204	560	920	1126	1169	1263	1309
Beamtenrechtliches System	16207	24027	37044	46331	49830	50493	52039	54220
Pensionen	10677	15825	26016	32947	35327	36094	36793	38055
Familienzuschläge	4336	6218	7048	7617	7883	7957	8206	8915
Beihilfen	1194	1984	3980	5767	6620	6442	7040	7250
Arbeitgeberleistungen	8167	18802	29738	44953	44092	45118	50000	53267
Entgeltfortzahlung	4500	12500	18490	27880	23890	23500	26000	27302
Betriebliche Altersversorgung	1980	3050	5320	8100	9610	10390	11570	11940
Zusatzversorgung	727	1732	3483	5883	7117	7688	8205	8510
Sonstige Arbeitgeberleistungen	960	1520	2445	3090	3475	3540	4225	5515

Tabelle 20: Sozialbudget: Leistungen nach Institutionen (in Mio DM) (Fortsetzung)

	1965	1970	1975	1980	1982	1983	1985	1986
Entschädigungen	10051	11534	15919	17761	18117	17886	17058	17354
Soziale Entschädigung (KOV)	5803	7488	11135	13480	14031	13952	13435	13792
Lastenausgleich	2017	1785	1844	1713	1584	1484	1297	1227
Wiedergutmachung	1800	1959	2398	2156	2180	2133	1980	2000
Sonstige Entschädigungen	431	302	542	412	322	317	346	335
Soziale Hilfen und Dienste	5468	11644	32321	40771	45265	45262	45286	47166
Sozialhilfe	2194	3540	9218	14972	18154	19423	22182	23536
Jugendhilfe	1016	1602	4260	6789	7401	7225	7761	7863
Ausbildungsförderung	171	629	2309	3149	3110	2502	469	454
Wohngeld	178	660	1797	2009	2872	2800	2648	3068
Öffentlicher Gesundheitsdienst	529	758	1361	1669	1854	1844	1930	2000
Vermögensbildung	1380	4455	13376	12183	11874	11468	10296	10245
Direkte Leistungen insgesamt	94972	155365	317889	433840	481408	489561	520825	543363
Indirekte Leistungen	19631	24779	28709	41890	43027	45817	51472	60419
Steuerliche Maßnahmen	15800	20726	24059	35930	38657	41097	46052	54879
Vergünstigungen im Wohnungswesen	3831	4053	4650	5960	4370	4720	5420	5540

Quelle: Bundesminister für Arbeit und Sozialordnung, Materialband zum Sozialbudget 1986, Tab. I–4.

Tabelle 21: Beitragssätze und Beitragsbemessungsgrenzen in der Sozialversicherung

	1950	1960	1970	1975	1980	1986	1988
Beitragssätze				in %[1]			
Rentenversicherung	10	14	17	18	18	19,2	18,7
Bundesanstalt für Arbeit	4	2	1,3	2	3	4	4,3
Krankenversicherung[2]	5,8	7,7	8,2	10,5	11,4	12	13[3]
Summe	19,8	23,7	26,5	30,5	32,4	35,2	36,0
Beitragsbemessungsgrenzen				in DM			
Rentenversicherung	600	850	1800	2800	4200	5600	6000
Bundesanstalt für Arbeit	375	750	1800	2800	4200	5600	6000
Krankenversicherung	375	660	1200	2100	3150	4200	4500

[1] Arbeitgeber- und Arbeitnehmeranteil   [2] Durchschnitt   [3] geschätzt

Quelle: Bundesminister für Arbeit und Sozialordnung, Materialband zum Sozialbudget 1986 Tabellen IV 3,4; Soziale Sicherheit H. 12/1957, S. 360.

Tabelle 22: Die Entwicklung der Realeinkommen verschiedener Sozialkategorien
(Indexwerte, 1975 = 100)

| | Arbeitnehmer | | Rentner | | Arbeitslose | Sozial- |
	brutto	netto	Stan- dard- rente	Durch- schnitts- rente	Durch- schnittl. Arb.los.geld	hilfe empfänger Regelsätze
1970	84.0	89.1	84.1	81.0	86.6	82.6
1971	88.9	92.7	85.4	81.0	89.7	95.8
1972	92.2	96.3	88.5	81.6	94.6	98.1
1973	96.0	97.1	91.9	93.2	97.8	98.1
1974	99.7	99.4	96.0	97.0	100.4	99.6
1975	100.0	100.0	100.0	100.0	100.0	100.0
1976	102.5	100.1	105.6	104.7	95.1	101.1
1977	105.8	102.2	112.2	110.3	92.1	104.5
1978	108.8	106.1	114.7	107.4	96.4	103.3
1979	110.6	108.3	110.9	107.4	99.2	102.6
1980	112.0	108.1	110.0	105.6	100.8	101.5
1981	110.9	106.7	108.1	103.1	101.9	101.9
1982	109.8	104.3	108.4	102.5	99.9	99.6
1983	110.2	103.7	110.9		95.4	98.5

Quelle: Alber, Jens: Der Wohlfahrtsstaat in der Wirtschaftskrise. Eine Bilanz der Sozialpolitik in
der Bundesrepublik in den frühen siebziger Jahren, in: Politische Vierteljahresschrift H. 1/1986,
S. 43.

Tabelle 23: Modellrechnung der deutschen Bevölkerung bis 2030[1]

| Alter von …
bis unter …
Jahren | Anteile in % | | | | | |
	1.1.1985	1.1.1990	1.1.2000	1.1.2010	1.1.2020	1.1.2030
unter 20	22,7	19,7	19,4	17,3	15,0	15,3
20−60	55,9	57,8	54,9	54,7	53,7	46,7
60−65	5,8	5,9	7,3	5,8	8,0	9,7
65 u. älter	15,6	16,6	18,4	22,2	23,3	28,2
Insgesamt	100	100	100	100	100	100
unter 20 und 65 u. älter zusammen	38,3	36,3	37,8	39,5	38,3	43,6
unter 20 und 60 u. älter zusammen	44,1	42,2	45,1	45,3	46,3	53,3
Bevölke- rungszahl in 1000	56644	56205	54866	51476	47341	42597

[1] Bei konstanter Geburtenhäufigkeit des Jahres 1984. Zunahme der Lebenserwartung bis 1995
um 2,3 Jahre (männlich), 2 Jahre (weiblich); Abnahme der Zuwanderung von 40000 (1985) auf
10000 (2029); 1400 Einbürgerungen bis 1999, danach auf 25000 bis 2029 ansteigend.

Quelle: Statistisches Bundesamt, aus: Statistisches Taschenbuch der Versicherungswirtschaft
1987 und eigene Berechnungen.

253

Tabelle 24: Umfang und Struktur der Leistungsausgaben der gesetzlichen Krankenversicherung 1960–1987

Jahr	Leistungsausgaben Mrd. DM	Index[1] 1960 = 100	jährliches Wachstum %	Behandlung durch Ärzte	Behandlung durch Zahnärzte	Apotheken[2]	Zahnersatz	Krankenhauspflege	nachrichtlich: Mitglieder insgesamt in 1000	nachrichtlich: Rentneranteil in %
				Anteile in %						
1960	9,0	100,0	+17,1[4]	20,9	5,2	12,2	3,0	17,5	27060	20,3
1965	14,9	166,4	+10,1[4]	21,4	6,4	13,6	2,7	19,8	28740	20,5
1970	23,8	266,0	+ 9,9[4]	22,9	7,2	17,7	3,5	25,2	30646	26,1
1975	58,2	648,9	+19,5[4]	19,4	7,1	15,3	7,2	30,1	33493	28,8
1980	86,0	958,8	+ 8,1[4]	17,9	6,4	14,6	9,1	29,6	35395	29,1
1981	92,2	1028,5	+ 7,3	17,9	6,4	14,8	8,8	29,6	35705	28,9
1982	92,7	1033,8	+ 0,5	18,3	6,6	14,9	7,5	31,9	35820	29,0
1983	95,9	1069,7	+ 3,5	18,5	6,5	15,1	6,9	32,3	35806	29,2
1984	103,3	1152,6	+ 7,8	17,8	6,4	15,0	7,1	32,0	36014	29,2
1985	109,1	1213,5	+ 5,6[5]	18,1	6,2	15,3	7,0	32,1	36209	29,3
1986[3]	114,2	1267,9	+ 4,5	17,9	6,2	15,4	6,1	32,9	36400	29,3
1987[3]	118,3	1316,4	+ 3,6	17,8	6,1	15,9	5,3	33,0	.	.

[1] aufgrund ungerundeter Zahlen.
[2] Arzneien, Verband-, Heil- und Hilfsmittel aus Apotheken.
[3] vorläufige Ergebnisse, z. T. geschätzt.
[4] durchschnittliches jährliches Wachstum der vorangegangenen Fünfjahresperiode.
[5] Durchschnitt der Jahre 1981–1985: +4,9%.
[6] Nicht aufgeführt sind: Krankengeld; Arzneien, Heil- und Hilfsmittel, die nicht von Apotheken verkauft wurden; sonstige Leistungen.

Quelle: Frerich, Johannes: Sozialpolitik, München, Wien 1987, S. 432f.; Institut der deutschen Wirtschaft, Zahlen zur wirtschaftlichen Entwicklung der BRD 1987, Köln 1987, Tab. 48f.; Dienst für Gesellschaftspolitik, Nr. 10/88, S. 2 und eigene Berechnungen.

Tabelle 25: Arbeitsmarktentwicklung 1950—1987

Zeitraum	Erwerbs-quote[1]	Erwerbstätige[2]			Offene Stellen[4]	Arbeits-lose[4]	Arbeits-losen-quote[5]
		insgesamt	darunter beschäftigte Arbeitnehmer				
			zusam-men	darunter Ausländer[3]			
	vH		1 000				vH
1950 ⎱ 6	46,0	19 997	13 674	.	116	1 580	10,4
1955 ⎰	48,3	22 830	16 840	80	200	928	5,2
1960	47,8	26 247	20 257	279	465	271	1,3
1965	46,1	26 887	21 757	1 119	649	147	0,7
1970	44,2	26 668	22 246	1 807	795	149	0,7
1975	43,5	25 810	22 014	2 061	236	1 074	4,7
1976	43,3	25 591	21 939	1 925	235	1 060	4,6
1977	43,3	25 547	22 029	1 872	231	1 030	4,5
1978	43,5	25 699	22 264	1 857	246	993	4,3
1979	43,9	26 047	22 663	1 924	304	876	3,7
1980	44,2	26 328	23 009	2 018	308	889	3,7
1981	44,4	26 144	22 869	1 912	208	1 272	5,3
1982	44,7	25 709	22 436	1 787	105	1 833	7,6
1983	44,9	25 331	22 057	1 694	76	2 258	9,3
1984	45,2	25 363	22 097	1 609[7]	88	2 266	9,3
1985	45,6	25 540	22 274	1 568	110	2 304	9,4
1986	45,9	25 796	22 525	1 570	154	2 228	9,0
1987	...	...	22 816	...	171	2 229	8,9

[1] Anteil der Erwerbspersonen (Erwerbstätige + Arbeitslose) an der Wohnbevölkerung.
[2] In der Abgrenzung der Volkswirtschaftlichen Gesamtrechnungen. Erwerbstätige, die ihren ständigen Wohnsitz im Bundesgebiet haben (Inländerkonzept).
[3] Sozialversicherungspflichtig beschäftigte Arbeitnehmer. Bis 1960 Stand Ende Juli, 1961 Stand Ende Juni (Quelle: Bundesanstalt für Arbeit).
[4] Quelle: Bundesanstalt für Arbeit.
[5] Anteil der Arbeitslosen an den abhängigen Erwerbspersonen (beschäftigte Arbeitnehmer + Arbeitslose).
[6] Ohne Saarland und Berlin. Beschäftigte Ausländer bis 1958 ohne Saarland.
[7] Die Ende Juni 1984 von einer länger als drei Wochen dauernden Aussperrung betroffenen Arbeitnehmer sind nicht enthalten.

Quelle: Jahresgutachten 1987/88 des Sachverständigenrates zur Begutachtung der gesamtwirtschaftlichen Entwicklung S. 288. BfA und eigene Berechnung.

Tabelle 26: Arbeitslose und Leistungsempfänger 1964—1986

Jahr	Arbeits-lose in 1 000	Leistungsempfänger in %			Arbeitslose ohne Leistungen der BfA in 1 000[2]
		Insgesamt	ALG[1]	ALH[1]	
1964	169	71,5	62,6	8,9	48
65	147	74,0	65,7	8,3	38
66	161	66,3	60,0	6,3	54
67	459	77,5	69,6	7,9	103
68	323	75,7	59,3	16,4	79
69	179	74,5	58,5	15,7	45
1970	149	75,8	64,4	11,4	36
71	185	73,4	65,1	8,3	49
72	246	71,8	63,7	8,1	69
73	273	64,5	56,2	8,3	97
74	582	67,3	60,4	6,9	191
75	1 074	76,0	65,8	10,2	258
76	1 060	73,5	58,0	15,5	281
77	1 030	70,0	54,1	15,9	309
78	993	67,8	52,0	15,8	320
79	876	66,5	51,2	15,3	294
1980	889	64,8	51,1	13,7	313
81	1 272	68,2	54,9	13,3	404
82	1 833	66,4	50,5	15,9	616
83	2 258	66,4	44,9	21,3	759
84	2 266	64,3	37,9	26,4	897
85	2 304	63,1	36,3	26,8	968
86	2 228	62,9	35,9	27,0	827
87	2 229	63,3	37,4	25,9	818

[1] ALG = Arbeitslosengeld, ALH = Arbeitslosenhilfe
[2] Eigene Berechnung; die Berechnung der Differenz von Arbeitslosen und Leistungsempfän-gern ist nicht exakt möglich, da beide Statistiken unterschiedlich erhoben werden.
Quelle: Wiese, Marion: Leistungsempfänger und Lastenverschiebung in der Arbeitslosenversi-cherung, in: Sozialer Fortschritt 6/1985, S. 133; Statist. Jahrbuch 1987, S. 414 und eigene Berechnung. BfA.

Tabelle 27: Wohnungsbau

Jahr	Fertig-stellungen insgesamt	Fertiggestellte Sozialwohnungen an Gesamtfertigst.	Anteil in %	Geförderte Sozialwohnungen insgesamt[1]
1949	222 000	153 300	69,1	
1950	371 900	255 000	68,6	
1955	568 400	289 000	50,8	
1960	574 400	263 200	45,8	245 884
1965	591 900	228 600	38,6	209 271
1970	478 000	137 100	28,7	165 135
1975	436 800	126 700	29,0	153 989
1980	388 904	103 700	26,7	97 175
1981	365 462			92 902
1982	347 002			98 886
1983	340 781			104 083
1984	398 373			80 408
1985	312 053			68 952
1986	251 940			52 066
1987	216 000[2]			40 000[2]

[1] 1960, 1965, 1970 und 1975 nur Bauvorhaben aus vollgeförderten Wohnungsbauten, für die eine vollständige Kostengliederung vorliegt. [2] Geschätzt.

Quelle: Biedenkopf/Miegel: Wohnungsbau am Wendepunkt, Stuttgart 1978, S. 131; Frerich, Johannes: Sozialpolitik, München, Wien 1987, S. 542; Buchheit, Roland: Soziale Wohnungspolitik? Sozialstaat und Wohnungsversorgung in der Bundesrepublik, Darmstadt 1984 (zugl. rer. pol. Diss. Augsburg 1984) S. 140. DIW Wochenbericht 15–16/88, S. 208 und eigene Berechnung.

Tabelle 28: Sozialhilfeaufwand und Sozialhilfeempfänger

	Aufwand						Empfänger		
	Insge-samt	außer-halb von Einrichtungen	in	Hilfe zum Lebens-unter-halt	Ein-nah-men	Netto-auf-wand	Insge-samt	Laufende Hilfe zum Lebens-unter-halt	Hilfe in beson-deren Lebens-lagen
	in Mrd. DM						in 1 000		
1965	2,11	1,05	1,06	0,83	0,46	1,65	1 404	760	862
1970	3,34	1,58	1,76	1,18	0,71	2,61	1 491	749	965
1975	8,40	3,68	4,72	3,02	1,81	6,59	2 049	1 190	1 147
1980	13,27	4,97	8,30	4,34	3,11	10,16	2 144	1 322	1 125
1981	14,78	5,51	9,28	4,80	3,39	11,39	2 083	1 291	1 080
1982	16,33	6,08	10,24	5,52	3,78	12,55	2 320	1 590	1 061
1983	17,57	6,65	10,92	6,12	4,12	13,45	2 437	1 726	1 016
1984	18,75	7,27	11,48	6,75	4,30	14,45	2 570	1 837	1 047
1985	20,77	8,60	12,17	8,04	4,55	16,22	2 808	2 058	1 104
1986	23,19	10,08	13,11	9,40	5,07	18,12	3 020	2 239	1 196

Quelle: DIW-Wochenbericht 27/86, S. 342; Wirtschaft und Statistik 2/87; 11/87; Statistisches Bundesamt, Statistik der Sozialhilfe, Teil II 1986, Wiesbaden 1988, S. 4 f.

Tabelle 29: Die größten Exporteure der Welt

Jahr		USA	Anteile am Weltexport in % Bundesrepublik Deutschland	Japan
1975		13,4	11,1	6,9
1976		12,5	11,1	7,3
1977		11,6	11,3	7,8
1978		11,9	11,8	8,1
1979		11,9	11,2	6,7
1980		11,8	10,3	6,9
1981		12,6	9,5	8,2
1982		12,4	10,3	8,1
1983		12,0	10,2	8,8
1984		12,3	9,7	9,6
1985	1. Quartal	13,6	9,9	9,3
	2. Quartal	12,4	9,9	10,0
	3. Quartal	11,6	10,6	10,2
	4. Quartal	10,6	10,9	10,2
1986	1. Quartal	10,9	11,3	9,4
	2. Quartal	10,4	11,6	10,3

Quelle: iwd, Nr. 43, 23. Okt. 1986.

Tabelle 30: Die EG als Handelspartner
Importe aus der EG (in Prozent der Gesamtimporte des importierenden Landes)

Jahr:	1957	1959	1964	1974	1985
D	23,5	29,0	34,9	48,1	53,1
B/LUX	43,5	47,1	53,3	66,1	68,6
DK	31,2	36,7	35,4	45,5	50,7
F	21,4	26,8	37,4	47,6	59,4
GB	12,1	14,0	16,6	30,0	47,3
GR	40,8	37,9	42,3	43,3	48,1
IRL	–	–	15,6	68,3	71,7
I	21,4	26,7	32,7	42,4	47,1
NL	41,1	44,4	52,0	57,4	55,8
P	37,1	39,0	33,1	43,5	45,7
SP	21,3	22,3	35,9	35,8	37,9
J	–	5,0	5,6	6,4	7,1
USA	11,7	15,6	15,2	19,0	19,6

Exporte aus der EG (in Prozent der Gesamtexporte des exportierenden Landes)

D	29,2	27,8	36,5	53,2	49,7
B/LUX	46,1	46,3	62,6	69,9	70,1
DK	31,2	31,7	28,1	43,1	44,8
F	25,1	27,2	38,8	53,2	53,7
GB	14,6	14,8	20,6	33,4	48,8
GR	52,5	44,1	37,5	50,1	54,2
IRL	–	–	11,5	74,1	68,9
I	24,9	27,2	38,0	45,4	48,2
NL	41,6	44,3	55,7	70,8	74,6
P	22,2	22,8	20,7	48,2	62,4
SP	29,8	27,8	38,9	47,4	53,4
J	–	3,9	5,5	10,7	11,9
USA	15,3	13,6	17,2	21,9	23,0

Quelle: eurostat. Statistische Grundzahlen der Gemeinschaft, Luxembourg, diverse Jahrgänge.

Tabelle 31: Wichtigste Handelspartner der Bundesrepublik Deutschland
Anteile ausgewählter Länder am Gesamtimport der Bundesrepublik Deutschland[1]

Jahr	Import insges. in Mio. DM	F	USA	NL	GB	I	J	SU
1970	109 606	12,9	11,0	12,1	3,9	9,9	1,9	1,1
1975	184 313	12,0	7,7	14,0	3,8	9,3	2,3	1,8
1979	292 040	11,4	6,9	12,3	5,9	8,8	2,7	2,5
1981	369 179	10,9	7,7	12,0	7,4	7,5	3,5	2,5
1984	434 257	10,6	7,2	12,2	7,7	7,9	4,2	3,3
1985	463 811	10,6	7,0	12,7	8,0	8,0	4,5	2,9
1986	413 744	11,4	6,5	11,6	7,2	9,2	5,8	2,2

Anteile ausgewählter Länder am Gesamtexport der Bundesrepublik Deutschland[2]

Jahr	Import insges. in Mio. DM	F	USA	NL	GB	I	J	SU
1970	125 276	12,4	9,1	10,6	3,6	8,9	1,6	1,2
1975	221 589	11,7	5,9	10,0	4,6	7,3	1,1	3,1
1979	314 469	12,7	6,6	10,0	6,9	7,8	1,3	2,1
1981	396 898	13,1	6,5	8,5	6,6	7,9	1,2	1,9
1984	488 223	12,6	9,6	8,6	8,3	7,7	1,4	2,2
1985	537 164	11,9	10,3	8,6	8,6	7,9	1,5	2,0
1986	526 363	11,8	10,5	8,6	8,5	8,1	1,7	1,8

[1] In Prozent des jeweiligen Jahresgesamtimports.
[2] In Prozent des jeweiligen Gesamtjahresexports.

Quelle: Bundesministerium für Wirtschaft, Leistung in Zahlen '86, Bonn 1987 / eigene Berechnungen.

Tabelle 32: Entwicklung von Außenhandelskennzahlen in ausgewählten »Zukunftsindustrien«

Sektor	Land	Anteil am Industriegüterexport[a] in		Differenz Prozentpunkte	Lieferanteile[b] in		Performance[c]
		1978	1985		1978	1985	Index
Informations- und Kommunikationstechnik							
El. Mikroschaltungen	D	0,2	0,5	0,3	8	6	85
	USA	0,5	2,0	1,5	16	23	144
	J	0,3	1,4	1,1	9	19	172
	SL	4,8	5,3	0,5	46	29	42
Konsumelektronik	D	1,9	1,6	-0,3	11	7	72
	USA	1,6	1,6	0,0	8	6	75
	J	8,7	10,5	1,8	40	50	102
	SL	9,1	8,1	-1,0	12	15	83
Nachrichtentechnik	D	1,4	1,3	-0,1	14	9	73
	USA	2,2	2,7	0,5	17	17	100
	J	2,1	3,6	1,5	16	27	137
	SL	2,0	3,7	1,7	5	11	147
Büromaschinen DV-Anlagen	D	1,6	2,9	1,3	13	9.	79
	USA	4,9	10,0	5,1	31	30	97
	J	1,8	4,6	2,8	11	16	118
	SL	1,6	6,0	4,4	3	8	179
Fertigungsautomatisierung							
Meß-, Regel- und Schalttechnik	D	2,5	2,8	0,3	21	18	97
	USA	3,8	4,3	0,5	24	25	104
	J	1,5	1,8	0,3	9	12	108
	SL	0,5	0,8	0,3	1	2	133
Fördertechnik	D	1,0	0,8	-0,2	20	18	102
	USA	1,5	0,8	-0,7	22	15	68
	J	0,7	0,8	0,1	11	18	133
	SL	0,1	0,2	0,1	1	2	133

Tabelle 32: Entwicklung von Außenhandelskennzahlen in ausgewählten »Zukunftsindustrien« (Fortsetzung)

Sektor	Land	Anteil am Industriegüterexport[a] in			Lieferanteil[b] in		Performance[c]
		1978	1985	Differenz Prozentpunkte	1978	1985	Index
Arbeitsmaschinen	D	6,6	5,8	-0,8	32	28	99
	USA	2,9	2,1	-0,8	11	9	82
	J	2,9	3,3	0,4	11	7	52
	SL	0,4	0,7	0,3	–	1	–
Werkzeugmaschinen	D	2,1	1,5	-0,6	31	23	84
	USA	1,0	0,7	-0,3	11	9	82
	J	1,2	1,4	0,2	14	24	139
	SL	0,3	0,4	0,1	1	3	200
					Gesundheitsmärkte		
Elektromedizin	D	0,1	0,1	0,0	17	11	73
	USA	0,4	0,6	0,2	40	43	108
	J	0,1	0,2	0,1	6	20	271
	SL	0,1	0,2	0,1	–	–	–
Pharma	D	1,3	1,5	0,2	17	15	100
	USA	1,6	1,9	0,3	15	18	120
	J	0,4	0,2	-0,2	2	3	122
	SL	0,2	0,4	0,2	1	1	67
Industriegüter insgesamt	D	100,0	100,0	–	17	15	100
	USA	100,0	100,0	–	13	13	100
	J	100,0	100,0	–	13	16	100
	SL	100,0	100,0	–	4	6	100

SL = Schwellenländer in Ostasien (Hongkong, Malaysia, Philippinen, Singapur, Südkorea, Taiwan.)
[a] SITC-Teile 5–8, ohne SITC-Gruppen 611, 613, 661, 896, einschließlich 233.
[b] Anteil an der Summe aus Export der OECD-Länder und Import aus Nicht-OECD-Ländern.
[c] Relative Entwicklung des Lieferanteils im Zeitraum 1978–86 im Vergleich zum Lieferanteil im Durchschnitt aller Industriegüter.

Quelle: Statistics OECD, Paris; Berechnungen des Ifo-Instituts, Ifo-Strukturbericht 1987, S. 134.

Tabelle 33: Entwicklung der deutschen Direktinvestitionen im Ausland nach Regionen (Transferleistungen, brutto und netto)

Gegenstand	1980 Mill. DM	1980 %	1981 Mill. DM	1981 %	1982 Mill. DM	1982 %	1983 Mill. DM	1983 %	1984 Mill. DM	1984 %	1985 Mill. DM	1985 %
Bruttokapitalleistungen	10823	100	12627	100	13158	100	13697	100	15000	100	21100	100
abzüglich Rückflüsse[a]	2663	24,6	2803	22,2	3397	25,8	5860	42,8	5734	38,2	7457	35,3
Nettokapitalleistungen	8160	100	9824	100	9761	100	7837	100	9266	100	13643	100
– Anteil Industrieländer	7071	86,7	7526	76,6	7568	77,5	5503	70,2	7874	85,0	13277	97,3
– Anteil Entwicklungsländer[b]	1109	13,6	2289	23,3	2195	22,5	2331	29,8	1391	15,0	358	2,6
Industrieländer												
– Europa	3034	37,2	3221	32,8	3616	37,0	2351	30,0	3842	41,5	5257	38,5
– Afrika (Rep. Südafrika)	30	0,4	56	0,6	65	0,7	260	3,3	171	1,8	138	1,0
– Nordamerika	3802	46,5	3882	39,5	3657	37,5	2735	34,9	3466	37,4	7702	56,5
– Asien (Japan)	31	0,4	131	1,3	89	0,9	81	1,0	313	3,4	117	0,9
– Australien, Ozeanien	174	2,1	263	2,4	141	1,4	76	1,0	83	0,9	64	0,5
Entwicklungsländer												
– Europa	128	1,6	−247	−2,5	342	3,5	491	6,3	29	0,3	32	0,2
– Afrika	180	2,2	389	4,0	704	7,2	384	4,9	301	3,2	−196	−1,4
– Lateinamerika	518	6,3	1761	17,9	1105	11,3	1157	14,5	763	8,2	48	0,4
– Asien	276	3,4	371	3,8	34	0,3	252	3,2	258	2,8	457	3,3
– Australien, Ozeanien	7	0,1	14	0,1	9	0,1	48	0,6	38	0,4	17	0,1
Wichtige Entwicklungsländer												
– Spanien	228	2,8	91	0,9	304	3,1	448	5,7	533	5,8	52	0,4
– Portugal	−142	−1,7	24	0,2	10	0,1	15	0,2	−10	−0,1	11	0,1
– Griechenland	18	0,2	13	0,1	33	0,3	47	0,6	22	0,2	−13	−0,1
– Kanarische Inseln	−4	0,0	16	0,2	−8	−0,1	−37	−0,5	−36	−0,4	−111	−0,8
– Ägypten	30	0,4	119	1,2	284	2,9	257	3,3	264	2,8	−244	−1,8
– Hongkong	63	0,8	85	0,9	15	0,2	43	0,5	84	0,9	117	0,9
– Singapur	142	1,7	106	1,1	14	0,1	39	0,5	4	0,0	5	0,0
– Argentinien	131	1,6	118	1,2	368	3,8	214	2,7	3	0,0	5	0,0
– Brasilien	363	4,4	731	7,4	603	6,2	529	6,8	130	1,4	−69	−0,5
– Mexiko	196	2,4	159	1,6	46	0,5	252	3,2	485	5,2	45	0,3
– Niederländische Antillen	−238	−2,9	80	0,8	97	1,0	14	0,2	106	1,1	−16	−0,1

[a] Rückzahlungen von Darlehen, Liquidationen, Veräußerungen von Beteiligungen und Umbuchungen. – [b] Die Zuordnung der Länder zu den Entwicklungsländern wurde nach dem Länderverzeichnis des Development Assistance Committee (DAC) der OECD vorgenommen. Griechenland wird als EG-Land den Industrieländern zugerechnet, Spanien zählt seit 1984 nicht mehr zu den Entwicklungsländern.

Quelle: Ifo-Schnelldienst 13/1986, S. 5.

263

Tabelle 34: FuE-Aktivitäten auf allen technischen Sachgebieten im internationalen Vergleich

| Ursprungsland | Erfindungen mit Patentanmeldung in zwei oder mehr Ländern im Jahresdurchschnitt 1983−85 | | | |
| | Anzahl | | Anteile | |
	insgesamt	pro Million Einwohner	in %	Änderung zu 1980−82 in %
BR Deutschland	12 552,3	204,4	19,8	−4,4
Frankreich	4 073,7	74,4	6,4	−4,2
Großbritannien	4 489,3	79,6	7,1	−2,1
Sonst. EG-Länder	4 085,7	27,6	6,4	2,6
Vereinigte Staaten	17 216,3	73,3	27,1	−1,0
Japan	12 923,3	108,4	20,3	9,7
Schweiz	1 872,7	288,9	2,9	−14,4
Erfindungen insgesamt	63 520,0	−	100,0	−

Quelle: INPADOC; Ifo-Patentstatistik (Stand: 24. 7. 87); Ifo-Strukturbericht 1987, S. 144.

B. Abbildungen

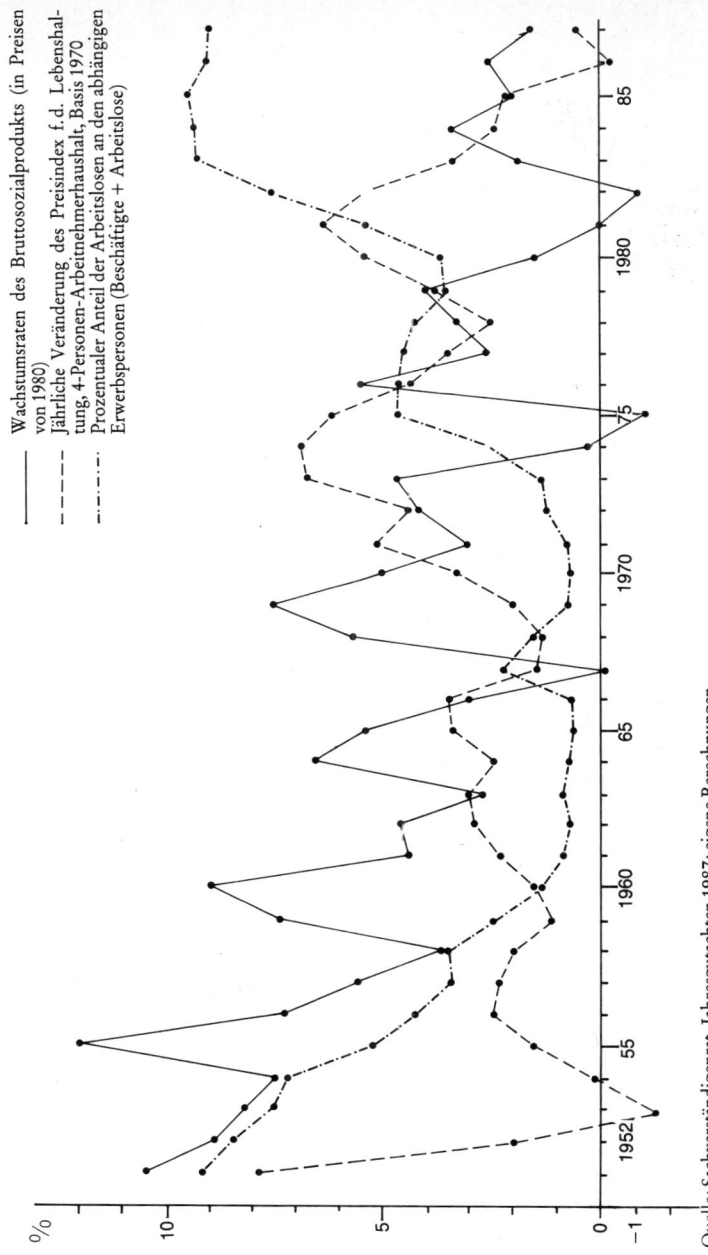

Abb. 1: Wirtschaftswachstum, Geldwertentwicklung und Arbeitslosenquoten

—— Wachstumsraten des Bruttosozialprodukts (in Preisen von 1980)

– – – Jährliche Veränderung des Preisindex f.d. Lebenshaltung, 4-Personen-Arbeitnehmerhaushalt, Basis 1970

–·–·– Prozentualer Anteil der Arbeitslosen an den abhängigen Erwerbspersonen (Beschäftigte + Arbeitslose)

Quelle: Sachverständigenrat, Jahresgutachten 1987; eigene Berechnungen

267

Abb. 2: Buttoeinkommen aus Unternehmertätigkeit und Vermögen in % des Produktionswertes (auch: »Marge der Gewinn- und Vermögenseinkommen«)

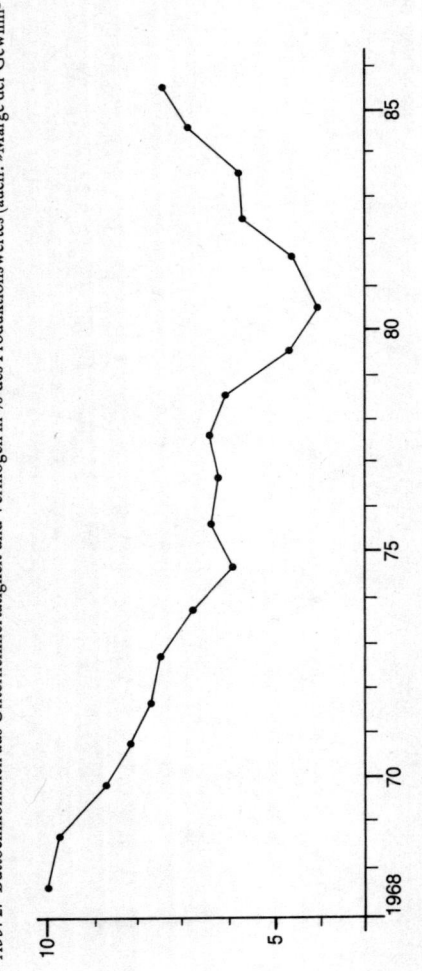

Quelle: Sachverständigenrat, Jahresgutachten 1982, S. 43; 1986, S. 59

Abb. 3: Bereinigte Lohnquote 1950–1986
(Lohnquote bei konstangehaltenem Anteil der Arbeitnehmer an den Erwerbstätigen im Jahre 1950)

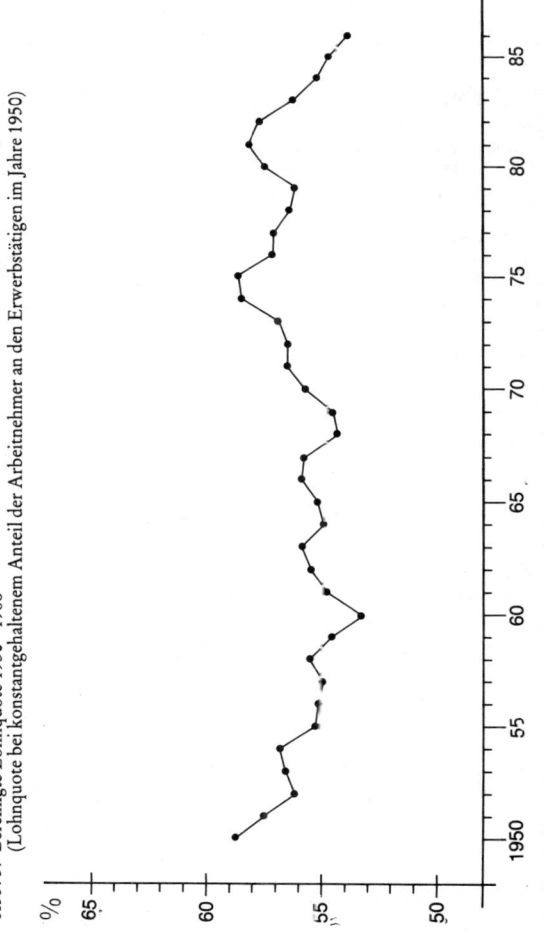

Quelle: Werner Glasstetter: Konjunkturpolitik. Köln 1987; S. 88, eigene Berechnungen

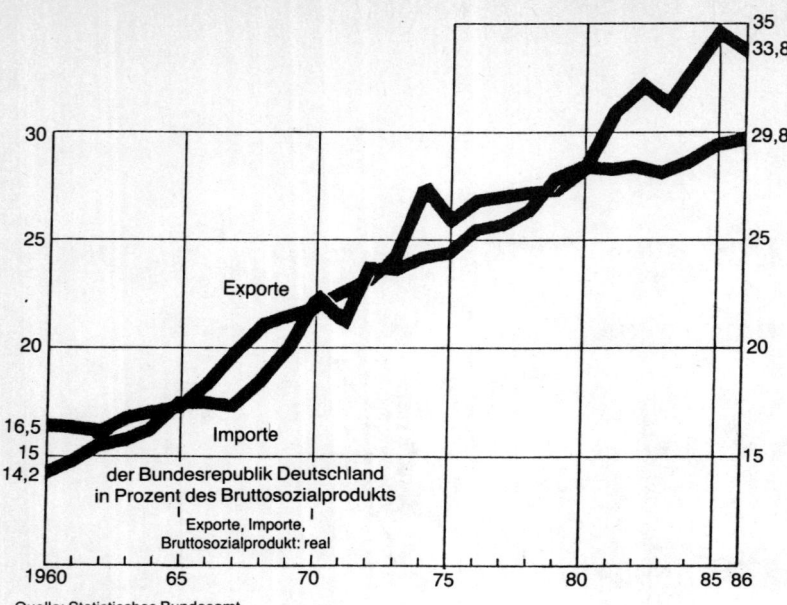

Quelle: Statistisches Bundesamt

Abb. 4: Die Verflechtung mit dem Ausland

C. Materialien

I. Unternehmensmitbestimmung

1. Nach dem Montan-Mitbestimmungsgesetz von 1951 für alle Bergwerksunternehmen und Unternehmen der eisen- und stahlerzeugenden Industrie mit in der Regel mehr als 1000 Beschäftigten; Rechtsform: AG, GmbH, bergrechtliche Gesellschaft mit eigener Rechtspersönlichkeit. Später ausgedehnt auf die Holdinggesellschaften; gilt heute in der Regel auch für Montan-Unternehmen, bei denen die Kohle-, Eisen- und Stahlerzeugung nicht mehr dominiert. (§ 1 Montan-Mitbestimmungsgesetz)

   Vorstand: Ein Arbeitsdirektor als gleichberechtigtes Mitglied, das das Vertrauen der Mehrheit der Arbeitnehmervertreter im Aufsichtsrat haben muß. (§ 13 Montan-Mitbestimmungsgesetz)

   Aufsichtsrat: Bei 11 Mitgliedern stellen die Kapitaleigner und die Arbeitnehmer je 4 Vertreter und ein »weiteres« Mitglied. Kapitaleigner und Arbeitnehmer sollen sich gemeinsam auf ein »neutrales« 11. Mitglied verständigen. Die »weiteren« Mitglieder und das »neutrale« 11. Mitglied dürfen weder von dem Unternehmen noch von den beiden Seiten – Kapitaleigner oder Arbeitnehmer/Gewerkschaften – abhängig sein. 2 der 4 Arbeitnehmervertreter – ein Arbeiter und ein Angestellter – müssen in einem Betrieb des Unternehmens beschäftigt sein und werden vom Betriebsrat benannt. Die beiden anderen und das »weitere« Mitglied werden von den Gewerkschaften benannt. (§ 4, § 6, § 8 Montan-Mitbestimmungsgesetz)

2. Nach dem Betriebsverfassungsgesetz von 1952 für alle Unternehmen in der Rechtsform der AG, Kommanditgesellschaften und Aktien, GmbH mit über 500 Arbeitnehmern. Ausnahme: Montan-Unternehmen, »Tendenz-Unternehmen« (vor allem Zeitungs- und Buchverlage).

   Aufsichtsrat: Zu einem Drittel aus Arbeitnehmervertretern, davon mindestens 2 aus dem Unternehmen (§ 76 Betriebsverfassungsgesetz 1952)

3. Nach dem Mitbestimmungsgesetz von 1976 für alle Unternehmen in der Form der AG, KG auf Aktien, GmbH, bergrechtliche Gewerkschaft mit eigener Rechtspersönlichkeit, Erwerbs- und Wirtschaftsgenossenschaften mit in der Regel mehr als 2000 Beschäftigten. Ausnahmen: »Tendenzunternehmen« einschließlich des Medienbereiches, Montanunternehmen.

   Aufsichtsrat: Aus 12, 16 oder 20 Mitgliedern, je zur Hälfte von der Kapitaleigner- und Arbeitnehmerseite bestellt.

   Der Vorsitzende und sein Stellvertreter werden mit 2/3 Mehrheit aus der Mitte des Aufsichtsrates gewählt. Kommt die 2/3 Mehrheit nicht zustande, wird der Vorsitzende von der Kapitaleignerseite, der Stellvertreter von der Arbeitnehmerseite mit der Mehrheit der abgegebenen Stimmen gewählt.

Der Vorsitzende hat bei Patt im Aufsichtsrat eine zweite Stimme. (§ 27, § 28 Mitbestimmungsgesetz)
Die Arbeitnehmerseite umfaßt die Vertreter der Arbeiter, der Angestellten und der leitenden Angestellten. Jede dieser Teilgruppen erhält mindestens 1 Sitz. Zwei Sitze (bei einem Aufsichtsrat von 20 Mitgliedern 3 Sitze) besetzen Vertreter der Gewerkschaften. (§ 7 Mitbestimmungsgesetz)
Arbeitsdirektor: Wie alle übrigen Vorstandsmitglieder wird der Arbeitsdirektor mit 2/3 Mehrheit vom Aufsichtsrat gewählt. Im Gegensatz zum Arbeitsdirektor nach der Montanmitbestimmung bedarf es somit nicht der Zustimmung der Mehrheit der Arbeitnehmervertreter. (§ 33 Mitbestimmungsgesetz)

II. Mitwirkungsrechte im Betrieb nach Betriebsverfassungsgesetz 1972

– Individuelle Rechte, so Anhörungsrecht in der Frage der Arbeitsplatzgestaltung, Erörterungsrecht in Fragen des beruflichen Aufstieges, Einsichtsrecht in Personalakten, Beschwerderecht (§§ 81–86 Betriebsverfassungsgesetz)
– Mitwirkungsrechte über den Betriebsrat:
  – Mitbestimmung in sozialen Fragen (z. B. Arbeitszeit, Urlaub, Lohn- und Akkordregelung, Arbeits- und Gesundheitsschutz, Betriebswohnungen) (§ 87–89 BVG). Bei Differenzen zwischen Betriebsrat und Betriebsleitung entscheidet eine paritätisch besetzte Einigungsstelle (neutraler Vorsitzender, Beisitzer je zur Hälfte von Betriebsrat und vom Arbeitgeber entsandt) (§ 76 BVG).
  – Mitbestimmung in allgemeinen personellen Fragen, z. B. über Richtlinien der Personalauswahl und Beurteilungsgrundsätze (§ 92–95 BVG), sowie bei Änderungen des Arbeitsablaufs, die »gesicherten arbeitswissenschaftlichen Erkenntnisse über die menschengerechte Gestaltung des Arbeitsplatzes offensichtlich widersprechen« (§ 91 BVG). Bei Differenzen in diesen Fragen entscheidet ebenfalls die paritätische Einigungsstelle.
  – Eingeschränkte Mitbestimmung bei Kündigungen. Der Betriebsrat kann widersprechen, wenn soziale Gesichtspunkte nicht ausreichend berücksichtigt wurden, Möglichkeiten der Weiterbeschäftigung im Betrieb an anderer Stelle oder nach zumutbarer Umschulung bestehen. Klagt der Betroffene, muß er bis zum Abschluß des Verfahrens vor dem Arbeitsgericht weiterbeschäftigt werden (§ 102 BVG).
  – Mitbestimmung bei Betriebsänderungen, z. B. bei Stillegung oder Betriebseinschränkung oder bei grundlegenden Änderungen des Be-

triebszwecks. Nachteile, die den Arbeitnehmern entstehen, sollen ausgeglichen werden. Einigen sich Betriebsrat und Arbeitgeber nicht, kann der Präsident des Landesarbeitsamtes um Vermittlung ersucht werden. Geschieht das nicht oder ohne Erfolg, kann die paritätisch besetzte Einigungsstelle angerufen werden. Sie entscheidet dann über einen »Sozialplan«, der erzwingbar ist; denn ein Arbeitnehmer kann die Einhaltung dieses Planes vor Gericht einklagen (§ 111, 112 BVG).
- Informationsrechte:
  - Der Arbeitgeber hat die Arbeitnehmer über die wirtschaftliche Lage regelmäßig zu informieren. In Betrieben mit mehr als 100 Beschäftigten ist ein »Wirtschaftsausschuß« zu bilden, dessen vom Betriebsrat ernannte Mitglieder das Recht auf umfassende Information über die Lage des Unternehmens, die Produktions- und Investitionsplanung sowie über alle Änderungen, die den Arbeitnehmer wesentlich berühren (§§ 106–110 BVG).

III. Kontrolle marktbeherrschender Unternehmen und Fusionsverbot

Das Gesetz gegen Wettbewerbsbeschränkungen von 1957 enthielt lediglich eine Mißbrauchsaufsicht des Bundeskartellamtes über »marktbeherrschende« Unternehmen. Als »marktbeherrschend« gilt ein Unternehmen, das für eine bestimmte Art von Waren ohne Wettbewerber ist oder keinem wesentlichen Wettbewerb ausgesetzt ist. Dasselbe gilt für zwei oder mehrere Unternehmen, sofern zwischen ihnen ein wesentlicher Wettbewerb nicht besteht. Mißbrauch wird angenommen, wenn ein marktbeherrschendes Unternehmen seine Marktstellung beim Fordern oder Anbieten von Preisen oder bei den Geschäftsbedingungen ausnutzt oder auch verlangt, daß der Vertragspartner zusätzliche, mit dem eigentlichen Vertrag sachlich oder geschäftsüblich nicht verbundene Leistungen erbringt (sog. »Kopplungsgeschäfte«). Die Kartellbehörde kann den Mißbrauch untersagen.
Die Mißbrauchsaufsicht erwies sich von Anfang an als wenig praktikabel. Sie scheiterte in der Regel schon daran, daß das Kartellamt die »marktbeherrschende Stellung« nicht nachweisen konnte. Auch der Mißbrauch war (und ist heute noch) schwer nachzuweisen. Von Preismißbrauch kann nur gesprochen werden, wenn es Vergleichsmärkte mit ausreichendem Wettbewerb gibt; das ist in der Regel gar nicht der Fall. »Behinderungsmißbrauch«, etwa Ausschließlichkeitsverträge, Kopplungsgeschäfte, Liefersperren gegen Abnehmer, die sich bestimmten Forderungen nicht beugen, sind leichter nachzuweisen.

Die Novelle des Gesetzes gegen Wettbewerbsbeschränkungen von 1973 präzisiert und erweitert den Begriff der Marktbeherrschung. Außerdem wird nun die Fusionskontrolle eingeführt.

Wie bisher wird Marktbeherrschung angenommen, wenn ein Unternehmen im Inland ohne Wettbewerber ist oder keinem wesentlichen Wettbewerb ausgesetzt ist (§ 22 Abs. 1 Nr. 1 GWB). Daneben tritt nun der Begriff »überragende Marktstellung« (§ 22 Abs. 1 Nr. 2 GWB) auf: Auch Unternehmen, die eine »überragende Marktstellung« innehaben, gelten jetzt als Marktbeherrscher. Dieser zunächst unbestimmte Begriff wird durch sechs Kriterien präzisiert: Marktanteile, Finanzkraft, Zugang zu Beschaffungs- und Absatzmärkten, Verflechtung mit anderen Unternehmen, rechtliche oder tatsächliche Schranken für den Marktzutritt anderer Unternehmen.

Von diesen Kriterien läßt sich lediglich der Marktanteil exakt nominieren. Das Gesetz »vermutet« Marktbeherrschung, wenn

- ein einzelnes Unternehmen für eine bestimmte Art von Waren oder gewerblichen Leistungen einen Marktanteil von mindestens einem Drittel hat. Der Umsatz muß mindestens 250 Mio DM betragen;
- drei oder weniger Unternehmen zusammen einen Marktanteil von mindestens 50 %;
- fünf oder weniger Unternehmen einen Marktanteil von zwei Dritteln besitzen. Die beteiligten Unternehmen müssen Umsätze von jeweils mindestens 100 Mio DM aufweisen.

(§ 22 Abs. 3 GWB).

Für die Praxis der Kontrolle marktbeherrschender Unternehmen bedeutet die Definition der Marktbeherrschung durch den Gesetzgeber eine Umkehr der Beweislast zugunsten des Kartellamts.

Vor 1973 mußte das Kartellamt einem Unternehmen Marktbeherrschung nachweisen, ehe es seine Mißbrauchsaufsicht ausüben konnte. Nach der 1973er Novelle muß das Amt davon ausgehen, daß Marktbeherrschung vorliegt, wenn bestimmte Marktanteile erreicht und überschritten sind; es ist verpflichtet, diese Fälle aufzugreifen (»Aufgreifkriterium«). Die Unternehmen müssen jetzt nachweisen, daß sie trotz hohen Marktanteils des einzelnen Unternehmens oder des Oligopols wesentlichem Wettbewerb ausgesetzt sind.

Der Fusionskontrolle sind nicht unterworfen Unternehmen, die zusammen weniger als 500 Mio DM Umsatz haben (Toleranzklausel) sowie Zusammenschlüsse mit einem Unternehmen, das weniger als 4 Mio Umsatz hat (Bagatellklausel; vor 1980 50 Mio, durch die Novelle 1980 herabgesetzt auf 4 Mio, um das Aufkaufen von kleineren Unternehmen durch Großunternehmen einzudämmen). Ziel des Gesetzgebers war es, nicht alle Fusionen, sondern nur schwerwiegende Fusionen kontrollieren zu lassen.

Eine Fusion ist anzeigepflichtig, wenn durch sie auf dem relevanten Binnenmarkt ein Marktanteil von 20 % erreicht oder ein bereits bestehender Marktanteil von mindestens 20 % erhöht wird. Die Fusion ist ebenfalls anzuzeigen, wenn ein beteiligtes Unternehmen auf einem anderen Markt einen Anteil von mehr als 20% besitzt. Durch diese Bestimmung sollen Diagonalkonzerne besser beobachtet werden können. Eine Fusion ist der Kartellbehörde außerdem mitzuteilen, wenn der Umsatz der Beteiligten zusammen 500 Mio DM erreichte oder die Zahl ihrer Beschäftigten mindestens 10 000 betrug. Unter Zusammenschluß wird nicht nur der Kauf wesentlicher Teile eines Unternehmens durch ein anderes oder die Verschmelzung von Unternehmen verstanden. Auch der Erwerb von Anteilen, durch die entweder 25% oder 50% des stimmberechtigten Kapitals erreicht wird, gilt als Zusammenschluß (§ 23 GWB).

Das Bundeskartellamt muß prüfen, ob durch eine Fusion eine marktbeherrschende Stellung entsteht oder verstärkt wird. In diesem Falle muß das Amt die Fusion untersagen. Ausnahmen sind nur möglich, wenn die Fusion eine Verbesserung der Wettbewerbsbedingungen erbringt, durch die die Nachteile der Marktbeherrschung aufgewogen werden. Die beteiligten Unternehmen müssen diesen Nachweis erbringen (§ 24 Abs. 1 GWB). Denkbar wäre, daß durch die Fusion ein leistungsfähiges Unternehmen entsteht, das im Konkurrenzkampf mit anderen marktmächtigen Anbietern bestehen kann oder daß durch die Fusion ein Gegengewicht gegenüber einem übermächtigen Nachfrager, etwa einer Handelskette, geschaffen wird.

Die Definition der Marktbeherrschung in § 22 GWB ist Aufgreifkriterium nicht nur für die Mißbrauchsaufsicht, sondern auch für die Fusionskontrolle. Das Kartellamt geht somit davon aus, daß eine marktbeherrschende Stellung erreicht oder verstärkt wird, wenn ein Unternehmen einen Marktanteil von einem Drittel hat oder wenn drei oder weniger Unternehmen einen Marktanteil von 50%, fünf oder weniger Unternehmen einen Marktanteil von zwei Dritteln umfassen. Die Novelle von 1980 hat die Kontrollfähigkeit des Kartellamtes dadurch verbessert, daß den Unternehmen im Falle der Oligopolvermutung die Beweislast auferlegt wurde: Wer fusionieren will, muß nachweisen, daß er nach der Fusion im engen Oligopol noch wesentlichem Wettbewerb ausgesetzt wäre (§ 23a Abs. 2 GWB).

Das Kartellamt darf einen Zusammenschluß untersagen, sobald ihm das Vorhaben des Zusammenschlusses bekannt geworden ist; einen vollzogenen Zusammenschluß darf das Kartellamt nur innerhalb einer Frist von einem Jahr untersagen (§ 24 Abs. 2 GWB).

Ein absolutes Fusionsverbot besteht seit der Novelle von 1980 für Fusionen von Großunternehmen mit zusammen mehr als 12 Mrd. DM Umsatz, sofern mindestens 2 Umsatzmilliardäre beteiligt sind (sog. Elefantenhochzeiten).

Fusionen, die das Bundeskartellamt untersagt hat, können durch Ministerentscheidung zugelassen werden. Der Bundesminister für Wirtschaft kann die Erlaubnis erteilen, »wenn im Einzelfall die Wettbewerbsbeschränkung von gesamtwirtschaftlichen Vorteilen des Zusammenschlusses aufgewogen wird oder der Zusammenschluß durch ein überragendes Interesse der Allgemeinheit gerechtfertigt ist; hierbei ist auch die Wettbewerbsfähigkeit der beteiligten Unternehmen auf Märkten außerhalb des Geltungsbereichs dieses Gesetzes zu berücksichtigen«. (§ 24 Abs. 3 GWB) Sollten Unternehmen ein Zusammenschlußverbot nicht befolgen, so drohen ihnen Zwangsgelder bis zu 1 Mio DM. Außerdem können die entsprechenden Verträge für ungültig erklärt, die Ausübung von Stimmrechten kann untersagt, ein Treuhänder zur Auflösung des Zusammenschlusses bestellt werden.

Das deutsche Wettbewerbsrecht kennt bisher keine Entflechtung bestehender marktbeherrschender Unternehmen, etwa der Marktbeherrscher, die beim Inkrafttreten der Fusionskontrolle bestanden. Ebenso wenig ist es möglich, ein Unternehmen, das durch internes Wachstum (ohne Fusionen) in die Position des Marktbeherrschers hineinwächst, zu entflechten.

Literatur

Abelshauser, Werner: Wirtschaftsgeschichte der Bundesrepublik Deutschland 1945−1980. Frankfurt a.M. 1983.

Aberle, Gerd: Wettbewerbstheorie und Wettbewerbspolitik. Schäfers Grundriß, Bd. 65, Stuttgart, Berlin, Köln 1980.

Adamy, W.; Steffen, J. u. a.: Die Wende stoppen. Tatsachen, Argumente, Alternativen zur Politik der Rechtskoalition. Hamburg 1985.

Alber, Jens: Der Wohlfahrtsstaat in der Wirtschaftskrise. Eine Bilanz der Sozialpolitik in der Bundesrepublik seit den frühen siebziger Jahren, in: PVS, H. 1/1986.

Albers, Willi u. a. (Hg.): Handwörterbuch der Wirtschaftswissenschaft, Bd. 7, Stuttgart u. a. 1977.

ders.: Soziale Sicherung, Konstruktion für die Zukunft. Stuttgart 1982.

ders.: Auf die Familie kommt es an. Familienpolitik als zentrale Aufgabe. Stuttgart 1986.

Andersen, Uwe: Einführung in die Vermögenspolitik. München 1976.

ders.: Mitbestimmung in der Bundesrepublik Deutschland. In: Politische Bildung 1987, H. 3, Stuttgart 1987.

ders.: Der Spielraum, den das Grundgesetz bietet. In: Der Bürger im Staat, H. 4/ 1981.

Arndt, Helmut (Hg.): Wirtschaftliche Macht − Tatsachen und Theorien. München 1977.

Badura, B; von Ferber, Ch. (Hg.): Selbsthilfe und Selbstorganisation im Gesundheitswesen. München, Wien 1981.

Bäcker, Gerhard u. a.: Sozialpolitik. Eine problemorientierte Einführung. Köln 1980.

Balsen, Werner u. a.: Die neue Armut. Ausgrenzung von Arbeitslosen aus der Arbeitslosenunterstützung. Köln 1984.

Bamberg, U. u. a.: Praxis der Unternehmensmitbestimmung nach dem Mitbestimmungsgesetz 1976. Düsseldorf 1984.

Bautz, Günther: Einfluß der Verbände auf die Gesetzgebung am Beispiel des Abwasserabgabengesetzes. Freie wiss. Arb. z. Erlang. d. akad. Grades eines Dipl. sc. pol. der LMU München, 1977.

Bartling, H.: Leitbilder der Wettbewerbspolitik. München 1980.

Becher, H.J. (Hg.): Die Neue Soziale Frage. Opladen 1982.

Bechmann, Arnim: Öko-Bilanz. Anleitungen für eine neue Umweltpolitik. München 1987.

Bergsten, F.; Williamson, J.: Exchange Rate and Trade Politics. In: Cline, W. T. (Hg.): Trade Policy in the 1980s. Washington D.C. 1983.

Berthold, N.; Külp, B.: Rückwirkungen ausgewählter Systeme der Sozialen Sicherung auf die Funktionsfähigkeit der Marktwirtschaft. Berlin 1987.

Besters, Hans, (Hg.): Bevölkerungsentwicklung und Generationenvertrag. Baden-Baden 1980.

ders.: Internationale Wettbewerbstätigkeit bei unterschiedlichen Sozialordnungen − USA, Japan, Bundesrepublik Deutschland. Baden-Baden 1982.

Bethlen, Stefan Graf; Müller-Armack, Andreas (Hg.): Vollbeschäftigung − eine Utopie?, Bern, Stuttgart 1986.

Bethusy-Huc, Viola von: Das Sozialleistungssystem der Bundesrepublik Deutschland, 2. Aufl. Tübingen 1976.

Bieback, K.-J. (Hg.): Die Sozialversicherung und ihre Finanzierung. Frankfurt, New York 1986.
Biedenkopf, K. H.; Miegel, M.: Wohnungsbau am Wendepunkt. Wohnungspolitik in der sozialen Marktwirtschaft. 2. Aufl.
Binswanger, H. Ch.; Bonus, M.; Timmermann, T.: Wirtschaft und Umwelt. Möglichkeiten einer ökologieverträglichen Wirtschaftspolitik. Stuttgart 1981.
Biskup, Reinhold (Hg.): Partnerschaft in der Sozialen Marktwirtschaft, Beiträge zur Wirtschaftspolitik, Band 45, Bern, Stuttgart 1986.
Blattner, N.: Gewinner und Verlierer. Wirtschaftlicher und technischer Wandel. In: Wirtschaftswoche Nr. 37, 1984.
Bundesministerium für Wirtschaft: Dokumentation (Nr. 263): Hochtechnologien und internationale Wettbewerbsfähigkeit der deutschen Wirtschaft. Bonn 1984.
Böhm, Franz: Freiheit und Ordnung in der Marktwirtschaft. Baden-Baden 1980.
Böpple, Arthur: »Sozialstaat« im Abbruch. Von der Wende zur Armutsgesellschaft? Frankfurt a. M. 1986.
Bombach, Gottfried: Angebots- oder Nachfrage-Störungen als Ursache der Arbeitslosigkeit. In: Krupp, H.-J. u. a. (Hg.): Wege zur Vollbeschäftigung. Freiburg 1986.
Bonhoeffer, F. O.; Braun, H.-G.: Die Industrialisierung der Entwicklungsländer und die strukturelle Anpassung der deutschen Wirtschaft. In: Ifo-Schnelldienst 33/1981.
Bonus, Holger: Marktwirtschaftliche Konzepte im Umweltschutz. Auswertung amerikanischer Erfahrungen im Auftrag des Landes Baden-Württemberg, (Agrar- und Umweltforschung in Baden-Württemberg, Band 5). Stuttgart 1984.
Boulding, Kenneth: Gerechtigkeit und Verteilung. In: Klanberg, F. und Krupp, H.-J.: Einkommensverteilung. Neue Wissenschaftliche Bibliothek. Königstein 1981.
Bremer, Heiner u. a.: Politik der Wende. Hamburg, Zürich 1985.
Brück, Gerhard W.: Allgemeine Sozialpolitik. Grundlagen – Zusammenhänge – Leistungen. 2. Aufl. Köln 1981.
Brunowsky, R. D.; Wicke, L.: Der Öko-Plan. Durch Umweltschutz zum neuen Wirtschaftswunder. München 1984.
Büchtemann, Christoph F.: Die Bewältigung von Arbeitslosigkeit im zeitlichen Verlauf. Bd. 85 der Reihe »Forschungsberichte«. Herausgegeben vom Bundesminister für Arbeit und Sozialordnung. Bonn 1983.
Buchheit, Roland: Soziale Wohnungspolitik? Sozialstaat und Wohnungsversorgung in der Bundesrepublik. Darmstadt 1984. (zugl. rer. pol. Diss. Augsburg 1984).
Bundesministerium der Finanzen: Finanzbericht. Bonn 1987.
Bundesregierung: Sozialbericht 1986. Bundestagsdrucksache Nr. 10/5810.
Bundesregierung: Umweltprogramm der Bundesregierung vom 29. 9. 1971. Bundestagsdrucksache Nr. VI/2710.
Bundesministerium des Innern (Hg.): Umweltpolitik. Bilanz und Perspektiven. Stuttgart 1986.

Camphausen, Bernd: Auswirkungen demographischer Prozesse auf die Berufe und die Kosten im Gesundheitswesen. Stand, Struktur und Entwicklung bis zum Jahre 2030. Berlin, Heidelberg, New York, Tokyo 1983.

Damaschke, Kurt: Der Einfluß der Verbände auf die Gesetzgebung. München 1986.
Demele, Ottwald: Ursachen der Inflation. Frankfurt, New York 1981.
Dettling, Warnfried u. a.: Die Neue Soziale Frage und die Zukunft der Demokratie. 2. Aufl., München, Wien 1977.
ders.: Die Zähmung des Leviathan. Neue Wege der Ordnungspolitik. Baden-Baden 1980.
Deutsche Bundesbank: Geschäftsberichte 1974 ff.

Deutsche Bundesbank (Hg.): Währung und Wirtschaft in Deutschland 1876—1975. Frankfurt 1976.
Deutscher Bundestag: Drucksache 10/591: 15. Rahmenplan der Gemeinschaftsaufgabe »Verbesserung der regionalen Wirtschaftsstruktur. 1986.
Deutsches Institut für Wirtschaftsforschung (DIW): Erhöhter Handlungsbedarf im Strukturwandel. Strukturbericht 1983. München 1983.
DIW: Komponenten des Einfuhrwachstums. In: Wochenbericht 9/1981.
DIW: Deutsche Entwicklungshilfe im internationalen Vergleich – überdurchschnittliche Qualität gefährdet; in: Wochenbericht 22/85.
DIW: Wie wirksam sind die Allgemeinen Zollpräferenzen der EG für Industrieprodukte; in: Wochenbericht 10/1986.
DIW: Innerdeutscher Handel: Kontinuität erforderlich; in: Wochenbericht 10/1986.
DIW: Ausbaufähige Marktpositionen der Bundesrepublik in Entwicklungsländern; in: Wochenbericht 28/1986.
DIW: Grundlinien der Wirtschaftsentwicklung 1988; in: Wochenbericht 1—2/1988.
DIW: Abschwächung der Wachstumsimpulse. 3.Bd., Berlin 1981.
Doran, Ch. F.; Hinz, M. O.; Mayer-Tasch, P.-C.: Umweltschutz – Politik des peripheren Eingriffs. Darmstadt 1974.
Dreissig, Wilhelmine: Zur Entwicklung der öffentlichen Finanzwirtschaft seit dem Jahre 1950. In: Deutsche Bundesbank (Hg.): Währung und Wirtschaft in Deutschland 1876—1975. Frankfurt 1976.
Düren, Albrecht: Strukturwandel als Folge der europäischen Wirtschaftsintegration. In: EA 10/1965.
Dunning, John H.: The Investment Development Cycle Revisited. In: Weltwirtschaftliches Archiv 1986/4.
Duwendag, Dieter (Hg.): Der Staatssektor in der sozialen Marktwirtschaft, Berlin 1975.

Eichner, Harald: Zwischen Privatisierung und Solidarität. Soziale Sicherung unter veränderten Bedingungen. Bonn 1986.
Emmerich, Volker: Wettbewerbsrecht, München 1976.
Erhard, Ludwig: Wohlstand für alle, Düsseldorf 1957.
ders.: Deutsche Wirtschaftspolitik. Düsseldorf, Wien 1962.
Eucken, Walter: Grundsätze der Wirtschaftspolitik. 5. Aufl. Tübingen 1975.
Eurostat: Statistische Grundzahlen der Gemeinschaft 1965 ff. Brüssel, Luxemburg 1965 ff.
Faust, Konrad: Veränderungen der deutschen Außenhandelsstruktur im internationalen Vergleich. In: Ifo-Schnelldienst 20/1984.
Fels, G.; Seffen, A.; Vogel, O. (Hg.): Soziale Sicherung. 9. wissenschaftliches Forum des Instituts der deutschen Wirtschaft am 5. und 6. April 1984 in Köln. Köln 1984.

Flassbeck, Heiner: Das Leistungsbilanzrätsel. Eine kritische Betrachtung zum Stand der Wechselkurstheorie. In: Konjunkturpolitik 1983/5.
Frerich, Johannes: Sozialpolitik. Das Sozialleistungssystem der Bundesrepublik Deutschland. Darstellung, Probleme und Perspektiven. München, Wien 1987.
Friedman, Milton: Kapitalismus und Freiheit. München 1976.
Füllenkemper, Horst: Wirkungsanalyse der Wohnungspolitik in der Bundesrepublik Deutschland. Münster 1982.
Fürstenberg, Fr.; Herder-Dorneich, Ph.; Klages, H. (Hg.): Selbsthilfe als ordnungspolitische Aufgabe. Baden-Baden 1984.

Gäfgen, G.: Die Ordnung der Gesellschaftswirtschaft. In: W. Ehrlicher u. a. (Hg.): Kompendium der Volkswirtschaftslehre. 4. Aufl. Göttingen 1975, Bd. 2.

Gahlen, B.; Rahmeyer, F.; Stadler, M.: Zur internationalen Wettbewerbsfähigkeit der deutschen Wirtschaft. In: Konjunkturpolitik H. 3/1986.

Gehrke, B.; Heinemann, H.-J.: Internationale Wettbewerbsfähigkeit als wirtschaftspolitische Aufgabe. In: WiSt 7/1985.

Geißler, Heiner: Die Neue Soziale Frage. Freiburg 1976.

Genealogie der Sozialen Marktwirtschaft, Beiträge zur Wirtschaftspolitik, Band 34, Bern, Stuttgart 1981.

Gerstenberger, Wolfgang: Die westdeutsche Wirtschaft in der Zange: Die Herausforderung durch Japan, die USA und die Schwellenländer. In: Die westdeutsche Wirtschaft im internationalen Wettbewerb, Beihefte zur Konjunkturpolitik H. 29/1983.

ders.: Strukturwandel unter dem Einfluß weltwirtschaftlicher Veränderungen. In: Ifo-Schnelldienst 5/1981.

ders. u.a.: Analyse der strukturellen Entwicklung der deutschen Wirtschaft, Kernbericht 1987. In: Ifo-Institut für Wirtschaftsforschung, München 1987.

Giersch, Herbert: Handlungsaufforderungen. Institut für Wirtschaftspolitische Forschung e.V., Stuttgart 1984.

ders.: Die Welt braucht mehr Realkapital. In: Frankfurter Allgemeine Zeitung vom, 21.11.1987.

ders.: Wie es zu schaffen ist. Agenda für die deutsche Wirtschaftspolitik. Stuttgart 1983.

Gimbel, John: The Origins of the Marshall Plan. Stanford 1976.

Greulich, Klaus W.: EG-Forschungs- und Technologiepolitik – eine besondere Verantwortung für das wirtschaftlich-technologische »Flaggschiff«. In: Hrbek, R. u.a.: EG-Mitgliedschaft, Bonn 1984.

Grosser, Dieter (Hg.): Der Staat in der Wirtschaft dedr Bundesrepublik Deutschland. Opladen 1985.

Grottian, Peter u.a.: Die Wohlfahrtswende. Der Zauber konservativer Sozialpolitik. München 1988.

Guski, Hans Günter: Vermögensbildung – Bilanz und Perspektiven. Köln 1975.

Gutmann, Gernot: Volkswirtschaftslehre. Eine ordnungstheoretische Einführung. Stuttgart 1981.

ders. u. Klein, W.: Die Wirtschaftsverfassung der Bundesrepublik Deutschland. 2. Aufl. Stuttgart 1979.

Gutowski, Armin: Stärken und Schwächen der Bundesrepublik Deutschland in der internationalen Arbeitsteilung. In: Hamburger Jahrbuch für Wirtschafts- und Gesellschaftspolitik. Tübingen 1984.

Gutzler, Helmut (Hg.): Umweltpolitik und Wettbewerb. Baden-Baden 1981.

Härtel, H.-H.; Feldmann, B. u.a.: Neue Industriepolitik oder Stärkung der Marktkräfte? Strukturpolitische Konzeptionen im internationalen Vergleich (Spezialuntersuchung 1 im Rahmen der HWWA-Strukturberichterstattung 1987). Hamburg 1986.

ders. u. Langer, Ch.: Internationale Wettbewerbsfähigkeit und strukturelle Anpassungserfordernisse. Hamburg 1984.

ders. u. Lambsdorff, O. Graf von; Amerongen, O. W. von: Verlust an internationaler Wettbewerbsfähigkeit? In: Wirtschaftsdienst 1984/VII.

Halbach, Axel J.: Direktinvestitionen und Außenhandel – zwei voneinander unabhängige Größen? In: Ifo-Schnelldienst 30/1981.

ders.: Deutsche Direktinvestitionen im Ausland auf hohem Niveau – jedoch dramatischer Rückgang in der Dritten Welt. In: Ifo-Schnelldienst 13/1986 –

Hamm, Walter u.a.: Aspekte zur GKV-Strukturreform. Stuttgart, New York 1984.

Hampe, Peter (Hg.): Renten 2000. Längerfristige Finanzierungsprobleme der Alterssicherung und Lösungsansätze. München 1985.

282

Hautsch, Gert: Operation '82, '83 usw. Sozialer Besitzstand wird amputiert. Frankfurt a. M. 1982.

Hardach, Gerd: Deutschland in der Weltwirtschaft 1870–1970. Frankfurt, New York 1977.

Hartkopf, G.; Bohne, E.: Umweltpolitik, Bd. I, Grundlagen, Analysen und Perspektiven. Opladen 1983.

Hauff, V.; Müller, M. (Hg.): Umweltpolitik am Scheideweg. München 1986.

Hayek, F. A. v.: Die Verfassung der Freiheit, 2. Aufl. Tübingen 1983.

ders.: Der Wettbewerb als Entdeckungsverfahren. Kiel 1968.

Heck, Ralph: Eine Analyse bilateraler Handelsströme. Frankfurt, Bern, New York 1983.

Heitger, Bernhard: Purchasing Power Parity under Flexible Exchange Rates – The Impact of Structural Change. In: Weltwirtschaftliches Archiv 1987/1 (Bd. 123).

ders.: Import Protection and Export Performance – Their Impact on Economic Growth. In: Weltwirtschaftliches Archiv 1987/2 (Bd. 123).

Helberger, Christof: Die Krisenanfälligkeit der Sozialversicherung und Möglichkeiten zu ihrer Überwindung. In: Winterstein, H. (Hg.): Sozialpolitik in der Beschäftigungskrise. Berlin 1986.

Henke, Klaus-Dirk: Möglichkeiten einer Reform der Gesetzlichen Krankenversicherung in der Bundesrepublik Deutschland, Diskussionspapier FB Wirtschwiss., Uni Hannover 1985.

Henle, W.: Finanzpolitik und Finanzverfassung. München, Wien 1980.

Hentschel, Volker: Geschichte der deutschen Sozialpolitik 1880–1980. Frankfurt a. M. 1983.

Herder-Dorneich, Philipp: Gesundheitsökonomik, Systemsteuerung und Ordnungspolitik im Gesundheitswesen. Stuttgart 1980.

ders.: Der Sozialstaat in der Rationalitätenfalle. Grundfragen der sozialen Steuerung. Stuttgart, Berlin, Köln, Mainz 1982.

ders.: Gesetzliche Krankenversicherung heute. Köln 1983.

ders. u. Klages, H.; Schlotter, H.-G. (Hg.): Überwindung der Sozialstaatskrise – Ordnungspolitische Ansätze. Baden-Baden 1984.

Herrmann, Anneliese: Die Struktur der deutschen Leistungsbilanz im internationalen Vergleich. In: Ifo-Schnelldienst 6/1982.

dies.: Große Ungleichgewichte der Leistungsbilanz. In: Ifo-Schnelldienst 9/1985.

dies.: Handelspolitik in Zeiten dramatischer Ungleichgewichte. In: Ifo-Schnelldienst 24/1987.

dies. u. Ochel, W.: Arbeitsplätze durch Exporte? Die Chancen der angebotsorientierten Wirtschaftspolitik. In: Ifo-Schnelldienst 16–17/1983.

Heuer, Jürgen H. B. u. a.: Lehrbuch der Wohnungswirtschaft. 2. Aufl. Frankfurt a. M. 1985.

Heusgen, Christoph: Ludwig Erhards Lehre von der Sozialen Marktwirtschaft. Ursprünge, Kerngehalt, Wandlungen. Bern, Stuttgart 1981.

Heuß, E.: Wettbewerb. In: Albers, W. u. a. (Hg.): Handwörterbuch der Wirtschaftswissenschaft. Bd. 8, Stuttgart u. a. 1980.

Himmelmann, Gerhard: Sozialpolitik der Tarifparteien. Ausmaß, Inhalte und Besonderheiten sozialpolitischer Vereinbarungen im Rahmen der Tarifautonomie. In: Der Bürger im Staat (29), H. 4/1979.

Hoppmann, Erich: Wettbewerb als Norm der Wettbewerbspolitik. In: ORDO Jahrbuch für Wirtschaft und Gesellschaft, Bd. 18, Stuttgart, New York 1967.

Horn, Ernst-Jürgen: Bestimmungsgründe der internationalen Wettbewerbsfähigkeit von Unternehmen und Industrie, Regionen und Volkswirtschaften. In: Die westdeutsche Wirtschaft im internationalen Vergleich. Beihefte zur Konjunkturpolitik, H. 29/1983.

ders.: Weltwirtschaftliche Herausforderungen – Die deutschen Unternehmen im Anpassungsprozeß. Kiel 1983.

ders.: Internationale Wettbewerbsfähigkeit von Ländern. In: WiSt 7/1985.

ders.: Die Entwicklung der internationalen Wettbewerbsfähigkeit der Bundesrepublik Deutschland. In: WiSt 7/1985.

Hrbek, R.; Wessels, W. (Hg.): EG-Mitgliedschaft: Ein vitales Interesse der Bundesrepublik Deutschland? Bonn 1984.

HWWA (Institut für Wirtschaftsforschung): Report Nr. 71: Analyse der strukturellen Entwicklung der deutschen Wirtschaft. Zwischenbericht 1986 zur Strukturberichterstattung. Hamburg April 1986.

Ifo-Institut: Analyse der strukturellen Entwicklung der deutschen Wirtschaft. München 1987.

Issing, Otmar: Einführung in die Geldpolitik. München 1984.

ders.: Einführung in die Geldtheorie, 5. Aufl. München 1984.

ders. (Hg.): Zukunftprobleme der Sozialen Marktwirtschaft. Verhandlungen auf der Jahrestagung des Vereins für Socialpolitik. Berlin 1981.

Jäckering, Werner: Die politische Auseinandersetzung um die Novellierung des Gesetzes gegen Wettbewerbsbeschränkungen. Berlin 1977.

Jänicke, Martin: Wie das Industriesystem von seinen Mißständen profitiert. Opladen 1979.

Joepen, Karl-Heinz: Umweltpolitik des kleinsten Widerstands. Neukirchen-Vluyn 1987.

Kath, Hilmar: Die Wirkung der europäischen Integration auf die Einfuhren der Bundesrepublik Deutschland. Hamburg 1975.

Kantzenbach, E.: Die Funktionsfähigkeit des Wettbewerbs. 2. Aufl. Göttingen 1967.

Kapp, William: Soziale Kosten der Marktwirtschaft. Frankfurt a. M. 1979.

Kartte, Wolfgang; Holzschneider, R.: Welche Erfahrungen hat die Bundesrepublik in der Wettbewerbspolitik gemacht? In: Dieter Duwendag (Hg.): Politik und Markt. Festschrift für Hans Karl Schneider. Stuttgart 1980.

ders. u. Martin, Edwin: Wettbewerb, technischer Fortschritt und Konsumentensouveränität. In: Hamm, Walter (Hg.): Wettbewerb und Fortschritt. Festschrift für Röper, Burkhard, Baden-Baden 1980.

Keil, Bernd; Stahlecker, P.: Fortschritte in der personellen Vermögensverteilung? In: Ökonomie und Gesellschaft, Jahrbuch 2. Frankfurt, New York 1984.

Keller, D.; Langer, Ch.: Internationale Wettbewerbsfähigkeit bei technologieintensiven Gütern. In: Wirtschaftsdienst 1984/X.

Kempen, Otto Ernst (Hg.): Sozialstaatsprinzip und Wirtschaftsordnung. Frankfurt, New York 1976.

Koekkoek, Ad: The Competitive Position of the EC in Hi-Tech. In: Weltwirtschaftliches Archiv 1987/1 (Bd. 123).

Koopmann, Georg: Nationaler Protektionismus und gemeinsame Handelspolitik in der EG. In: Wirtschaftsdienst 1984/V.

Koslowski, P.; Kreuzer, Ph., Löw, R. (Hg.): Chancen und Grenzen des Sozialstaats. Staatstheorie – Politische Ökonomie – Politik. Tübingen 1983.

Krägenau, Henry: Internationale Direktinvestitionen 1950–1973. Hamburg 1975.

Krelle, Wilhelm u. a.: Der »Maschinenbeitrag«. Gesamtwirtschaftliche Auswirkungen alternativer Bemessungsgrundlagen für die Arbeitgeberbeiträge zur Sozialversicherung. Gutachten im Auftrag des Bundesministeriums für Arbeit und Sozialordnung. Tübingen 1985.

Krupp, H.-J. u. a.: Alternativen der Rentenreform '84. Frankfurt, New York 1981.

ders. u. a.: Wege zur Vollbeschäftigung. Konzepte einer aktiven Bekämpfung der Arbeitslosigkeit. Freiburg 1986.

Lampe, O.: Die Unabhängigkeit der Deutschen Bundesbank. 2. Aufl. München 1971.

Lampert, Heinz: Lehrbuch der Sozialpolitik. Berlin, Heidelberg, New York, Tokyo 1985.

ders.: Die Wirtschafts- und Sozialordnung der Bundesrepublik Deutschland. 8. Aufl. München 1985.

Lange, Thomas: Staatliche Regulierung. In: Grosser, D. (Hg.): Der Staat in der Wirtschaft der Bundesrepublik Deutschland. Opladen 1985.

Laumer, Helmut: Handelsbeziehungen EG-Japan: Anhaltende Spannungen. In: Ifo-Schnelldienst 24/1987.

Lenel, H. O.: Ursachen der Konzentration. 2. Aufl. Tübingen 1968.

Lindbauer, J.-D.: Dollarverfall: Reaktionen japanischer und deutscher Unternehmen. In: Ifo-Schnelldienst 7/1987.

Lindner, Helmut (Hg.): Aussagefähigkeit von Einkommensverteilungsrechnungen für die Bundesrepublik Deutschland. Gutachten im Auftrag des Bundesministers für Wirtschaft. Tübingen 1986.

Lompe, Klaus: Sozialstaat und Krise. Bundesrepublikanische Politikmuster der 70er und 80er Jahre. Frankfurt, Bern, New York 1987.

Ludwig-Erhard-Stiftung (Hg.): Grundtexte zur Sozialen Marktwirtschaft, Stuttgart 1981.

Maier, Harry: Standort und Zukunftsperspektiven der neuen Biotechnologie. In: Ifo-Schnelldienst 9/1987.

Markmann, H.: Tarifverträge; II: Tarifvertragspolitik. In: Albers, W. u.a. (Hg.): Handwörterbuch der Wirtschaftswissenschaft, Bd. 7, Stuttgart u.a. 1977.

Mayer-Tasch, Peter Cornelius: Umweltrecht im Wandel. Opladen 1978.

ders.: Die verseuchte Landkarte. Das grenzen-lose Versagen der internationalen Umweltpolitik. München 1987.

Meinhold, H.: Mitbestimmung III: überbetriebliche; in: Albers, W. u.a. (Hg.): Handwörterbuch der Wirtschaftswissenschaft, Bd.1, Stuttgart u.a. 1978.

Mertens, D.; Kühl, J.: Arbeitsmarkt I: Arbeitsmarktpolitik. In: Albers, W. u.a. (Hg.): Handwörterbuch der Wirtschaftswissenschaft, Bd. 1, Stuttgart u.a. 1976.

Miegel, Meinhard: Sicherheit im Alter. Plädoyer für die Weiterentwicklung des Rentensystems. Stuttgart 1981.

ders.: Die verkannte Revolution. Stuttgart 1983.

Minx, Ekard: Von der Liberalisierungs- zur Wettbewerbspolitik. Berlin, New York 1980.

Molsberger, Josef: Hat die deutsche Aufwertung von 1969 den Export gebremst? In: Wirtschaftspolitische Chronik 1971/72.

Monopolkommission, Hauptgutachten I: Mehr Wettbewerb ist möglich. Baden-Baden 1976.

dies. Hauptgutachten II: Fortschreitende Konzentration bei Großunternehmen. Baden-Baden 1978.

dies. Hauptgutachten III: Fusionskontrolle bleibt vorrangig. Baden-Baden 1980.

dies. Hauptgutachten IV: Fortschritte bei der Konzentrationserfassung. Baden-Baden 1982.

dies. Hauptgutachten V: Ökonomische Kriterien für die Rechtsanwendung. Baden-Baden 1984.

dies. Hauptgutachten V, 1982/83, a.a.O. und Hauptgutachten VI 1984/85, Baden-Baden 1986.

Müller, Edda: Innenwelt der Umweltpolitik. Sozialliberale Umweltpolitik – (Ohn)macht durch Organisation? Opladen 1986.

Müller, Lothar: Dollarkurs und Konjunktur – Was kann die Geldpolitik tun? In: Ifo-Schnelldienst 19/1987.

ders.: Die Anfänge der Sozialen Marktwirtschaft. In: Löwenthal, R.; Schwarz, H.-P. (Hg.): Die zweite Republik. Stuttgart 1974.
ders.: Wirtschaftsordnung und Wirtschaftspolitik. Freiburg 1976.
ders.: Die Wirtschaftsordnung sozial gesehen. In: ORDO, Bd. 1, 1948.

Neumann, L. F.; Schaper, K.: Die Sozialordnung der Bundesrepublik Deutschland. (Schriftenreihe der Bundeszentrale für politische Bildung, Bd. 176). Bonn 1984.

Oberender, Peter (Hg.): Gesundheitswesen im Umbruch? Bayreuth 1987.
Oertzen, Peter von; Ehmke, Horst; Ehrenberg, Herbert (Hg.): Thema: Wirtschaftspolitik, Materialien zum Orientierungsrahmen '85 der SPD, Bonn 1975.
Ohmae, Kenichi: Macht der Triade. Wiesbaden 1985.
Olle, Werner: Exportentwicklung, Auslandsproduktion und internationale Wettbewerbsfähigkeit. In: WSI-Mitteilungen 4/1984.

Peters, H. R.: Konzeption und Wirklichkeit der sektoralen Strukturpolitik in der Bundesrepublik Deutschland. In: Bombach u. a. (Hg.): Probleme des Strukturwandels und der Strukturpolitik. Tübingen 1977.
Petersen, H. J.; Franzmeyer, F. u. a.: Der internationale Handel mit Dienstleistungen aus der Sicht der Bundesrepublik Deutschland – Entwicklung, Handel, Politik. DIW-Beiträge zur Strukturforschung, Heft 78, Berlin 1984.
Plettner, Bernhard: Erfordert der Strukturwandel eine staatliche Innovationsförderung? In: Besters, H. (Hg.): Strukturpolitik – wozu? Gespräche der List-Gesellschaft. Baden-Baden 1978.
Pohl, Rüdiger: Dollarschwankungen, Handelsströme und internationale Kapitalbeziehungen. In: Wirtschaftsdienst 1985/VI.
Posse, Achim U.: Föderative Politikverflechtung in der Umweltpolitik. (Innenpolitik in Theorie und Praxis, Bd. 16). München 1986.

Recktenwald, Horst C.: Gerechte Einkommens- und Vermögensverteilung. In: Richard Löwenthal und Hans-Peter Schwarz (Hg.): Die zweite Republik. Stuttgart 1974.
Robert, Rüdiger: Die Unabhängigkeit der Bundesbank. Kronberg 1978.
Röpke, Wilhelm: Civitas humana – Grundfragen der Gesellschafts- und Wirtschaftsreform, 4. Aufl. Bern, Stuttgart 1979.
ders.: Jenseits von Angebot und Nachfrage, Ausgewählte Werke, 5. Aufl. 1979.
Rürup, B.; Körner, H.: Finanzwissenschaft. Grundlagen der öffentlichen Finanzwissenschaft. Düsseldorf 1981.

Sachverständigenrat für die Konzertierte Aktion im Gesundheitswesen, Jahresgutachten 1977f., Baden-Baden 1977f.
Sachverständigenrat (SVR) zur Begutachtung der gesamtwirtschaftlichen Entwicklung, Jahresgutachten 1971/72ff. Stuttgart 1971ff.
Schachtschabel, Hans G.: Sozialpolitik. Stuttgart, Berlin, Köln, Mainz 1983.
Scharpf, Fritz W.: Sozialdemokratische Krisenpolitik in Europa. Frankfurt, New York 1987.
Schatz, Klaus Werner: Wachstum und Strukturwandel der westdeutschen Wirtschaft im internationalen Verbund. Kieler Studien Bd. 128. Tübingen 1984.
Schedl, Hans: Strukturwandel im Außenhandel der Bundesrepublik Deutschland. In: Ifo-Schnelldienst 1/1980.
Schiller, Karl: Marktwirtschaft mit Globalsteuerung. In: Schiller, Karl: Reden zur Wirtschaftspolitik. BMWi-Texte 1, Bonn 1967.
Schmähl, W.; Henke, K.-D.; Schellhaaß, Horst M.: Änderung der Beitragsfinazierung in der Rentenversicherung? Ökonomische Wirkungen des »Maschinenbeitrags«. Baden-Baden 1984.

Schmähl, W. (Hg.): Versicherungsprinzip und soziale Sicherung. Tübingen 1985.

ders. u.a.: Soziale Sicherung 1975–1985. Verteilungswirkungen sozialpolitischer Maßnahmen in der Bundesrepublik Deutschland. Frankfurt, Bern, New York 1986.

Schmaus, Günther: Personelle Einkommensverteilung im Vergleich 1962 und 1969, in: H. J. Krupp u.a. (Hg.): Umverteilung im Sozialstaat. Frankfurt, New York 1978.

Schmid, Alfons: Beschäftigung und Arbeitsmarkt. Frankfurt, New York 1984.

Schmidt, Helmut: Menschen und Mächte. Berlin 1987.

Scholz, Lothar: Finanzierung von Forschung, Entwicklung und Innovation in der Bundesrepublik Deutschland. In: Ifo-Schnelldienst 26–27, 1987.

Schreiber, W.; Allekotte, H. (Hg.): Kostenexplosion in der gesetzlichen Krankenversicherung? Köln 1970.

Schüler, Klaus: Einkommensverteilung nach Haushaltsgruppen. In: Volkswirtschaftliche Gesamtrechnung. Fachserie 18, Reihe 1, Konten und Standardtabellen, Stuttgart 1984.

Schwarz, Hans-Peter: Die Ära Adenauer. Stuttgart 1981.

Seifert, Hartmut: Was bringt Deregulierung für den Arbeitsmarkt? Das Beispiel des Beschäftigungsförderungsgesetzes. In: WSI-Mitteilungen, H. 5/1985.

Sherman, Heidemarie C.: Zur Diskussion um ein verbessertes Weltwährungssystem. In: Ifo-Schnelldienst 26–27, 1986.

Siebert, Horst (Hg.): Perspektiven der deutschen Wirtschaftspolitik. Stuttgart, Berlin, Köln, Mainz 1983.

Simonis, Udo Ernst (Hg.): Ökonomie und Ökologie. Auswege aus einem Konflikt. Karlsruhe 1985.

Smigielski, Edwin: Die Konzertierte Aktion im Gesundheitswesen als Steuerungsinstrument für die Honorarverhandlungen zwischen Krankenkassen und Kassenärztlichen Vereinigungen. (Bochumer Wirtschaftswissenschaftliche Studien Nr. 71). Bochum 1980.

Soltwedel, Rüdiger: Mehr Markt am Arbeitsmarkt. Ein Plädoyer für weniger Arbeitsmarktpolitik. München, Wien 1984.

Starbatly, Joachim: Erfolgskontrolle der Globalsteuerung, Frankfurt 1976.

Statistisches Jahrbuch der Bundesrepublik Deutschland 1953. Stuttgart 1954.

Statistisches Jahrbuch der Bundesrepublik Deutschland 1987. Stuttgart, Mainz 1987.

Tewes, Torsten: Handelsschaffende und handelsumlenkende Wirkungen der EWG bei der deutschen Einfuhr unter besonderer Berücksichtigung der EFTA-Länder. In: Weltwirtschaftliches Archiv, Bd. 101, 1971.

Thammer, Benedikt: Aufschwung in den Wirtschaftsbeziehungen zu den RGW-Ländern. In: Ifo-Schnelldienst 7/1986.

ders.: Neuorientierung im Außenhandel der RGW-Länder. In: Ifo-Schnelldienst 28–29/1987.

Tjaden-Steinhauer, Margarete: Die verwaltete Armut. Pauperismus in der Bundesrepublik. Vorgeschichte und Erscheinungsformen. Hamburg 1985.

Tsuru, Shigeto; Weidner, Helmut: Ein Modell für uns: Die Erfolge der japanischen Umweltpolitik. Köln 1985.

Tuchtfeldt, Egon: Soziale Marktwirtschaft und Globalsteuerung. In: E. Tuchtfeldt (Hg.): Soziale Marktwirtschaft im Wandel. Freiburg 1973.

Ullmann, A.A.: Industrie und Umweltschutz: Implementation von Umweltschutzgesetzen in deutschen Unternehmen. Frankfurt 1982.

Umweltbundesamt (Hg.): Daten zur Umwelt 1986/87. Berlin 1986.

Vorschriften zur Reinhaltung der Luft. TA Luft, Fassung vom 27.2.1986. Bonn 1986.

287

Wagner, Joachim: Weltmarkt und Arbeitsmarkt. Internationale Wirtschaftsbeziehungen, Beschäftigung und Arbeitssegmentation in der Bundesrepublik Deutschland. Frankfurt, New York 1985.

Wagner, Wolf: Die nützliche Armut. Eine Einführung in die Sozialpolitik. Berlin 1984.

Weber, Jürgen: Die Bundesrepublik wird souverän. Geschichte der Bundesrepublik, Band IV, hg. v. d. Bayer. Landeszentrale für pol. Bildung, München 1986.

Wegehenkel, Lothar (Hg.): Marktwirtschaft und Umwelt. Symposion vom 26. bis 18. März 1980, veranstaltet vom Walter Eucken Institut in Freiburg. Tübingen 1981.

ders.: Symposium. Umweltprobleme als Herausforderung der Marktwirtschaft. Veröffentlichungen der Hanns Martin Schleyer-Stiftung, Band 11. Köln 1983.

Weidenfeld, W.; Wessels, W. (Hg.): Jahrbuch der Europäischen Integration 1980–1987. Bonn.

Weis, Frank D.: Importrestriktionen der Bundesrepublik Deutschland. In: Die Weltwirtschaft H. 1/1 1985.

Welzk, Stefan: Boom ohne Arbeitsplätze. Köln 1986.

Wenzel, Leonhard: Kündigung und Kündigungsschutz. Neuwied, Darmstadt 1987.

Wetter, W.; Langer, Ch. u. a.: Die Wettbewerbsposition der deutschen Wirtschaft – Wechselkurs und internationale Wettbewerbsfähigkeit. Hamburg 1984.

Wey, Klaus-Georg: Umweltpolitik in Deutschland, Kurze Geschichte des Umweltschutzes in Deutschland seit 1900. Opladen 1982.

Wicke, Lutz u. a.: Die personelle Vermögensverteilung. Tübingen 1978.

ders.: Die ökologischen Milliarden. Das kostet die zerstörte Umwelt – so können wir sie retten. München 1986.

ders.: Umweltökonomie. Eine praxisorientierte Einführung. München 1982.

Wiesenthal, Helmut: Die Konzertierte Aktion im Gesundheitswesen. Ein Beispiel für Theorie und Politik des modernen Korporatismus. Frankfurt, New York 1981.

Willgerodt, H. u. a.: Vermögen für alle. Düsseldorf, Wien 1972.

Winterstein, Helmut: Das System der Sozialen Sicherung in der Bundesrepublik Deutschland. München 1980.

ders. (Hg.): Sozialpolitik in der Beschäftigungskrise, Bd. I. (Schriften des Vereins für Socialpolitik, N. F. Bd. 152/I). Berlin 1986.

Wünsche, Horst Friedrich: Ludwig Erhards Gesellschafts- und Wirtschaftskonzeption. Bonn 1986.

Register

Kohlhammer

Politikwissenschaft

Eine Grundlegung

Herausgegeben von Klaus von Beyme/Ernst-Otto Czempiel/
Peter Graf Kielmansegg/Peter Schmoock

Band 1: Theorien und Systeme
1987. 400 Seiten. Kart. DM 49,80
ISBN 3-17-009866-7

Band 2: Der demokratische Verfassungsstaat
1987. 440 Seiten. Kart. DM 49,80
ISBN 3-17-009867-5

Band 3: Außenpolitik und Internationale Politik
1987. 368 Seiten. Kart. DM 49,80
ISBN 3-17-009868-3

Verlag W. Kohlhammer
Stuttgart · Berlin · Köln · Mainz